가츠라 쇼류(桂紹隆) 지음
1944년 일본 시가현 출생. 불교인식론·논리학의 세계적인 권위자이며 범어 학자이다. 캐나다 토론토대학 박사과정 수료 후 교토(京都)대학에서 박사학위를 받았다. 히로시마(広島)대학과 류코쿠(龍谷)대학 교수를 역임하고, 정년 후 현재 히로시마대학 명예교수 겸 (재)불교전도협회 이사장으로 재임하고 있다.
주요 저서로는『인도인의 논리학』,『시리즈 대승불교 제7권 유식과 유가행』·『시리즈 대승불교 제9권 인식론과 논리학』(공저), *Nāgārjuna's Middle way* (공저) 등이 있으며 다수의 논문이 있다.

고시마 기요타카(五島淸隆) 지음
1948년 일본 후쿠시마현 출생. 인도 초기대승불교를 전문분야로 연구하고 있으며 용수 연구의 권위자이다. 교토(京都)대학 대학원 박사 수료. 현재 붓쿄(佛教)대학과 도시샤(同志社)대학 강사로 활동하고 있다.
저서로는『시리즈 대승불교 제6권 공과 중관』(공저)이 있으며, 주요 논문으로는「법화경으로 보는 방편사상」,「티베트어 번역『보협경(寶篋經)』—일본어 번역과 역주」,「문수보살과『세 종류의 기적(prātihārya)』」 등이 있다. 이 밖에 본서 참고문헌에 저자의 많은 용수 관련 논문이 게재되어 있다.

배경아 옮김
동국대학교 불교학과 학사와 석사를 마쳤다. 일본 류코쿠(龍谷)대학으로 유학하여 이 책의 공저자인 가츠라 쇼류 교수를 은사로 박사학위를 받았다. 불교인식론·논리학을 전공했으며, 동국대학 경주캠퍼스 불교학과 전문연구원을 거쳐 현재 금강대학 불교문화연구소에 재직 중이다.
주요 논문으로『쁘라즈냐까라굽따(Prajñākaragupta)의 분별(kalpanā)론』(학위논문)과「원효의 진리론 논증」,「쁘라즈냐까라굽따의 언어의미론」,「디그나가의 언어철학」 등이 있다.

KB189286

중론

용수의 사상 · 저술 · 생애의 모든 것

중론

용수의 사상 · 저술 · 생애의 모든 것

가츠라 쇼류 · 고시마 기요타카 공저
배경아 옮김

불광출판사

한국 지인들의 권유로, 저희가 번역하고 해설한 용수(龍樹, Nāgārjuna) 의 『중론(中論)』을 한국에서 처음으로 출판하게 되었습니다. 불교도뿐 만 아니라 불교 철학에 관심이 있는 많은 분들이 읽어 주신다면 더없 이 큰 기쁨이겠습니다.

용수의 『중론』은 대승불교 사상에서 두 갈래의 큰 흐름인 중관 학파 와 유가행유식 학파의 사상적인 원천이라고 할 수 있습니다. 이렇 게 큰 영향을 미친 논서인 만큼 후대의 주석가나 사상가들은 『중론』 에 각기 자신들의 입장이나 주장을 강하게 반영하면서 다각도로 해 석하고 분석했습니다. 어떤 주석가나 사상가도 자신의 해석이 '용수 의 진의'를 파악했다고 확신했을 것입니다. 그러나 가령 청변(淸辯, Bhāvaviveka)과 월칭(月稱, Candrakīrti)의 주석에서 볼 수 있는 것처럼, 저 마다 이해한 '용수의 진의'에는 큰 차이가 있습니다.

저희의 해석도 '용수의 진의'를 탐구하려고 시도했다는 점에서 과거 의 위대한 주석가와 사상가, 나아가 근현대의 뛰어난 불교연구자들의 해석과는 조금 다른 면이 있습니다. 그중에서 특히 '쁘라빤짜(prapañca, 戱論)'를 잠재적인 언어활동이라는 의미로 '언어적 다원성'이라고 번역한 점 등은 지금까지 보지 못한 해석일 것입니다. 이는 인지심리학자 스티븐 핑커(Steven Pinker)가 주장하는 '언어본능'의 내용과 유사하기도 합니다. 물론 '언어적 다원성'은 저희의 은사이신 가지야마 유이치(梶山雄一) 선생님의 번역어이지만, 저희는 그것을 단순히 언어표현이 아니라 그 배후에 있는 '언어본능'이라고도 할 수 있는 언어의 시작점을 의미하는 것으로 해석했습니다. 현대적인 관점을 무리하게 고대의 종교와 철학 문헌에 적용한다는 비판이 있을 수 있겠지만 '언어와 인간', '언어와 진리'의 관계에 대해 끊임없이 탐구한 용수가 인간존재의 근저에서 본 것이 '쁘라빤짜(언어적 다원성)'였다는 것은 충분히 있을 수 있다고 생각합니다.

번역은 대단히 어려운 작업입니다. 원문을 이해하는 단계에서도 그렇지만, 충분히 이해했다고 해도 자신의 모국어로 바꾸어 번역하기 곤란한 경우가 적지 않습니다. 저희 두 사람 역시 함께 작업을 하는 과정에서 같은 단어라도 각자가 생각하는 어감(語感)의 차이를 통감할 때가 많았습니다. 하물며 다른 나라의 언어인 한국어로 번역한 노고는 헤아리고도 남음이 있습니다. 새삼 번역을 맡아 주신 배경아 박사에게 진심으로 감사의 마음을 전하고 싶습니다.

　이 한국어판 『중론』을 통해 한 사람이라도 많은 분들이 불교를 이해하는 데 조금이나마 도움이 되길 간절히 바랍니다.

2018년 6월
가츠라 쇼류
고시마 기요타카

머리말

기원후 2세기경 남인도에서 등장한 용수(龍樹, Nāgārjuna)는 아마도 인도불교를 통틀어 붓다(기원전 4~5세기) 이후 가장 저명한 인물일 것입니다. 일본불교에서는 대승불교의 기초를 쌓은 8종(宗)의 조사로 존경받아 왔습니다. 이 책은 이러한 용수의 가장 대표적인 저술인『중론(中論)』의 번역서이자 해설서입니다. 크게 번역 편과 해설 편으로 나누어 구성했으며, 번역 편에는『중론』의 상스끄리뜨 원전인『근본중송(根本中頌, Mūlamadhyamakakārikā)』의 번역을, 해설 편에는 그의 사상과 저술, 생애 등을 담았습니다.

『근본중송』은 불교 경전을 제외하면 세계의 불교도와 불교학자들이 가장 많이 읽은 불교 논서 중 하나입니다. 구마라집(鳩摩羅什, 기원후 4~5세기)의 유려한 한역을 비롯해 여러 종류의 한문, 티베트어 번역이 있고, 영어와 프랑스어 번역 등 현대 서구어 번역판도 다수 있습니다. 또한, 우이 하쿠주(宇井伯壽), 나카무라 하지메(中村元), 와타나베 쇼코(渡辺照宏), 히라카와 아키라(平川彰) 등 일본의 쟁쟁한 인도철학자, 불교학자들도 일본어로 번역해 출판했습니다. 번역 이외에도 용수와『근본중송』에 관한 학술서, 연구논문의 수는 헤아릴 수 없을 만큼 많습니다.

그럼에도 불구하고 이 책을 펴내는 이유는 다음과 같습니다. 첫 번째는 최근 상스끄리뜨 불전(佛典)의 사본연구 성과 중 하나로 베이징 대학의 예샤오융(叶少勇) 박사가 『중론송: 범장한합교·도독·역주(中論頌: 梵藏漢合校·導讀·譯註)』를 출판했기 때문입니다. 예 박사의 저술은 현재 가장 신뢰할 수 있는 『근본중송』의 비판적 교정본입니다. 따라서 이 교정본을 저본으로 새롭게 번역해야 할 필요성을 느꼈습니다.

두 번째는 불교 교리를 철학적으로 분석하는 데 일인자라고 할 수 있는 마크 시더리츠(Mark Siderits) 교수와 제가 지난 10년 간 『근본중송』을 공동으로 연구한 후, 영어 번역과 해설[1]을 출간했기 때문입니다. 『근본중송』의 새로운 영역본을 내놓고 나니 일본어로도 새롭게 번역하지 않으면 안 되겠다고 느껴 당시 근무하고 있던 류코쿠대학 불교학과 대학원 수업에서 학생들과 『근본중송』 전체를 강독하고 일본어로 번역하는 작업을 진행했습니다.

그 결과물을 공저자인 고시마(五島) 박사가 정성들여 검토한 후 다시 제가 답하는 형식으로 철저한 논의를 거쳐 완성한 것이 이 책입니다. 최종적으로 합의에 도달하지 못한 게송이 몇 군데 있지만, 그 경우는 '별역(別譯)'으로 남겨 두었습니다. 고시마 박사는 『법화경(法華經)』을 필두로 한 대승경전 전공자이면서 초기경전에도 조예가 깊은 학자로, 그의 광범위한 견해와 지식은 『근본중송』을 보다 깊이 연구하는 데 크게 기여했습니다.

한편, 이 책은 불교의 저변을 넓히기 위해 용수와 불교 철학에 관심 있는 일반 독자들도 읽을 수 있도록 구성했습니다. 『근본중송』 각

---

1   *Nāgārjuna's Middle Way, Mūlamadhyamakakārikā*, Classics of Indian Buddhism, Wisdom Publications, 2013

게송에 관한 학술적인 주석이나 교의적인 해석은 최대한 지양했습니다. 상스끄리뜨 원전을 읽지 못하는 모든 독자들에게 번역자의 해석을 강요하고 싶지 않았기 때문입니다.

충실한 원전 번역을 제시함으로써 읽는 사람 각자에게 『근본중송』 해석의 기반을 제공했다면 그것만으로도 이 책의 목적은 충분히 이루었다고 생각합니다.

『근본중송』은 시(詩) 형식으로 지은 운문(韻文)이기 때문에 원전 자체에도 생략과 은유 등 제약이 많이 있습니다. 그래서 쉽고 부드럽게 읽을 수 있도록 하기 위해 게송 사이에 〔 〕 괄호를 넣어 부연설명을 달았습니다. 물론 이 설명은 철저한 연구를 바탕으로 검증된 내용입니다. 그리고 틀림없이 생략됐다고 판단되는 부분은 괄호를 넣지 않고 그대로 풀어 옮겼습니다. 또한 각 장이 시작될 때마다 제가 이해한 범위 내에서 주제와 논의의 흐름을 한눈에 볼 수 있는 개요를 붙였습니다. 이를 통해 조금이라도 일반 독자가 쉽게 읽을 수 있기를 바랄 뿐입니다.

해설 편을 담당한 고시마 박사는 용수가 저술한 『십이문론(十二門論)』 연구를 계기로 용수의 저술로 추정되는 다수의 문헌을 섭렵하고 지금까지 용수에 관한 새로운 학설을 논문으로 다수 발표했습니다. 이 책 해설 편은 그 성과를 정리해서 용수의 사상과 저술, 생애를 담았습니다. 그 내용은 번역의 경우와 반대로 제가 비판적으로 검토하고 고시마 박사와 논의를 거듭하여 합의한 결과입니다.

번역 편에서는 게송 하나하나에 대해 해설하지 않았지만, 해설 편에서는 『근본중송』의 중요한 게송을 모두 해설하였습니다. 또한 구마라집의 번역으로 알려져 있는 『용수보살전(龍樹菩薩傳)』의 현대어 번역도 포함시켰습니다. 이를 통해 용수를 폭넓게 이해하는 데 큰 도움이 되리라 생각합니다.

마지막으로 이 책을 완성하는 데 도움을 주신 여러 선생님과 선배, 학우들에게 감사의 말씀을 드리고 싶습니다. 1960년대 교토대학 문학부에서 가르침을 주셨던 나가오 가진(長尾雅人) 선생님(불교학), 프리츠 스탈(Frits Staal) 박사, 일본 불교학계에서 크게 존경받아온 오지하라 유타카(大地原豊: 상스끄리뜨학), 핫토리 마사아키(服部正明: 인도철학), 가지야마 유이치(梶山雄一: 불교학) 세 분 선생님, 토론토대학에서 유학할 때 『근본중송』을 전부 읽고 이해해야 할 필요성을 가르쳐 주셨던 워르더(A. K. Warder) 선생님, 캘거리(Calgary)대학에서 『근본중송』 전체를 학생들과 함께 영역할 기회를 주셨던 레슬리 가와무라(Leslie S. 河村) 선생님, 중관철학 연구의 모범을 보여주셨던 단치 데루요시(丹治智義) 선배님, 많은 용수 연구 논고를 집필하여 큰 도움을 준 사이토 아키라(斉藤明) 박사, 영어 번역 작업을 함께 했던 시더리츠 박사, 그 번역을 비판적으로 서평 하여 여러 부분을 돌아보게 하고, 이 책을 간행하는 계기를 준 앤 맥도널드(Anne MacDonald) 박사 그리고 『근본중송』을 수업에서 함께 읽었던 모든 학생들에게 마음으로 감사의 뜻을 표하고 싶습니다.

끝으로 해설 편 원고의 일부를 읽고 아낌없이 조언해준 혼조 요시부미(本庄良文) 박사와 무로야 야스노리(室屋安孝) 박사에게 감사의 말을 전합니다.

가츠라 쇼류

목차

한국 독자들에게   ...   4

머리말   ...   6

I
『중론』번역 편

번역 관련 일러두기   ...   16

귀경게(歸敬偈)   ...   20

제 1 장 • 네 가지 조건(四緣)의 고찰 ... 22

제 2 장 • 걷는 행위의 과거·현재·미래 고찰 ... 26

제 3 장 • 12처(十二處)의 고찰 ... 32

제 4 장 • 5온(五蘊)의 고찰 ... 35

제 5 장 • 6계(六界)의 고찰 ... 38

제 6 장 • 욕망과 욕망을 갖는 자의 고찰 ... 41

제 7 장 • 유위법(有爲法)의 생기상·지속상·소멸상 고찰 ... 45

제 8 장 • 행위자와 행위대상의 고찰 ... 53

제 9 장 • 집착의 대상과 집착하는 자의 전후 관계 고찰 ... 57

제10 장 • 불과 연료의 고찰 ... 61

제11 장 • 윤회의 시작에 대한 고찰 ... 66

제12 장 • 괴로움(苦)의 고찰 ... 69

제13 장 • 모든 행(行)의 진실에 대한 고찰 ... 73

제14 장 • 행위·행위대상·행위자의 결합에 대한 고찰 ... 76

제15 장 • 존재하는 것(有)과 존재하지 않는 것(無)의 고찰 ... 79

제16 장 • 번뇌로 인한 속박과 윤회로부터의 해탈에 대한 고찰 ... 83

제17 장 • 업(業)과 업의 과보(果報)에 대한 고찰 ... 86

제18 장 • 자기와 법의 고찰 ... 94

제19 장 • 시간의 고찰 ... 98

제20 장 • 인과(因果)의 고찰 ... 100

제21 장 • 생성과 소멸의 고찰 ... 106

제22 장 • 여래의 고찰 ... 112

제23 장 • 잘못된 견해(顚倒)의 고찰 ... 117

제24 장 • 4성제(四聖諦)의 고찰 ... 123

제25 장 • 열반의 고찰 ... 132

제26 장 • 12연기의 고찰 ... 138

제27 장 • 나쁜 견해의 고찰 ... 141

II
『중론』 해설 편

제1장 용수의 사상

가. 『근본중송』의 구성 ... **150**

나. 용수의 실재론 비판 ... **155**

　1) 인도의 실재론 ... 155

　2) 설일체유부의 실재론 ... 157

　3) 설일체유부 이외의 실재론 ... 172

　4) 실재론의 부정 ... 181

다. 귀경게 – 『근본중송』의 저술 목적 ... **213**

　1) '공성(空性)=불설(佛說)'에 대하여 ... 216

　2) 희론의 적멸에 대하여 ... 226

　3) '최고의 설법자인 붓다'에 관하여 ... 234

라. 용수의 붓다관 ... **252**

마. 『근본중송』의 연기와 상호의존의 연기 ... **265**

제2장 용수의 저술

가. 『근본중송』과 그 주석서 ... **308**

나. 『근본중송』의 저자와 용수의 저술로 알려진 문헌들 ... **312**

다. 용수문헌군의 종류와 그 내용 ... **314**

　1) 『육십송여리론』 ... 315

　2) 『공칠십론』 ... 324

　3) 『회쟁론』 ... 334

　4) 『바이달야론』 ... 341

　5) 『보행왕정론』 ... 346

6) 『권계왕송』 ... 359
7) 『대승이십송론』 ... 366
8) 『인연심론송』 ... 368
9) 그 외 용수문헌군 ... 371
라. 용수문헌군의 성립시기 ... **379**

제3장 # 용수의 생애

가. 용수에 얽힌 여러 신화적 전승 ... **383**
나. 현대어 번역 『용수보살전』 ... **384**
1) 출신과 유년기 ... 384
2) 은신약(隱身藥)의 입수 ... 385
3) 궁전 침입과 세 친구의 죽음 ... 387
4) 출가와 편력, 소승에서 대승으로 ... 388
5) 굴욕과 교만, 새로운 불교의 시도 ... 389
6) 용궁 방문과 용수의 확신 ... 390
7) 용수의 저술 ... 391
8) 바라문과 주술을 겨룸 ... 392
9) 남인도 왕의 교화 ... 393
10) 용수의 최후와 그 후, 그 이름의 유래 ... 395
다. 『용수보살전』과 그 외 중국 문헌에 보이는 용수의 인물상 ... **397**
라. 중국 자료의 '용수 전승'과 인도 자료와의 관계 ... **401**
마. 다양한 용수 전승과 『근본중송』의 저자 ... **404**
바. 용수문헌군 저자로서의 용수상(龍樹像) ... **406**

참고문헌 ... **410**
저자 후기 ... **414**
역자 후기 ... **422**

일러두기

- 본문에 나오는 상스끄리뜨어와 빨리어 표기는 정승석 역 『불교철학의 정수』(대원정사, 1989)에 실린 '범어 한글 표기법'으로 통일했고, 티베트어는 동국대학교 경주캠퍼스 티벳대장경역경원의 '티베트어 한글 표기안'에 따랐다.

- 『중론(中論)』의 상스끄리뜨어 원전 제목은 물라마디야마까까리까(Mūla-madhyamaka-kārikā)로 이를 번역하면 『근본중송(根本中頌)』이 된다. 하지만 한역 『중론』의 명칭이 널리 알려져 있기 때문에 혼동을 피하고자 제목을 『중론』으로 명기했다. 따라서 본문에 나오는 『근본중송』은 용수의 상스끄리뜨어 원전 『중론』을 말하며, 한역된 『중론』을 언급할 때는 '한역 『중론』'으로 별도 표기했다.

- 경전, 학술지, 책 등은 『 』로, 논문, 경전 속 소제목은 「 」로 구분했다.

- 본문에 나오는 원전 게송 및 경전 번역에는 독자들의 이해를 돕기 위해 〔 〕 안에 저자들의 학술 연구에 기반한 보충 설명을 넣었다.

- 영문 저서 및 논문은 모두 이탤릭으로 표기했다.

- 이 책의 공저자 중 한 명인 '가츠라'는 국립국어원 외래어 표기법에 따르면 '가쓰라'로 해야 하지만, 이미 학계와 기존 번역물에 '가츠라'로 널리 통용되고 있어 이에 따랐다.

I

『중론中論』 번역 편

번역 관련 일러두기

두 사람인 공저자의 원문 이해가 다를 경우에는 **별역**으로 함께 실었다. 꼭 필요한 경우를 제외하고 불교 용어사전에서 쉽게 의미를 확인할 수 있는 불교 전문용어에 대해서는 주석을 붙이지 않았다. 용수 논법의 특징인 매거법(枚擧法)[2]이 사용되는 경우는 게송의 번역 끝부분에 '2구분별' '3구분별' '4구분별' '5형태분석'이라고 해당되는 명칭을 붙였다.

이 번역을 읽는 동안 상스끄리뜨 원전을 참조할 독자들을 위해 이 책에 나오는 정형 어구를 번역할 때 유의했던 점을 몇 가지 언급해 둔다.

(1) svabhāva / parabhāva / bhāva / abhāva

svabhāva는 설일체유부(說一切有部)의 아비달마 논사들이 '다르마(dharma, 法)의 체계'를 세울 때 도입한 용어이다. 그들은 사람, 물 등의 개념[prajñapti], 명칭일 뿐인 존재와 달리 참으로 존재하는 다르마는

---

2   역자주: 어떤 주제에 대해 생길 수 있는 모든 견해를 하나하나 들어〔枚擧〕공성(空性)으로 부정하는 것을 말한다.

'고유한 성질〔自性, svabhāva〕'을 갖는 것이라고 정의했다. 똑같은 '고유한 성질'을 갖는 것은 같은 다르마로, 그것과 다른 '타자의 성질〔他性, parabhāva〕'을 갖는 것은 다른 다르마로 분류된다. 이러한 의미에서 svabhāva는 자신과 타자를 구별하는 기준이다.

『근본중송』에는 svabhāvena/svabhāvāt/svabhāvatas라고 하는 표현이 자주 나온다. svabhāvena는 '고유한 성질을 갖고 존재/실재한다'는 맥락에서 쓰인다. 이와 거의 같은 의미인 svabhāvāt/svabhāvatas는 '본래' 또는 '고유한 성질을 갖는 것으로 존재한다/존재하지 않는다'라고 구분하여 번역한다.

svabhāva는 설일체유부 아비달마의 특징적인 전문용어이다. 이와 거의 같은 의미이면서 보다 일반적인 용어로는 prakṛti가 여러 차례 사용되고 있다. 이 경우에는 '본성'이라는 다른 번역어를 사용한다.

bhāva/abhāva는 고유한 성질을 갖고 '존재하는 것〔有〕'/'존재하지 않는 것〔無〕'이라는 의미이지만 '존재'/'비존재'라는 간략한 형태의 번역어로도 사용한다.

말할 필요도 없이 반야경의 '무자성(無自性)·공(空)'사상을 계승한 용수에게 '고유한 성질'과 그것과 관련된 말은 부정의 대상 외에 그 어떤 것도 아니다.

(2) pratītya / upādāya / apekṣya

pratītya는 pratītya-samutpāda(연기緣起)라는 복합어를 형성하는 데 쓰인다. 또한 직접적인 원인〔直接因, hetu〕이나 보조적인 조건〔補助緣,

pratyaya)에 의해 결과(phala)가 생겨난다는 구체적인 인과 관계를 나타
내는 맥락에서 사용된다. 편의상 '~을 조건으로'라고 번역한다.

　　upādāya는 upādāya-prajñapti(인시설인施設)라는 복합어를 형성하
고 upādāna(집착)에 의해 upādātṛ(집착하는 자)가 개념적으로 설정(施設)
된다는 인식론적인 맥락에서 사용된다. upādāna에 질량인(質量因)이
라는 의미가 있기 때문에 이 점을 고려해서 '~을 원인으로'라고 번역
한다. upādāna는 5취온(五取蘊＝五蘊)을 의미하고 5취온을 원인으로
'〈사람(뿌드갈라)〉'·'자기(ātman)'·'여래(如來)' 등 행위주체의 개념이 설
정된다. 또한, upādāna는 12연기(十二緣起) 중 하나의 지분인 집착을
의미한다. 그 경우 upādātṛ는 집착하는 자를 의미하고 upādāna는 집
착뿐만 아니라 집착의 대상인 5취온도 의미한다.

　　apekṣya는 예를 들면 "연료에 의해 불이 성립하고 불에 의해 연
료가 성립한다", "좋아하는 것에 의존하지 않으면 좋아하지 않는 것
을 개념적으로 설정할 수 없고, 좋아하지 않는 것에 의존하지 않으면
좋아하는 것을 개념적으로 설정할 수 없다"라는 말처럼 두 가지가 서
로 의존관계에 있는 경우나, "과거에 의해 현재와 미래가 있고, 현재
에 의해 과거와 미래가 있으며, 미래에 의해 과거와 현재가 있다"라는
말처럼 세 가지가 상대적인 관계에 있는 경우에 사용된다. '의존/관련
(觀待)해서'라고 번역한다.

(3) asti / bhāvati / vidyate

asti와 bhāvati는 각각 '~이 있다'와 '~이다'의 의미이지만 bhāvati
에는 '~이 된다'는 의미도 있고 asti와 마찬가지로 '~가 있다'는 의

미로도 사용된다. 부정사와 같이 쓰일 때에는 각각 '~가 없다' '~ 가 아니다' '~이 되지 않는다'라는 의미가 된다. 더욱이 syāt/bhavet/ bhaviṣyati 등 희구법(希求法)이나 미래시제의 어형은 뒤에서 설명하는 prasajyate 대신에 귀류법의 바라지 않는 결과를 나타내는 것으로 사용된다.

vidyate는 '알려진다'는 의미에서 파생하여 '존재한다'는 의미로도 사용된다. 부정사와 같이 쓰이는 경우에는 '알려지지 않는다' '존재하지 않는다'는 의미가 된다.

(4) yujyate / upapadyate / prasajyate

yujyate(과거분사형은 yukta)와 upapadyate는 대론자의 의견을 부정하는 맥락에서 부정사 na와 함께 사용된다. 각각 '불합리하다', 논리적으로 '있을 수 없다'라고 번역한다. 후에 두 단어의 명사형 yukti와 upapatti 는 논리나 논증의 의미로 사용된다. 더욱이 yujyate는 긍정적으로 사용되는 경우도 있다. 한편 prasajyate는 대론자의 주장이 그 자신에게 불합리한 결론을 도출한다는 것을 지적하는 귀류법의 맥락에서 사용되고 '~이 되어 버린다'라고 번역한다.

귀경게(歸敬偈)

소멸하지 않으면서 생겨나지 않고, 끊어지지 않으면서 항상 있지 않고, 동일하지 않으면서 다르지 않고, 오지 않으면서 가지 않고, 희론(戲論)을 적멸하면서 상서로운 연기(緣起)를 설하신 설법자 중 최고의 설법자 붓다에게 경의를 표합니다.

의역 〔이 논서를 시작하면서〕 연기의 가르침을 설명해 주신 설법자 중 최고의 설법자인 붓다에게 경의의 예를 올립니다. 〔그 가르침에 의하면 연기하는 모든 법은〕 소멸하지도 생겨나지도 않고, 끊어지지도 항상 있지도 않으며, 동일하지도 다르지도 않고, 오지도 가지도 않습니다. 〔그 가르침은〕 언어적 다원성〔戲論〕의 소멸, 상서로운 〔열반으로 인도합니다〕.

> 주(註): 귀경게(歸敬偈, maṅgalaśloka, 吉祥偈)란 저술의 첫 부분에 위치하는 게송으로, 논서의 취지를 밝히고 그 성공을 기원하며 붓다에게 올리는 내용으로 이루어진다. 이 게송의 취지는, 붓다가 설한 연기는 희론(戲論)의 적멸, 상서로움으로 이끄는 것이고, 그 가르침에 의하면 모든 법은 소멸하지 않으면서 생겨나지 않는다는 것 등(여덟 가지 부정)이며, 연기는 공성(空性)이라는 것, 공성은 붓다가 말씀하신 것임을 시사

한다. 밑줄은 순서대로 제24장 제7게송이 말하는 '공성의 목적' '공성' '공성의 의미'에 대응한다.

제1장

네 가지 조건[四緣]의 고찰

....

주제 '네 가지 조건[四緣: 인연(因緣), 소연연(所緣緣), 무간연(無間緣), 증상연(增上緣)]'의 이론을 논파하고 '모든 법은 일어나지 않는다[諸法不生]'는 내용을 설명한다.

1. 1   사물과 현상은 '자신'·'타자'·'자신과 타자의 양자'·'원인 없는 것' 에서 일어나지 않는다[四不生]. 사물과 현상을 일으키는 조건[緣] 에 고유의 성질[自性]이 없기 때문이다. (제1~2게송)

1. 2   다른 견해(전통설): 사물과 현상을 일으키는 네 종류의 조건[四緣]이 있다. (제3게송)

1. 3   조건[緣] 일반의 부정 (제4~6게송)

1. 3. 1   인연의 부정 (제7게송)

1. 3. 2   소연연의 부정 (제8게송)

1. 3. 3   무간연의 부정 (제9게송)

1. 3. 4   증상연의 부정 (제10게송)

1. 3. 5   갖가지 조건에서 일어난다는 것의 부정 (제11~14게송)

....

(제1게송) (1) 자신으로부터, (2) 타자로부터, (3) 자신과 타자의 양쪽으로부터, (4) 원인 없는 것으로부터 생겨나는 것은 어떤 것도 어디에도 결코 존재하지 않는다. (4구분별)

(제2게송) 왜냐하면 사물과 현상에 고유한 성질〔自性〕은 그것이 일어나기 위한 조건〔緣〕 등에는 존재하지 않고, 사물에 고유한 성질이 존재하지 않을 때 타자의 성질〔他性〕도 존재하지 않기 때문이다.

(제3게송) 다른 견해 〔불설(佛說)에 의하면 사물과 현상이 일어나기 위해서는〕 네 종류의 조건〔緣〕이 있다. 인연·소연연·무간연·증상연이다. 다섯 번째의 조건은 존재하지 않는다.

(제4게송) 용수 〔사물과 현상을 일으키는 작용의 관점에서 말하자면〕 작용이 조건을 필요로 하는 것도, 필요로 하지 않는 것도 아니다. (2구분별) 〔조건의 관점에서 말하자면〕 작용을 수반하든 수반하지 않든 〔이하에 서술하는 것처럼〕 모든 조건이 존재하는 것은 아니다. (2구분별)

(제5게송) 이것들을 조건으로 결과가 일어나기 때문에 전통적으로 이것들은 '조건〔緣〕'이라고 불린다. 그러나 결과가 일어나지 않는 한 어떻게 그것들이 조건일 수 있겠는가. 〔결과가 일어나지 않는 한 조건은 있을 수 없다.〕

(제6게송) 〔결과〕가 아직 존재하지 않든 이미 존재하든 〔그 생성〕 조건을 상정하는 것은 불합리하다. (2구분별)

아직 존재하지 않는 경우, 무엇 때문에 조건이 있겠는가. 이미 존재하는 경우 조건이 무슨 소용이 있겠는가. 〔어느 쪽의 경우에도 조건은 필요하지 않다.〕 (2구분별)

(제7게송) 이미 존재하든 아직 존재하지 않든 존재하면서 존재하지 않든, 법이 일어나는 일은 없다.

　그와 같은 경우 '결과를 일으키는 것'인 인연이 어떻게 타당할 수 있겠는가.

(제8게송) 이미 존재하는 이 법은 "결코 의지처를 갖지 않는다〔無所緣〕"라고 〔모든 붓다가〕 말했지만 만일 법이 〔인식대상이라는〕 의지처를 갖지 않는다면 어떻게 소연연(所緣緣)이라는 것이 있을 수 있겠는가.

(제9게송) 〔결과로서〕 갖가지 법이 아직 일어나지 않을 때 〔갖가지 법이 일어나는 원인의〕 소멸은 있을 수 없다. 그러므로 〔갖가지 법이 일어나기 직전에 이미 소멸하고 있는〕 무간연(無間緣)은 불합리하다. 또한, 무간연이 이미 소멸하고 있을 때 무엇이 〔갖가지 법이 일어나기 위한〕 조건〔緣〕이 된다는 말인가.

(제10게송) 〔제2게송에서 제시한 것처럼 사물과 현상에 고유한 성질은 없지만〕 고유한 성질을 갖지 않는 것에 존재성은 인정되지 않는다. 그렇기 때문에 "이것이 있을 때 저것이 있다"라고 하는 이 〔증상연(增上緣)을 정의하는〕 말은 있을 수 없다.

(제11게송) 더욱이 모든 조건 중에서 하나하나 별개의 조건에도, 온갖 조건의 총체에도, 그 결과는 존재하지 않는다. (2구분별)

온갖 조건 중 존재하지 않는 것이 어떻게 그 온갖 조건으로부터 생기는 일이 있을 수 있겠는가.

(제12게송) 혹은 그 결과는 모든 조건 중에 존재하지 않지만, 그 온갖 조건으로부터 생긴다고 한다면 어째서 갖가지 조건이 아닌 것으로부터도 결과는 생겨나지 않는가.

(제13게송) 결과는 온갖 조건으로 이루어졌지만, 그 모든 조건은 스스로〔온갖 조건〕에 의해 이루어지지 않는다. 스스로〔온갖 조건〕에 의해 이루어지는 것이 아닌 온갖 조건에서 생기는 결과가 어떻게 '온갖 조건으로부터 이루어진다'라고 할 수 있겠는가.

(제14게송) 그러므로 온갖 조건으로 이루어졌다고 해도, 온갖 조건이 아닌 것으로 이루어졌다고 해도 결과는 존재하지 않는다. (2구분별)

결과가 존재하지 않기 때문에 어떻게 온갖 조건이나 온갖 조건 아닌 것이 있겠는가.〔그러므로 모든 법은 생성하는 것도 소멸하는 것도 아니다.〕

제 2 장

걷는 행위의 과거·현재·미래 고찰

....

주제 운동이 공간적으로도 시간적으로도 성립하지 않는다는 것, 즉 온갖 법은 오지도 않고 가지도 않는다는 것[不來不去]을 논증한다.

2.1   걷는 행위는 과거·현재·미래 어디에서도 성립하지 않는다. (제1게송)

2.2   다른 견해(문법학자): 걷는 행위는 걷는 운동을 하고 있는,

         현재 통과하고 있는 지점에서 성립한다. (제2게송)

2.2.1   현재 통과하고 있는 지점을 걷는 일은 없다. (제3~7게송)

2.3   걷는 자는 걷지 않는다. (제8~11게송)

2.3.1   걷는 행위의 시작은 과거·현재·미래 어디에서도

         성립하지 않는다. (제12~14게송)

2.4   걷는 자는 멈춰 서지 않는다. (제15~16게송)

2.4.1   걷는 행위의 정지는 과거·현재·미래 어디에서도

         성립하지 않는다. (제17게송)

2.5   걷는 자와 걷는 행위는 동일한 것도 별개의 것도 아니기 때문에

         성립하지 않는다. (제18~23게송)

2.6   결론 : 걷는 행위·걷는 자·걷는 대상은 성립하지 않는다.

         (제24~25게송)

(제1게송) 〔귀경게(歸敬偈)의 "모든 법은 오는 것도 가는 것도 아니다"라는 말에는 어떤 근거가 있는가? 라는 물음에 답한다. '누군가가 걸어간다'라는 문장을 분석할 때 걷고 있는 장소는 그 사람이 이미 통과한 지점이든가, 아직 통과하고 있지 않은 지점이든가, 현재 통과하고 있는 지점이겠지만〕 (1) 우선 '이미 통과한 지점을 지금 걷고 있다'고 하는 일은 없다. (2) '아직 통과하지 않은 지점을 지금 걷고 있다'고 하는 일은 결코 없다. (3) 이미 통과한 지점과 아직 통과하지 않은 지점과는 다른 '현재 통과하고 있는 지점을 지금 걷고 있다'고 하는 일도 없다. (3구분별)

　　주(註): '통과한다'와 '걷는다'는 동사어근이 같고 모두 걷는 행위를 의미한다.

(제2게송) 다른 견해 걷는 행위는 운동을 하는 곳에 있다. 그리고 운동은 이미 통과한 지점이나 아직 통과하고 있지 않은 지점이 아니라 현재 통과하고 있는 지점에서 하기 때문에 걷는 행위는 현재 통과하고 있는 지점에서 이루어진다. 〔그러므로 '현재 통과하고 있는 지점을 지금 걷고 있다.'〕

(제3게송) 용수 현재 통과하고 있는 지점에 어떻게 걷는 행위가 속할 수 있겠는가. 〔걷는 행위가 속하기 이전에〕 걷는 행위를 수반하지 않는 현재에 통과하고 있는 지점은 결코 있을 수 없기 때문이다.

(제4게송) 현재 통과하고 있는 지점에 걷는 행위가 속한다고 주장하

는 사람에게는 〔걷는 행위가 속하기 이전에는〕 걷는 행위 없이 현재 통과하고 있는 지점이 있게 되어 버린다. '현재 통과하고 있는 지점을 지금 걷고 있다'고 주장하기 때문이다.

(제5게송) 현재 통과하고 있는 지점에 걷는 행위가 속한다고 가정한다면 두 가지 걷는 행위가 있게 되어 버린다. (1) 그곳이 '현재 통과하고 있는 지점'이라고 불리는 근거가 되는 걷는 행위와 다른 한편으로 (2) 그 지점에 현재 하고 있는 걷는 행위이다.

(제6게송) 걷는 행위가 두 가지 있게 되면 걷는 자가 두 명이 되어 버린다. 왜냐하면 걷는 자 없이 걷는 행위는 있을 수 없기 때문이다.

(제7게송) 만일 걷는 자 없이 걷는 행위가 있을 수 없다면, 반대로 걷는 행위가 없을 때 도대체 어떻게 걷는 자가 있겠는가.

(제8게송) 우선 (1) '걷는 자가 걷는다'는 것은 없다. (2) '걷지 않는 자가 걷는다'는 것은 결코 없다. (3) 걷는 자와 걷지 않는 자와는 다른 어떤 '제삼자가 걷는다'는 것이 있겠는가. (3구분별)

(제9게송) 우선 '걷는 자가 걷는다'라고 어떻게 말할 수 있겠는가. 걷는 행위 없이 걷는 자는 결코 있을 수 없기 때문이다.

(제10게송) '걷는 자가 걷는다'고 주장하는 사람은 걷는 자에게 걷는 행위를 귀속시키는 것이기 때문에 걷는 행위 없이 걷는 자가 있게 되

어 버리고 만다.

(제11게송) 혹은 '걷는 자가 걷는다'고 가정하면 두 가지 걷는 행위가 있게 되어 버린다. (1) 그 사람이 '걷는 자'라고 명시되는 근거가 되는 걷는 행위와 (2) 현재 걷는 자로 존재하는 사람의 걷는 행위이다.

(제12게송) (1) 이미 통과한 지점에서 걷기 시작하는 일은 없다. (2) 아직 통과하지 않은 지점에서 걷기 시작하는 일은 없다. (3) 현재 통과하고 있는 지점에서 걷기 시작하는 일은 없다. 그렇다면 어디에서 걷기 시작하는 것인가. 〔어디에서도 걷기 시작할 수 없다.〕(3구분별)

(제13게송) 걷는 행위를 시작하기 전에는 현재 통과하고 있는 지점도, 이미 통과한 지점도 존재하지 않는다. 만일 존재한다면 거기에서 걷기 시작할 수 있겠지만, 다른 한편으로 아직 통과하지 않은 지점에서 어떻게 걷기 시작할 수 있겠는가.
별역 걷는 행위를 시작하기 이전에는 걷는 행위를 시작할 수 있는 현재 통과하고 있는 지점도, 이미 통과한 지점도 존재하지 않는다. 아직 통과하지 않은 지점에서 어떻게 걷는 행위〔를 시작할〕수 있겠는가.

(제14게송) 걷는 행위의 시작이 전혀 보이지 않을 때 이미 통과한 지점, 현재 통과하고 있는 지점, 아직 통과하지 않은 지점은 각각 어떤 것으로 상정되는 것인가.

(제15게송) 우선 (1) '걷는 자가 멈추어 선다'는 것은 없다. (2) '걷지

않는 자가 멈추어 선다'는 것은 결코 없다. (3) 걷는 자와 걷지 않는 자와도 다른 어떤 '제삼자가 멈추어 선다'는 것이 있겠는가. (3구분별)

(제16게송) 우선 "걷는 자가 멈추어 선다"고 어떻게 말할 수 있겠는가. 걷는 행위 없이 걷는 자는 결코 있을 수 없기 때문이다.

(제17게송) 현재 통과하고 있는 지점에도, 이미 통과한 지점에도, 아직 통과하지 않은 지점에도 걷는 자가 멈추어 서는 일은 없다. (3구분별) 걸음과 걸음의 시작·정지〔가 과거·현재·미래에 걸쳐 부정되는 방식〕은 걷는 행위와 마찬가지이다.

(제18게송) '걷는 행위와 걷는 자가 완전히 같다'는 것은 불합리하다. 다른 한편으로 '걷는 자가 걷는 행위와 전혀 다르다'는 것도 불합리하다. (2구분별)

(제19게송) 만일 걷는 행위와 걷는 자가 완전히 같다고 가정하면 원래 행위자와 행위가 동일하다는 뜻이 되어 버린다.

(제20게송) 한편 만일 걷는 자가 걷는 행위와 전혀 다르다고 상정한다면 걷는 자가 없어도 걷는 행위가 있게 될 것이고 걷는 행위가 없어도 걷는 자가 있게 될 것이다.

(제21게송) 만일 두 가지가 동일하다고 해도, 별개의 다른 것이라고 해도 성립하지 않는다면 그 두 가지는 도대체 어떤 방식으로 성립하

겠는가. 〔결코 성립하지 않는다.〕

(제22게송) 어떤 걷는 행위에 의해 걷는 자가 명시되는 경우, 그 걷는 행위를 그 사람이 하는 것은 아니다. 왜냐하면 확실히 누군가가 어딘가로 걸어가는 것이지만 걷는 행위 이전에 걷는 자 등이 존재하지 않기 때문이다.

(제23게송) 어떤 걷는 행위에 의해 걷는 자가 명시되는 경우, 그것과는 다른 걷는 행위를 그 사람이 하는 것은 아니다. 왜냐하면 한 사람의 걷는 자에게 〔동시에〕 두 가지 걷는 행위는 있을 수 없기 때문이다.

(제24~25게송) (1) 존재하는 걷는 자가 〔과거·현재·미래에서 '존재'·'비존재'·'존재이면서 비존재'인〕 세 종류의 걷는 행위를 하는 일은 없다. (2) 존재하지 않는 걷는 자도 세 종류의 걷는 행위를 하는 일은 없다. (3) 존재하면서 존재하지 않는 걷는 자가 세 종류의 걷는 행위를 하는 일은 없다. (3구분별)
　　그러므로 걷는 행위, 걷는 자, 걷는 대상은 존재하지 않는다. 〔따라서 모든 법은 가는 일도 오는 일도 없다.〕

제 3 장

12처(十二處)의 고찰

주제 '12처(十二處)'의 이론을 논파하여 운동뿐만 아니라 인식도 성립하지 않는다는 것을 논증한다.

3. 1 　반론(전통설): 12처(여섯 감관과 그 대상)는 존재한다. (제1게송)

3. 2 　시각기관(眼根)은 보지 않는다. (제2~5게송)

3. 3 　보는 자는 존재하지 않는다. (제6게송)

3. 4 　시각기관과 그 대상이 존재하지 않기 때문에 12연기(十二緣起)에서 식(識) 이후의 모든 항목은 존재하지 않는다. (제7게송)

3. 5 　결론: 12처는 존재하지 않는다. (제8게송)

(제1게송) **반론** 〔예를 들어 걷는 행위, 걷는 자, 걷는 대상은 존재하지 않는다고 해도 감각기관과 그 대상은 존재한다. 전통적인 불교설에 의하면 이 세계는 12처(안眼·이耳·비鼻·설舌·신身·'의意의 육근六根'과 색色·성聲·향香·미味·촉觸·'법法의 육경六境')로 이루어지고〕 시각기관·청각기관·취각기관·미각기관·촉각기관·사고기관이 여섯 감관(六根)이며 시각대상 등이 그 감관들의 활동영역(六境)이다.

(제2게송) **용수** 실제로 시각기관은 자기 자신을 보지 않는다. 일반적으로 자기 자신을 보지 않는 것이 어떻게 다른 것을 볼 것인가.

(제3게송) 〔불은 자신을 태우지 않지만 다른 것을 태우는 것처럼 시각기관도 자신을 보지는 않지만 다른 것은 본다는〕 '불의 비유'는 시각기관을 확립하기 위한 것으로는 걸맞지 않다. '불의 비유'는 시각기관과 함께 〔이 논서 제2장의〕 현재 통과하고 있는 지점·이미 통과한 지점·아직 통과하지 않은 지점〔이라는 걷는 행위의 과거·현재·미래에 의한 분석〕으로 이미 부정되고 있다.

(제4게송) 〔과거·현재·미래에 의한 분석에서 분명하게 된 것처럼 시각기관이라고 불리는 것이 어떤 것도〕 보지 않는 것이라면 결코 시각기관이 아니기 때문에 '시각기관이 본다'는 이와 같은 일이 어떻게 정당화될 것인가.

(제5게송) ⑴ 시각기관이 보는 일은 결코 없다. ⑵ 시각기관이 아닌 것이 보는 일도 결코 없다. (2구분별)
　바로 시각기관의 분석에 의해 보는 자도 이미 설명되고 있다고 이해해야 한다.

(제6게송) 시각기관이 있든 없든 보는 자는 존재하지 않는다. 보는 자가 존재하지 않기 때문에 그대에게 시각대상과 시각기관이 어떻게 존재할 것인가.

(제7게송) 시각대상과 시각기관이 존재하지 않기 때문에 12연기(十二緣起)에서 식 등의 네 가지 항목(식識·촉觸·수受·애愛)은 존재하지 않는다. 그러므로 취 등의 모든 항목(취取·유有·생生·노사老死)이 하물며 어떻게 존재하겠는가.

(제8게송) 청각기관·취각기관·미각기관·촉각기관·사고기관 그리고 듣는 자·청각대상 등은 바로 시각기관의 분석에 의해 이미 설명되고 있다고 알아야 한다.

제 4 장

5온(五蘊)의 고찰

주제 '12처(十二處)는 존재하지 않아도 5온(五蘊: 색色·수受·상想·행行·식識)은 존재한다'는 반론을 논파한다.

4.1 색온(色蘊)과 그 원인인 사대(四大)는 관계가 없지 않다. (제1~3게송)

4.2 그러나 색온에 관해 인과관계를 상정할 수 없다. (제4~5게송)

4.3 결과는 원인과 유사한 것도 유사하지 않은 것도 아니다. (제6게송)

4.4 결론: 나머지 네 개의 온(蘊) 그리고 모든 존재에 대해 원인과 결과는 상정할 수 없다. (제7게송)

4.5 공성(空性)에 기반한 논의·해설은 논박·비난할 수 없다. (제8~9게송)

(제1게송) 〔예를 들어 12처(十二處)는 존재하지 않아도 중생을 구성하는 5온(五蘊)은 존재한다는 반론에 대해 답한다. 5온에서〕 색〔물질〕의 원인(지地·수水·화火·풍風 4원소)과 관계없는 색은 인정되지 않는다. 색과 관계없는 색의 원인도 보이지 않는다.

(제2게송) 만일 색의 원인과 관계없이 색이 존재한다면 색은 원인을

갖지 않게 되어 버린다. 그러나 원인을 갖지 않는 것은 어디에도 결코 존재하지 않는다.

(제3게송) 한편, 색과 관계없이 색의 원인이 존재한다면 결과를 수반하지 않는 원인이 있게 되어 버릴 것이다. 그러나 결과를 수반하지 않는 원인은 존재하지 않는다.

(제4게송) (1) 색이 존재하는 경우 이미 존재하는 색의 원인이란 있을 수 없다. (2) 색이 존재하지 않는 경우, 존재하지 않는 색의 원인이란 있을 수 없다. (2구분별)

(제5게송) 그러나 원인을 갖지 않는 색이란 건 절대, 결코 있을 수 없다. 그러므로 색에 관해 어떤 상정도 해서는 안 된다.

(제6게송) (1) 원인과 유사한 결과가 일어나는 일은 있을 수 없다. (2) 원인과 유사하지 않은 결과가 일어나는 일도 있을 수 없다. (2구분별)

(제7게송) 〔나머지〕 수·상·행·심(心=識) 〔네 개의 온〕 각각 모두에 그리고 바로 모든 존재에 위에서 서술한 색과 같은 논법이 적용된다.

(제8게송) 〔논쟁할 때〕 공성에 기반해서 논의가 제시되는 경우, 그것을 대론자가 논박해도 그 논박은 모두 논박이라고 부를 가치가 없는 것, 논증되어야 할 것과 같게 되어 버린다.

(제9게송) 〔해탈할 때〕 공성에 기반해서 설명이 될 경우, 그것을 누군가 청중이 비난해도 그 비난은 모두 비난이라고 부를 가치가 없는 것, 논증되어야 할 것과 같게 되어 버린다.

제 5 장

6계(六界)의 고찰

주제 '경험 세계의 구성 요소인 6계(六界: 지地·수水·화火·풍風·허공虛空·식識)는 존재한다'는 반론을 논파한다.

5. 1   허공은 특징지어지기 전에 특징지어지는 것(所相)으로
        존재하지 않는다. (제1~2게송)

5. 2   특징지어지는 것이 존재하지 않으면 특징짓는 것(能相)도
        존재하지 않는다. (제3~4게송)

5. 3   특징지어지는 것도, 특징짓는 것도 이 둘과 다른 제삼자도
        존재하지 않는다. 존재도 없다면 비존재도 없다. (제5~6게송)

5. 4   결론: 허공뿐만 아니라 다른 5계(五界) 또한 존재하는 것도
        존재하지 않는 것도 아니고, 특징짓는 것도 특징지어지는 것도
        아니다. 존재와 비존재를 보는 자는 열반을 보지 못한다. (제7~8게송)

(제1게송) 〔경험 세계의 구성 요소인 6계(六界)가 존재하기 때문에 5온(五蘊)·12처(十二處)도 존재한다는 반론에 답한다. 6계의 지(地)·수(水)·화(火)·풍(風)·허공(虛空)·식(識) 중〕 허공이라고 불리는 것은 독

자적인 특징(相)이 부여되기 이전에는 전혀 존재하지 않는다. 만일 특징이 부여되기 이전에 존재한다면 그것은 특징을 갖지 않는 것이 되어 버릴 것이다.

(제2게송) 그러나 특징을 갖지 않는 것은 결코 어디에도 존재하지 않는다. 특징을 갖지 않는 것이 존재하지 않는 이상 특징은 〔무엇인가를 특징짓는다고 하는〕 그 본래의 특성을 발휘하기 위해〕 어디로 가면 좋은 것인가.

(제3게송) 특징을 갖지 않는 것에도, 갖는 것에도 특징은 적용되지 않는다. 특징을 갖는 것, 갖지 않는 것과는 다른, 무엇인가 다른 것에 특징이 적용되는 일도 없다. (3구분별)

(제4게송) 그리고 특징이 적용되지 않는 한 특징지어지는 것은 있을 수 없다. 그러나 특징지어지는 것이 있을 수 없다면 특징짓는 것도 불가능하다.

(제5게송) 그러므로 특징지어지는 것은 존재하지 않고 특징짓는 것도 결코 존재하지 않는다. '특징짓는 것' '특징지어지는 것'과는 다른 것도 결코 존재하지 않는다.

(제6게송) 그러나 존재하는 것이 없는 경우, 비존재라는 것은 도대체 어떤 비존재일 것인가. 그리고 존재, 비존재와는 다른 〔무엇인가 있는 것이 아니기 때문에 존재·비존재가 부정된다면〕 누가 존재·비존재를

알 것인가.

(**제7게송**) 그러므로 허공은 존재도 비존재도 아니고 특징지어지는 것
도 특징짓는 것도 아니다. 나머지 다섯 구성 요소도 허공과 마찬가지
이다.

(**제8게송**) 그러나 '모든 법은 존재한다' 혹은 '존재하지 않는다'라고
보는 지혜가 얕은 자들은 보이는 것이 적멸한 상서로운 〔열반〕을 보
지 못한다.

제 6 장

욕망과 욕망을 갖는 자의 고찰

주제 '세존(世尊, 붓다)이 욕망이나 욕망을 갖는 자에 관해 말하기 때문에 5온(五蘊)·12처(十二處)·6계(六界)는 존재한다'는 반론을 논파한다.

6. 1   욕망과 욕망을 갖는 자는 어느 쪽이 먼저 있어도 성립하지 않는다.

  (제1~2게송)

6. 2   욕망과 욕망을 갖는 자는 동시에도 성립하지 않는다. (제3게송)

6. 2. 1 양자가 동일하다면 공존하지 않는다. (제4~5게송)

6. 2. 2 양자가 별개라고 해도 공존하지 않는다. (제6~9게송)

6. 3   결론: 양자는 동시에도, 순서대로도 성립하지 않는다. 마찬가지로 모든 법은 동시에도, 순서대로도 성립하지 않는다. (제10게송)

(제1~2게송) 〔세존〔붓다〕이 욕망이나 욕망을 갖는 자에 대해 설했기 때문에 5온(五蘊)·12처(十二處)·6계(六界)는 존재한다는 반론에 대답한다.〕 (1) 만일 '욕망을 갖지 않는 욕망자'가 욕망이 생기기 이전에 존재한다고 가정한다면 욕망은 그 사람을 조건으로 생기겠지만 〔그러

면〕 욕망자가 이미 존재하고 있음에도 불구하고 욕망이 〔다시〕 생기게 될 것이다. 〔그러나 그런 일은 있을 수 없다.〕 (2) 다른 한편으로 욕망자가 사전에 존재하지 않는 경우, 도대체 누구에게 욕망이 생기겠는가. (2구분별)

욕망이 이미 존재하는 경우에도 존재하지 않는 경우에도 바로 앞에서 〔욕망을 부정한 것과〕 같은 논법이 욕망자에게도 적용〔되어 부정〕된다.

(제3게송) 나아가 욕망과 욕망을 갖는 자가 완전히 동시에 일어난다고 하는 것도 불합리하다. 왜냐하면 동시에 일어나는 욕망과 욕망을 갖는 자는 서로 상대에게 의존하지 않는 독립적인 존재가 되어 버리기 때문이다.

(제4게송) (1) 욕망과 욕망을 갖는 자가 완전히 같은 경우, 양자는 공존하지 않는다. 같은 것이 같은 것과 공존하는 일은 없기 때문이다. (2) 다른 한편으로 양자가 완전히 별개인 경우, 완전히 별개인 것이 어떻게 공존하겠는가. (2구분별)

(제5게송) (1) 양자가 완전히 같은 것일 때 공존 관계가 있다고 가정할 경우, 그와 같은 공존 관계는 관계되는 한쪽이 없어도 성립해야 할 것이다. (2) 완전히 별개의 것일 때 공존 관계가 있다고 가정하는 경우, 그와 같은 공존 관계 또한 관계되는 한쪽이 없어도 성립해야 할 것이다. (2구분별)

(제6게송) 나아가 양자가 완전히 별개일 때 공존 관계가 있다고 가정하는 경우, 욕망과 욕망을 갖는 자가 각각 별개라는 것이 어떻게 성립할 수 있겠는가. 만일 각각 별개임이 성립한다면 양자가 공존하는 것도 가능하다.

별역 나아가 양자가 완전히 별개일 때 공존 관계가 있다고 가정하는 경우, 욕망과 욕망을 갖는 자가 각각 별개라는 것이 어떻게 성립할 수 있겠는가. 각각 별개임이 성립한다면 양자가 공존하〔는 것도 가능하다〕.

(제7게송) 그러나 만일 욕망과 욕망을 갖는 자가 각각 별개라는 것이 성립한다면 그대가 양자는 공존한다고 상정하는 것에 어떤 의미가 있는가.

(제8게송) 그대는 한편으로는 '양자는 각각 별개의 것으로 성립하지 않는다'고 인정하면서 다른 한편으로는 '양자가 공존한다'는 것을 기대하고 있다. 나아가 그 공존 관계를 성립시키기 위해 그대는 '양자가 각각 별개이다'라고 주장하고 있다. 〔그것은 자기모순이다.〕

(제9게송) 나아가 욕망과 욕망을 갖는 자가 각각 별개라는 것은 성립하지 않기 때문에 양자 사이에 공존 관계는 성립하지 않는다. 양자 사이의 어떤 개별적인 차이(別異性: 각각 별개라는 것)를 전제로 하여 양자 사이에 공존 관계가 있다고 그대는 주장하는가.

(제10게송) 그러므로 욕망은 욕망을 갖는 자와 동시에 성립하는 것도

아니고 순서대로 성립하는 것도 아니다. (2구분별)

　　욕망과 마찬가지로 모든 법은 동시에 성립하는 것도 아니고 순서
대로 성립하는 것도 아니다. (2구분별)

제 7 장

유위법(有爲法)의
생기상·지속상·소멸상 고찰

주제 설일체유부 교학의 기본이론인 유위(有爲)의 '세 가지 특징[三相: 생기상(生起相)·지속상(持續相)·소멸상(消滅相)]'이 성립할 수 없다는 것을 논증한다.

7.1   유위상(有爲相)은 유위상일 수 없다. (제1~3게송)

7.2   반론(설일체유부): 원래의 생기상과 생기의 생기상이 있다.

         (제4게송)

7.2.1   생기의 생기상의 부정 (제5~7게송)

7.2.2   반론(설일체유부): 등불이 자신과 타자를 비추는 것처럼

         생기상은 자신과 타자를 일으킨다. (제8게송)

7.2.2.1 등불의 비유에 대한 부정 (제9~12게송)

7.2.3   과거·현재·미래 분석에 의한 생기상 부정 (제13~15게송)

7.2.4   생기(生起)는 무자성(無自性) (제16게송)

7.2.5   과거·현재·미래 분석에 의한 생기상 부정 (이어서) (제17~21게송)

7.3   과거·현재·미래 분석에 의한 지속상 부정 (제22~25게송)

7.4   과거·현재·미래 분석에 의한 소멸상 부정 (제26~32게송)

7.5 결론: 세 가지 특징이 성립하지 않기 때문에 유위·무위(無爲)의 모든 법은 성립하지 않는다. 모든 법의 생기·지속·소멸은 꿈이나 환상과 같다. (제33~34게송)

....

(제1게송) 〔세존〔붓다〕은 인과관계로 제약되는 존재〔有爲法〕는 생기·지속·소멸이라는 세 가지 특징〔三相〕이 있다고 설했기 때문에 인과관계로 제약되는 5온(五蘊)·12처(十二處)·6계(六界)가 존재한다는 반론에 대답한다.〕 ⑴ 만일 그 생기라는 특징이 인과관계로 제약된다면 그것에도 유위법의 세 가지 특징이 결합하는 것이 된다. ⑵ 다른 한편으로 그 생기라는 특징이 인과관계로 제약되지 않는(無爲)다면 어떻게 그것이 유위법의 특징일 것인가. (2구분별)

(제2게송) ⑴ 생기 등 유위법의 세 가지 특징은 세 가지가 동반하지 않는 경우, 유위법을 특징짓는다는 기능을 발휘할 수 없을 것이다. ⑵ 다른 한편으로 세 가지가 함께 하는 경우, 어떻게 하나의 유위법에 생기·지속·소멸이라는 서로 어긋나는 세 가지 특징이 동시에 존재할 수 있겠는가. (2구분별)

(제3게송) ⑴ 생기·지속·소멸이라는 유위상(有爲相)이 다시 다른 유위상(생기·지속·소멸)을 갖는 경우 〔생기의 생기상(生起相), 생기의 생기의 생기상 등처럼〕 악무한(惡無限, 무궁)에 빠진다. ⑵ 다른 한편으로 유위상이 다시 다른 유위상을 갖지 않는 경우, 그와 같은 유위상은 유위법이 아닌 것이 된다. (2구분별)

(제4게송) 반론 생기의 생기상(을)은 원래의 생기상(갑) 만을 일으키는 것이다. 한편 원래의 생기상(갑)은 생기의 생기상(을)을 일으킨다.

(제5게송) 용수 그대에 의하면 생기의 생기상(을)이 원래의 생기상(갑)을 일으키는 것이지만 만일 그렇다면 원래의 생기상(갑)에 의해 아직 만들어지지 않은 생기의 생기상(을)이 어떻게 그대가 말하는 원래의 생기상(갑)을 일으키는 일이 있겠는가.

(제6게송) 만일 원래의 생기상(갑)에 의해 만들어진 생기의 생기상(을)이 그대가 말하는 원래의 생기상(갑)을 일으키는 것이라면 생기의 생기상(을)에 의해 아직 만들어지지 않은 원래의 생기상(갑)이 어떻게 생기의 생기상(을)을 일으킬 수 있겠는가.

(제7게송) 만일 원래의 생기상(갑)이 그 자신은 아직 일어나지 않았는데 생기의 생기상(을)을 일으킬 수 있다면 그대가 말하는 원래의 생기상(갑)은 지금 바로 일어나고 있을 때 확실하게 생기의 생기상(을)을 일으켜야 할 것이다. 〔그러나 그런 일은 일어나지 않는다.〕

(제8게송) 반론 생기상은 자신·타자의 양자를 일으켜야 하는 것이다. 마치 등불이 자신·타자의 양자를 비추어 드러내는 것처럼.

(제9게송) 용수 실제로 빛이란 어둠의 파괴자이지만 등불 자신과 그 등불이 있는 장소에 어둠은 존재하지 않는다. 등불은 도대체 무엇을 비추어 드러내는 것인가. 〔자신과 타자의 어느 쪽도 비추어 드러내는

일은 없다.〕

(제10게송) 지금 바로 일어나고 있는 등불에 의해 어둠이 파괴되는 일이 어떻게 있을 것인가. 그때 등불은 지금 바로 일어나고 있는 것이어서 어둠에 도달하고 있지 않기 때문이다.

(제11게송) 혹은 등불이 어둠에 결코 도달하지 않고 어둠을 파괴한다면 여기에 존재하는 등불이 전 세계에 존재하는 어둠을 파괴하게 될 것이다. 〔그러나 그런 일은 있을 수 없다.〕

(제12게송) 만일 등불이 자신·타자를 비추어 낸다면 어둠도 의심 없이 자신·타자를 덮어 감추게 될 것이다.

(제13게송) (1) 아직 일어나지 않은 생기상이 어떻게 자기 자신을 일으키는 일이 있겠는가. (2) 혹은 이미 일어나고 있는 생기상이 자기 자신을 일으킨다면 생기상은 이미 일어나고 있는 것이기 때문에 다시 무엇이 일어난다는 것인가.

(제14게송) 현재 일어나고 있는 것도 이미 일어난 것도 아직 일어나지 않은 것도 결코 일어나는 일은 없다. 그것은 〔이 논서 제2장의〕 현재 통과하고 있는 지점·이미 통과한 지점·아직 통과하지 않은 지점〔이라는 걷는 행위의 과거·현재·미래에 의한 분석〕에 의해 이미 설명되고 있다.

(제15게송) 현재 일어나고 있는 이것은 무엇인가의 생기에 성공하지 않는 한 어떻게 그 생기를 조건으로 현재 일어나고 있다고 말하게 될 것인가.

(제16게송) 일반적으로 무엇인가를 조건으로 일어나는 것은 고유한 성질이라는 점에서는 적정(寂靜＝무자성無自性)이다. 그렇기 때문에 현재 일어나고 있는 것도 생기 그 자체도 적정인 것이다.

(제17게송) 만일 아직 일어나지 않은 무엇인가가 어딘가에서 얻어질 수 있다면 그것이 일어나는 일도 있을 것이다. 그러나 그것이 존재하지 않을 때 도대체 무엇이 일어나는 것인가.
예샤오융(叶少勇) 텍스트의 별역 만일 아직 일어나지 않은 무엇인가가 어딘가에서 얻어질 수 있다면 그것은 어째서 거기에 다시 일어날 필요가 있겠는가. 그것이 이미 존재한다면 어떻게 일어나는 일이 있겠는가.

(제18게송) 그러나 만일 생기상이 현재 일어나고 있는 것을 일으키는 것이라면 그 생기상을 어떠한 생기상이 다시 일으키는 것일까.

(제19게송) 만일 그 생기상을 다른 생기상이 일으킨다면 악무한(惡無限)에 빠질 것이다. 혹은 이미 일어난 것은 생기상을 수반하지 않는다고 한다면 마찬가지로 생기상 없이 모든 것이 일어나야 할 것이다.

(제20게송) 우선 존재, 나아가 비존재 그리고 존재이면서 비존재가 생

기한다는 것은 불합리하다. 이것은 이미 〔이 논서 제1장과 제2장에서〕 설명을 끝냈다.

(제21게송) (1) 현재 소멸하고 있는 것이 생기한다는 것은 있을 수 없다. (2) 그러나 현재 소멸하고 있는 상태가 아닌 것도 있을 수 없다. (2구분별)

(제22게송) (1) 이미 지속한 것이 지금 지속하는 일은 없다. (2) 아직 지속한 적이 없는 것이 지금 지속하는 일도 없다. (3) 현재 지속하고 있는 것이 지금 지속하는 일도 없다. (3구분별)
　원래 일어난 적 없는 것이 어떻게 지속할 것인가.

(제23게송) (1) 현재 소멸하고 있는 것이 지속하는 일은 있을 수 없다. (2) 그러나 현재 소멸하고 있는 상태가 아닌 것도 있을 수 없다. (2구분별)

(제24게송) 모든 것이 항상 늙고 죽는다는 성질을 갖는 이상 어떤 것이 늙음과 죽음을 경험하지 않고 영원히 지속할 것인가.

(제25게송) 자기 자신에 의해서도 다른 생기상에 의해서도 생기상이 생기하는 일이 없는 것처럼 자기 자신에 의해서도 다른 지속상에 의해서도 지속상이 지속한다는 것은 불합리하다.

(제26게송) (1) 아직 소멸하지 않은 것이 지금 소멸하는 일은 없다. (2) 이미 소멸한 것이 지금 소멸하는 일도 없다. (3) 마찬가지로 현재 소멸

하고 있는 것이 지금 소멸하는 일도 없다. (3구분별)

원래 생긴 적 없는 것이 어떻게 소멸하는 일이 있겠는가.

(제27게송) 우선, 이미 지속을 끝내〔고 소멸한〕 것이 〔다시〕 소멸하는 일은 있을 수 없다. 다른 한편으로 아직 지속한 적이 없는 것이 소멸하는 일도 있을 수 없다. (2구분별)

(제28게송) (1) 어떤 상태가 그와 같은 상태, 즉 그 자신에 의해 소멸하는 일은 없다. (2) 다른 한편으로 어떤 상태가 전혀 다른 상태에 의해 소멸하는 일도 없다. (2구분별)

(제29게송) 어떤 법도 생기하는 일이 있을 수 없을 때, 마찬가지로 어떤 법도 소멸하는 일은 있을 수 없다.

(제30게송) 우선 존재하는 것이 소멸하는 일은 있을 수 없다. 왜냐하면 〔'존재하는 것이 소멸한'고 하는 것처럼 존재와 소멸이〕 어떤 하나를 가리킬 때 그것은 존재일수도 비존재일 수도 없기 때문이다.

(제31게송) 한편 존재하지 않는 것에도 소멸은 있을 수 없다. 마치 존재하지 않는 두 번째 머리를 베는 일이 없는 것처럼.

(제32게송) 생기상이 그 자신에 의해서도 다른 생기상에 의해서도 일어나는 일이 없는 것과 같이 소멸상이 그 자신에 의해서도 다른 소멸상에 의해서도 소멸하는 일은 없다.

(**제33게송**) 생기·지속·소멸의 세 가지 특징이 성립하지 않기 때문에 유위법은 존재하지 않는다. 유위법이 성립하지 않을 때 어떻게 무위법이 성립하겠는가.

(**제34게송**) 생기도 지속도 소멸도, "환영과 같이 꿈과 같이 신기루와 같이"라고 〔모든 붓다는〕 말씀하셨다.

제 8 장

행위자와 행위대상의 고찰

주제 행위자는 어떤 것도 만들지 않고 행위대상도 만들어지는 일은 없다. 양자는 서로 의존관계에 있다.

8.1 　　과거·현재·미래에서 행위자는 행위대상을 만들지 않는다.

8.1.1 　과거의 행위자가 과거의 행위대상을, 미래의 행위자가 미래의 행위대상을 만드는 일은 없다. (제1~6게송)

8.1.2 　현재의 행위자가 현재의 대상을 만드는 일도 없다. (제7게송)

8.1.3 　과거의 행위자가 미래의 대상을, 미래의 행위자가 과거의 대상을 만드는 일도 없다. (제8게송)

8.1.4 　과거의 행위자가 미래의 대상도, 현재의 대상도 만드는 일은 없다. (제9게송)

8.1.5 　미래의 행위자가 과거의 대상도, 현재의 대상도 만드는 일은 없다. (제10게송)

8.1.6 　현재의 행위자가 과거의 대상도, 미래의 대상도 만드는 일은 없다. (제11게송)

8.2 　　행위자와 행위대상은 서로 의존관계에 있기 때문에 독립적인 존재가 아니다. (제12게송)

8.3 결론: 이상 행위자와 행위대상의 부정법은 모든 주객 관계에 있는 것에 적용된다. **(제13게송)**

....

(제1게송) 〔붓다〔世尊〕는 행위자가 선악의 행위를 한다고 설명하셨기 때문에 그 행위에 의해 만들어지는 유위법(有爲法)은 존재한다는 반론에 대답한다.〕 ⑴ 이미 존재하는 행위자가 이미 존재하는 행위대상을 새롭게 만들어 내는 일은 없다. ⑵ 다른 한편으로 아직 존재하지 않는 행위자가 아직 존재하지 않는 행위대상을 목표로 하는 일은 없다.

(제2게송) 행위자가 이미 존재하는 경우, 다시 또 행위는 필요하지 않다. 그렇다면 행위의 대상은 행위자를 수반하지 않게 될 것이다.

　행위의 대상이 이미 존재하는 경우, 다시 또 행위는 필요하지 않다. 그렇다면 행위자는 행위의 대상을 수반하지 않는 것이 될 것이다.

　주(註): 행위〔業〕의 원어 karman은 행위와 행위대상의 뜻을 모두 가진다.

(제3게송) 만일 아직 존재하지 않는 행위자가 아직 존재하지 않는 대상을 만들어 내는 것이라면 행위의 대상은 원인을 수반하지 않는 것이 될 것이고, 행위자도 원인을 수반하지 않는 것이 될 것이다.

(제4게송) 원인이 없다면 결과도 보조인(補助因)도 존재하지 않는다. 그것들이 없다면 행위도 행위자도 행위수단도 존재하지 않는다.

(**제5게송**) 행위 등이 있을 수 없을 때 선·악의 행위 결과로 일어나는 덕(德)·부덕(不德)도 존재하지 않아야 한다. 덕·부덕이 존재하지 않는다면 그것으로부터 일어나는 즐거움[樂]·즐겁지 않음[不樂]의 과보(果報)도 존재하지 않는다.

(**제6게송**) 과보가 없다면 해탈(解脫)하거나 하늘에 오르기 위한 방법[道]도 있을 수 없다. 그리고 모든 행위는 무의미하게 되어 버리고 말 것이다.

(**제7게송**) (3) 존재하면서 존재하지 않는 [현재의] 행위자가 존재하면서 존재하지 않는 [현재의] 대상을 만드는 것도 아니다. 왜냐하면 서로 모순되는 존재와 비존재가 어떻게 하나로 있을 수 있겠는가.

(**제8게송**) (4) 이미 존재하는 행위자에 의해 아직 존재하지 않는 대상이 만들어지는 것은 아니다. (5) 또한 아직 존재하지 않는 행위자에 의해 이미 존재하는 대상이 만들어지는 것도 아니다. 왜냐하면 그 경우 지금까지 지적했던 모든 오류가 수반되기 때문이다.

(**제9게송**) 이미 설명한 이유에 의해 (4) 이미 존재하는 행위자가 아직 존재하지 않는 대상을 만드는 것도 아니고 (6) 존재하면서 존재하지 않는 대상을 만드는 것도 아니다.

(**제10게송**) 이미 설명한 이유에 의해 (5) 아직 존재하지 않는 행위자도 이미 존재하는 대상을 만드는 일은 없고 (7) 존재하면서 존재하지 않

는 대상을 만드는 일도 없다.

(제11게송) (8) 존재하면서 존재하지 않는 〔현재의〕 행위자가 이미 존재하는 대상을 만드는 일은 없고 (9) 아직 존재하지 않는 대상을 만드는 일도 없다. 그것은 이미 설명했던 이유에 의해 이해할 수 있을 것이다.

　주(註): 이상, 과거·현재·미래의 행위자와 과거·현재·미래의 행위대상에 대해 아홉 가지의 모든 조합이 열거되고 있다.

(제12게송) 행위의 대상을 조건으로 행위자〔라는 개념·명칭〕은 일어나고 그 행위자를 조건으로 행위의 대상〔이라는 개념·명칭〕은 일어난다. 〔이와 같은 상호의존관계〕 이외에 양자가 성립하는 근거를 우리는 찾아내지 못한다.

(제13게송) 이와 같은 이유로 행위대상과 행위자가 부정되기 때문에 마찬가지로 〔집착의 대상인 오〕취〔온(五取蘊)과 그것에 집착하는 자도 부정된다는 것〕이 이해되어야 한다. 나머지 모든 것도 행위대상과 행위자에 따라 이해해야 한다.

제 9 장

집착의 대상과 집착하는 자의
전후 관계 고찰

주제 '행위는 물론, 감각기관이나 그것에 기반하는 마음의 작용이 속해야 할 주체(《사람(뿌드갈라)》)가 존재한다'고 하는 독자부(犢子部)의 주장을 논파한다.

9. 1   반론(독자부): 감각기관이나 마음의 작용이 소속하는 〈사람〉이

         존재한다. (제1~2게송)

9. 2   감각기관이나 마음의 작용 이전에 〈사람〉을 설정하는

         근거는 없다. (제3~5게송)

9. 3   반론(독자부): 모든 감각기관이 일어나지 않는다면 〈사람〉은

         존재하지 않지만 하나하나의 감각기관은 그것에 대응하는

         인식주체를 나타나게 한다. (제6게송)

9. 4   감각기관이 일어나기 전에 〈사람〉이 존재하지 않는다면

         하나하나의 인식주체도 존재하지 않아야 할 것이다. (제7~9게송)

9. 5   〈사람〉이 존재하지 않는다면 감각기관이나 마음의 작용도

         존재하지 않는다. (제10~11게송)

9. 6   결론: 감각기관의 전에도 후에도 동시에도 존재하지 않는

         〈사람〉이 존재하는지 아닌지의 여부는 판단할 수 없다. (제12게송)

(제1게송) 반론 어떤 사람들(독자부)은 말한다. 〔행위대상과 행위자를 부정하는 것은 잘못이다.〕 시각기관·청각기관 등의 감관(六根), 혹은 감수(感受) 등의 마음작용(心所)이 존재하기 이전에 그것들이 이후에 속하게 되는 〈사람〉이 이미 존재한다.

　　주(註): 이 장에서 '〈사람〉'의 원어 '뿌드갈라'는 등장하지 않지만 문맥
　　상 맥락에 맞게 번역한다.

(제2게송) 왜냐하면 현재 존재하지 않는 〈사람〉에게 어떻게 시각기관 등이 속하게 될 것인가. 그러므로 그것들이 존재하기 이전에 〈사람〉이 확립된 것으로 존재한다.

(제3게송) 용수 시각기관이나 청각기관 등 그리고 감수 등이 존재하기 이전에 〈사람〉이 확립된 것으로 존재한다면 그 〈사람〉은 도대체 무엇에 기반해서 개념설정(施設)되는 것인가.

(제4게송) 예를 들어 시각기관 등이 없어도 만일 〈사람〉의 존재가 확립되는 것이라면 전자(〈사람〉)도 또한 후자(시각기관 등)가 없어도 확립된 것으로 존재하게 될 것이다. 이것에 대해 의심은 없다.

(제5게송) 어떤 〈사람〉의 존재는 무엇인가〔의 원인, 즉 5취온(五取蘊)이라는 집착의 대상〕에 의해 나타나게 되고 어떤 〔원인의〕 존재는 무엇인가의 〈사람〉에 의해 나타나게 된다. 무엇인가〔의 원인〕이 없으면 어떤 〈사람〉의 존재는 어떻게 나타나게 될 것인가. 무엇인가의 〈사람〉이

존재하지 않으면 어떤 〔원인〕의 존재는 어떻게 나타나게 될 것인가. 〔양자는 서로 의존관계에 있기 때문에 둘 다 성립하지 않는다.〕

(제6게송) **반론** 시각기관 등의 모든 것이 일어나기 이전에는 어떤 〈사람〉도 존재하지 않는다. 그러나 시각기관 등의 어느 것이든 하나에 의해 각각 다른 때 〔각각 다른 인식주체의 존재〕가 나타나게 된다.

(제7게송) **용수** 만일 시각기관 등의 모든 것이 일어나기 전에는 어떤 〈사람〉도 존재하지 않는다면 시각기관 등 하나하나가 일어나기 전에 어떻게 〔각각 별개의 인식주체가〕 존재하는 일이 있겠는가.

(제8게송) 만일 보는 자와 듣는 자와 느끼는 자가 완전히 같다면 〔동일한 인식주체가〕 하나하나의 감관보다 이전에 존재할 수 있을 것이다. 그러나 그와 같은 일은 불합리하다.

(제9게송) 한편 만일 보는 사람과 듣는 사람과 느끼는 사람이 완전히 별개라고 한다면, 보는 사람이 있을 때 듣는 사람도 있게 될 것이다. 그리고 〔한 사람이〕 다수의 자기(ātman)를 갖게 될 것이다.

(제10게송) 시각기관이나 청각기관 등, 혹은 감수(感受) 등이 그곳으로부터 일어나는 4원소 중에도 자기〔〈사람〉〕는 존재하지 않는다.

(제11게송) 시각기관이나 청각기관 등, 혹은 감수 등이 소속하는 〈사람〉이 존재하지 않는다면 그 여섯 감관들이나 마음의 작용들도 존재

하지 않는다.

(제12게송) 〔이상의 논증〔立論〕에 의해〕 시각기관 등이 일어나기 이전에 또는 지금 〔동시에〕 그리고 그 이후에 존재하지 않는 〈사람〉에 대해 '〈사람〉은 존재한다'라든가 '〈사람〉은 존재하지 않는다'는 판단은 소멸한다.

제 10 장

불과 연료의 고찰

주제 '불과 연료의 관계와 같이 행위주체[(사람)]와 행위대상은 존재한다'는 독자부(犢子部)의 주장을 논파한다.

10. 1   불과 연료는 같은 것도 아니고 다른 것도 아니다. (제1게송)

10. 2   불과 연료가 다르다면 불은 연료 없이 계속 태울 수 있어
          연료가 필요하지 않게 된다. (제2~3게송)

10. 2. 1   태워지고 있는 것이 연료라면 그것을 태우고 있는 것은 무엇인가.
          (제4게송)

10. 2. 2   불과 연료가 다르다면 연료에 도달하지 않고서도
          계속 태울 수 있을 것이다. (제5게송)

10. 2. 3   반론: 남자와 여자처럼 불은 연료와 다르기 때문에
          연료에 도달할 수 있다. (제6게송)

10. 2. 4   남자와 여자의 [예와는] 달리 불과 연료는
          서로 배제하는 관계에는 속하지 않는다. (제7게송)

10. 3   불과 연료 사이에 서로 의존하는 관계는 성립할 수 없다.
          (제8~11게송)

10. 4   불과 연료는 서로 의존해서 성립하는 것도, 서로 의존하지 않고

성립하는 것도 아니다. (제12게송)

10. 5   소결(小結): 불은 연료 아닌 것으로부터 생기지 않지만
연료 속에 존재하는 것도 아니다. (제13게송 전반)

10. 6   불과 연료의 관계는 과거·현재·미래에 의한 분석으로
부정된다. (제13게송 후반)

10. 7   불과 연료 사이의 관계는 5형태분석으로 부정된다. (제14게송)

10. 8   결론: 〈사람〉과 5온의 관계는 불과 연료의 분석에 의해 설명된다.
〈사람〉과 온갖 존재는 같다거나 다르다고 설명하는 사람은
붓다의 진정한 가르침의 의미를 모르는 자이다. (제15~16게송)

(제1게송) 〔독자부(犢子部)는 '〈사람〉은 존재한다'고 주장하기 위해 행위주체와 그 대상과의 관계를 '불과 연료'에 비유하지만〕 (1) 만일 불과 연료가 같다면 행위주체와 그 대상이 하나가 될 것이다. (2) 만일 불과 연료가 다르다면 연료가 없어도 불이 있게 될 것이다. (2구분별)

(제2게송) 〔연료 없이 불이 있다고 한다면〕 불은 영원히 계속해서 빛나게 될 것이다. 불을 빛나게 하는 원인인 연료를 필요로 하지 않게 될 것이다. 반복해서 연료를 태우는 것은 무의미하게 될 것이다. 이렇게 하여 불은 연소작용을 하지 않게 될 것이다.

(제3게송) 〔연료 없이 불이 있다고 한다면〕 불은 타자에 의존〔觀待〕하지 않기 때문에 불을 빛나게 하는 원인인 연료를 필요로 하지 않는다. 불이 영원히 계속해서 빛난다면 반복해서 연료를 태우는 것은 무의미

하게 되어 버린다.

(제4게송) 만일 여기에서 대론자가 "현재 태워지고 있는 것이 연료이다"라고 말한다면 연료가 단지 그러한 것, 〔즉 태워지고 있는 한 '연료'라고 불리는 것〕에 지나지 않을 때 그 연료는 도대체 무엇에 의해 태워지고 있는 것인가. 〔"그것은 불이다"라고 대답할 것이지만 이는 제5게송 이하의 논의에서 부정된다.〕

(제5게송) 연료와 전혀 다른 불이 연료에 도달하는 일은 없을 것이다. 도달하지 않는 불이 연료를 태우는 일은 없을 것이다. 나아가 연료를 태울 필요가 없다면 불은 꺼지는 일도 없을 것이다. 또한, 꺼지지 않는 불은 〔연소라는〕 독자적인 특징을 계속 갖게 될 것이다.

(제6게송) 만일 "마치 〔완전히 별개의 존재인〕 남성이 여성을, 여성이 남성을 만질 수 있는 것처럼 불은 연료와 전혀 다른 것이기 때문에 비로소 연료에 도달할 수 있다"라는 반론이 있다면,

(제7게송) 만일 불과 연료가 서로 배제하는 관계에 있다면 불은 연료와 전혀 다른 것이 되고 〔그대가 말하는 것처럼〕 연료에 확실하게 도달할 것이다. 〔그러나 불과 연료가 서로 배제하는 일은 있을 수 없다.〕
별역 만일 불과 연료가 서로 배제하는 관계에 있다면 불은 연료와 전혀 다른 것이 되고 〔남자와 여자가 생각한 대로 서로 만지는 것처럼〕 연료에 확실하게 도달할 것이다. 〔그러나 불과 연료가 서로 배제하는 일은 있을 수 없다.〕

(제8게송) 만일 불은 연료에 의존하고 연료는 불에 의존한다면 둘 중 어느 쪽이 먼저 일어나 그것에 의존하여 불, 혹은 연료가 일어나는 것인가.

(제9게송) 〔원래부터 이미 성립한 것에만 의존관계는 가능하기 때문에〕 만일 불이 연료에 의존하여 성립한다면 연료는 이미 성립하고 있는 불을 다시 성립시키게 될 것이다. 또한, 불을 수반하지 않는 연료가 있게 될 것이다. 〔어느 쪽도 불합리하다.〕

(제10게송) 어떤 것(갑)이 다른 어떤 것(을)에 의존해서 성립하는 경우, 만일 그 갑에 의존하여 갑의 의존 대상인 을이 성립한다면 도대체 무엇에 의존해서 무엇이 성립하는 것인가.

(제11게송) 어떤 것이 무엇인가 별개의 것에 의존하여 성립하는 경우 어떻게 아직 성립하지 않은 것이 무엇인가에 의존하는 일이 있겠는가. 혹은 이미 성립한 것이 무엇인가에 의존하는 것이라고 해도, 이미 성립한 것이 무엇인가에 의존하는 것은 불합리하다.

(제12게송) (1) 불은 연료에 의존해서 성립하지 않는다. (2) 불은 연료에 의존하지 않고 성립하지도 않는다. (2구분별)

　　(1) 연료는 불에 의존해서 성립하지 않는다. (2) 연료는 불에 의존하지 않고 성립하지 않는다. (2구분별)

(제13게송) 불은 연료 아닌 것으로부터 생겨나는 일은 없다. 불은 연

료 속에 존재하지 않는다.

여기에서 [불과] 연료에 관한 나머지 논의는 [제2장의] 현재 통과하고 있는 지점·이미 통과한 지점·아직 통과하고 있지 않은 지점[이라는 건 걷는 행위의 과거·현재·미래에 의한 분석]으로 이미 설명했다.

(제14게송) 나아가 (1) 불은 연료와 같지 않다. (2) 불은 연료와 다른 것에는 없다. (3) 불은 연료를 소유하지 않는다. (4) 불 속에 연료는 없다. (5) 연료 속에 불은 없다. (5형태분석)

(제15게송) 자기(=〈사람〉)와 그 집착 대상[取=五蘊]에 관한 온갖 논의의 순서는 항아리나, 천 등과 함께 남김없이 불과 연료의 분석으로 설명되었다.

(제16게송) "자기(=〈사람〉)와 온갖 존재는 같다", 혹은 "별개이다"라고 말하는 사람들은 붓다의 진정한 가르침의 의미를 아는 자가 아니라고 나는 생각한다.

제 11 장

윤회의 시작에 대한 고찰

주제 "윤회는 시작도 없고 끝도 없다고 하신 붓다〔世尊〕의 말씀에 의하면 윤회는 존재하고 그 윤회의 주체인 〈사람〉도 존재한다"라고 하는 독자부(犢子部)의 주장을 논파한다.

11. 1   전통설: 윤회는 시작도 없고 끝도 없다. (제1게송)

11. 2   시작도 없고 끝도 없는 것에는 중간도 없고 선·후·동시라는
          순서 관계도 없다. (제2게송)

11. 3   태어남〔生〕, 늙음과 죽음〔老死〕 사이에는 세 종류의
          순서 관계가 없다. (제3~5게송)

11. 4   결론: 순서 관계가 성립하지 않는다면 태어남·늙음과 죽음의
          실체화는 있을 수 없다. 윤회뿐만이 아니라 모든 것에
          궁극적인 시작은 알려지지 않는다. (제6~8게송)

(제1게송) 〔붓다〔世尊〕는 "윤회는 시작도 없고 끝도 없다"고 설하셨기 때문에 윤회는 존재한다. 그러므로 윤회의 주체인 자기(《사람》)도 존재한다는 독자부(犢子部)의 반론에 대답한다.〕 위대한 석가모니〔붓다〕는

"윤회의 궁극적인 시작은 알려지지 않는다"고 말씀하셨다. 실제로 윤회는 시작도 없고 끝도 없으며, 최초의 단계도 최후의 단계도 없다.

(제2게송) 시작과 끝이 없는 것에 어떻게 중간이 있을 수 있겠는가. 그러므로 윤회에 선·후·동시라고 하는 세 종류의 순서 관계는 있을 수 없다.

(제3게송) 〔윤회에 시작이 있다고 해도〕 만일 먼저 태어남이 있고 늙음과 죽음이 후에 존재한다면 〔먼저 존재하는〕 태어남은 늙음과 죽음을 수반하지 않는 것이 되어 버린다. 그리고 아직 죽지 않은 자가 태어나는 것이 되어 버린다.

(제4게송) 만일 태어남이 나중에, 늙음과 죽음이 먼저 존재한다면 아직 태어나지 않은 자에게 어떻게 원인 없이 늙음과 죽음이 있겠는가. 〔있을 리 없다.〕

(제5게송) 더욱이 '늙음과 죽음', 태어남이 동시라는 것은 불합리하다. 〔만일 '늙음과 죽음'과 태어남이 동시라면〕 태어나고 있는 자가 죽게 되어버리고, '늙음과 죽음', 태어남에는 원인이 없게 되어 버린다.

(제6게송) 선·후·동시의 순서 관계가 있을 수 없다면 〔성자들이〕 "이것이 태어남[生]이고, 이것이 늙음과 죽음[老死]이다"라고 '태어남'·'늙음과 죽음'을 실체화하여 말하는 일[戱論]이 어떻게 있겠는가.

(**제7~8게송**) 단순히 윤회에서만 궁극적인 시작이 알려지지 않은 것이 아니라 결과와 원인, 특징과 특징지어지는 것, 느낌〔感受〕과 느끼는 자〔感受者〕 등 온갖 상황, 모든 것에도 궁극적인 시작은 알려지지 않는다.

제 12 장

괴로움(苦)의 고찰

주제 '괴로움(苦)이 존재하기 때문에 괴로움이 속하는 〈사람〉도 존재한다'는 독자부(犢子部)의 주장을 논파한다.

12.1 　　괴로움에 관한 4구분별(四句分別)의 부정. (제1게송)

12.1.1 　괴로움은 자신에 의해 만들어지지 않는다. (제2~4게송)

12.1.2 　괴로움은 타자에 의해 만들어지지 않는다. (제3~5게송)

12.1.3 　소결(小結): 괴로움은 자신에 의해서도 타자에 의해서도
　　　　　만들어지지 않는다. (제8게송)

12.1.4 　괴로움은 자신과 타자의 양자에 의해 만들어지는 것이 아니고
　　　　　원인 없는 것(無因)도 아니다. (제9게송)

12.2 　　결론: 괴로움뿐만 아니라 모든 외계의 사물에도 자신·타자·
　　　　　'자신과 타자'·'원인 없는 것'으로부터 생겨난다는 것은
　　　　　알려지지 않는다. (제10게송)

(제1게송) 〔괴로움(苦)이 존재하기 때문에 괴로움이 속한 〈사람〉도 존재한다는 독자부(犢子部)의 반론에 대답한다.〕 (1) '괴로움은 괴로

자신에 의해 만들어진다' (2) '타자에 의해 만들어진다' (3) '자신과 타자 양자에 의해 만들어진다' (4) '원인이 없다' 등이라고 주장하는 사람들이 있지만 괴로움이 결과(=만들어지는 것)라는 것은 불합리하다.

(제2게송) 만일 괴로움이 괴로움 자신에 의해 만들어지는(=자연발생적인) 것이라면 괴로움이 무엇인가를 조건으로 일어나는 일은 없을 것이다. 〔그러나 그것은 불합리하다.〕 왜냐하면 '현재 세상의 5온(五蘊=生苦)'은 '과거 세상의 5온(=死苦)'을 조건으로 일어나기 때문이다.

(제3게송) 〔그 경우〕 만일 현재 세상의 5온이 과거 세상의 5온과 다르다면, 혹은 과거 세상의 5온이 현재 세상의 5온과 별개의 것이라면 괴로움은 타자에 의해 만들어지게 될 것이다. 현재 세상의 5온은 타자(=과거 세상의 5온)에 의해 만들어지는 것이기 때문이다.

(제4게송) 만일 괴로움이 자신이 속하는 〈사람〉에 의해 만들어지는 것이라면 괴로움 자신이 속해야 할 괴로움을 수반하지 않는 〈사람〉이란 도대체 어떤 사람인가. 그와 같은 〈사람〉이 있다고 한다면 괴로움은 괴로움 자신에 의해 만들어지게 될 것이다.

(제5게송) 만일 어떤 〈사람〉(갑)의 괴로움이 다른 〈사람〉(을)에 의해 생겨난다면 다른 사람(을)이 만들어 낸 괴로움을 받은 사람(갑)은 어떻게 괴로움을 수반하지 않고 존재했던 것일까. 〔요점을 말하자면, 어떤 사람이 만들어 낸 괴로움을 다른 사람이 이어받는 일은 있을 수 없다. 자업자득(自業自得)의 원칙에 반하기 때문이다.〕

(제6게송) 만일 어떤 〈사람〉(갑)의 괴로움이 다른 〈사람〉(을)에 의해 생겨난다면, 자신은 괴로움을 수반하지 않고 괴로움을 만들어 내어 그것을 타인(갑)에게 부여하는 다른 〈사람〉(을)이란 도대체 어떤 사람인가.

주(註): 예샤오융(叶少勇)의 텍스트에서는 제6게송을 중론의 게송이 아니라고 보고 있다.

(제7게송) 자신에 의해 만들어지는 괴로움이 확립되어 있지 않은데 어떻게 괴로움이 타자에 의해 만들어지겠는가. 왜냐하면 타자가 괴로움을 만든다고 가정하면 그 괴로움은 그 타자의 입장에서는 자신에 의해 만들어진 것이어야 할 것이기 때문이다.

(제8게송) 우선 그 괴로움은 자신에 의해 만들어지지 않는다. 왜냐하면 어떤 것이 그 자신에 의해 만들어지는 일은 없기 때문이다. 만일 타자가 자신에 의해 만들어지는(=자립적으로 존재하고 있는) 것이 아니라고 한다면 어떻게 괴로움이 타자에 의해 만들어지겠는가.

(제9게송) 만일 괴로움이 자신과 타자 각각에 의해 만들어진다면 괴로움은 자신과 타자의 양자에 의해 만들어지게 될 것이다. 〔그러나 그런 일은 있을 수 없다.〕

타자에 의해 만들어지지도 않고, 자신에 의해 만들어지지도 않는 원인 없는 괴로움이 어떻게 있겠는가.

(제10게송) 단지 괴로움에만 〔자신·타자·'자신과 타자의 양쪽'·'원인

없는 것으로부터'라고 하는) 네 종류의 생성 방법이 알려지지 않을 뿐만 아니라, 외계의 존재에도 그것들 네 종류의 생성 방법은 알려지지 않는다.

제 13 장

모든 행(行)의 진실에 대한 고찰

주제 '사물과 현상의 변화는 고유한 성질[自性]로는 설명할 수 없다. 공성에 의해서야말로 사물과 현상의 변화[諸行無常]가 가능하게 된다.

13.1 붓다의 말[佛語]: "모든 행(行: 인과관계로 제약되는 것)은 전부 허망하다." (제1게송)

13.2 "모든 행이 허망하다"라는 것은 공성(空性)을 분명하게 하기 위한 말이다. (제2게송)

13.3 반론: 사물과 현상에는 고유한 성질이 있고, 공성에도 있다. 고유한 성질이 없다면 변화를 설명할 수 없다. (제3~4게송 전반)

13.4 사물과 현상에 고유한 성질이 있다면 사물과 현상은 변화하지 않는다. (제4게송 후반~6게송)

13.5 결론: 공(空)이 아닌 것은 어떤 것도 없기 때문에 공인 것 또한 어떤 것도 없다. (제7게송)

13.6 공성은 모든 잘못된 견해[邪見]를 제거하는 수단이지만, 공이 있다고 집착하는 견해[空見]에 사로잡힌 자는 구제하기 어렵다. (제8게송)

(제1게송) 〔지금까지의 설명과 같이, 모든 것은 고유한 성질〔自性〕을 갖지 않기 때문에 공(空)이고, 어떤 방법으로도 일어나는 일은 없다. 그것에 대해〕 세존(世尊, 붓다)은 다음과 같이 설하셨다. "일반적으로 속이는 성질을 갖는 것은 허망하다. 그런데 인과관계로 제약되는 것〔諸行〕은 모두 속이는 성질을 갖는다. 그러므로 그것들은 허망하다."

　　주(註):『맛지마니까야(Majjhima-nikāya)』PTS판, 3권 245쪽 참조.

(제2게송) 만일 속이는 성질을 갖는 것이 허망하다면 그 경우 사람은 도대체 무엇에 속는 것인가. 〔그런 것은 어떤 것도 존재하지 않는다.〕

　　그럼에도 불구하고 세존(世尊, 붓다)이 그것을 설한 이유는 〔인과관계로 제약되는 것은 모두 고유한 성질을 갖지 않기 때문에〕 공이라는 것〔空性〕을 분명히 하기 위해서이다.

(제3~4게송 전반) <u>반론</u> 〔세상에서 가장 존귀한 분(붓다)은 사물과 현상이 고유한 성질을 갖고 일어나지 않는다고 설하시지 않았다.〕 온갖 것에 고유한 성질이 없어지는 일이 있기는 하다. 왜냐하면 사물과 현상에는 변화가 보이기 때문이다.

　　실제로 고유한 성질을 갖지 않는 것이란 존재하지 않는다. 〔예를 들면 그대의 의견에 따른다고 해도〕 온갖 것에는 공성〔이라는 고유한 성질〕이 있기 때문이다.

　　만일 사물과 현상에 〔변화의 주체인〕 고유한 성질이 없다면 도대체 무엇이 변화할 것인가.

(제4게송 후반) 용수 만일 사물과 현상에 〔과거·현재·미래에 걸쳐 변화하지 않는〕 고유한 성질이 있다면 도대체 무엇이 변화할 수 있겠는가.

주(註): 대론자와 용수는 '고유한 성질' '공성' '변화'에 대한 이해가 전혀 다르다.

(제5게송) 같은 것이 변화하는 것도, 다른 것이 변화하는 것도 불합리하다. 왜냐하면 이미 연로한 노인이 나이를 먹어 늙는 일이 없고, 젊은이가 나이를 먹어 늙는 일도 없을 것이기 때문이다.

(제6게송) 만일 같은 것이 변화한다면 우유가 그대로 발효유〔응유(凝乳)〕가 되어버리고 말 것이다. 다른 한편으로 우유 이외에 무엇이 발효유라고 할 수 있겠는가.

(제7게송) 만일 공이 아닌 것이 무엇인가 존재한다면, 공인 것도 무엇인가 존재할 것이다. 그러나 〔지금까지 설명한 것처럼〕 공이 아닌 것은 어떤 것도 존재하지 않는다. 어떻게 공인 것이 존재하겠는가.

(제8게송) 승리자〔勝者, 붓다〕들은, 공성(空性)은 모든 견해를 제거하는 수단이라고 했다. 그러나 공성을 견해로 갖는 자는 구제받기 어렵다고도 했다.

제 14 장

행위·행위대상·행위자의 결합에 대한 고찰

주제 '감관(根)·대상(境)·인식(識)의 결합을 붓다가 설하고 있는 이상 사물과 현상에는 반드시 고유한 성질(自性)이 있다'고 하는 설일체유 부의 반론을 논파한다.

14. 1 '시각대상'·'시각기관'·'보는 자'가 서로 결합하는 일은 없다.

       (제1게송)

14. 2 번뇌나 12처(十二處)에 대해서도 행위(수단)·행위대상·행위자라는

       관점에서 분석해야 할 것이다. (제2게송)

14. 3 결합은 서로 다른 것 사이에서 일어나지만, 원래 그 개별적인

       차이성은 있을 수 없다. (제3~6게송)

14. 4 개별적인 차이성이 없다면 동일성도 없다. (제7게송)

14. 5 결론: 동일한 것이든 별개의 것이든 결합과 결합자 등은

       알려지지 않는다. (제8게송)

(제1게송) 〔'감관(根)·대상(境)·인식(識)의 결합을 붓다가 설하고 있는 이상 사물과 현상에는 반드시 고유한 성질(自性)이 있다'는 반론에 대

해 답한다.〕 시각대상·시각기관·보는 자, 이 세 가지가 두 가지씩 결합하는 일도, 세 가지 모두가 결합하는 일도 없다.

주(註): 제3장 참조

(제2게송) 욕망·욕망하는 자·욕망대상도 마찬가지로 보아야 한다. 욕망 이외의 모든 번뇌나 시각대상·시각기관 이외의 12처(十二處)에 대해서도 마찬가지로 〔행위〔행위수단〕·행위대상·행위자라는〕 세 가지 관점에서 보아야 한다.

주(註): 제6장 참조

(제3게송) 결합이란 서로 다른 두 가지 사이에서 일어난다. 그러나 시각대상 등에는 개별적인 차이성이 알려지지 않는다. 그러므로 세 가지가 결합하는 일은 없다.

(제4게송) 단순히 시각대상 등에 개별적인 차이성이 알려지지 않을 뿐만 아니라 어떤 것이든 두 가지 사이에 개별적인 차이성은 있을 수 없다.

(제5게송) 어떤 것(갑)에 의존(觀待)해서 다른 것(을)은 '다른 것'이고, 갑이 없으면 을은 '다른 것'이 아니다. 그런데 갑 〔혹은 을〕에 의존해서 을 〔혹은 갑〕이 있는 이상 양자가 다르다는 것은 있을 수 없다.

(제6게송) 만일 갑과 을이 다르다면 갑이 없어도 을은 '다른 것'이어야 한다. 〔그러나〕 갑 〔혹은 을〕이 없으면 을 〔혹은 갑〕은 '다른 것'으로 존재하지 않는다. 그러므로 개별적인 차이〔別異性〕는 존재하지 않는다.

(제7게송) '다른 것'에 개별적인 차이는 알려지지 않는다. '다를 수 없는 것'에 개별적인 차이는 알려지지 않는다. 나아가 개별적인 차이가 현재 알려지지 않을 때 '다른 것'도 '같은 것'도 존재하지 않는다.

(제8게송) 어떤 것이 그와 같은 것과 결합하는 일도, 서로 다른 두 가지가 결합하는 일도 타당하지 않다. 〔결합뿐만 아니라〕 '현재 결합되고 있는 것' '이미 결합된 것' '결합하는 자'는 알려지지 않는다.

제 15 장

존재하는 것(有)과 존재하지 않는 것(無)의 고찰

주제 사물과 현상에 고유한 성질(自性)은 없기 때문에 존재하는 것(有)도, 존재하지 않는 것(無)도 성립하지 않는다.

15.1 고유한 성질은 만들어진 것도, 타자에 의존하는 것도 아니기 때문에 존재하지 않는다. (제1~2게송)

15.2 고유한 성질이 없다면 타자의 성질(他性)도 없다. (제3게송)

15.3 고유한 성질과 타자의 성질이 없다면 존재하는 것은 성립하지 않는다. (제4게송)

15.4 존재하는 것이 없으면 존재하지 않는 것도 성립하지 않는다. (제5게송)

15.5 소결(小結): 고유한 성질과 타자의 성질, 존재하는 것과 존재하지 않는 것을 보는 사람은 모든 붓다의 가르침에서 진실을 보지 못한다. 붓다(世尊)는 존재도 비존재도 부정했다. (제6~7게송)

15.6 본성이 있든 없든, 변화는 설명할 수 없다. (제8~9게송)

15.7 결론: 존재와 비존재는 각각 상주론(常住論)과 단멸론(斷滅論)으로 이끌기 때문에 현자는 존재·비존재에 의거해서는 안 된다. (제10~11게송)

(제1게송) 〔'사물과 현상에는 고유한 성질〔自性〕이 있다. 그것을 생겨나게 하는 직접적인 원인〔直接因〕과 보조적인 조건〔補助緣〕이 있기 때문에'라는 반론에 답한다.〕 직접적인 원인과 보조적인 조건에 의해 사물과 현상에 고유한 성질이 생긴다는 것은 불합리하다. 고유한 성질이 직접적인 원인과 보조적인 조건에 의해 생긴다면 그것은 만들어지는 것이 되어 버릴 것이다.

(제2게송) 그러나 고유한 성질이 어떻게 만들어진 것일 수 있겠는가. 실제로 고유한 성질은 만들어지는 것도 아니고 〔직접적인 원인 등의〕 타자에 의존하는 것도 아니다.

(제3게송) 사물과 현상에 고유한 성질이 없다면 타자의 성질이 어떻게 있겠는가. 왜냐하면 다른 것에게는 고유한 성질이 '타자의 성질'이라고 불리기 때문이다.

(제4게송) 나아가 고유한 성질과 타자의 성질이 없다면 어떻게 존재하는 것〔有〕이 있겠는가. 왜냐하면 고유한 성질과 타자의 성질이 있어야 비로소 존재하는 것〔有〕은 성립하기 때문이다.

(제5게송) 만일 존재하는 것〔有〕이 성립하지 않으면, 존재하지 않는 것〔無〕은 결코 성립하지 않는다. 왜냐하면 사람들은 존재하는 것이 변화한 상태를 '존재하지 않는 것'이라고 부르기 때문이다.

(제6게송) 고유한 성질과 타자의 성질, 존재하는 것과 존재하지 않는 것을 보는 사람들은 〔모든〕 붓다의 가르침에서 진실을 보는 자가 아니다.

(제7게송) 존재하는 것[有]과 존재하지 않는 것[無]을 잘 아는 세존(世尊, 붓다)은 「까띠야야나(kātyāyana)를 가르치고 훈계함[教誡]」 중에 '어떤 것이 존재한다'는 것과 '어떤 것이 존재하지 않는다'는 것, 어느 쪽도 부정하셨다.

> 주(註): 「까띠야야나를 가르치고 훈계함」은 『잡아함경(雜阿含經)』(대정 2권. 85쪽 하), 『상윳따니까야』(PTS판. 2권 17쪽) 참조.
> '존재하는 것과 존재하지 않는 것을 잘 아는'을 한역에서는 '유무(有無)를 멸한다' '유무법(有無法)에 집착하지 않는다' '유(有)에서 벗어나고 또한 무(無)에서 벗어난다' 등으로 이해한다.

(제8게송) 만일 무엇인가가 본성으로 존재[有]한다면 그것이 존재하지 않는 일[無]은 일어날 수 없을 것이다. 왜냐하면 [사물과 현상에 본래 갖추어져 있는] 본성이 다른 상태로 변화하는 일은 결코 있을 수 없기 때문이다.

(제9게송) (1) 만일 [사물과 현상에 본래 갖추어져 있는] 본성이 없을 경우 [그대의 생각에 의하면 어떤 것도 존재하지 않게 되기 때문에] 도대체 무엇이 변화할 수 있겠는가. (2) 다른 한편으로 만일 [사물과 현상에 타고난] 본성이 있다면 도대체 무엇이 변화할 수 있겠는가. (2구분별)

> 주(註): 제13장 제4게송 참조. 월칭은 제9게송 전반을 '만일 [사물과 현상에 원래 갖추어져 있는] 본성이 없다면 [어떤 것도 존재하지 않기

때문에〕 도대체 무엇이 변화하는 것일까'라는 대론자의 비판으로 파악한다.

(제10게송) '무엇인가가 존재한다'는 것은 상주론(常住論)이고 '무엇인가가 존재하지 않는다'라는 것은 단멸론(斷滅論)이다. 그러므로 현자는 존재·비존재(有無)에 의거하면 안 된다.

(제11게송) 왜냐하면 '일반적으로 고유한 성질을 갖고 존재하는 것이 존재하지 않는 일은 없다(=반드시 존재한다)'고 생각한다면 상주론이 따라붙고, '그것은 과거에는 존재했지만 지금은 존재하지 않는다'라고 생각한다면 단멸론이 따라붙기 때문이다.

제 16 장

번뇌로 인한 속박과 윤회로부터의 해탈에 대한 고찰

주제 "붓다가 모든 행(行)이나 중생에 관해 설하고 계신 이상 윤회도 윤회의 주체인 〈사람〉도 존재한다"는 독자부(犢子部)의 주장을 논파한다.

16. 1   모든 행이 윤회하는 일은 없다. (제1게송)

16. 2   〈사람〉이 윤회하는 일은 없다. (제2~3게송)

16. 3   모든 행이든, 중생이든 열반하는 일은 없다. (제4게송)

16. 4   모든 행이든, 중생이든 번뇌에 속박되는 일도, 속박으로부터
         해방되는 일도 없다. (제5~6게송)

16. 5   속박과 속박되는 자를 과거·현재·미래에 의해 분석하면
         어느 쪽도 성립하지 않는다. (제7~8게송)

16. 6   열반에 집착하는 자는 윤회한다. 열반을 실체화하지 않고
         윤회를 부정하지 않는 자는 윤회도 열반도 개념적으로
         생각하지 않는다. (제9~10게송)

(제1게송) 〔무엇인가가 어떤 생존으로부터 다른 생존으로 옮겨가는
윤회가 있는 이상 온갖 것에는 고유한 성질〔自性〕이 있다고 대론자가

주장할 때] 만일 '인과관계로 제약되는 온갖 것[諸行]이 윤회한다'고 한다면 인과관계로 제약되는 것이 상주하는 경우에는 윤회하지 않고, 상주하지 않는 경우에도 윤회하지 않는다. (2구분별)

'중생(=〈사람〉)이 윤회한다'고 하는 경우도 이와 같은 논법이 적용된다.

(제2게송) 만일 '〈사람(뿌드갈라)〉이 윤회한다'고 하는 경우, 5온(五蘊)·12처(十二處)·6계(六界)에 관해서 〈사람〉을 5형태분석으로 하면 그것은 존재하지 않는다. 〔그러므로〕 도대체 누가 윤회한다는 것인가?

(제3게송) 〈사람〉이 어떤 5취온(五取蘊=五蘊)에서 다른 5취온으로 윤회한다면 그는 그때 생존[有]을 벗어나 〔해탈한〕 자가 될 것이다. 그러나 〈사람〉이 집착[取]을 갖지 않고 생존을 벗어나 〔해탈한〕 자라면 도대체 누가 어느 곳으로 윤회하는 것인가?

(제4게송) 인과에 의해 제약되는 온갖 것이 열반하는 일은 결코 있을 수 없다. 중생이 열반하는 일도 결코 있을 수 없다.

(제5게송) 이미 서술한 것처럼 생성과 소멸의 성질을 갖는 인과에 의해 제약되는 온갖 것이 번뇌에 의해 속박되는 일도 없고, 번뇌의 속박으로부터 해방되는 일도 없다. 중생이 속박되는 일도 없고, 해방되는 일도 없다.

(제6게송) 만일 집착[取]이 번뇌의 속박이라면 이미 집착을 갖는 자가

번뇌에 의해 다시 속박되는 일은 없다. 집착을 갖지 않는 자가 속박되는 일도 없다. (2구분별)

그렇다면 〔집착이 있는 것도 없는 것도 아닌〕 어떤 상태인 자가 번뇌에 의해 속박되는 것일까. 〔그런 자는 있을 수 없다.〕

(제7게송) 만일 속박이 속박되는 자보다도 먼저 존재한다면 확실히 그것은 속박되는 자를 속박할 것이다. 그러나 실제로는 속박되는 자보다도 먼저 속박이 존재하는 일은 없다.

나머지 논의는 〔제2장의〕 현재 통과하고 있는 지점·이미 통과한 지점·아직 통과하지 않은 지점〔이라는 건는 행위의 과거·현재·미래에 의한 분석〕으로 이미 설명했다.

(제8게송) (1) 우선, 이미 속박되어 있는 자가 해방되는 일은 없다. (2) 아직 속박되지 않은 자가 해방되는 일도 없다. (3) 이미 속박되어 있는 자가 현재 해방되고 있다면 속박과 해방이 동시가 될 것이다. 〔그런 일은 있을 수 없다.〕 (3구분별)

(제9게송) "집착을 벗어나면 나는 열반할 것이다. 열반은 나의 것이 될 것이다"라고 고집하는 사람들에게는 〔윤회와 열반에 대한〕 집착이라는 대단한 고집이 있다.

(제10게송) 〔우리와 같이〕 열반을 있다고 실체화하지 않고 윤회를 없다고 부정하지 않는 경우 어떤 윤회나 열반이 개념적으로 생각될 것인가. 〔윤회도 열반도 없고, 윤회하고 열반하는 〈사람〉도 없다.〕

제 17 장

업(業)과 업의 과보(果報)에 대한 고찰

주제 '윤회가 없다면 업(業)과 그 과보(果報)의 관계가 성립하지 않는다'고 생각하는 대론자에 대해 업도 과보도 실체로는 존재하지 않는다는 것을 논증한다.

17. 1   설일체유부의 업론(業論): 업도 업의 과보도 존재한다. (제1~5게송)

17. 2   용수(龍樹)의 '설일체유부 업론' 비판 (제6게송)

17. 3   경량부(經量部)의 업론: 마음의 업(心業)에서 마음의 상속(心相續)이 일어나고 그것으로부터 업의 과보가 일어난다. (제7~11게송)

17. 4   정량부(正量部)의 업론: 업은 소멸해도 잃지 않는 것이 있다는 법칙(不失法)이 채권처럼 남는다. (제12~20게송)

17. 5   업은 고유한 성질을 갖지 않기 때문에 생겨나지도 않고(不生), 소멸하지도 않는다(不滅). (제21게송)

17. 5. 1   업이 고유한 성질을 갖고 존재한다면 행해지는 것이 아니게 되고, 업의 인과(業因業果)법칙이 부정되어 선악의 구별이 없어지게 되어 버린다. (제22~25게송)

17. 6   번뇌가 존재하지 않기 때문에 업도 존재하지 않는다. 양자가 공이기 때문에 몸도 공이다. (제26~27게송)

17.7   반론: 업의 과보를 받는 자[享受者]는 업을 행했던 자와
        동일하지도 않고 다르지도 않다. (제28게송)

17.8   업은 존재하지 않기 때문에 행위자도, 과보도, 과보를 받는 자도
        존재하지 않는다. (제29~30게송)

17.8.1 변화불[化佛]이 다른 변화불을 변화시켜 나타나게 하는 것[化作]
        처럼 환상 속의 사람이 다른 환상 속의 사람을 변화시켜
        나타나게 하는 것처럼 행위자는 업을 행하는 것이다.
        번뇌·업·몸·행위자·'업의 과보'는 모두 꿈과 같고 환상 속의
        사람과 같다. (제31~33게송)

(제1게송) 〔'윤회가 없다면 업의 인과 관계[業因業果]가 성립하지 않는
다'고 생각하는 대론자는 다음과 같이 업과 업의 과보를 상세하게 분
류하여 설명한다.〕 **설일체유부** 자기를 억제하고 타자를 이롭게 하며
자애로 넘치는 마음은 〔선한〕 법이고 이생에서도 저생에서도 과보의
종자[原因]이다.

(제2게송) 최고의 성자[聖仙, 붓다]는 "업(業)이란 생각의 업[思業]과 생
각하고 나서의 업[思已業]이다"라고 하셨다. 또한, "업에는 다양한 분
류가 있다"고도 설하셨다.

(제3게송) 그중에 '생각[思]'이라고 불리는 업은 (1) 마음의 업(意業)이
고 '생각하고 나서[思已]'라고 불리는 업은 (2) 몸의 업(身業)과 (3) 말의
업(語業)이라고 전해지고 있다.

(제4~5게송) 또한 〔업이란〕 (1) 언어, (2) 몸짓, (3) '겉으로 드러나지 않는 작용〔無表〕'이라고 불리는 무자제(無自制=惡業), (4) 그것과는 별개로 같은 '겉으로 드러나지 않는 작용'이라고 불리는 자제(自制=善業)라고 전해지고 있다. 나아가 (5) 과보를 누리게 하는 복된 업〔福業〕, (6) 마찬가지로 과보를 얻게 하는 복이 아닌 업〔非福業〕, (7) 생각으로 짓는 업〔思業〕, 이상 일곱 가지 법이 업의 특징을 갖는다고 전해지고 있다.

(제6게송) 용수 (1) 만일 업이 업의 과보가 무르익을 때까지 지속해서 존재한다면 그것은 '항상 있는 것〔常住〕'이 된다. (2) 만일 소멸한다면 소멸하고 있음에도 불구하고 어떻게 업의 과보를 일으킬 것인가. (2구 분별)

(제7게송) 경량부(經量部, 譬喻師)의 설일체유부 비판 씨앗에서 싹으로 시작으로 하는 상속이 일어나고 그로부터 열매가 생기지만, 만일 씨앗이 없다면 상속이 일어나는 일은 없다.

(제8게송) 그리고 씨앗에서 상속이 일어나고 상속으로부터 열매가 생기며 그 열매는 씨앗을 전제로 하기 때문에 〔열매의 원인으로서〕 씨앗은 끊어지는 것도, 항상 있는 것도 아니다.

(제9게송) 그 마음의 업〔心業〕에서 마음의 상속〔心相續〕이 일어나고 그로부터 과보가 일어나지만, 만일 마음의 업이 없다면 마음의 상속이 일어나는 일은 없다.

(제10게송) 그리고 마음의 업에서 마음의 상속이 일어나고, 마음의 상속에서 과보가 생기며, 그 과보는 마음의 업을 전제로 하기 때문에 〔과보의 원인으로서〕마음의 업은 끊어지는 것도 항상 있는 것도 아니다.

(제11게송) 열 가지 선한 업의 수행〔十善業道〕은 〔선한〕법을 성취하는 수단이다. 〔선한〕법의 과보는 이생에서도, 저생에서도 다섯 감관의 욕구를 만족〔五欲樂〕시킨다.

(제12게송) **정량부(正量部)의 경량부 비판** 만일 그와 같이 생각한다면 크나큰 오류가 수없이 따라붙게 된다. 그러므로 이 업과 업의 과보에 대한 문제를 그와 같이 생각하는 일은 결코 있어서는 안 된다.

(제13게송) 한편 모든 붓다와 독각(獨覺), 성문(聲聞)들이 설명했던 이 문제에 관한 합리적인 생각을 나는 설명하고자 한다.

(제14게송) 〔어떤 업을 행한 후, 그 업은 소멸하지만 그 효력은 업의 과보가 일어날 때까지 잃어버리는 일 없이 존속한다. 그와 같은〕부실법(不失法)은 〔채무의 증거가 되는〕채권과 같은 것이고, 업은 채무와 같은 것이다. 부실법은 〔욕계(欲界)·색계(色界)·무색계(無色界)·무루계(無漏界)라고 하는〕세계〔界〕의 차이에 대응하여 네 종류이지만, 본성으로는 〔선과 악 어느 쪽이라고도 말할 수 없는〕무기(無記)이다.

(제15게송) 부실법은 〔견도(見道)에서 업을〕끊는 것만으로는 끊을 수

없고, 수도(修道)에서 혹은 다른 방법으로 끊을 수 있는 것임에 틀림없다. 그러므로 갖가지 업의 과보는 부실법에 의해 일어난다.

(제16게송) 만일 부실법이 〔견도에서〕 업을 끊는 것, 혹은 업이 〔다른 생(生)으로〕 옮겨가는 것에 의해 끊어진다고 한다면, 그 경우 업의 파괴 등 수 많은 오류로 귀결하게 될 것이다.

(제17게송) 다시 태어날 때[來世]는 같은 세계〔욕계 등〕에 속하는 같은 종류와 다른 종류의 모든 업에 대해 단지 하나의 부실법이 일어난다.

(제18게송) 한편 현재 세상에서는 〔생각의 업[思業]과 생각하고 나서의 업[思已業], 혹은 번뇌에 의한 업[有漏業]과 번뇌가 없는 업[無漏業]이라는〕 두 종류의 업 각각 모두에 〔다른〕 부실법이 일어난다. 업의 과보가 무르익은 후에도 부실법은 존속하〔지만 이미 상환을 끝낸 채권과 같이 효력은 없다〕.

(제19게송) 〔현재 세상에 수도(修道)에서 처음으로 성자의 경지에 들어가는 예류(預流) 등 불교수행자의 수행〕 결과[沙門果]의 경지를 넘어서는 것에 의해, 혹은 죽은 〔뒤에 다시 태어나 업의 과보가 다른 생으로 옮겨지는 것〕에 의해 부실법은 소멸한다. 그 경우, 〔사람은〕 번뇌에 의한 업[有漏業]과 번뇌가 없는 업[無漏業]의 〔과보의〕 차이를 분명하게 드러낼 것이다.

(제20게송) 〔우리는 부실법을 인정하고 그것에 의한 업의 과보가 다르

게 무르익는 것〔異熟〕을 주장하기 때문에 업의〕 공성(空性=비지속성)은 단멸론(斷滅論)이 아니다. 〔업의 공성 때문에 우리가 말하는〕 윤회는 상주론(常住論)이 아니다. 더욱이 업의 부실법은 붓다에 의해 설명된 것이다.

(제21게송) **용수** 업은 생겨나지 않는다. "무엇 때문인가"라고 한다면 고유한 성질〔自性〕을 갖지 않기 때문이다. 그리고 업은 일어나는 일이 없기 때문에 소멸하는 일도 없다. 〔업은 불생(不生)·불멸(不滅)이다.〕

(제22게송) 만일 업이 본래 〔고유한 성질을 갖는 것으로〕 존재하는 것이라면 그것은 의심할 필요 없이 항상 있을〔常住〕 것이다. 그리고 업은 행해지는(=만들어지는) 것이 아니게 될 것이다. 왜냐하면 항상 있는 것은 만들어지는 것이 아니기 때문이다.

(제23게송) 만일 업이 행해지는 것이 아니라면 행해진 적이 없는 〔업의 과보〕가 도래한다는 두려움이 있을 것이다. 나아가 그 경우 금욕생활〔梵行〕을 하지 않는 자에게 〔금욕생활의 과보를 받는다고 하는〕 오류가 생기게 될 것이다.

(제24게송) 〔어떤 행위를 하지 않아도 결과가 얻어진다면〕 모든 〔세상에서 이루어지는〕 행위가 부정되어 버린다는 것은 의심의 여지가 없다.
　　나아가 〔그 경우〕 복이 되는 업〔福業〕을 행하는 자와 죄를 범하는 자를 구별하는 것은 불합리하다.

(제25게송) 만일 업이 안정적으로 존속하기 때문에 고유한 성질을 갖는 것이라면 이미 그 과보를 무르익게 한 업이 〔변화 없이 존속하여〕 다시 그 과보를 무르익게 하게 될 것이다.

별역 만일 업이 고유한 성질〔自性〕을 갖기 때문에 안정적으로 존속하는 것이라면 이미 그 과보를 무르익게 한 업이 반복해서 그 과보를 무르익게 하게 될 것이다.

(제26게송) 이 업은 번뇌 그 자체이지만 그 모든 번뇌는 진실로서 존재하지 않는다. 모든 번뇌가 진실로서 존재하지 않는다면 어떻게 업이 진실로서 존재할 것인가.

(제27게송) 업과 모든 번뇌는 갖가지 몸의 성립조건〔緣〕이라고 설명되고 있다. 만일 그 업과 모든 번뇌가 공이라면 갖가지 몸에 대해 〔'공'이라고 하는 것 외에〕 무엇을 말할 수 있겠는가.

(제28게송) 반론 무명에 덮여 갈애(渴愛)라고 하는 번뇌〔結〕를 갖는 사람이 업의 과보를 받는 자〔享受者〕이다. 그는 업을 행한 자〔行爲者〕와 다르지도 않고 같지도 않다.

(제29~30게송) 용수 바로 지금 문제가 되고 있는 업은 성립조건〔緣〕에 의해 일어나든, 성립조건이 아닌 것〔非緣〕에 의해 일어나든 존재하지 않는다. 그러므로 행위자도 존재하지 않는다. 그렇기 때문에 만일 업과 행위자가 존재하지 않는다면 업으로부터 일어나는 과보가 어떻게 존재할 것인가. 또한, 과보가 존재하지 않는다면 도대체 어떻게 그 과

보를 받는 자가 존재하겠는가.

(제31~33게송) 예를 들면 스승[붓다]은 신통력으로 변화불[化佛]을 변화시켜 나타나게[化作] 하고, 그 변화되어 나타난 변화불이 다시 다른 변화불을 변화시켜 나타나게 한다. 이와 마찬가지로 행위자도, 그가 행하는 업도 환상 속의 사람과 같은 것이다. 그것은 마치 [마술에서] 변화되어 나타난 환상 속의 사람이 마찬가지로 다른 환상 속의 사람을 변화시켜 나타나게 하는 것과 같다. 번뇌·업·몸·행위자·'업의 과보'는 신기루와 같고 아지랑이나 꿈과 유사하다. [어느 쪽도 실체적이지 않다.]

별역 스승[붓다]이 신통력으로 환상 속의 사람을 변화시켜 나타나게 [化作] 하고, 그 환상 속의 사람이 다시 다른 환상 속의 사람을 변화시켜 나타나게 하는 것과 마찬가지로 행위자도 그가 행하는 업도 환상 속의 사람과 같다. 번뇌·업·몸·행위자·업의 과보는 마치 [마술에서] 변화되어 나타난 환상 속의 사람이 다른 환상 속의 사람을 변화시켜 나타나게 하는 것과 같다. 신기루와 같고 아지랑이나 꿈과 유사한 것이다. [어느 쪽도 실체적인 것은 아니다.]

제 18 장

자기와 법의 고찰

주제 "번뇌·업·몸·행위자·업의 과보, 이 모든 것이 진실이 아니라고 한다면 도대체 무엇이 진실이고 그 진실에 어떻게 도달하여 깨달을 것인가"라는 물음에 우선 자기와 자기의 소유물은 없다는 것[無]을 명확히 한 다음 진실의 특징을 분명하게 한다.

18. 1   자기와 자기의 소유물을 부정하는 것으로 자기의식과 소유의식이
         없어지면 집착이 없어져 해탈한다. (제1~4게송)

18. 2   업과 번뇌의 소멸에 의해 해탈한다. 희론에서 분별이 일어나고
         분별에서 업과 번뇌가 일어난다. 언어적 다원성[戲論]은
         공성(空性)에서 소멸한다. (제5게송)

18. 3   모든 붓다의 단계적인 가르침: 유아(有我), 무아(無我),
         비유아비무아(非有我非無我) (제6게송)

18. 4   법성(法性)은 생겨나지도 소멸하지도 않기[不生不滅] 때문에
         언어적 다원성이 소멸[戲論寂滅]할 때 언어의 대상도,
         인식의 대상도 소멸한다. (제7게송)

18. 5   모든 붓다의 단계적인 가르침: 모든 것은 진실, 진실 아닌 것,
         진실이면서 진실 아닌 것, 진실도 진실 아닌 것도 아니다. (제8게송)

18. 6   진실의 특징: 자기인식〔自內證〕, 번뇌가 소멸한 상태〔寂靜〕,

언어적 다원성이 없는 것〔無戲論〕, 분별이 없는 것〔無分別〕,

여러 뜻을 갖지 않는 것〔非多義〕 (제9게송)

18. 7   모든 붓다가 설하는 감로(甘露)의 가르침: 모든 법(法)은

동일하지 않으면서 다르지 않고〔不一不異〕, 끊어지지 않으면서

항상 있지 않는다〔不斷不常〕. (제10~11게송)

18. 8   모든 붓다나 성문(聲聞)이 없어도 독각(獨覺)은 나타난다. (제12게송)

....

(제1게송) (1) 만일 자기(ātman)가 5온(五蘊)과 같다고 한다면 그것은 생겨나기도 하고 소멸하기도 하게 될 것이다. (2) 만일 5온과 별개의 것이라고 한다면 5온의 특징을 갖지 않게 될 것이다. (2구분별)

〔어느 쪽이든 '자기'라고 불리는 것은 존재하지 않는다.〕

(제2게송) 그리고 자기가 존재하지 않는다면 자기의 소유물이 어떻게 있을 것인가. 자기와 그 소유물이 소멸〔寂滅〕하기 때문에 〔즉 생겨나는 것도 인식되는 것도 아니기 때문에〕 '나'와 '나의 것'이라는 의식은 없어진다.

(제3게송) 나아가 '나'와 '나의 것'이라는 의식을 갖지 않는 사람도 알려지지 않는다. '나'와 '나의 것'이라는 의식을 갖지 않는 사람을 보는 자는 〔진실을〕 보는 것이 아니다.

(제4게송) 밖에서도 그리고 바로 안에서도 '나'와 '나의 것'이라는 의

식이 소멸할 때 〔욕취(欲取)·견취(見取)·계취(戒取)·아어취(我語取)라는 네 종류의〕 집착〔取〕이 소멸한다. 집착이 소멸하기 때문에 〔다시〕 생겨나는 것도 소멸한다.

(제5게송) 업(業)과 번뇌가 소멸함으로써 해탈(解脫)이 있다. 업과 번뇌는 개념적 사유에서 일어난다. 갖가지 개념적 사유는 언어적 다원성〔戲論〕에서 생겨난다. 그러나 언어적 다원성은 공성(空性)에서 소멸한다.

(제6게송) 모든 붓다는 (1) '자기는 있다〔有我〕'라고도 임시로 설명〔施設〕하셨다. (2) '자기는 없다〔無我〕'라고도 설명하셨다. (3) '무엇인가 자기라고 불리는 것이 있는 것도 아니고, 자기가 없는 것도 아니다〔非有我非無我〕'라고도 설하셨다.

(제7게송) 〔공성에서 언어적 다원성이 소멸할 때〕 언어의 대상은 소멸한다. 그리고 마음의 활동영역도 소멸한다. 왜냐하면 〔모든 법의〕 법성(法性)은 마치 열반(涅槃)과 같이 생겨나지도 않으면서 소멸하지도 않기 때문이다.

(제8게송) (1) '모든 것은 진실이다' (2) '모든 것은 진실이 아니다' 그리고 (3) '모든 것은 진실이기도 하고 진실이 아니기도 하다' 나아가 (4) '모든 것은 진실도 아니고 진실이 아닌 것도 아니다' 이것이 〔모든〕 붓다의 〔교화 대상에 대응한〕 단계적인 가르침이다.

(제9게송) 〔진실은〕 다른 것에 의해 알려지지 않고, 적정(寂靜)하며 갖

가지 언어적 다원성(戲論)에 의해 실체화하여 말해지지도 않고, 개념적 사유에서 벗어나며 여러 가지 뜻을 갖지 않는다. 이것이 [모든 법(法)의] 진실(空性)의 특징이다.

(제10게송) 어떤 것이 어떤 것을 조건으로 생겨날 때 우선 양자는 동일하지도 않고 또한 다르지도 않다. 그러므로 [모든 법은] 끊어지는 것도 항상 있는 것도 아니다.

(제11게송) [모든 법은] 하나의 뜻도 아니고 여러 뜻도 아니며, 끊어지는 것도 항상 있는 것도 아니다. 이것이 세상의 지도자인 모든 붓다의 감로(甘露)와 같은 가르침이다.

(제12게송) 예컨대 모든 붓다가 [이 세상에] 나타나지 않고, 나아가 [모든 붓다의 직제자인] 성문들이 사라져 버린다 해도 독각들의 인식[知]은 [세상으로부터] 벗어남으로써 생긴다.

제 19 장

시간의 고찰

주제 시간은 과거·현재·미래로도, 지속하는 것으로도 파악되지 않는다.

19. 1   현재의 시간과 미래의 시간은 과거에 존재하지 않는다. (제1~3게송)

19. 2   소결(小結): 과거·현재·미래의 부정은 상·중·하 등 상대적인
         세 가지 한 세트에 적용된다. (제4게송)

19. 3   지속하는 시간이 파악되지 않기 때문에 시간은
         개념설정되지 않는다. (제5게송)

19. 4   결론: 사물과 현상이 존재하지 않기 때문에 시간도
         존재하지 않는다. (제6게송)

(제1게송) 〔'사물과 현상에는 고유한 성질이 있고 그러한 것을 근거로
하는 이상, 과거·현재·미래는 실재한다'고 하는 반론에 대답한다.〕
만일 현재의 시간과 미래의 시간이 과거의 시간에 의존한다면 현재의
시간과 미래의 시간은 과거의 시간에 존재하게 될 것이다.

(제2게송) 그러나 만일 현재의 시간과 미래의 시간이 과거의 시간에

『중론』 용수의 사상·저술·생애의 모든 것

존재하지 않는다면 현재의 시간과 미래의 시간이 어떻게 과거의 시간에 의존할 수 있겠는가.

(제3게송) 그러나 현재의 시간과 미래의 시간 양자가 과거의 시간에 의존(觀待)하지 않고 성립한다는 것은 알려지지 않는다. 그러므로 현재의 시간과 미래의 시간은 존재하지 않는다.

(제4게송) 〔미래의 시간과 과거의 시간이 현재의 시간에 의존하고, 과거의 시간과 현재의 시간이 미래의 시간에 의존하는 것처럼 시간을 순서대로〕 바꾸어 대입한 나머지 두 가지 경우나 상·중·하, 일·이·다수 등 〔서로 상대적인 세 가지 개념을 다루는〕 경우도 완전히 같은 방법으로 고찰해야 한다.

(제5게송) 시간은 지속하지 않으면 파악되지 않는다. 〔그러나〕 파악 가능한 지속하는 시간은 알려지지 않는다. 그리고 파악되지 않는 시간이 어떻게 개념적으로 설정(施設)되겠는가.

(제6게송) 만일 존재하는 것을 조건으로 시간이 있다고 한다면, 존재하는 것이 없을 때 시간이 어떻게 있다고 하겠는가. 게다가 〔이미 논증한 것처럼〕 어떤 것도 존재하지 않는다. 어떻게 시간이 있게 될 것인가.

제 20 장

인과(因果)의 고찰

주제 '바로 시간이 있기 때문에 특정한 때에 특정한 결과가 일어난다. 그렇기 때문에 시간은 존재한다'는 반론을 인과(因果)의 부정으로 논파한다.

20. 1　원인(因)과 조건(緣)의 집합으로부터 결과는 일어나지 않는다.

　　　(제1~4게송)

20. 2　원인은 결과가 일어나는 계기를 결과에 부여해도,

　　　부여하지 않아도 불합리하다. (제5~6게송)

20. 3　결과는 원인과 조건의 집합과 동시에 나타나도, 먼저 나타나도

　　　불합리하다. (제7~8게송)

20. 4　원인이 소멸할 때 결과로 옮겨가도, 옮겨가지 않고 소멸해도

　　　불합리하다. (제9~10게송 전반)

20. 5　원인이 결과에 선택되도, 선택되지 않아도 결과를 보든

　　　보지 않든 불합리하다. (10게송 후반~11게송)

20. 6　인과관계를 과거·현재·미래에 의한 분석으로 부정한다.

　　　(제12~14게송)

20. 7　원인은 결과와 만나도, 만나지 않아도 결과를 일으키는

일은 없다. (제15게송)

20. 8   원인 중에 결과가 있어도, 없어도 원인이 결과를 일으키는 것은
         불합리하다. (제16게송)

20. 9   결과는 공(空)이어도, 공이 아니어도 일어나거나
         소멸하지 않는다. (제17~18게송)

20. 10   결과와 원인은 동일하지도 다르지도 않다. (제19~20게송)

20. 11   결과가 고유한 성질을 갖고 존재해도, 존재하지 않아도 원인은
         그것을 일으킬 수 없기 때문에 원인도 결과도 부정된다.
         (제21~22게송)

20. 12   결론: 원인과 조건의 집합은 결과를 일으키지 않는다.
         원인과 조건의 집합 이외의 것도 결과를 만들지 않는다.
         결과가 없으면 원인과 조건의 집합도 없다. (제23~24게송)

....

(제1~2게송) 〔'시간이 있기 때문에 특정한 때에 특정한 결과가 일어나
므로 시간의 존재를 인정해야 한다'는 반론에 답한다.〕

　　(1) 결과는 직접적인 원인(直接因)이나 보조적인 조건(補助緣)의 집
합에 의해 일어난다고 하면서 그 결과가 원인과 모든 조건의 집합 속
에 이미 존재한다고 한다면, 어떻게 결과는 원인(因)과 조건(緣)의 집
합에 의해 일어난다〔고 말할 수 있겠는〕가.

　　(2) 결과는 원인과 조건의 집합에 의해 일어난다고 하면서 그 결
과가 원인과 조건의 집합 속에는 존재하지 않는다고 한다면, 어떻게
결과는 원인과 조건의 집합에 의해 일어난다〔고 말할 수 있겠는〕가.
(2구분별)

(제3~4게송) (1) 결과가 원인과 조건의 집합 속에 이미 존재한다면 결과는 원인과 조건의 집합 속에서 파악되어야 하지 않는가. 그러나 원인과 조건의 집합 속에 결과는 파악되지 않는다. (2) 결과가 원인과 조건의 집합 속에 존재하지 않는다면 갖가지 원인과 조건은 각각 원인이 아닌 것이나 조건이 아닌 것과 같게 되어 버린다. (2구분별)

(제5~6게송) (1) 만일 결과에 〔그것이 일어나는〕 원인〔계기〕을 준 후, 원인이 소멸한다면 〔하나의〕 원인에 주어지는 것과 소멸하는 것이라는 두 가지 자체가 있게 될 것이다. (2) 다른 한편으로 만일 결과에 〔그것이 일어나는〕 원인〔계기〕을 주는 일 없이 원인이 소멸해 버린다면 원인이 소멸할 때 일어나는 결과는 〔원인 없이 일어나는〕 원인 없는 것〔無因〕이 될 것이다.

(제7~8게송) (1) 나아가 만일 결과가 원인과 조건의 집합과 완전히 동시에 나타난다면, 일으키는 것〔能生〕과 일으켜지는 것〔所生〕이 동시가 되어 버린다. (2) 만일 결과가 원인과 조건의 집합 이전에 나타난다면 원인과 온갖 조건을 결여한 결과는 〔원인 없이 일어나는〕 원인 없는 것이 될 것이다. (2구분별)

(제9게송) 원인이 소멸할 때 그 원인이 옮겨가는 곳이 결과라고 한다면, 이미 생겨난 원인이 다시 일어나는 것이 되어 버린다.

(제10게송 전반) 이미 소멸하여 사라진 원인이 이미 일어나고 있는 결과를 어떻게 일으키겠는가. 〔그런 일은 있을 수 없다.〕

(제10게송 후반~11게송) 한편, 〔남녀 관계에 빗대어 말하자면 신랑이 신부에게 선택되듯이〕 (1) 원인이 결과에 선택되고 〔그 후에도〕 존속한다면 어째서 결과를 일으킬 필요가 있겠는가. (2) 혹은 원인이 결과에 선택되지 않는다면 어떻게 결과를 일으키는 일이 있겠는가. (2구분별)

　실제로 〔완전히 별개의 존재인 남자와 여자처럼〕 원인이 결과를 보든 보지 않든 결과를 일으키는 일은 없다. (2구분별)

(제12~14게송) (1) 실제로 이미 사라진 결과가 이미 '사라진 원인'·'아직 일어나지 않은 원인'·'이미 일어나고 있는 원인'과 결합하는 일은 결코 알려지지 않는다. (2) 실제로 아직 일어나지 않은 결과가 '아직 일어나고 있지 않은 원인'·'이미 사라진 원인'·'이미 일어나고 있는 원인'과 결합하는 일은 결코 알려지지 않는다. (3) 실제로 이미 일어나고 있는 결과가 '이미 일어나고 있는 원인'·'아직 일어나지 않은 원인'·'이미 소멸한 원인'과 결합하는 일은 결코 알려지지 않는다. (3구분별)

(제15게송) (1) 원인과 결과의 만남이 없는 경우, 어떻게 원인은 결과를 일으킬 것인가. (2) 혹은 원인과 결과의 만남이 있는 경우, 〔이미 결과는 존재하고 있어야 할 것이기 때문에〕 어떻게 원인은 〔다시〕 결과를 일으킬 것인가. (2구분별)

(제16게송) (1) 원인이 그 안에 결과를 갖고 있지 있다면 어떻게 원인은 결과를 일으킬 것인가. (2) 원인이 그 안에 결과를 갖고 있다면 〔이미 결과는 원인 안에 존재하고 있어야 할 것이기 때문에〕 어째서 원인

은 [다시] 결과를 일으킬 필요가 있겠는가. (2구분별)

(제17~18게송) (1) [고유한 성질을 갖고 존재하는 한, 사물과 현상은 연기(緣起)하는 일이 없기 때문에 고유한 성질이] 공(空)이 아닌 결과가 일어나는 일은 없을 것이다. 공이 아닌 결과는 소멸하는 일도 없을 것이다. 결과는 공이 아니면 일어나는 일도 소멸하는 일도 없게[不生·不滅] 될 것이다. [그러므로 결과는 공이다.]

(2) [고유한 성질을 갖고 존재하지 않는 한, 사물과 현상은 존재한다고 말할 수 없기 때문에 고유한 성질이] 공(空)인 결과가 어떻게 일어나겠는가. 공인 결과가 어떻게 소멸하는 일이 있겠는가. 결과가 공이어도 일어나거나 소멸하는 일은 없게 되어 버릴 것이다. (2구분별)

(제19게송) (1) 실제로 원인이 결과와 같다는 것은 결코 있을 수 없다. (2) 실제로 원인이 결과와 다르다는 것도 결코 있을 수 없다. (2구분별)

(제20게송) (1) 결과와 원인이 같다면 일으키는 것[能生]과 일으켜지는 것[所生]이 같게 될 것이다. (2) 결과와 원인이 별개라면 원인은 원인이 아닌 것과 같게 될 것이다. (2구분별)

(제21게송) (1) 결과가 고유한 성질을 갖고 존재한다면 어떻게 원인이 그것을 [다시] 일으킬 것인가. (2) 결과가 고유한 성질을 갖고 존재하지 않는다면 어떻게 원인이 그것을 일으킬 것인가. (2구분별)

(제22게송) 현재 결과를 낳지 않는 것이 원인일 수는 없다. 또한, 원래

〔어떤 것도〕 원인이 있을 수 없을 때 어떤 결과가 있게 될 것인가.

(제23게송) 또한, 이 원인과 온갖 조건의 집합이 스스로 자기 자신을 일으키지 않는다면 어떻게 결과를 일으킬 것인가.

(제24게송) 결과는 원인과 온갖 조건의 집합에 의해 만들어지는 것도 아니고, 원인과 온갖 조건의 집합이 아닌 것에 의해 만들어지는 것도 아니다. (2구분별)

결과 없이 어떻게 원인과 온갖 조건의 집합이 있겠는가.

제 21 장

생성과 소멸의 고찰

....

주제 '사물과 현상이 일어나거나 소멸하는 한, 시간은 고유한 성질[自性]을 갖고 반드시 존재한다'는 대론자의 주장을 생성과 소멸의 관점에서 검토하고 생존의 연속을 부정한다.

21. 1 생성 없이, 혹은 생성과 동시에 소멸은 없다. 소멸 없이,
　　　　혹은 소멸과 동시에 생성은 없다. (제1~5게송)

21. 1. 1 소결(小結): 생성과 소멸은 동시이든 따로따로이든 존재하지
　　　　　않는다. (제6게송)

21. 2 소멸하는 것이든 소멸하지 않는 것이든 생겨나는 일도
　　　　소멸하는 일도 없다. (제7게송)

21. 3 존재하는 것은 생성과 소멸이 없으면 알려지지 않는다.
　　　　생성과 소멸도 존재하는 것이 없으면 알려지지 않는다. (제8게송)

21. 4 공(空)인 것에도 공이 아닌 것에도 생성과 소멸은 있을 수 없다.
　　　　(제9게송)

21. 5 생성과 소멸은 동일한 것도 별개의 다른 것도 아니다. (10게송)

21. 6 소결(小結): 생성과 소멸이 경험되는 것은 무지하기 때문이다.
　　　　(제11게송)

21. 7   존재하는 것도 존재하지 않는 것도 생겨나는 일은 없다.

(제12~13게송)

21. 7. 1   존재하는 것을 인정하면 항상 있는 것이라는 견해(常見)와

끊어지는 것이라는 견해(斷見)가 따라붙는다. (제14게송)

21. 7. 2   반론: 생존(有)이라는 인과의 생성과 소멸의 연속을 인정하는

이상, 항상 있는 것이라는 견해도, 끊어지는 것이라는 견해도

생기지 않는다. (제15게송)

21. 7. 3   생존이 인과의 생성과 소멸의 연속이라면 끊어지는 것이라는

견해가 되어 버린다. 고유한 성질을 인정하면 항상 있는

것이라는 견해가 되어 버린다. (제16~17게송)

21. 8   죽는 순간의 존재(死有)와 태어나는 순간의 존재(生有)가 성립하지

않기 때문에 생존의 연속은 성립할 수 없다. (제18~20게송)

21. 9   결론: 생존의 연속은 과거·현재·미래로 분석해도 불합리하다.

(제21게송)

....

(제1게송) 〔'갖가지 사물과 현상은 특정한 시간에 일어나거나 소멸하기 때문에 시간은 생성과 소멸의 조건이다. 사물과 현상이 일어나거나 소멸하는 한, 시간은 고유한 성질(自性)을 갖고 반드시 존재한다' 는 반론에 답한다.〕 일어나는 일 없이, 혹은 일어남과 동시에 무엇인가가 소멸하는 일은 있을 수 없다. (2구분별)

소멸하는 일 없이, 혹은 소멸함과 동시에 무엇인가가 일어나는 일도 있을 수 없다. (2구분별)

(제2~3게송) ⑴ 일어나지 않고 도대체 어떻게 소멸하는 일이 있겠는가. 〔만일 그런 일이 있다면〕 태어나지 않고 죽음을 맞이하게 될 것이다. 〔그러므로〕 생성이 없으면 소멸은 없다. ⑵ 일어남과 동시에 어떻게 소멸하는 일이 있겠는가. 왜냐하면 〔동일 인물에게〕 탄생과 죽음이 동시에 인지되는 일은 없기 때문이다. (2구분별)

(제4~5게송) ⑴ 소멸하지 않고 도대체 어떻게 일어나는 일이 있겠는가. 왜냐하면 온갖 것이 무상하다(=소멸한다)는 것은 언제 어떠한 때도 알려지지 않는 경우가 없기 때문이다. ⑵ 소멸함과 동시에 어떻게 일어나는 일이 있겠는가. 왜냐하면 죽음과 탄생이 동시에 인지되는 일은 없기 때문이다. (2구분별)

(제6게송) 두 가지가 서로 함께이든 각각 개별적이든 존립하는 것이 알려지지 않는 경우, 도대체 어떻게 양자가 존립하는 것이 알려질 것인가.

(제7게송) ⑴ 소멸하는 것은 〔생성과 서로 모순되는 성질을 갖고 있기 때문에〕 일어나는 일이 없다. ⑵ 소멸하지 않는 것은 〔'토끼의 뿔'처럼 원래부터 존재하지 않기 때문에〕 일어나는 일이 없다. ⑶ 소멸하는 것은 〔그 자체로 현재 존재하지 않기 때문에〕 소멸하는 일이 없다. ⑷ 소멸하지 않는 것은 〔원래부터 있다〔有〕고도 없다〔無〕고도 알려지지 않기 때문에〕 소멸하는 일이 없다. (4구분별)

(제8게송) 존재하는 것은 생성, 소멸과 별개로는 알려지지 않는다.

일어나는 것과 소멸하는 것도 존재하는 것이 없으면 알려지지 않는다. (2구분별)

(제9게송) ⑴ 공(空)인 것에는 생성도 소멸도 있을 수 없다. ⑵ 공이 아닌 것 또한 생성도 소멸도 있을 수 없다. (2구분별)

(제10게송) ⑴ 생성과 소멸이 동일하다는 것은 있을 수 없다. ⑵ 생성과 소멸[은 서로 연관(觀待) 지어져 있기 때문에 양자]가 완전히 별개의 다른 것이라는 것도 있을 수 없다. (2구분별)

(제11게송) '생성과 소멸은 경험된다'고 그대가 생각한다면 생성과 소멸은 [진실에 대한] 무지 때문에 경험되는 것에 지나지 않는다.

(제12게송) ⑴ 존재하는 것이기 때문에 [이미] 존재하는 것이 일어나는 일은 없다. ⑵ 존재하는 것이기 때문에 존재하지 않는 것이 일어나는 일도 없다. ⑶ 존재하지 않는 것이기 때문에 존재하는 것이 일어나는 일은 없다. ⑷ 존재하지 않는 것이기 때문에 존재하지 않는 것이 일어나는 일은 없다. (4구분별)

(제13게송) ⑴ 존재하는 것은 스스로 일어나는 것이 아니다. ⑵ 타자로부터 일어나는 것도 아니다. ⑶ 자신과 타자의 양자로부터 일어나는 것도 아니다. (3구분별)
도대체 무엇으로부터 일어나는 것인가. [무엇으로부터도 일어나지 않는다.]

(**제14게송**) 존재하는 것을 인정하는 자에게는 '항상 있는 것'이라는 견해(常見=常住論)와 '끊어지는 것'이라는 견해(斷見=斷滅論)가 따라붙는다. 왜냐하면 존재하는 것은 항상 있는 것이든 무상한 것이든 어느 한쪽이어야 하기 때문이다.

(**제15게송**) **반론** 존재하는 것을 인정하는 자에게는 '항상 있는 것'이라는 견해〔常見〕도, '끊어지는 것'이라는 견해〔斷見〕도 따라붙지 않는다. 〔그대도 인정하는〕 이 〔윤회적인〕 생존〔有〕은 원인과 결과가 일어나고 소멸하는 것의 연속이기 때문이다.

(**제16게송**) **용수** 〔윤회적인〕 생존이 〔단지〕 원인과 결과가 일어나고 소멸하는 것의 연속이라면, 소멸한 것이 다시 일어나는 일은 없기 때문에 원인이 끊어진다는 〔단견(斷見)〕이 되어 버린다.

(**제17게송**) 고유한 성질〔自性〕을 갖고 실재하는 것이 〔때에 따라서는〕 실재하지 않는다는 것은 불합리하기 〔때문에 고유한 성질을 인정하는 이상, 항상 있는 것이라는 견해〔常見〕가 되어 버린다.〕

열반할 때는 생존의 연속이 소멸〔寂滅〕하기 때문에 끊어지는 것이라는 견해〔斷見〕가 되어 버린다.

(**제18게송**) 〔전생의〕 '마지막 생존〔死有〕'이 소멸할 때 〔현재생〕 '최초의 생존〔生有〕'이 있다고 하는 것은 불합리하다. 또한, '마지막 생존'이 소멸하지 않는 동안에 '최초의 생존'이 있다는 것도 불합리하다.

별역 '마지막 생존[死有]'이 소멸할 때 '최초의 생존[生有]'이 결정되는 [結生] 일은 없다. 또한, '마지막 생존'이 소멸하지 않는 동안에 '최초의 생존'이 결정되는 일은 없다.

(제19게송) 〔전생의〕'마지막 생존'이 소멸하고 있을 때 〔현재생〕'최초의 생존'이 일어난다면 '소멸하고 있는 생존[死有]'과 '일어나고 있는 생존[生有]'은 완전히 별개가 될 것이다.

(제20게송) 〔위에서 설명한 것처럼〕 '소멸하고 있는 생존'과 '일어나고 있는 생존'이 동시인 것도 〔각기 다른 시간인 것도〕 알려지지 않는 〔불합리한〕 경우, 〔'최초의 생존'이라는 것은 있을 수 없기 때문에〕 어떤 5온 상태에서 죽은 자가 그와 같은 5온 상태로 태어나게 되어 버릴 것이다. 〔그러나 그런 일은 있을 수 없다.〕

별역 〔마찬가지로〕 '소멸하고 있는 생존'과 '일어나고 있는 생존'이 동시인 경우도 알려지지 않는다. 어떤 5온 상태에서 죽은 자가 그와 같은 5온 상태로 태어난다는 것이 되기 〔때문이다〕.

(제21게송) 따라서 과거·현재·미래, 어느 시간에서도 생존이 연속한다는 것은 불합리하다. 과거·현재·미래에 걸쳐 존재하지 않는 것이 어떻게 생존이 연속하겠는가.

제 22 장

여래의 고찰

주제 "생존의 연속으로부터 사람들을 구제하려는 붓다가 계신 이상 생존의 연속은 존재한다"는 대론자의 주장에 대해 교주(教主)인 여래 (如來, 붓다)라고 해도 고유한 성질(自性)을 갖고 실재하지는 않는다는 것을 논증한다.

22. 1   여래와 5온(五蘊)에 관한 5형태분석 (제1게송)

22. 2   여래는 5온을 원인으로 하여 존재하지 않는다. (제2~4게송)

22. 3   여래는 5온을 원인으로 하지 않고 존재하지도 않는다. (제5~7게송)

22. 4   소결(小結): 여래가 5온을 원인으로 하여 개념설정되는 일은 없다.

         (제8~10게송)

22. 5   여래와 5온이 공(空)인지 아닌지에 관한 4구분별(四句分別) (11게송)

22. 6   여래에 관한 12무기(無記) (제12~14게송)

22. 7   결론: 여래를 실체화하는 사람은 여래를 보지 못한다.

         여래도 세계도 고유한 성질을 갖지 않는다. (제15~16게송)

(제1게송) 여래(如來, 붓다)는 (1) 5온과 같지 않고 (2) 5온과 다르지도

않다. (3) 5온이 여래 속에 있는 것도 아니고 (4) 여래가 5온 속에 있는 것도 아니다. (5) 여래가 5온을 소유하는 것도 아니다. 그렇다면 여래란 도대체 어떤 자인가. (5형태분석)

(제2게송) 〔독자부(犢子部)는 5온을 원인으로 하여 〈사람(뿌드갈라)〉은 개념설정(施設) 된다고 하지만〕 만일 붓다가 5온을 원인으로 하여 존재한다면, 〔그렇지 않다.〕 그는 원래 〔고유한 성질(自性)을 갖고〕 존재하지 않는다. 그러나 원래 〔고유한 성질을 갖고〕 존재하지 않는 것이 어떻게 〔5온이라는 타자를 원인으로 하여〕 타자의 성질(他性)에 의해 존재할 수 있겠는가.

(제3게송) '일반적으로 타자를 조건으로 하여 일어나는 것은 무아(=무자성, 공)이다'라는 것은 타당하다. 그러나 원래부터 무아인, 〔거울 속 영상과 같이 실체성 없는〕 것이 어떻게 여래가 될 수 있겠는가.

(제4게송) 만일 고유한 성질(自性)이 존재하지 않는다면 어떻게 타자의 성질(他性)이 있겠는가. 〔존재하는 것은 고유한 성질을 갖거나 타자의 성질을 갖거나 둘 중 하나이기 때문에〕 고유한 성질도 타자의 성질도 없다면 그 여래는 어떤 것으로 있을 수 있겠는가.

(제5게송) 만일 5온을 원인으로 하지 않고 '여래'라고 불리는 자가 〔이미〕 누군가 존재한다면 곧 여래는 5온을 원인으로 할 수 있을 것이다. 〔그러나〕 그렇다면 여래는 5온을 원인으로 하여 존재하는 자가 되어 버린다.

(제6게송) 그리고 〔독자부에 의하면〕5온을 원인으로 하지 않는다면 '여래'라고 불리는 자는 누구도 존재하지 않는다. 그러나 5온을 원인으로 하지 않으면 존재하지 않는 자가 어떻게 5온을 원인으로 하는 일이 있겠는가.

(제7게송) 원인이 없다면 〔5온은 여래를 개념설정하기 위한〕 원인이라고 결코 불리지 않는다. 그리고 5온을 원인으로 하지 않는 것 같은 여래는 결코 존재하지 않는다.

(제8게송) 여래는 5취온(五取蘊=5온)과 동일한 것으로도, 다른 것으로도, 〔제1게송과 같이〕 5형태분석으로 음미 검토해도 존재하지 않는다. 이와 같은 여래가 어떻게 〔5취온을 원인으로 하여〕 개념설정되는 일이 있겠는가.

(제9게송) 또한, 이 5취온은 원래 〔고유한 성질〔自性〕을 갖고〕 존재하지 않는다. 본래 〔고유한 성질을 갖고〕 존재하지 않는 것이 어떻게 타자의 성질〔他性〕에 의해 존재할 수 있겠는가.

(제10게송) 따라서 5취온도, 〔5취온을〕 취하는 자〔여래〕도 모두 공이다. 그러나 공인 5취온에 의해 공인 여래가 어떻게 개념설정될 것인가. 〔그러므로 5온을 원인으로 하여 여래가 개념설정된다는 것은 불합리하다.〕

(제11게송) 〔진실에서는 여래나 5온이〕 (1) "공이다"라고 말해서는 안

된다. 혹은 (2) "공이 아니다"라고도 말해서는 안 된다. 더욱이 (3) 공이기도 하고 공이 아니기도 하다'라고도 (4) '공도 아니고 공이 아닌 것도 아니다'라고도 말해서는 안 된다. 그러나 〔교화되어야 할 중생의 근기에 대응하여 말로〕 알게 하기 위해 〔이 네 가지 구절들을〕 설명한다. (4구분별)

(제12게송) '항상 있는 것〔常住〕이다' '항상 있는 것이 아니다' 등의 4구문이 어떻게 이 〔고유한 성질〔自性〕을 갖지 않고〕 번뇌가 소멸〔寂靜〕한 자(=여래)에게 해당하겠는가. 또한, '유한하다' '무한하다' 등의 4구문도 어떻게 이 〔고유한 성질을 갖지 않고〕 번뇌가 소멸〔寂靜〕한 자(=여래)에게 해당하겠는가.

(제13게송) 그러나 〔여래에 대한〕 강한 집착을 품은 자는 여래가 열반한 후에도 "여래는 존재한다" 혹은 "존재하지 않는다" 등 〔네 구문으로〕 분별하고 말할 것이다.

별역 그러나 〔여래에 대한〕 강한 집착을 품은 자는 "여래는 존재한다" 혹은 "존재하지 않는다" 등으로 구상하고 열반한 여래에 대해서도 〔갖가지로〕 분별한다.

(제14게송) 그러나 고유한 성질〔自性〕이라는 점에서 공(自性空)인 이 여래에 대해 "붓다는 사후에 존재한다" 혹은 "붓다는 사후에 존재하지 않는다"라고 하는 생각은 전혀 맞지 않는다.

(제15게송) '언어적 다원성〔戲論〕'을 초월하고 소멸하지 않는 붓다(=여

래)를 언어적으로 실체화하는 사람들은 모두 언어적 다원성에 물들어 여래를 보지 못한다.

(제16게송) 여래에게 고유한 성질〔自性〕은 이 세계에서의 고유한 성질이다. 〔그러나〕 여래는 고유한 성질을 갖지 않는다〔無自性〕. 〔그렇기 때문에〕 이 세계도 고유한 성질을 갖지 않는다. 〔모든 것은 무자성, 공이다.〕

제 23 장

잘못된 견해〔顚倒〕의 고찰

주제 "온갖 번뇌 때문에 생존을 반복한다"는 반론에 대해 번뇌, 특히 네 가지 잘못된 견해〔顚倒: 진실에 위배됨〕의 실재성을 부정한다.

23.1   전통설: 번뇌는 '네 가지 잘못된 견해〔四顚倒〕' 등의 잘못된 사고에서 일어난다. (제1게송)

23.2   번뇌는 고유한 성질을 갖고 실재하지 않는다. (제2게송)

23.2.1 번뇌가 속해야 할 토대가 되는 것〔基體〕은 존재하지 않는다. (제3~4게송)

23.2.2 번뇌와 번뇌를 갖는 자〔基體〕는 5형태분석을 할 수 있다. (제5게송)

23.2.3 네 가지 잘못된 견해 등이 고유한 성질을 갖고 존재하지 않기 때문에 번뇌도 존재하지 않는다. (제6게송)

23.2.4 반론: 번뇌에는 여섯 종류의 대상이 있다. (제7게송)

23.2.5 여섯 종류의 꿈이나 환상 같은 것에 지나지 않는다. (제8~9게송)

23.2.6 좋아하는 것과 좋아하지 않는 것은 서로 의존관계에 있기 때문에 고유한 성질을 갖고 존재하지 않는다. 그렇기 때문에 번뇌도 존재하지 않는다. (제10~12게송)

23.3   공〔空〕이라면 전도〔顚倒〕와 전도 아닌 것이 뒤바뀐다. (제13~14게송)

23.3.1 파악이 없기 때문에 잘못된 견해도 잘못된 견해가
　　　 아닌 것도 없다. (제15~16게송)

23.3.2 잘못된 견해와 잘못된 견해를 갖는 자를 과거·현재·미래에
　　　 의해 분석하면 성립하지 않는다. (제17~19게송)

23.3.3 '네 가지 잘못된 견해'가 있건 없건 '잘못된 견해'·
　　　 '잘못된 견해가 아닌 것'은 성립하지 않는다. (제20~21게송)

23.3.4 소결(小結): 잘못된 견해가 소멸하면 번뇌가 소멸하고
　　　 윤회로부터 해방된다. (제22게송)

23.4 　 결론: 번뇌는 무자성·공이기 때문에 버릴 필요도 없다.
　　　 (제23~24게송)

(제1게송) 〔'생존의 연속(=윤회)은 업과 번뇌를 원인으로 하지만 그 업은 번뇌로부터 일어나기 때문에 번뇌가 첫 번째 원인이다. 모든 번뇌가 존재하는 이상 생존의 연속도 존재한다'고 하는 반론에 답한다. 모든 붓다는〕 욕망·혐오·무지〔의 3대 번뇌〕는 잘못된 사고에서 일어난다고 설명한다. 실제로 3대 번뇌는 각각 '좋아하는 것〔淨〕'·'좋아하지 않는 것〔不淨〕'·〔상(常)·낙(樂)·아(我)·정(淨)이라고 하는 네 종류의〕 '잘못된 견해〔顚倒〕'를 조건으로 일어난다.

(제2게송) '좋아하는 것'·'좋아하지 않는 것'·〔네 가지〕'잘못된 견해〔顚倒〕'를 조건으로 일어나는 것(=모든 번뇌)은 원래 〔고유한 성질〔自性〕을 갖고〕 존재하지 않는다. 그러므로 모든 번뇌는 진실에서는 존재하지 않는다.

(제3게송) 〔모든 번뇌가 속해야 할〕 '자기'는 존재한다고도, 존재하지 않는다고도 결코 입증되지 않는다. 그 '자기'가 없으면 모든 번뇌가 존재하는지 안 하는지 어떻게 입증될 것인가.

(제4게송) 실제로 이 모든 번뇌는 〔자기이든 마음이든〕 무엇인가에 속하는 것이다. 그러나 그 무엇인가가 〔존재한다고는〕 입증되지 않는다. 무엇인가 〔토대가 되는 것〔基體〕〕이 없다면 모든 번뇌가 무엇인가에 속하는 것일 수는 없다.

(제5게송) '자신의 몸이 〔자기〕이다'라는 견해(=我見)와 마찬가지로 번뇌를 갖는 자에 관해 5형태분석으로 〔음미 검토해도〕 모든 번뇌는 존재하지 않는다.

　'자신의 몸이 〔자기〕이다'라는 견해와 마찬가지로 모든 번뇌에 관해 5형태분석으로 〔음미 검토해도〕 번뇌를 갖는 자 또한 존재하지 않는다.

(제6게송) '좋아하는 것'·'좋아하지 않는 것'·'〔네 가지〕 잘못된 견해〔顚倒〕'는 원래 〔고유한 성질〔自性〕을 갖고〕 존재하지 않는다. 〔그렇다면〕 어떤 '좋아하는 것'·'좋아하지 않는 것'·'〔네 가지〕 잘못된 견해'를 조건으로 모든 번뇌는 존재하는가.

(제7게송) 【반론】 욕망·혐오·무지에는 시각대상〔色〕·소리〔聲〕·맛〔味〕·감촉〔觸〕·냄새〔香〕·관념〔法〕이라는 여섯 종류의 실재가 〔대상으로〕 상정된다.

(제8~9게송) 【용수】 시각대상[色]·소리[聲]·맛[味]·감촉[觸]·냄새[香]·관념[法]은 단지 신기루나 아지랑이, 꿈과 같은 것에 지나지 않는다. 환상 속의 사람과 같고 [수면이나 거울에] 비친 영상과 같은 그것들 [실체가 없는 여섯 가지의 대상영역] 중에 좋아하는 것이라든가 좋아하지 않는 것이 어떻게 있겠는가.

(제10게송) 좋아하는 것에 연관[觀待]되지 않으면 좋아하지 않는 것은 존재하지 않는다. [그러나] 그 좋아하지 않는 것을 조건으로 우리는 좋아하는 것을 개념적으로 설정할 수 있기 [때문에 양자는 서로 의존한다]. 그러므로 좋아하는 것이 [고유한 성질을 갖는 것으로] 정당화되는 일은 결코 없다.

(제11게송) 좋아하지 않는 것에 연관되지 않으면 좋아하는 것은 존재하지 않는다. [그러나] 그 좋아하지 않는 것을 조건으로 우리는 좋아하지 않는 것을 개념적으로 설정할 수 있기 [때문에 양자는 서로 의존한다]. 그러므로 좋아하지 않는 것이 [고유한 성질을 갖는 것으로] 알려지는 일은 결코 없다.

(제12게송) 그리고 좋아하는 것이 알려지지 않는다면 욕망이 어떻게 일어날 것인가. 또한, 좋아하지 않는 것이 알려지지 않는다면 혐오가 어떻게 일어날 것인가.

(제13게송) 만일 무상한 것에 대해 '항상 있는 것이다'라는 파악이 잘못된 견해[顚倒]라면 [무자성] 공인 것에서 무상한 것은 알려지지 않

기 〔때문에 '항상 있는 것이다'라는〕 파악이 어떻게 잘못된 견해이겠는가.

(제14게송) 만일 무상한 것에 대해 '무상하다'라는 파악이 잘못된 견해〔顚倒〕라면 〔무자성〕 공인 것에 대해 '무상하다'라는 파악이 어떻게 잘못된 견해가 아니겠는가.

(제15게송) '파악수단'·'파악'·'파악하는 자'·'파악되는 것', 이 모두는 적멸(寂滅)한다. 〔즉, 무자성·공이다.〕 그러므로 파악이라는 것은 알려지지 않는다.

(제16게송) 예컨대 틀려도, 맞아도 '파악이라는 것'이 알려지지 않는다면 누가 '잘못된 견해〔顚倒〕'를 가질 것인가. 누가 '잘못되지 않은 견해〔正見〕'를 가질 것인.

(제17~18게송) (1) 이미 잘못된 견해〔顚倒〕를 갖고 있는 사람에게는 지금 갖가지 잘못된 견해는 있을 수 없다. (2) 아직 잘못된 견해〔顚倒〕를 갖고 있지 않은 사람에게도 지금 갖가지 잘못된 견해는 있을 수 없다. (3) 현재 잘못된 견해〔顚倒〕를 갖고 있는 사람에게는 〔더욱이〕 갖가지 잘못된 견해는 있을 수 없다. (3구분별)

　어떤 사람에게 갖가지 잘못된 견해가 있을 수 있겠는가, 스스로 잘 검토해 보길 바란다. 〔그런 사람은 누구도 존재하지 않는다.〕

(제19게송) 〔일찍이〕 일어난 적이 없는 갖가지 잘못된 견해〔顚倒〕가 어

떻게 일어날 것인가. 잘못된 견해가 일어나지 않는데 어떻게 잘못된 견해를 갖는 자가 있겠는가.

(제20~21게송) 만일 '자기'·'청정한 것'·'항상 있는 것'·'쾌락'이 〔고유한 성질을 갖고〕 존재한다면 '자기이다'·'청정하다'·'항상 머문다'·'쾌락이다'라는 잘못된 견해가 아니다.

　　만일 '자기'·'청정한 것'·'항상 있는 것'·'쾌락'이 〔고유한 성질을 갖고〕 존재하지 않는다면 〔그 반대〔顚倒〕인〕 '자기가 아닌 것'·'청정하지 않은 것'·'무상한 것'·'괴로움'도 〔고유한 성질을 갖고〕 존재하지 않는다. (2구분별)

(제22게송) 이상과 같이 네 가지 잘못된 견해가 소멸함으로써 무명(無明)은 소멸한다. 무명이 소멸할 때, 행(行)을 시작으로 하는 〔12연기의 나머지〕도 소멸한다.

(제23~24게송) 만일 어떤 사람에게 어떤 번뇌가 〔고유한 성질을 갖고〕 존재한다면, 그 번뇌들을 어떻게 버릴 수 있겠는가. 누가 자신에게 고유한 성질을 버리겠는가.

　　만일 어떤 사람에게 어떤 번뇌가 고유한 성질을 갖고 존재하지 않는다면, 그 번뇌들을 어째서 버릴 필요가 있겠는가. 누가 존재하지 않는 것을 버리거나 할 것인가. (2구분별)

제 24 장

4성제(四聖諦)의 고찰

주제 '모든 것이 공이라면 4성제(四聖諦)는 성립하지 않는다'는 주장에 대해 공성이기 때문에 4성제가 성립한다는 것을 논증한다.

24. 1   반론: 모든 법이 공이라면 4성제의 부정으로 귀결된다.
         (제1~2게송)

24. 1. 1 붓다(佛), 붓다의 가르침(法), 승단(僧), 이 세 가지 보배(三寶)의
         부정으로 귀결된다. (제3~5게송 전반)

24. 1. 2 인과응보와 세속의 삶에 대한 부정으로 귀결된다.
         (제5게송 후반~6게송)

24. 2   공성에 대한 무지의 지적. (제7게송)

24. 3   세상 상식으로서의 진실(世間世俗諦)과 궁극적인 의미의
         진실(勝義諦) (제8~10게송)

24. 4   공성을 설명하는 어려움과 설법의 망설임. (제11~12게송)

24. 5   공성에 대한 비난은 핵심을 비껴간 것이다. (제13~15게송)

24. 6   고유한 성질이 있다고 주장하는 자(有自性論者)는 인과를
         부정하게 된다. (제16~17게송)

24. 7   연기란 공성이고 [어떤 것을] 원인으로 [어떤 것이]

개념설정되는 것[因施設]이며 중도(中道)이다. (제18~19게송)

24.8 　모든 법이 공이 아니라면 4성제의 부정으로 귀결된다.
　　　(제20~28게송)

24.8.1 　세 가지 보배[三寶]의 부정으로 귀결된다. (제29~32게송)

24.8.2 　인과응보의 부정으로 귀결된다. (제33~35게송)

24.8.3 　세속의 삶에 대한 부정으로 귀결된다. (제36~39게송)

24.9 　결론: 연기를 보는 자는 4성제를 본다. (제40게송)

(제1게송) 반론 만일 〔그대의 말처럼〕 이 모든 것이 공이라면 〔사물과 현상이〕 일어나기도 하고 소멸하기도 하는 일은 없다. 〔그렇다면〕 그대에게는 성자들의 '네 가지 진실[四聖諦]'이 없게 되어 버린다.

(제2게송) 〔그대에게는〕 4성제가 없기 때문에 〔괴로움이라는 진실의〕 보편적인 인식[遍知], 〔괴로움의 원인과 생겨나는 것의〕 소멸, 〔괴로움의 소멸로 이끄는〕 수행[修習], 〔괴로움의 소멸이라는〕 명확한 증명[直證]도 있을 수 없다.

(제3게송) 4성제의 '보편적인 인식[遍知]'·'소멸'·'수행[修習]'·'명확한 증명[直證]'이 없기 때문에 〔예류(預流)·일래(一來)·불환(不還)·아라한(阿羅漢)이라는〕 '네 종류의 성자의 경지[四聖果]'도 존재하지 않는다. '네 종류의 성자의 경지'가 없다면 과보에 머무르는 자들[四果]도, 그것을 구하는 자들[四向]도 존재하지 않는다.

　『중론』 용수의 사상·저술·생애의 모든 것

(제4~5게송 전반) 이 여덟 종류의 성자들이 존재하지 않는다면 승단은 존재하지 않는다. 또한, 4성제가 존재하지 않기 때문에 바른 가르침〔正法〕도 존재하지 않는다. 가르침〔法〕이 없고 승단〔僧〕이 없을 때 어떻게 붓다〔佛〕가 있을 수 있겠는가.

(제5게송 후반~6게송) 이와 같이 〔모든 법의〕 공성을 설한다면 그대는 〔붓다, 붓다의 가르침, 승단, 이〕 세 가지 보배 모두를 부정하고 선(善=法)·불선(不善=非法)〔의 업〕과 〔그 결과인 즐거움·괴로움이라는〕 업의 과보의 실재 그리고 모든 세속의 삶을 부정하게 된다.

(제7게송) **용수** 이와 같은 비판에 대해 우리는 답한다. 그대는 공성에서 '효용·목적'과 '공성'과 '공성의 의미'를 알지 못한다. 그렇기 때문에 그와 같이 쓸데없는 노력을 하는 것이다.

(제8게송) 모든 붓다는 2제(二諦)〔라는 두 가지 다른 차원의 진실〕에 의해 가르침〔法〕을 설한다. 즉, 세상의 상식으로서 진실〔世間世俗諦〕과 궁극적인 의미의 진실〔勝義諦〕이다.

(제9게송) 이 2제의 구별을 알지 못하는 사람들은 〔모든〕 붓다의 심원한 가르침의 진실을 알지 못한다.

(제10게송) 언어활동〔言說〕에 의존하지 않고서 궁극의 진실〔勝義〕은 분명하게 설명되지 않는다. 궁극의 진실을 이해하지 않고서 열반은 이루어지지〔證得〕 않는다.

(제11게송) 공성은 잘못 이해하면 잘못된 방법으로 포획한 뱀과 같이, 혹은 잘못 읊은 주문과 같이 어리석은 자를 파멸시킨다.

(제12게송) 그러므로 이 〔공성의〕 가르침〔法〕은 어리석은 자들이 이해하기 어렵다고 생각해 〔석가〕모니는 그것에 대해 설명하는 것을 주저하신 것이다.

(제13게송) 더욱이 〔모든 것이 공인 경우의 오류를 지적해서〕 그대가 공성을 비난해도 그 비난은 공〔의 논리〕에는 들어맞지 않는다. 우리에게 〔원래〕 오류는 결론에 이르게 되는 것이 아니다.
별역 나아가 〔모든 것이〕 공인 경우에 오류로 귀결된다는 것〔을 지적하는 것〕에 의해 그대가 공성을 비난해도 그 비난은 우리의 공〔의 논리〕에는 들어맞지 않는다.

(제14게송) 만일 어떤 사람에게 〔모든 법의〕 공성이 이치에 맞는다면, 그 사람에게 〔4성제부터 세속의 삶까지〕 모든 것은 이치에 맞는다. 만일 〔모든 법의〕 공성이 이치에 맞지 않는다면 그 사람에게 모든 것은 이치에 맞지 않는다.

(제15게송) 〔공성을 비난하는〕 그대는 자신의 잘못을 우리에게 전가하고 있다. 그대는 바로 말에 타고 있으면서 그 말을 완전히 잊어 〔'말은 어디에 있는가'라고 소란을 피우고〕 있는 것이다.
별역 〔공성을 비난하는〕 그대는 자기 자신의 잘못을 우리에게 전가하고 있다. 그대는 말에 타고 있으면서 그 말을 완전히 잊어 〔'말은 어디에 있는가'라고 소란을 피우고) 있는 사람과 같다.

(제16게송) 만일 그대가 모든 것은 원래 (고유한 성질을 갖고) 존재한 다고 본다면 그 경우, 온갖 것은 직접적인 원인(原因)이나 보조적인 조 건(補助因) 없이도 존재한다고 보는 게 된다.

(제17게송) 그대는 '결과와 원인' '행위주체와 행위수단과 행위' '생겨 남과 소멸' 그리고 (행위의) 결과를 부정하는 것이 된다.

(제18게송) (갖가지 사물과 현상이 어떤 것을) 조건으로 하여 일어나 는 것(緣起)을 우리는 (모두) 공성(空性)이라고 말한다. 그것(緣起)은 (어떤 것을) 원인으로 (어떤 것이) 개념설정되는 것(因施設)이고, 그와 같은 것이 중도(中道)이다.

(제19게송) (무엇인가를) 조건으로 하지 않고 생겨나는 것은 어떤 것 도 존재하지 않는다. 그러므로 공이 아닌 것은 어떤 것도 존재하지 않 는다.

(제20게송) 만일 (그대가 말하는 것처럼) 이 모든 것이 공(空)이 아니 라면 (무엇인가가) 일어나거나 소멸하는 일은 없다. (그렇다면) 그대 에게는 성자들의 네 가지 진실(四聖諦)이 없게 되어 버리고 만다.

(제21게송) (무엇인가를) 조건으로 하지 않고 어떻게 괴로움이 일어 나겠는가. 실제로 (붓다는) 무상한 것을 '괴로움'이라고 말했지만 (모

든 법의 공성을 부정하여〕 고유한 성질〔自性〕을 갖는다고 인정하는 경우에는 무상한 것은 존재하지 않게 된다.

(제22게송) 괴로움이 원래 〔고유한 성질을 갖고〕 존재한다면 어째서 그것이 다시 생겨 날 필요가 있겠는가. 그러므로 공성을 부정하는 사람에게는 괴로움이 생겨나지 않게 된다.

(제23게송) 괴로움이 고유한 성질을 갖고 존재한다면 괴로움이 소멸하는 일은 없다. 고유한 성질에 고집하는 한 그대는 괴로움의 소멸을 부정하는 것이 된다.

(제24게송) 만일 그대가 〔괴로움을 소멸하는〕 방법〔道〕이 고유한 성질을 갖는다고 인정한다면 〔그 방법에는 아직 수행〔修習〕되지 않는 것이라는 고유한 성질이 있게 되기 때문에〕 그와 같은 방법을 수행하는 일은 있을 수 없다. 한편 만일 이 방법을 수행한다면 그대는 방법이 고유한 성질을 갖는다고 인정할 수 없을 것이다.

(제25게송) 괴로움과 괴로움의 생성과 괴로움의 소멸이 존재하지 않을 때, 방법〔道〕은 어떠한 괴로움의 소멸로 그대를 인도할 것인가. 〔어디로도 인도하지 못한다.〕

(제26게송) 만일 괴로움을 고유한 성질〔自性〕을 갖는 것이라고 보편적으로 인식한 적이 없다면 어떻게 그것을 이후에 보편적으로 인식할 수 있겠는가. 고유한 성질은 안정적인 〔즉 변화하지 않는〕 것이라고

말해지고 있지 않은가.

(**제27게송**) 그대의 생각에 따르면 〔괴로움이라는 진실을〕 보편적으로 인식하는 것과 완전히 동일하게 '〔괴로움의 원인·생성의〕 소멸'·'〔괴로움의 소멸이라는〕 명확한 증명〔直證〕'·'〔괴로움을 소멸로 이끄는〕 수행〔修習〕'도 불합리하고, 〔그러므로〕 네 종류 성자의 경지(四聖果)도 불합리하다.

(**제28게송**) 〔그대처럼〕 사물과 현상의 고유한 성질〔自性〕에 집착하는 사람은 고유한 성질을 갖는 것으로 이룬적이〔證得〕이 없는 〔성자들의 수행(聖道)의〕 과보를 어떻게 이후에 이룰 수 있겠는가.

(**제29게송**) 〔성자의 네 종류의〕 과보〔四聖果〕가 없다면 그것에 머무는 자〔四果〕도 그것을 구하는 자〔四向〕도 존재하지 않는다. 그 여덟 종류의 성자들이 존재하지 않는다면 승단은 존재하지 않는다.

(**제30게송**) 또한, 4성제가 존재하지 않기 때문에 바른 법〔正法〕도 존재하지 않는다. 붓다의 가르침〔法〕이 없고 승단〔僧〕이 없을 때 어떻게 붓다가 있을 수 있겠는가.

(**제31게송**) 그대의 생각에 따르면 깨달음〔菩提〕과 연관이 없어도 붓다〔覺者〕가 되어버리고, 붓다와 연관이 없어도 깨달음이 있게 되어 버린다.

(**제32게송**) 그대의 생각에 따르면 깨달음이 없다는(=붓다가 아닌) 고유

한 성질을 갖는 자는 예컨대 깨달음을 위해 노력해도 보살행에서 깨달음을 얻는 일은 없을 것이다.

(제33게송) 또한, 결코 누구도 '선한[法] 〔업〕'과 '선하지 않은[非法] 〔업〕'을 행하지 않을 것이다.

공이 아닌 것에 대해 도대체 무엇이 가능할 것인가. 고유한 성질〔自性〕에 대해서는 어떤 것도 할 수 없기 때문이다.

(제34게송) 그대의 생각에 따르면 선한 〔업〕과 선하지 않은 〔업〕이 없어도 실제로 〔즐거움과 괴로움의〕 과보가 존재하게 되고, 선한 〔업〕과 선하지 않은 〔업〕을 원인으로 하는 과보가 존재하지 않게 된다.
별역 〔누구도 업을 행하지 않는다면〕 선한 〔업〕과 선하지 않은 〔업〕이 없어도 실제로 〔즐거움과 괴로움의〕 과보는 그대에게 존재하지 않게 되고, 선한 〔업〕과 선하지 않은 〔업〕이 없어도 실제로 〔즐거움과 괴로움의〕 과보가 존재하게 된다.

(제35게송) 혹은 만일 그대의 생각에도 선한 〔업〕과 선하지 않은 〔업〕을 원인으로 하는 과보가 존재한다면, 그대에게 선한 〔업〕과 선하지 않은 〔업〕에 의해 일어난 과보가 어떻게 공이 아니겠는가. 〔공이어야 한다.〕

(제36게송) 연기인 공성을 부정한다면 그대는 모든 세상에서의 행위를 부정하는 것이 된다.

(제37게송) 〔그대처럼〕 공성을 부정하는 사람에게 행위가 행해져야 할 대상은 어떤 것도 없을 것이다. 시작되지 않았음에도 행위가 있을 것이다. 어떤 것도 하지 않는데도 행위주체가 되어버릴 것이다.

(제38게송) 고유한 성질〔自性〕을 전제로 한다면 세계는 일어나지도 않고, 소멸하지도 않으며, 변화하지도 않아 갖가지 양상이 없게 될 것이다.

(제39게송) 만일 〔모든 것은〕 공이 아니라고 한다면 아직 도달하지 않는 〔경지〕에 도달하는 일도, 괴로움을 끝내는 일도, 모든 번뇌를 단절하는 일도 없을 것이다.

(제40게송) 연기를 보는 자는 '이것은 괴로움이다' '〔괴로움의〕 원인이다' '〔괴로움의〕 소멸이다' '〔괴로움의 소멸로 이끄는〕 길이다' 〔라는 4성제〕를 보는 자이다.

제 25 장

열반의 고찰

주제 고유한 성질을 전제로 한 열반(涅槃)의 이해를 부정하고, 모든 법이 공이라는 시점에서의 열반, 즉 희론적멸(戱論寂滅)의 경지를 분명히 한다.

25. 1   반론: 모든 법이 공이라면 생성과 소멸도 열반도 있을 수 없다.

(제1게송)

25. 2   모든 법이 공이 아니라면 생성과 소멸도 열반도 있을 수 없다.

(제2~3게송)

25. 3   열반에 관한 4구분별(유有, 무無, 유이면서 무, 비유非有이면서

비무非無)을 부정한다.

25. 3. 1 '열반은 있다'의 부정 (제4~6게송)

25. 3. 2 '열반은 없다'의 부정 (제7~10게송)

25. 3. 3 '열반은 있으면서 없다'의 부정 (제11~14게송)

25. 3. 4 '열반은 있는 것도 아니고 없는 것도 아니다'의 부정(제15~16게송)

25. 4   붓다(世尊)의 사후나 생전의 존재 여부에 관한 4구분별을

부정한다. (제17~18게송)

25. 5   윤회와 열반은 구별이 없다. (제19~ 20게송)

25.6 여래와 세계에 관한 열네 가지 명제의 부정(14無記) (제21~23게송)

25.7 결론: '언어적 다원성(戲論)'과 인식이 적멸(寂滅)한 열반에서 붓다는 어떠한 법도 설하지 않는다. (제24게송)

....

(제1게송) 반론 만일 이 모든 것이 공이라면 〔사물과 현상이〕 일어나거나 소멸하거나 하는 일은 없다. 〔그 경우〕 무엇을 끊어내는 것에 의해 〔'몸이 남아있는 열반(有余依涅槃)'이,〕 혹은 무엇이 소멸하는 것에 의해 〔'몸도 소멸한〕 열반(無余依涅槃)'이 인정되는가.

(제2게송) 용수 만일 이 모든 것이 공이 아니라면 〔사물과 현상이〕 일어나거나 소멸하는 일은 없다. 〔그 경우〕 무엇을 끊어내는 것에 의해, 혹은 무엇이 소멸하는 것에 의해 열반이 인정되는가.

(제3게송) 〔무엇인가가〕 끊어지지도 획득되지도 않고, 단절하지도 항상 있지도 않으며, 소멸하지도 일어나지도 않는 것, 이것을 열반이라고 한다.

(제4게송) 우선 열반은 존재〔有〕가 아니다. 〔그렇지 않다면 늙음〔변화〕과 죽음〔소멸〕을 초월하는 열반이〕 변화나 소멸의 특성을 갖게 되어 버릴 것이다. 왜냐하면 존재는 변화와 소멸을 수반하지 않고는 있을 수 없기 때문이다.

(제5게송) 또한, 만일 열반이 존재라면 열반은 '인과관계에 구속되는

것〔有爲〕'이 되어 버릴 것이다. 왜냐하면 어떠한 존재이든 '인과관계에 구속되지 않는 것〔無爲〕'으로는 어디에도 알려지지 않기 때문이다.

(제6게송) 또한, 만일 열반이 존재라면 그와 같은 열반은 〔무엇인가를〕 원인으로 하지 않고 어떻게 〔알려지는(=개념설정되는) 일이〕 있겠는가. 왜냐하면 어떤 존재이든 〔무엇인가를〕 원인으로 하지 않고서는 결코 알려지지 않기 때문이다.

(제7게송) 만일 열반이 존재하지 않는다면 열반은 비존재〔無〕가 될 것인가. 〔그렇지 않다.〕 존재가 없는 곳에는 〔그 대립항인〕 비존재도 없기 〔때문이다.〕

(제8게송) 또한, 만일 열반이 비존재라면 그와 같은 열반은 〔무엇인가를〕 원인으로 하지 않고 〔알려지는 일이〕 어떻게 있겠는가. 왜냐하면 〔무엇인가의 존재를〕 원인으로 하지 않고 알려지는 비존재는 없기 때문이다.

(제9게송) 〔삶과 죽음을〕 오고 가는 일(=삶과 죽음의 연속, 윤회)은 〔무엇인가를〕 원인으로 〔개념설정되거나〕 혹은 〔무엇인가를〕 조건으로 〔개념설정〕 되지 않는다면 그것이 열반이라고 〔모든 붓다는〕 설하셨다.

(제10게송) 스승〔붓다〕은 생존〔有〕과 생존으로부터의 이탈〔非有〕〔을 향한 강한 욕망〔渴欲〕〕을 버리게 하려고 설하신 것이다. 그러므로 '열반은 존재도 아니고 비존재도 아니다'라는 것이 이치에 맞는다.

(**제11게송**) 만일 열반이 양자, 즉 존재이기도 하고 비존재이기도 하다면 해탈도 또한 존재이기도 하고 비존재이기도 하게 될 것이다. 그러나 그것은 불합리하다.

(**제12게송**) 만일 열반이 양자, 즉 존재이기도 하고 비존재이기도 하다면 열반은 〔무엇인가를〕 원인으로 하지 않을 수 없게 될 것이다. 왜냐하면 그 〔존재와 비존재의〕 양자는 〔서로를〕 원인으로 하는 것이기 때문이다. 〔그러나 열반이 무엇인가를 원인으로 한다는 것은 있을 수 없다.〕

(**제13게송**) 어떻게 열반이 존재이기도 하고, 비존재이기도 하겠는가. 왜냐하면 열반은 인과관계에 구속되지 않지만〔無爲〕, 존재나 비존재는 인과관계에 구속〔有爲〕되기 때문이다.

(**제14게송**) 어떻게 열반에 존재와 비존재의 양자가 있을 수 있겠는가. 왜냐하면 양자는 빛과 어둠처럼 동일한 장소에 존재할 수 없기 때문이다.

(**제15게송**) "열반은 존재로도 비존재로도 있을 수 없다"라는 주장은 존재와 비존재가 성립할 때만 성립한다.

(**제16게송**) 만일 열반이 존재로도 비존재로도 결코 알려지지 않는다면 도대체 "열반은 존재하는 것도 존재하지 않는 것도 아니다"라는 것은 무엇을 근거로 주장되는가. 〔어떤 근거도 없다.〕

(제17게송) 붓다[世尊]의 사후, (1) "붓다는 존재한다"고 주장되지는 않는다. (2) '붓다는 존재하지 않는다' (3) '[존재하면서 존재하지 않는] 양자이다' (4) '그 어느 쪽도 아니다'라고도 주장되지 않는다. (4구분별)

(제18게송) 붓다[世尊]가 이 세상에 계셨을 때도 (1) "붓다는 존재한다"고 주장되지는 않고, (2) "붓다는 존재하지 않는다" (3) "[존재하면서 존재하지 않는] 양자이다" (4) "그 어느 쪽도 아니다"라고도 주장되지 않는다. (4구분별)

(제19게송) 윤회를 열반으로부터 구별하는 것은 어떤 것도 없다. 열반을 윤회로부터 구별하는 것 또한 어떤 것도 없다.

(제20게송) 열반의 끝은 윤회의 끝이다. 그 두 가지 끝 사이에는 아주 약간의 틈도 결코 알려지지 않는다.
별역 열반의 끝과 윤회의 끝, 이 두 가지의 끝 사이에는 아주 약간의 틈도 결코 알려지지 않는다.

(제21게송) '여래가 사후에 존재한다' '세계는 유한하다' '세계는 항상 있다' 등의 견해는 각각 열반과 미래의 세계, 과거의 세계와 관련되어 있다.

(제22게송) 모든 법이 공일 때 (1) 무엇이 무한하고 (2) 무엇이 유한할 것인가. (3) 무엇이 무한하기도 유한하기도 하며 (4) 무엇이 무한하지도 유한하지도 않을 것인가. (4구분별)

『중론』 용수의 사상·저술·생애의 모든 것

(**제23게송**) 무엇이 같은 것이고, 무엇이 다른 것인가. (2구분별) (1) 무엇이 항상 있는 것이고 (2) 무엇이 무상한 것인가. (3) 무엇이 항상 있기도 하고 무상하기도 하며 (4) 무엇이 그 어느 쪽도 아닌 것인가. (4구분별)

(**제24게송**) 〔세존(世尊, 붓다)이 열반을 설하시기 때문에 열반은 존재한다고 생각한다면 다음과 같이 대답한다. 귀경게(歸敬偈)에 있는 것처럼 붓다는 언어적 다원성〔戲論〕이 적멸(寂滅)한 상서로운〔吉祥〕열반으로 이끄는 연기를 설하셨지만, 이〕언어적 다원성이 적멸한 상서로운 것이란 모든 인식이 적멸하는 것을 말한다. 〔그와 같은 의미에서〕붓다는 어디에서도 누구에게도 어떠한 법(法)도 설한 적이 없다.

별역 〔이상과 같이 공성에는 윤회도 없고, 열반도 없고, 윤회로부터의 해탈을 설명하는 사람도 윤회로부터 해탈하는 사람도 존재하지 않기 때문에〕 모든 인식이 적멸하고 언어적 다원성〔戲論〕도 적멸한, 〔머물지 않는 방식으로〕 상서로운 〔열반에 머물고 계시는〕 붓다는 어디에서도 누구에게도 어떤 법도 설명한 적이 없다.

제 26 장

12연기의 고찰

주제 12연기의 해설

26. 1   유전분(流轉分)

26. 1. 1   무명(無明) → 행(行) (제1게송)

26. 1. 2   행(行) → 식(識) → 명색(名色) (제2게송)

26. 1. 3   명색(名色) → 6처(六處) → 촉(觸) (제3게송)

26. 1. 4   명색(名色) → 식(識) (제4게송)

26. 1. 5   촉(觸) → 수(受) (제5게송)

26. 1. 6   수(受) → 애(愛) → 취(取) (제6게송)

26. 1. 7   취(取) → 유(有) (제7게송)

26. 1. 8   유(有) → 생(生) → 노사(老死) (제8~9게송)

26. 2   어리석은 자와 현자 (제10게송)

26. 3   환멸분(還滅分)

26. 3. 1   무명의 소멸 → 행의 소멸 (제11게송)

26. 3. 2   괴로움의 소멸 (제12게송)

(제1게송) 무명(無明)〔이라는 번뇌〕에 덮여 있는 자는 다시 태어나도록〔再生〕 이끄는 세 종류의 **행**(行='善·不善·不動'과 '身·口·意 三業')을 행하고, 그 업들 때문에 〔천계부터 지옥에 이르기까지 윤회의〕 다음 행선지〔趣〕로 향한다.

(제2게송) 행(行)을 조건으로 **식**(識)이 〔다음에 태어나는〕 행선지에 〔들어가〕 정착한다. 그런데 **식**이 정착하면 **명색**(名色)이 〔습기를 머금고〕 활성화한다.

(제3게송) 그러나 **명색**(名色)이 활성화하면 〔거기에 활성화한 것으로〕 **6처**(六處=여섯 감관)가 일어난다. 〔그러면 같이 활성화한 식(識)이〕 육처에 이르러 〔6처〔感官〕와 그 대상과 식〔認識〕, 이 세 가지의〕 **촉**(觸=접촉)이 일어난다.

(제4게송) 시각기관〔眼根〕과 시각대상〔色境〕과 주의집중을 조건으로, 즉 명색(名色)을 조건으로 하여 〔안〕**식**(眼識, 시각인식)이 일어난다.

(제5게송) 시각대상〔色境〕·시각인식〔眼識〕·시각기관〔眼根〕, 이 세 가지의 만남이 **촉**(觸)이다. 그리고 그 **촉**으로부터 **수**(受=感受)가 일어난다.

(제6게송) 수를 조건으로 **애**(愛=渴愛)가 일어난다. 왜냐하면 사람은 **수**라는 대상을 목마른 사람이 물을 찾듯 '간절히 원〔渴愛〕'하기 때문이다. 간절하게 원할 때 사람은 〔욕취·견취·계금취·아어취라는〕 네 종류의 **취**(取=집착)에 집착한다.

(제7게송) **취**(取=집착)가 있으면 집착하는 자[取者]에게 **유**(有=윤회를 통한 생존)가 일어난다. 실제로 만일 어떤 사람이 집착을 갖지 않는다면 그 사람은 해탈해버려 [새로운] 유(有)가 일어나는 일은 없을 것이다.

(제8~9게송) 그리고 이 **유**(有)란 5온을 말한다. **유**로부터 [새로운] **생**(生=탄생)이 일어난다. **노사**(老死)의 괴로움을 시작으로 비탄[愁]·슬픔[悲]·근심[憂]·고뇌[惱] 이 모든 것들이 **생**으로부터 일어난다. 이와 같이 하여 이 순수한 괴로움의 집합이 일어나는 것이다.

(제10게송) 그렇기 때문에 어리석은 자는 윤회의 근본원인인 모든 행(行)을 행한다. 그러므로 업을 행하는 자는 어리석은 자이고, 현자는 업을 행하는 자가 아니다. 현자는 진실을 보기 때문이다.

(제11게송) 무명이 소멸하면 모든 행(行)이 일어나는 일은 없다. 그런데 무명의 소멸은 바로 이 [연기에 대한] 인식[知]의 수행[修習]에 의한다.

(제12게송) [12연기의] 앞서 있는 지분이 각각 소멸함으로써 후속하는 지분은 일어나지 않는다. 이렇게 하여 이 순수한 괴로움의 집합이 바르게 소멸된다.

제 27 장

나쁜 견해의 고찰

주제 '과거 세계의 자기' '미래 세계의 자기' '세상의 항상·무상' '세상의 유한·무한'에 관한 네 종류의 4구분별을 부정하고 바른 법[正法]을 설하신 붓다에게 경의를 표한다.

27.1   과거와 미래에 관한 네 종류의 4구분별. (제1~2게송)

27.2   과거 세계의 자기에 관한 4구분별.

27.2.1   제1구 부정: 현재 세계의 나는 과거 세계의 자신과 완전히 같은 것이 아니다. (제3~4게송)

27.2.2   자기는 5온과 같지 않다. (제5~6게송)

27.2.3   자기는 5온과 다르지도 않다. (제7게송)

27.2.4   자기는 5온과 같지도 다르지도 않기 때문에 있다고도 없다고도 말할 수 없다. (無記) (제8게송)

27.2.5   제2구 부정: 현재 세계의 나는 과거 세계의 자신과 완전히 다른 것이 아니다. (제9~11게송)

27.2.6   자기는 과거 세계에 없었지만 지금은 있다는 것이 아니다. (제12게송)

27.2.7   소결(小結): 과거 세계의 자기에 관한 4구분별의 부정 (제13게송)

27.3　‘미래 세계의 자기’와 ‘세상의 항상·무상’에 관한 4구분별

27.3.1　미래 세계에 관한 4구분별의 부정 (제14게송)

27.3.2　제1구 부정: 현재 세계의 사람은 미래 세계의 천신(天神)과
　　　　완전히 같지 않다. 만일 같다면 상주론(常住論)이 된다. (제15게송)

27.3.3　제2구 부정: 현재 세계의 사람은 미래 세계의 천신과 완전히
　　　　다르지 않다. 만일 다르다면 무상론(無常論)이 된다. (제16게송)

27.3.4　제3구 부정: 미래 세계의 천신이 부분적으로 사람이고
　　　　부분적으로 천신이라는 것도 없다. 만일 그렇다면
　　　　항상 있는 것과 무상한 것이 동시에 존재하게 된다. (제17게송)

27.3.5　제4구 부정: "윤회하며 생을 옮겨다니는 자는 항상 있지도
　　　　무상하지도 않다"라고도 말할 수 없다. (제18게송)

27.3.6　윤회하는 자가 없다면 윤회는 시작이 없는 것이 아니다. (제19게송)

27.3.7　소결(小結): 항상·무상에 관한 4구분별의 부정(제20게송)

27.4　세상의 유한·무한에 관한 4구분별

27.4.1　첫 번째 2구 부정(제21~24게송)

27.4.2　제3구 부정(제25~27게송)

27.4.3　제4구 부정(제28게송)

27.5　결론: 모든 것이 공이라면 항상(恒常) 등 네 종류의 4구분별은
　　　　생기지 않는다. (제29게송)

27.6　『근본중송』 전체에 대한 결어 (제30게송)

(제1게송) ‘나는 과거 세계에 존재했다’ ‘나는 존재하지 않았다’ 또한 ‘세상은 항상 있는 것이다’ 등의 견해는 과거와 연관되어 있다.

(제2게송) 또한, '나는 미래 세계라는 다른 세상에 존재하지 않을 것인가' '나는 존재할 것인가' '세상은 유한하다' 등의 견해는 미래와 연관되어 있다.

(제3게송) '나는 과거 세계에 존재했다'는 것은 있을 수 없다. 왜냐하면 갖가지 과거의 삶을 산 자가 이 나와 완전히 같지는 않기 때문이다.

(제4게송) 그러나 '(지금 이 나는 과거 세계를 계속 살아온) 자기 (ātman)와 완전히 같다'고 한(다면, 과거 세계와 현재의 5취온(五取蘊 =5온)에 구별이 없어야 하)지만 5취온은 구별된다. 더욱이 5취온과는 별개로 그대에게 어떤 자기가 있는가. (과거 세계와 현재에서 5취온이 각각 구별되기 때문에 과거 세계와 현재의 자기도 구별되어야 할 것이다.)

(제5게송) "자기는 5취온과 별개로 존재하지 않는다"고 주장한다면 '자기'는 5취온과 같은 것이 될 것이다. 그러나 (그렇다면) 그대들에게 '자기'는 존재하지 않게 된다.

(제6게송) 더욱이 '자기'는 5취온과 같지 않다. 후자는 소멸하기도 하고 일어나기도 하기 때문이다. 실제로 도대체 어떻게 5취온을 취하는 자(=자기)가 5취온 그 자체가 될 것인가.

(제7게송) 그러나 자기가 5취온과 별개라는 것은 절대로 있을 수 없다. 만일 별개라면 5취온이 없어도 자기가 파악되어야 하지만 (실제로는)

파악되지 않기 때문이다.

(제8게송) 이렇게 하여 자기는 5취온과 별개도 아니고 5취온과 같지도 않다. 5취온 없이 자기는 존재하지 않는다. 〔그러나〕 '자기는 존재하지 않는다'는 확정도 '자기는 존재한다'는 확정도 없다.

(제9게송) '나는 과거 세계에 존재하지 않았다'는 것은 있을 수 없다. 왜냐하면 갖가지 과거의 삶을 살아온 자가 이 나와 완전히 별개는 아니기 때문이다.

(제10게송) 실제로 만일 이 '나'가 〔앞 세계의 나와〕 별개라면 그(앞 세계의 나)를 부정한다고 해도 이 나는 존재해야 할 것이다. 한편 그(앞 세계의 나)는 완전히 같은 상태로 〔지금도 거기에〕 계속 존재해야 할 것이다. 또한 거기에서 죽지 않고 〔여기에〕 태어나야 할 것이다.

(제11게송) 〔만일 그렇다고 한다면 그대에게 인과응보의 설명원리인 자기의 상속이〕 끊어지고 〔행해진〕 갖가지 업이 〔그 결과를 받게 되는 일 없이〕 소멸해 버려 어떤 사람이 행한 업〔의 결과〕를 다른 사람이 경험하게 된다고 하는 바라지 않는 결과가 되어 버린다.

(제12게송) 또한, 〔자기라는 것은〕 예전에는 존재하지 않고 〔지금〕 일어난 것〔先無今有〕이 아니다. 왜냐하면 그 경우 아래와 같은 오류가 따라붙게 되기 때문이다. 즉, 자기는 〔그대의 뜻에 반해〕 만들어진 것이 되어 버린다. 혹은 원인 없이 생겨난 것이 되어 버린다.

(제13게송) 이렇게 하여 (1) '나는 과거 세계에 존재하지 않았다' (2) '나는 존재했다' (3) '〔존재하면서 존재하지 않는〕 그 양자였다' (4) '어느 쪽도 아니었다'는 〔과거 세계에 관한〕 견해는 적절하지 않다. (4구분별)

(제14게송) '나는 미래 세계에 존재할 것인가'라는 견해, '나는 존재하지 않을 것인가'라는 견해, 이것들도 과거 세계의 경우와 마찬가지로 〔부정된다〕.

(제15게송) 〔이 세상에서 사람이 공덕을 쌓아 하늘 세계〔天界〕에 신으로 태어나는 경우〕 이 사람과 그 신이 같다면 항상 있는 것〔常住〕이 된다. 그러면 신은 태어나는 일이 없게 되어 버릴 것이다. 왜냐하면 항상 있는 것〔常住〕이 태어나는 일은 없기 때문이다.

(제16게송) 〔이 세상의〕 사람과 〔천계의〕 신은 별개라고 한다면 무상이 될 것이다. 인간과 신이 별개라고 한다면 〔사람에서 신으로〕 연속하는 것은 있을 수 없다.

(제17게송) 만일 〔사람에서 신으로 다시 태어나는 자의〕 일부는 사람이고 일부는 신이라고 한다면 〔그와 같은 것은 동시에〕 무상하면서 항상 있는 것〔常住〕이 될 것이다. 그러나 그것은 불합리하다.

(제18게송) 만일 그 양자, 무상이면서 항상 있는 것〔常住〕이 성립한다면 '〔다시 태어나는 자는〕 항상 있는 것도 무상한 것도 아니다'라는 것도 확실하게 성립할 것이다. 〔그러나 그런 일은 없다.〕

(제19게송) 만일 누군가가 어떤 〔취(趣=윤회를 통한 생존)〕로부터 어떤 〔다른 취〕로 다가오고, 나아가 거기에서부터 어딘가 〔다른 취〕로 가는 것이라면 윤회는 시작이 없게 될 것이다. 그러나 그와 같은 자는 〔누구도 어디에도〕 존재하지 않는다.

(제20게송) 만일 항상 있는 것〔常住〕이 어떤 것도 존재하지 않는다면 어떤 무상한 것이 존재할 것인가. 어떤 항상 있는 것이면서 무상한 것, 그 어느 쪽도 아닌 것이 존재하겠는가.

(제21게송) ⑴ 만일 세상이 유한하다면 저세상이 어떻게 존재하겠는가. ⑵ 또한, 만일 세상이 무한하다면 저세상이 어떻게 존재하겠는가. (2구분별)

　　〔어느 쪽이든 저세상은 존재하지 않게 된다.〕

(제22게송) 이 5온의 연속은 등불의 불꽃과 같은 것이다. 그렇기 때문에 〔세상이〕 무한한 것도 유한한 것도 불합리하다.

(제23게송) 만일 과거 세계의 5온은 분해되고 그 과거 세계의 5온을 조건으로 현재의 5온이 일어나지도 않는다면 세상은 유한하게 될 것이다.

(제24게송) 만일 과거 세계의 5온은 분해되지 않고 〔그러므로〕 그 과거 세계의 5온을 조건으로 현재의 5온이 일어나지도 않는다면 세상은 무한하게 될 것이다.

(**제25게송**) 만일 세상의 일부는 유한하고 일부는 무한하다고 한다면 세상은 〔동시에〕 유한하면서 무한하게 될 것이다. 그러나 그것은 불합리하다.

(**제26게송**) 우선 〔5취온을〕 취하는 자(=자기)의 일부가 소멸하고 일부는 소멸하지 않는 일이 어떻게 있을 것인가. 그와 같은 일은 불합리하다.

(**제27게송**) 다음으로 5취온의 일부가 소멸하고 일부는 소멸하지 않는 일이 어떻게 있을 것인가. 이것도 또한 있을 수 없다.

(**제28게송**) 만일 그 양자, 유한하면서 무한한 것이 성립한다면 〔세상은〕 유한하지도 무한하지도 않다'는 것 또한 확실하게 성립할 것이다.

(**제29게송**) 그러나 모든 것은 공이기 때문에 "〔세상은〕 항상 있는 것〔常住〕이다" 등의 갖가지 〔나쁜〕 견해는 어디에서 누구에게 왜 어떠한 형태로 일어나겠는가. 〔결코 일어나지 않는다.〕

(**제30게송**) 〔사람들에 대한〕 연민의 정으로 모든 〔나쁜〕 견해를 끊기 위해 〔연기(緣起)라고 하는〕 바른 법〔正法〕을 설하신 고따마(=붓다)에게 나는 귀의(歸依)합니다.

II

『중론中論』 해설 편

제1장

용수의 사상

가. 『근본중송』의 구성[3]

『근본중송(根本中頌)』 해설 편에서는 먼저 용수의 사상을 살펴보도록 하겠다. 『근본중송』 전체 27장의 구성은 다음과 같이 나눌 수 있다.

제1부

A 법무아(法無我) · 인무아(人無我)의 총론

제1장: 4연(四緣)의 이론을 논파해서 불생(不生)의 연기(緣起)를 설함. 법무아(法無我)

제2장: 운동이 공간적으로도 시간적으로도 성립하지 않는다는 것을 논증한다. 인무아(人無我)

B 법무아(法無我) · 인무아(人無我)의 각론

제3~8장: 존재의 구성요소[法]에 관한 이론을 부정하고 법무아(法無我)를 설명함.

---

3   가항과 나항에 대해서는 가츠라 쇼류(桂紹隆), 「『中論頌』の構造」(『印度学仏教学研究』 61(2), 2013)을 참고했다.

제9~12장: 인격주체(뿌드갈라)를 부정하고 인무아(人無我)를 설명함.

제13~17장: 모든 법(法)의 고유한 성질[自性]을 부정하고 모든 것이 공(空)이라는 것을 입증함.

제2부

C 공성(空性)과 진실·윤회의 관계

제18장: 공성으로 진실을 분명하게 한다.

제19~23장: 공성으로 윤회를 해탈한다.

D 공성과 전통적인 교설과의 관계

제24~25장: 공성으로 4성제(四聖諦)와 열반을 재해석한다.

제26장: 12연기(유전문, 환멸문)를 해설한다.

제27장: 공성으로 자기[我]와 세계에 관한 모든 견해를 부정한다.

『근본중송』은 이처럼 크게 2부로 이루어져 있다. 1부는 '삿된 것을 타파[破邪]'한다는 의미에서 공격 부분에 해당한다. 설일체유부(說一切有部)를 비롯한 실재론자의 이론을 다양한 논법으로 논파하고 있다. 그 논파 대상은 크게 나누어 두 가지로 분류된다. 첫 번째는 인간 안의 어떤 실체, 예를 들면 아뜨만(ātman)이나 뿌드갈라(pudgala) 등의 주체적인 존재를 설정하고 그것에 의해 사람의 행위·인식, 혹은 윤회를 통해 업이 이어지는 것을 설명하는 이론이다. 두 번째는 몇 가지 실체적인 요소를 설정해서 그것으로 인간존재를 포함한 세계의 구조를 설명하는 이론이다. 전자를 부정하는 것이 '인무아론(人無我論)', 후자를 부정하는 것이 '법무아론(法無我論)'이다. 또한, A가 총론이고 B가 각론이라는 구조로 되어 있다.

A의 제1장은 4연설(四緣說)을 비롯한 당시의 여러 인과설에 대해 '자신·타자·자신과 타자·원인 없는 것[無因]'으로 나누고, 만일 그것이 실체라고 한다면 그 사이에는 인과관계가 성립하지 않는다는 것을 논하고 있다. 제2장은 걷는 행위와 관련해서 걷고 있는 지점을 '과거·현재·미래'로 나누고, 만일 그것이 실체라고 한다면 행위자, 행위대상, 행위의 관계가 성립할 수 없다는 것 또한 결과로서 과거·현재·미래의 시간도 성립하지 않는다는 것을 논하고 있다. 아마도 이것은 문법 학파의 실재론적인 언어분석에 대한 비판일 것이다. 이 1장과 2장의 내용은 이후에 전개되는 논의의 도입부이자 이론적 기반이다. '인(人)' '법(法)'의 구체적인 내용이나 용수의 공격 대상이라고 할 수 있는 설일체유부의 교리체계 등에 대해서는 다음의 나항에서 설명한다.

2부는 실재론을 부정하는 논거인 공성(空性)이란 무엇을 말하고, 공성에 의해 무엇이 초래되는가에 대한 적극적인 설명 부분이다. 전통적인 화법에 의하면 '바른 것을 드러냄[顯正]'에 해당한다. C에서는 공성이 초래하는 희론적멸(戱論寂滅)의 경지, 진실, 법성(法性) 등에 대해 적극적으로 설명하고 나아가 윤회와 얽혀있는 다양한 주제들을 공성에 비추어 설명하고 있다. D는 전통교리를 공성으로 재해석하거나 새롭게 해석하고 있다. 예를 들면 4성제(四聖諦)와 열반은 '공성을 근원으로 하기 때문에 성립한다'고 설명한다. 제26장의 12연기는 단지 유전문(流轉門)과 환멸문(還滅門)을 해설하고 있을 뿐인 것처럼 보이지만 『근본중송』 전체의 맥락에서 보면 공성에 기반한 새로운 해석을 제기하고 있다는 것을 알 수 있다. 구체적인 내용은 다음 나항 및 다항에서 상세하게 설명할 것이다.

마지막 제27장에 관해서는 약간의 설명이 필요하다.『근본중송』의 이 마지막 장에서는 초기경전 이후의 주제라고 알려져 있는 자기〔我, ātman〕와 세계에 관한 다양한 견해가 다시 거론되고 공성으로 이 잘못된 견해들을 부정하고 있다. 자기는 사후에도 계속 존재하는지 아닌지, 자기는 5온(五蘊: 몸과 마음)과 같은지 다른지, 혹은 세계는 유한한지 무한한지 등과 같은 물음에 대한 단정적인 해명이 아견(我見)·유신견(有身見)·상견(常見)·단견(斷見)·유견(有見)·무견(無見) 등의 잘못된 견해〔邪見〕이다.

초기경전 중 하나인『범망경(梵網經)』에서는 잘못된 견해〔邪見〕들을 '62견(六十二見)'으로 정리하고 그 끝부분에 일곱 종류〔七支: 觸·受·取·有·生·老死〕의 연기로 잘못된 견해의 발생과 소멸을 설명하고 있다. 제27장 마지막 게송에서는『근본중송』전체의 결론을 내리고 처음 부분에 나오는 귀경게에 호응하면서 아마도 이와 같은 전통을 받아들이고자 다음과 같이 말하고 있다. 중요한 게송이기 때문에 이후에도 인용하겠지만 여기에서 먼저 살펴보기로 한다.

〔사람들에 대한〕 연민의 정으로 모든 〔나쁜〕 견해를 끊기 위해 〔연기(緣起)라고 하는〕 바른 법〔正法〕을 설하신 고따마(=붓다)에게 나는 귀의(歸依)합니다. (27.30)

여기에서 말하는 '바른 법〔正法〕'은 말할 필요도 없이 연기를 뜻한다. 다만 초기경전에서 설명하는 연기는 삿된 견해〔邪見〕로부터의 회피책이었던 것에 비해『근본중송』의 경우는 공성과 등치 되는 연기이다. 또한, 이 책 처음 부분의 게송에서 말하는 '희론적멸(戲論寂滅)' 상서로움〔吉祥〕'으로 이끄는 것으로, 초기경전과 다른 연기에 대한 새로운 해석이라고 할 수 있다.

초기경전에서 삿된 견해〔邪見〕에 대응하는 또 다른 방법이자 회피책으로 '무기[4](無記: 답변의 거부)'가 있다. 예를 들면 『맛지마니까야(Majjhima Nikāya, 中阿含經)』 제63 「소말룬꺄경(Māluṅkyaputta Sutta, 箭喩經)」에서는 위에서 언급한 것과 같은 '자기'와 '세계'에 관한 물음〔十難〕에 대해 붓다는 대답을 피하고 다음과 같이 말했다고 한다. "내가 대답하지 않은 것은 대답하지 않은 것으로 받아들이도록 하라. 또한, 내가 대답하는 것(=4성제)은 대답한 것으로 받아들이도록 하라." 이것은 무의미한 생각을 멈추고 열반에 이바지하는 4성제를 실천하라고 권장한 것이라고 할 수 있다. 『근본중송』은 붓다의 말이나 행동을 중시하고 자주 명시적으로 언급하거나 간접적으로 제시하고 있다. 『근본중송』의 공성은 붓다의 이 '무기(無記)'를 단순한 회피가 아니라 깊은 의도가 내포된 행동이라고 하여 그 진의를 분명히 하고 있다. 이 깊은 의도를 담아 사람들을 가르치고 이끌어 온 붓다에게 귀의의 마음을 표명하고 있는 것이다. 이것은 붓다의 '무기(無記)'라는 가르침에 대한 새로운 해석이라고 할 수 있다.

---

4 『근본중송』과 연관되는 '무기(無記)'의 예가 『잡아함경』(제302경)에 나온다. 여기에서는 나형행자 가섭(마하까슈야빠, Mahākāśyapa)이 괴로움의 발생에 관해 '괴로움은 자신이 만드는 것인가' '타자가 만드는 것인가' '자신과 타자가 만드는 것인가' '원인 없이 만드는 것인가'(4구분별)라고 네 번 질문한 것에 대해 붓다는 모두 '무기(無記)'라고 대답한다. 이 에피소드는 『근본중송』 제12장 「괴로움의 고찰」에 대한 논의를 하게 된 배경이라고 생각된다.

나. 용수의 실재론 비판

여기서는 용수가 설일체유부의 이론을 비롯하여 실재론을 구체적으로 어떻게 비판하고 있는지 살펴보기로 한다. 먼저 원래부터 '실재한다'는 것은 무엇인가, 어떤 것이 실재하는가에 대해 먼저 확인해 두기로 한다. 다만 기원후 2~3세기경 용수가 비판의 대상으로 삼은 인도의 실재론에 대한 상세한 내용들은 그렇게 명확하지 않다. 그러므로 실재론과 용수의 '공사상'에 어떤 대립점이 있는지를 명확하게 하기 위해 후대의 바이쉐시까 학파나 설일체유부의 개론서에 보이는 정비된 이론체계에 기반하여 그들의 사상을 기술하는 것은 가급적 피하기로 한다.

1) 인도의 실재론

지금 하얀 개가 눈앞을 뛰어다니고 있다고 하자. 인도의 대표적인 실재론자인 바이쉐시까 학파의 논사들은 '하얀 개가 뛰어다닌다'고 하는 바른 판단을 구성하는 모든 요소 '하얀' '개' '뛰어다닌다'에 대응하여 '하얀색'이라는 속성[性質], '개'라고 하는 실체, '뛰어다닌다'고 하는 운동이 인식으로부터 독립하여 실재한다고 생각한다. 더욱이 '이것은 개다'라고 판단할 수 있는 '개다움[犬性]'이라는 보편과 그 보편, 위에서 언급한 속성과 운동을 '개'라고 하는 실체에 결합시키는 내속(內屬)이라는 관계도 외계에 실재한다고 생각한다. 전문적으로 말하면 정합적인 인식을 구성하는 모든 요소에 대응해서 무엇인가가 반드시 외계에 실재한다고 생각하는 사고방식이다.

바이쉐시까 학파는 실체·속성·운동·보편·특수·내속(內屬)의 여섯 가지 범주[句義]로 세계를 설명한다. 실체는 지·수·화·풍·허공·시간·공간·아(我)·의(意)의 아홉 가지이다. 이 중에 처음 네 가지는 궁극적으로 눈에 보이지 않는 영원불변의 원자[極微]로 존재한다. 우리가 눈으로 보고 있는 '개' 등은 그 원자들이 집적한 결과로 생긴 실체이자 인식대상으로 실재하는 것이면서 무상한 것이라고 한다. 허공은 공간에 충만해 있고 눈에 보이지 않는 원소로 음성을 전파하는 매개체라고 생각된다. 현대인에게는 실체라고 생각될 수 없는 시간과 공간도 '하얀 개가 지금 우리 눈앞을 뛰어다닌다'고 하는 바른 판단에 시간이나 공간의 표현이 등장하는 이상 그것에 대응하는 시간·공간이 실체로 존재한다고 생각된다. 아(我, ātman)는 '나'라고 하는 관념의 대상이고 지성·감성·의사·윤리적인 덕성 등이 속하는 토대[基體]이다. 의(意, manas)는 사고기관이라고 하며 원자[原子大]의 크기로 감각기관이 취득한 정보를 순간적으로 나(ātman)에게 전달하는 실체이다.

속성은 '하얀' '둥근' '감미로운' 등의 형용사로 표시되는 사물의 속성이다. 운동은 동사로 표시되는 행위이다. 바이쉐시까의 교리 체계로 말하면 상승·하강·수축·신장·진행의 다섯 가지가 있다. 보편과 특수는 개의 경우를 예로 들면 다음과 같다. '개다움[犬性]'은 많은 종류의 개에 공통하는 것이어서 보편이지만, 같은 동물이라고 해도 고양이의 고양이다움[猫性], 소의 소다움[牛性]과는 구별되기 때문에 특수가 되기도 한다. 즉, '개다움[犬性]'은 하위의 보편에 대해서는 보편이지만 동시에 상위의 보편에 대해서는 특수이다. 내속(內屬)은 물리적으로 떼어놓을 수 없는 것 사이에 성립하고 실체·속성·운동·보편·특수가 그것이 속하는 것[基體]과 떨어지지 않고 결합하고 있는 관계이다. '뛰어다니는 하얀 개'라는 표현은 '개'라고 언어로 표시되는 기체(基體)에 속성이나 운동이 내속하고 있는 것을 의미한다.

이상은 인도 실재론의 구체적인 한 예에 지나지 않지만 실재에 관한 기체(基體)적인 사고방식은 인도의 다른 학파나 사상에서도 공유되었고 인도에서 고도로 발달한 문법학과 관련된 논의와도 연관되어 있다. 예를 들면 '나는 5년 전에 (A) 크게 싸웠는데 지금도 (B) 상처가 아파서 힘들다'고 하는 문장의 경우 (A)와 (B)의 주어는 동일한 '나'이다. 여기에서 5년 전의 나도 지금의 나도 같은 나라는 확신이 생긴다. 대체로 우리는 생각하거나 문장을 쓸 때 '나'에게는 불변의 동일성과 자기정체성이 있다고 생각한다. 나는 실재가 된다. 물론 동작도 그 동작의 목적도 그 동작이 행해지는 장소도 실재가 된다. 바로 실재하고 있다고 생각하기 때문에 주어·동사·목적어 등을 사용해 자신이 '바르다'고 생각하는 문장을 작성할 수 있게 된다. 『근본중송』에서도 운동의 주체이자 주어인 '걷는 자'와 운동이자 술어, 동사인 '걷는 행위'의 관계, 혹은 주어인 '행위자', 동사의 목적어인 '행위대상', 동사인 '행위' 사이의 관계를 논의할 때 마찬가지로 비판된다.

2) 설일체유부의 실재론

위에서 살펴본 것처럼 바이쉐시까 학파에서 나타나는 실재에 대한 파악 방식이나 범주에 의해 존재를 구분하고 분석하여 세계를 묘사하는 기체(基體)적인 사유 방법은 설일체유부와도 공통되는 부분이다. 그러나 다음과 같은 큰 차이점에 주의를 기울이지 않으면 안 된다. 바이쉐시까 학파에서는 '뛰어다니는 하얀 개'의 경우 뛰어다니는 운동과 하얗다는 속성과 개다움[犬性]이라고 하는 보편이 개라고 하는 기체(基體=실체)에 내속(內屬)하고 있다고 생각한다. 이에 비해 설일체유부는 실재라고 인정하는 다양한 '법(法, dharma)'이 속하는 기체(基體, dharmin), 말하자면 개와 같은 실체가 실재한다고는 인정하지 않는다. 이 실체는 모든 법 위에 개념적으로 구상된 관념적인 존재에 지나지 않는다. 그러므로 운동 등이 기체에 속한다고 하는 내속 관계도 실재라고 인정하지 않는다. 바이쉐시까 학파가 실재라고 인정하는 실체·속성·운동·보편·특수 대부분은 설일체유부의 '법체계'에 대응한다. 예를 들면 바이쉐시까와 설일체유부가 똑같이 실재라고 인정하는 지·수·화·풍 네 가지 원소는 바이쉐시까 학파에서는 실체라고 간주하지만, 설일체유부에서는 순서대로 견고함·습윤성·열성·유동성이라고 정의되고 실체라기보다는 속성에 가까운 존재이다. 바이쉐시까 학파에서 여섯 가지 범주에 속하는 것으로는 원자나 허공과 같이 항상 있는 것, 혹은 항아리 등의 사물이나 인간의 행위와 같이 무상한 것도 있지만 양쪽 모두 실재한다고 여긴다. 어떤 것이든 모두 실재한다. 한편 설일체유부의 모든 법도 인과관계에 의해 제약되지 않고 항상 있는 무위법과 인과관계에 의해 제약되는 무상한 유위법이 있지만, 어느 쪽도 실재하는 것으로 인정한다. 그러나 여러 유위법으로 구성되는 '개' 등으로 불리는 것은 이미 언급한 것처럼 관념적인 존재에 지나지 않고 실재가 아니다. 여기에 이 두 학파의 결정적인 차이점이 있다고 말할 수 있다.

설일체유부는 유위법의 고유한 성질[自性]은 과거·현재·미래에 걸쳐 변하지 않으면서 항상 있는 것[法體恒有]이고 그런 의미에서 유위법은 과거·현재·미래에 걸쳐 실재[三世實有]한다고 하는 불교 내에서도 특이한 설명을 하고 있다. 설일체유부의 교리에 의하면 그럼에도 불구하고 유위법이 무상하다고 말할 수 있는 것은 미래에 존재하는 모든 유위법이 원인[因]과 조건[緣]이 갖추어지면 한 찰나, 한순간만 현재로 이끌려 나타나고 그 기능을 발휘한 직후에 과거로 옮겨간다고 생각하기 때문이다. 따라서 설일체유부에게 '무상'이란 유위법이 '한순간만 나타나 존재한다'는 의미가 된다. 예를 들면 지(地) 원소라는 법의 고유한 성질인 견고함은 과거·현재·미래에 걸쳐 변화하지 않지만 지(地) 원소 고유의 '무엇인가를 유지한다'고 하는 작용은 현재의 한순간에만 발휘되는 것이다. 작용이 발휘되고 있을 때 '현재의 지(地) 원소'라고 불리고, 아직 발휘되지 않고 있을 때 '미래의 지(地) 원소'라고 불리며, 이미 발휘하여 끝났을 때 '과거의 지(地) 원소'라고 불린다. 지(地) 원소의 고유한 성질[自性]은 과거·현재·미래에 걸쳐 변화하지 않고 그런 의미에서는 항상 있는 것이다. 하지만 그 기능은 현재의 한순간밖에는 실현되지 않고 그런 의미에서는 찰나적인 존재이고 무상한 것이라고 간주된다.

불교 내의 다른 학파들은 '과거·현재·미래에 걸쳐 변화하지 않는 것이 무상이다'라고 하는 설일체유부의 주장은 모순이라고 비판한다. 예를 들면 가장 엄밀한 무상설의 입장을 취하는 경량부(經量部)는 항상 있는 것이라는 무위법의 실재성을 부정하고 유위법의 무상하지 않은 본성[自性]을 부정하지만, 유위법이 순간적으로 그 기능을 발휘한다는 이론은 계승한다. 경량부가 완성시킨 존재론에 의하면 '존재한다'는 것은 모든 법이 인과효력을 발휘하는 것이고, 그 인과효력의 기능은 순간적으로밖에 발휘되지 않는다. 그렇기 때문에 모든 법은 무상하지 않으면 안 되고 항상 있는 것이란 존재하지 않는다. 이와 같은 이론이 등장하는 것은 용수로부터 4세기 정도 후의 일이지만 용수 자신도 설일체유부의 과거·현재·미래에 걸쳐 변화하지 않는 고유한 성질〔自性〕의 이론에 대해 마찬가지 모순을 느꼈을 것이다. 그렇다고는 해도 그가 찰나멸설의 입장에 선 경량부의 실재론을 지지한 것은 아니다.

❶ 설일체유부의 75법

여기에서 설일체유부 아비달마 체계의 골자를『근본중송』과 연관되는 항목에 한해서 살펴보기로 한다.[5]

설일체유부의 5위75법 분류			
무위(無爲)		3	허공(虛空), 택멸(擇滅), 비택멸(非擇滅)
유위(有爲)	a. 색(色)	11	안(眼), 이(耳), 비(鼻), 설(舌), 신(身), 색(色), 성(聲), 향(香), 미(味), 촉(觸), 무표색(無表色)
	b. 심(心)	1	심(心) (意, 識)
	c. 심소(心所)	46	대지법(大地法), 대선지법(大善地法), 대번뇌지법(大煩惱地法), 대불선지법(大不善地法), 소번뇌지법(小煩惱地法), 부정지법(不定地法)
	d. 심불상응행 (心不相應行)	14	득(得), 비득(非得), 중동분(衆同分), 무상정(無想定), 멸진정(滅盡定), 무상과(無想果), 명근(命根), 생(生), 주(住), 이(離), 멸(滅), 명신(名身), 구신(句身), 문신(文身)
합계		75	

일반적으로 '5위75법'이라고 불리지만 '5위'란 무위와 네 종류의 유의(a~d)를 합한 것이다. '무위'는 인과관계 밖에 있는 것으로 그중

---

5   설일체유부의 이론에 관한 뛰어난 전문서적·개설서는 많이 있지만 그중에서도 아오하라 노리사토(靑原令知)의『倶舎―絶ゆることなき法の流れ』(龍谷大学仏教学叢書4, 自照社出版, 2015)를 참고했다.

'허공'은 물체의 존재·이동을 가능하게 하는 공간이고 '택멸'은 고찰에 의한 번뇌의 소멸, 즉 열반이며 '비택멸'은 고찰에 의하지 않는 소멸이라는 의미에서 미래의 다르마(法)가 현재에 일어날 수 없는 상태에 있는 것을 말한다. 『근본중송』에서 공성(空性)에 기반하여 다루는 대상은 설일체유부가 말하는 열반이다. 이와 같은 점에서 용수는 설일체유부의 체계를 전면적으로 부정한 것이 아니라 재해석한 것이라고 할 수 있다.

'유위'는 '제행무상(諸行無常)·유위전변(有爲轉變)'이라고 할 때의 유위로 인과관계에 의해 제약된 존재를 말한다. 그중에 a의 '색(色)'은 물질을 말하며 빛깔, 형태를 의미하는 지각대상으로서의 '색'과는 구별된다. 시각[眼]·청각[耳]·후각[鼻]·미각[舌]·촉각[身]은 다섯 가지 감각기관[根]으로 빛깔·모양[色]·소리[聲]·냄새[香]·맛[味]·촉감[觸]이 그 대상[境]이 된다. 이 모두는 촉(觸)의 일부를 구성하는 4원소[四大種]에 의존해서 존재하고, 원자[極微]로 구성되어 있으며, 가로막고 방해하는 성질[障碍性]이 있다. 이에 비해 '무표색(無表色)'은 4원소로 만들어졌지만, 원자로 구성된 것이 아니기 때문에 가로막고 방해하는 성질이 없고 타자에게 그 존재를 알리지 못한다. 물질[色]이면서도 지각의 대상이 되지 않고 외계에서 보여지지 않기 때문에 '무표색'이라고 명명되었다.

무표색은 '무표업(無表業)'이라고도 불리듯이 업(業)의 한 종류이기도 하다. 선악의 '언어적 행위[口業]'와 '신체적 행위[身業]'에 의해 생기는 특수한 업이다. 선한 무표업에는 악을 억제하는 작용이 있고, 악한 무표업에는 선을 억제하는 작용이 있다. 원칙적으로 발생 후에는 일생 지속한다고 한다. 수행도에 맞추어 말하면 무표업(無表業)이란 행위를 억제하는 계(戒, 규범)의 작용을 말한다. 살면서 단지 살생을 저지르지 않는 사람과 살생하면 안 된다는 불살생계(不殺生戒)를 의식하며 지키는 사람은 외견상 구별이 안 되지만 후자의 경우에는 눈에 보이지 않는 '무표업'이라고 하는 계(戒)가 작용하고 있다고 보는 것이다. 부언하자면 이 계(戒)는 습관이라는 의미에서 선한 계뿐만 아니라 악한 계도 있다.

b와 c는 물질과 대비되는 정신이다. '심(心)' '심소(心所)'는 마음과 그 마음의 작용·움직임이다. 마음(心)은 마음작용이 소멸된 상태의 선정인 무상정(無想定)이나 멸진정(滅盡定)의 특수한 경우를 제외하고는 마음작용(心所)과 함께 일어난다. 마음작용(心所)은 46가지가 있지만 선·악·선악 어느 쪽도 아닌 무기(無記)의 3종류로 분류된다. 나아가 선은 번뇌가 생기는 범부의 선인 유루(有漏)와 번뇌가 생기지 않는 성자의 선인 무루(無漏)로 나누어진다. 또한, 무기(無記)는 다시 지혜를 가로막는 유부(有覆)와 지혜를 가로막지 않는 무부(無覆)로 구분된다. 이와 같이 마음작용에 대한 분석이 정밀한 것은 어떤 마음의 활동이 괴로움을 일으키고 어떤 마음작용이 번뇌를 억제하는가가 수행론(修道論)에서 매우 중요하기 때문이다. 다만 용수는 이 마음작용(心所)의 번잡한 분류 체계에 대해서는 특별히 언급하지 않는다. 『근본중송』과 연관되는 부분은 세 가지 독(三毒)이라고 총칭되는 부정지법(不定地法)의 욕망(貪)과 분노(瞋恚), 대번뇌지법(大煩惱地法)의 어리석음(無明)을 말한다. 또한, 대지법(大地法)의 사(思)는 『근본중송』 제17장 제2~3게송에서 '생각의 업(思業)'과 '생각하고 나서의 업(思已業)'으로 나타난다. 사(思)는 의사작용을 말하는 것으로 무엇인가를 하려고 생각하는 것이다. 생각한다는 것 자체가 행위기 때문에 '사업(思業)'이라

고 하며 마음의 업〔意業〕에 대응한다. 이에 비해 '생각하고 나서의 업〔思已業〕'은 어떤 행위를 하려는 생각이 언어나 몸의 움직임에 의해 실제로 밖으로 나타나는 '언어적 행위〔口業〕'와 '신체적 행위〔身業〕'를 말한다. 이 또한 선업, 혹은 악업으로 작용한다. 즉, 그 행위에 상응하는 결과를 초래하는 인과응보(因果應報)를 말한다.

　d의 '심불상응행(心不相應行)'은 a~c에 포함되지 않으며 물질도 정신도 아닌 것을 정리한 것이다. 이것들은 설일체유부의 사고방식에 대한 특징을 잘 나타내고 있다. 득(得)·비득(非得)·중동분(衆同分)은 생물하고만 관계가 있는 다르마이다. 이중 득·비득은 결합이나 분리를 가능하게 하는 힘이다. 예를 들면 어떤 사람이 지혜를 획득하는 과정의 경우, 그것을 방해하는 비득(非得)을 잘라버려 지혜를 획득하고 그 지혜를 붙들어 매어둘 필요가 있는데 그것을 가능하게 하는 것이 득(得)이다. 역으로 번뇌를 끊는 데는 그것을 붙들어 매고 있는 득(得)을 끊어내 그 끊어낸 상태를 계속 지속할 필요가 있는데 그것을 가능하게 하는 것이 비득(非得)이다. 요점을 말하자면 번뇌나 지혜 등의 다르마를 중생에게 붙들어 매는 것이 득(得)이고, 그 반대가 비득(非得)이다.

　중동분(衆同分)은 바이쉐시까 학파의 보편과 비슷한 개념으로 생물의 종별을 결정하는 원리이다. 소인지 말인지는 이 원리에 의해 종으로 구별된다. 무상과(無想果)는 다음에 설명하는 무상정(無想定)을 닦아 무상천(無想天)에 태어나는 사람의 과보를 말한다. 무상정·멸진정(滅盡定)은 마음〔心〕·마음작용〔心所〕이 일어나지 않는 특수한 명상 상태이다. 이 두 가지는 연속해서 일어나는 마음·마음작용을 잠시 차단해 두고 이 명상 상태가 끝나면 직전의 마음·마음작용을 '곧이어 일어나게 하는 조건〔等無間緣〕'으로 삼아 잠시 차단되어 있던 마음·마음작용이 일어난다. 명근(命根)은 수명을 보존하고 지속하는 생명력을 말한다.

생(生)·주(住)·이(異)·멸(滅)은 인과관계에 의해 제약되는 온갖 것, 즉 유위(有爲)의 다르마가 미래에서 현재, 현재에서 과거로 옮겨가는 생성과 소멸을 설명하는 원리이다. 여기에서 주의하지 않으면 안 되는 것은 생(生)의 경우, 그것이 어떤 다르마 A가 일어나는 원인이 되지는 않는다는 것이다. 원인이 되는 것은 다르마 A와 인과관계가 성립하는 다른 다르마 B이다. 다르마 B가 원인이 되어 다르마 A가 일어날 때 그 일어나는 힘을 하나의 다르마로 보고 어떤 '생(生)'이라고 부른다. 다르마가 현재 나타날 때 이 생(生)이 작용하고, 과거로 소멸해 갈 때 멸(滅)이 작용한다. 유위의 모든 다르마는 찰나에 생겨나고 찰나에 소멸하기 때문에 일어난 순간에 소멸하지만 생성과 소멸이 동시에 존재한다는 것은 생각할 수 없다. 그렇기 때문에 그 사이에 지속인 주(住)를 넣고 나아가 변화인 이(異)를 넣어 정합성을 갖게 한다. 한 찰나 안에 이 네 가지 다르마가 순서대로 작용하여 생겨나고 소멸한다고 생각할 수 있다.

이 네 가지는 인과관계에 의해 제약되는 온갖 것, 즉 유위(有爲)의 다르마가 갖는 특징이다. 다만 이 네 가지 자체도 각각 유위이기 때문에 생(生)에도 생(生)·주(住)·이(異)·멸(滅)인 유위의 네 가지 특성(四相)이 필요하게 된다. 말하자면 생(生)에 한정해서 봐도 생생(生生)·생주(生住)·생이(生異)·생멸(生滅)이 필요하게 된다는 뜻이다. 그렇다면 그 생생에도 또한 별도의 생(生)·주(住)·이(異)·멸(滅) 이 필요하게 되고 생생의 경우, 그것을 생기시키는 생생생(生生生)이 필요하게 되는 등 끝이 없게 되어 무한 반복의 상태에 빠져버린다. 또한, '원래의 생〔本生〕'이라고 불리는 생(生)을 일으키는 다르마를 '생생'이라 하고 '생생'은 '생생생'이 아니라 스스로가 일으키는 원래의 생(本生)에 의해 생겨난다고 한다. 주(住)·이(異)·멸(滅)에 대해서도 마찬가지로 생각할 수 있다. 이 네 가지 특성(四相)은 유위인 다르마의 특징, 혹은 '찰나에 생겨나고 소멸하는 특성(刹那滅性)'을 설명하는 이론이다. 용수는 『근본중송』 제7장에서 이 이론들을 강하게 부정하고 있다. 여기서 이(異)를 제외한 생(生)·주(住)·멸(滅)의 세 가지 특성을 비판하는데 아마도 용수 시대에는 이(異)를 포함한 네 가지 특성(四相)이 아직 이론으로 정착하고 있지 않았을 것이다.

마지막의 명신(名身)·구신(句身)·문신(文身)은 음성에 의한 언어전달을 가능하게 하는 요소를 말한다. '명(名)'은 단어, '구(句)'는 우리가 말하는 문장, '문(文)'은 음절을 말하고 '신(身)'은 모임·집합이라는 의미이다. 이 모두는 언어를 분석한 것이다. 설일체유부는 찰나에 생겨나고 소멸하는 음의 연쇄라고 해도 단어의 집합, 문장의 집합, 음절의 집합에 의해 음절이나 단어, 문장의 의미가 전달되어 이해된다고 생각했다.

❷ 12처·5온·6계

지금까지 설일체유부의 5위75법이란 무엇인가에 대해 개괄적으로 살펴 보았다. 『근본중송』이 실제로 비판하는 아비달마의 실재론적 이론체계는 오히려 그 근저에 있는 12처(十二處)·5온(五蘊)·6계(六界)의 범주론 쪽이다. 각각 순서대로 제3장·제4장·제5장에서 다루며 비판하고 있다. 이것은 용수가 2~3세기 사람으로, 4~5세기 사람인 세친(世親, Vasubandhu)이 나중에 『구사론(俱舍論)』에서 체계적으로 제시한 고도로 정비된 아비달마 이론은 알지 못했기 때문인지도 모른다.[6] 또한, 불교 이론체계의 근저에 있는 이 범주들의 각 요소를 실체화해서 파악하고 있는 설일체유부 사람들의 사고 틀을 파괴하려고 한 것인지도 모른다.

❸ 12처와 75법의 관계

우선 12처를 75법과 대비해 보기로 한다. 12처는 현상세계를 인간의 지각·인식기관과 그 대상이라는 관점에서 파악한 것이다. 구체적으로는 신체적 지각기관인 '시각[眼]·청각[耳]·후각[鼻]·미각[舌]·촉각[身]'과 마음의 사고기관인 '의(意)' 및 물질적 지각대상인 '빛깔·모양[色]·소리[聲]·냄새[香]·맛[味]·촉감[觸]'과 심리적·비물질적 사고 대상인 '법'의 12항목이다.

　　이 중에 5근인 '시각·청각·후각·미각·촉각'과 5경인 ''빛깔·모양'·소리·냄새·맛·촉감'은 5위의 체계에서 a의 물질적인 것을 나타내는 '색(色)'에 포함된다. 의(意)는 b의 '심(心)'을 말한다. '법(法)'은 '의(意)'의 대상이기 때문에 물질적인 지각 대상 이외의 모든 다르마를 포함한다. a의 무표색과 c와 d가 여기에 포함된다. 무표색이 여기에 해당되는 것은 5근에 의해 파악할 수 없고 마음[心], 인식[識]을 가리키는 의(意)에 의해서만 알려지기 때문이다.

6　예를 들면 설일체유부의 인과론은 '6인(六因)·4연(四緣)·5과설(五果說)'이고 이 중에 특히 '6인설(六因說)'은 설일체유부의 특징이다. 용수가 다루고 비판하는 것은 '4연설(四緣說)'이다. 또한, 이미 살펴본 것처럼 '유위의 네 가지 특성[四相]'도 설일체유부 이론의 특징이지만 용수가 비판하고 있는 것은 '세 가지 특성[三相]'이다. 나아가 근원적인 요소로서 6계(六界)를 거론하며 비판하고 있지만 4대종을 기반으로 한 원자론은 결코 다루지 않는다. 용수가 알고 있던 것은 아비달마 이론이 형성되어 발전해 가고 있던 초기 단계의 것으로 생각된다.

이 12처는 인식론적 인간관·세계관이라고 말할 수 있다. 이와 같이 인간과 세계의 관계를 인식과 그 대상으로 파악하는 관점은 다른 인도철학의 모든 학파에는 보이지 않는 불교 특유의 것이다.[7] 하지만 용수는 이 독자적이고 뛰어난 설일체유부의 이론체계 역시 공성을 바탕으로 강하게 부정한다.

❹ 5온과 75법의 관계

12처가 인식론적인 관점에 기반하고 있는 것에 비해 5온(五蘊)은 존재론적인 분류이다. '온(蘊, skandha)'에는 '줄기·큰 가지, 집합·총체, 부분·구분' 등의 의미가 있고 불교학적으로는 '인간존재를 구성하는 요소'를 말한다. 각각 몸·느낌·표상·하고자 하는 생각·판단을 나타내는 색(色)·수(受)·상(想)·행(行)·식(識)의 다섯 가지이다. 하지만 외계의 환경 없이 이것만으로 인간은 존재할 수 없고 외계의 대상이 없으면 느낌이나 감수 작용도 성립할 수 없기 때문에 '색'이라는 말은 감각기관인 몸과 감각의 대상인 물질 양쪽을 다 내포하고 있다고 볼 수 있다. 그러므로 색온은 '시각·청각·후각·미각·촉각'의 몸과 '색·성·향·미·촉'의 외계 대상을 모두 포괄한다. 이것은 원래의 5온설이라기보다는 12처설과의 정합성을 의도하기 위해 나온 사유 방법인지도 모른다.

---

7   이와 같이 몸을 감각기관의 집적체로 보는 것은 12처·18계에 있는 신체관이다. 이것은 현대의 우리에게는 기이한 인상을 주지만, 고대 인도철학에서도 별다른 유례를 찾아볼 수 없다. 예를 들면 쌍키야 학파에서는 인간의 기관을 11가지라고 하고 그 내용을 사고기관[意根], 감각기관(안眼·이耳·비鼻·설舌·신身), 행동기관(발성기관, 손, 발, 배설기관, 생식기관)이라고 하고 있다. 이 내용은 우리도 이해할 수 있는 '인간'에 대한 소박한 이미지이다.

5온(五蘊)	75법(七十五法)
색(色)	a 색(色: 5근五根·5경五境·무표색無表色)
수(受)·상(想)	c 심소(心所) 중 대지법(地法)의 수(受)·상(想)
행(行)	c 심소(心所)의 수(受)·상(想) 이외의 심작용(心作用)과 d 불상응행(不相應行)
식(識)	b 심(心)(의意, 식識)

　5온은 '나'라는 존재의 총칭(몸과 마음)이기 때문에 5온과 정신·물질인 명색(名色)의 관계, 나아가 아뜨만이나 뿌드갈라와 같은 '자기'와의 관계가 문제가 된다. 이것은 윤회, 특히 전생의 존재 방식과 관련되기 때문에 독자부(犢子部)나 정량부(正量部)의 뿌드갈라론[8]에서도 설명하고 있다.

❺ 6계와 75법의 관계

'6계(六界)'란 이 세계를 구성하는 여섯 가지 요소라는 의미로 구체적으로는 지(地)·수(水)·화(火)·풍(風)·허공·식(識)을 말한다. 5온·12처·18계의 온(蘊)·처(處)·계(界)를 '3과(三科)'라고 하고, '계(界)'는 보통 18계를 가리킨다. 하지만 이것은 말하자면 6근 6경의 12처에 6식을 더한 것에 지나지 않는다. 용수는 이보다는 범주로 나누어 각각을 실체라고 여기게 된다는 점에서 6계 쪽을 중요하다고 생각했는지도

8　뿌드갈라론은 독자부(犢子部)가 주창하고 그 분파, 혹은 후계 부파인 정량부(正量部)가 계승한 이론이다. 용수가 상정하고 있는 대론자가 어떤 부파에 속하는지에 대해서는 확언할 수 없지만, 이 책에서는 '뿌드갈라론'을 주장하는 대론자로 정량부보다 성립 연대가 오래된 독자부를 상정하고 있다. 독자부와 정량부의 관계에 대해서는 나미카와 다카요시(並川孝儀)『インド仏教教団 正量部の研究』(大蔵出版, 2011) 특히 57~60쪽을 참고 바란다. 더욱이『근본중송』제17장에서 설일체유부·정량부와 함께 대론 상대로 등장하는 경량부는 세친이『구사론』자신의 주석에서 까쉬미르 지역에 기반을 두었던 설일체유부의 정통설을 비판하는 중에 근거로 삼은 학설의 당사자로 잘 알려져 있다. 그러나 경량부의 성립사는 아직 불분명하고 용수가 있던 시대에는 '비유사(譬喩師)'로 불렸을 가능성이 있지만 이 책에서는 편의상 '경량부'로 통일했다.

모른다. 6계는 세계의 구성요소를 정리하고 정신적인 요소를 포함하기 때문이다. 혹은 6계는 초기경전에도 다수 보이고 『발지론(發智論)』 등 초기아비달마 문헌에서도 고찰의 대상이기 때문에 용수는 동시대의 이론으로 6계를 비판의 대상으로 삼지 않으면 안 된다고 생각했는지도 모른다.

설일체유부 이론과의 연관 선상에서 말하면 75법 중에 물질인 색(色), 정확하게는 그 색 중 하나인 촉(觸=촉의 대상)에 '지·수·화·풍'이 물질을 구성하는 네 가지 원소(四大種)로 포함된다. 설일체유부에서는 이 4원소를 각각 견고함·습윤성·열성·유동성이라고 하고 모두 촉각의 대상으로 파악하기 때문이다. 그리고 이 4원소에 의거해서 존재하는 다른 물질적 요소를 '네 가지 원소에 의해 만들어진 것(四大種所造)'이라고 한다. 그러므로 4원소(四大種)를 제외한 빛깔·모양(色)·소리(聲)·냄새(香)·맛(味)·촉감(觸)과 시각(眼)·청각(耳)·후각(鼻)·미각(舌)·촉각(身)·무표(無表)가 '4원소에 의해 만들어진(四大種所造) 색(물질)'이 된다.[9]

이 6계 중 다섯 번째 요소인 '허공'은 인과관계에 의해 제약되지 않는 무위(無爲)의 허공이 아니라 자연계에 보이는 틈을 말한다. 마지막의 '식(識)'은 몸과 결합하여 일정한 조건이 갖추어지면 마음(心)으로 기능하게 되는 심적인 요소를 말한다. 말하자면 마음(心)·마음작용(心所)의 잠재적인 원소이다. 『근본중송』에서는 6계 중 허공의 실재성을 부정하는 것에 의해 다른 5계도 성립하지 않음이 증명된다고 한다.

---

9   4원소(四大種)도 4원소에 의해 만들어진 것(四大種所造)도 물질의 양적인 최소 단위인 극미(極微)라고 불린다. 이후 번잡한 극미론이 전개되지만 극미론 자체는 원래 설일체유부의 이론이 아니라 외부에서 도입된 것으로 생각된다.

❻ 설일체유부의 인과론 – 4연(四緣)

위에서 살펴본 것처럼 5위75법은 정적인 세계에 대한 디지털적인 분석이었다. 설일체유부의 '삼세실유'라는 말은 시간을 셋으로 구분하고 있지만 이는 변하지 않는 고유한 성질[自性]을 수반하는 모든 법이 미래·현재·과거에 걸쳐 이동한다는 의미이다. 게다가 현재는 한순간이라고 하기 때문에 이것만으로는 사물이나 마음의 변화를 충분히 설명할 수 없다. 이것을 보완하는 것이 설일체유부의 인과론인 '6인·4연·5과설'이다. 이를 통해 세계의 변화를 동적인 측면에서 파악할 수 있다.

이와 같은 인과론은 불교에서는 연기설이라고 하는데 일반적으로 설일체유부 연기설의 특징은 6인설(六因說)에 있다. 초기경전에는 보이지 않는 이 6인은 설일체유부 아비달마 철학의 특징 중 하나이다. 하지만 용수는 이 6인이 아니라 초기경전에도 보이는 4연(四緣) 쪽을 비판의 대상으로 한다. 4연설(四緣說)을 도마 위에 올리는 것은 6인설이 용수 시대에는 특별히 거론하여 비판할 정도로 확립된 것이 아니었기 때문이었는지도 모른다. 또는 논지를 세우기 위한 전략이었을 수도 있다. 4연을 부정하면 6인을 부정하는 것이 된다고 생각할 수 있기 때문이다.

이를 구체적으로 설명하면 먼저 6인은 능작인(能作因)·구유인(俱有因)·상응인(相應因)·동류인(同類因)·변행인(遍行因)·이숙인(異熟因)이고, 4연은 증상연(增上緣)·등무간연(等無間緣)·소연연(所緣緣)·인연(因緣)이다. 여기서 6인의 능작인은 4연의 증상연·등무간연·소연연에 대응하고, 6인의 구유인·상응인·동류인·변행인·이숙인은 4연의 인연에 대응한다. 그리고 4연으로 모든 인과관계를 설명하고 있기 때문에

4연을 부정하면 인과관계 그 자체가 성립할 수 없다는 것을 증명한다고 생각했을 지도 모른다. 『근본중송』은 제1장에서 이 4연설을 부정하는 것으로 설일체유부 교학의 핵심 개념인 '다르마[法]'의 실체성을 부정한다. 구체적인 설명은 뒤에서 하기 때문에 여기에서는 간략하게 4연에 대해 설명하기로 한다.

우선 증상연(增上緣)에 대해서 말하자면 '증상(增上, adhipati)'이라는 것은 '부상을 당하면 죽음에 이르는 머리 부분의 급소'를 가리키는 의학용어이지만 일반적으로는 '지배자' '지배적인' '유력한'이라는 의미로 사용된다. 즉, 증상연이란 4연 중에 '가장 우세해서 지배적인 연'이라는 의미이다. 이에 대한 결과는 증상과라고 한다.[10] 『근본중송』에서는 인과관계를 총괄적으로 파악한 "이것이 있을 때 저것이 있고"라는 말로 설명한다. 당연하겠지만 여기에는 '이것이 없을 때 저것이 없고'라는 의미가 내포되어 있다. 등무간연(等無間緣)은 어떤 다르마가 소멸할 때 틈을 두지 않고 곧바로(等無間) 그 다르마가 조건[緣]이 되어 다음 다르마(增上果)를 일으키는 것이다. 이것은 마음[心]·마음작용[心所]의 다르마 사이의 관계로 마음[心]의 연속적인 생성[相續]을 설명하고 있다. 다음은 소연연(所緣緣)에 대한 설명이다. '소연'은 마음·마음작용의 대상이라는 의미로 이 대상을 소연연, 결과로 생기하는 마음·마음작용을 증상과(增上果)라고 한다. 설일체유부에서는 마음·마음작용은 반드시 대상을 갖고 생겨나고 대상이 없는 마음·마음작용은 있을 수 없다고 생각한다. 인연(因緣)은 6인설(六因說)의 능작인 외

---

10 이후에 정리된 4연설(四緣說)에서는 모든 것은, 정확하게는 자신과 무위를 제외하고는 증상연이 된다고 한다. 또한, 다른 생성에 적극적으로 관여하는 것[與力]과 다른 생성을 방해하지 않는다는 의미에서 소극적으로 관여하는 것[不障]을 포함한다고 설명한다.

에 나머지 '다섯 가지 인[五因]'에 대응한다. 무엇인가 연결되는 모든 것을 포함한다고 할 수 있다. 이 인연에 의해 생기는 결과는 경우에 따라 달라 사용과·등류과·이숙과가 된다. 『근본중송』에서는 인연을 '결과를 일으키는 것'이라고 정의하고 있다.

3) 설일체유부 이외의 실재론

이상으로 설일체유부가 실재하는 실체로 간주하는 다르마[法]와 그것들 사이에 보이는 인과관계에 대해서 살펴보았다. 이 다르마는 존재의 요소이지만 이른바 그 성질·기능을 실체화한 것이라고 말해도 좋다. 예를 들면 이미 설명한 것처럼 네 가지 원소의 경우, 지(地)는 견고함, 수(水)는 습윤성, 화(火)는 열성, 풍(風)은 유동성을 말한다. 용수는 이러한 설일체유부의 이론에 대해 다르마에 각각 고유한 성질·기능이 있다고 한다면 다르마와 다르마 사이의 인과관계가 성립하지 않고 원래의 그 존재성이 성립할 수 없게 되어 변화를 설명할 수 없게 된다고 주장한다. 다르마에 그와 같은 고유한 성질·기능 등이 없는 것이 '무자성·공'이고 그와 같이 주장하는 입장을 '법무아론(法無我論)'이라고 한다.

❶ 정량부(正量部)의 '부실법(不失法)'

설일체유부 이외 다른 부파의 이론으로 법무아론의 대상이 되는 것이 정량부의 '부실법(不失法)'이다. 이 부실법은 설일체유부의 5위75법 중 심불상응행(心不相應行)에 속하는 '득(得)'과 유사한 점이 있다. 실

제로 설일체유부는 업이 그 과보를 맺는 중에 득이 작용하여 업의 효
력을 중생의 몸과 마음에 매어두고 떨어지지 않도록 한다고 주장한
다. 정량부의 부실법에 관한 주장은 『근본중송』에서 제17장 제12~20
게송에 나온다. 그 일부를 보기로 하자.

〔어떤 업(業)을 행한 후, 그 업은 소멸하지만 그 효력은 업의 과보가 일
어날 때까지 잃어버리는 일 없이 존속한다. 그와 같은〕 부실법(不失法)
은 〔채무의 증거가 되는〕 채권과 같은 것이고, 업은 채무와 같은 것이
다. 부실법은 〔욕계(欲界)·색계(色界)·무색계(無色界)·무루계(無漏界)라
고 하는〕 세계[界]의 차이에 대응하여 네 종류이지만, 본성으로는 〔선
과 악 어느 쪽이라고도 말할 수 없는〕 무기(無記)이다. (17.14)

더구나 설일체유부의 득(得)은 선·악·무기(無記)의 어느 경우에도
있는 것이다. 또한 부실법은 수도(修道)에서만 끊어지는 것에 비해 설
일체유부의 득은 견도(見道)·수도 어느 경우에서도 끊어진다. 이것은
득 쪽이 적용되는 범위가 넓기 때문이라고 생각된다.[11]

❷ 독자부(犢子部)의 '뿌드갈라'

불교는 초기불교 시대부터 '비아(非我)'의 입장에 있었고 '나(我,

---

[11] 이와 같이 여기에서 비판되고 있는 것은 업인업과를 설명하는 이론이다. 설일체유부도
정량부도 '업의 과보가 사라지지 않고 존속하는 법(法, 다르마)'을 인정한다는 점에서는
같다. 용수의 시대에는 두 학파의 이론이 그 정도로 정비되어 있지 않았기 때문이라고 한
다면 여기에서는 설일체유부의 '득'을 포함해서 넓게 '업인업과'를 가능하게 하는 심불상
응행'을 비판한 것이라고도 생각된다. 자세하게는 나스 요시히코(那須良彦)의 논문 「有
部の不失法因と正量部の不失―『中論』第17章所述の「不失」に対する観誓の解釈」, 『印度
学仏教研究』53(1), 2004 참조.

ātman)'라고 할 수 없는 대상에 '나'라고 집착하는 것을 강하게 부정해 왔다. 한역에서는 가끔 비아를 무아(無我)로 번역하였고 이것을 '제법무아'라고 부른다. 앞의 항목 마지막 부분에서 확인한 것처럼 붓다는 '나(我)'라고 파악되는 것을 삿된 견해(邪見)로 강하게 부정했고 '나(我)'와 관련된 물음에는 대답하지 않는 무기(無記)로 일관하였다. 그러나 지금부터 가끔 언급하게 될 『밀린다왕의 물음』을 보면 '나(我)는 존재하지 않는다'는 의미에서 '무아(無我)'가 강하게 의식되고 있다. 그리스적인 사고를 갖고 있던 밀린다왕에게 영혼의 존재를 부정하는 무아설은 큰 의문이었다. 그것을 이해하고 나면 이번에는 '무아의 윤회'가 큰 수수께끼가 되었다. 장로 나가세나(Nāgasena)는 현재 세상의 몸과 마음(名色)과 다음 세상(來世)의 몸과 마음의 관계를 왕이 분명하게 이해할 수 있도록 했다. 이 경전에서 제기되는 문제는 이후 아비달마나 대승철학에 큰 영향을 끼쳤다고 보아도 좋다.

설일체유부도 불교의 유력한 부파로서 비아(非我) 그리고 무아(無我)의 사상을 기반으로 하고 있다. 원래 75법을 규정한 것은 '제행무상·제법무아'를 설명하기 위해서였다. 바이쉐시까 학파에게 아뜨만(ātman, 我)은 실체의 하나이므로 '나(我)'는 나눌 수 없고 항상 있는 것이라는 전제가 있다. 하지만 설일체유부는 그와 같이 항상 있는 존재는 인과관계에 의해 제약되지 않는 무위(無爲)로서 허공, 택멸(擇滅), 비택멸(非擇滅)의 세 가지밖에 인정하지 않는다. 나머지 72가지 유위법은 그 자체는 과거·현재·미래에 걸쳐 계속 존재하지만 그 작용은 현재에만 발휘된다는 의미에서 찰나적인 존재이고 무상한 존재이다. 이와 같은 75법 중에 '나(我)'라고 불리는 것이 존재하지 않는 이상, 5온·12처·6계 등 다양한 요소(法)로 구성되는 인간(有情)에게 '나(我)'

는 존재하지 않게 된다.

그러나 부파 중에는 행위·인식·윤회의 주체를 용인하는, 혹은 적극적으로 교리의 하나로 주장하는 부파도 나타났다. 대표적인 것이 독자부(犢子部)의 '뿌드갈라(pudgala)설'이다. 독자부는 모든 존재를 '과거·현재·미래·무위(無爲)·불가설(不可說)'로 분류하는 '오법장설(五法藏說)'을 확립한다. 이 중 마지막의 불가설(不可說)은 인과관계에 의해 제약되는 유위도 아니고, 인과관계에 의해 제약되지 않는 무위도 아닌 것을 말한다. 독자부는 여기에 '5온도 아니고 5온과 별개의 것도 아닌 뿌드갈라(pudgala)'를 적용시킨다. 이것은 '유위도 아니고 무위도 아니어서 설명할 수 없는 뿌드갈라'를 윤회의 주체로 상정함으로써 업의 과보를 설명하는 이론이다. 물론 이 '뿌드갈라'는 행동이나 인식의 주체를 의미하기도 한다. 구체적으로 먼저 제16장 제2게송을 보기로 하자.

> 만일 '〈사람(뿌드갈라)〉이 윤회한다'고 하는 경우, 5온(五蘊)·12처(十二處)·6계(六界)에 관해서 〈사람〉을 5형태분석으로 하면[12] 그것은 존재하지 않는다. 〔그러므로〕 도대체 누가 윤회한다는 것인가? (16.2)

제9장에서는 '뿌드갈라'라는 말은 명시되어 있지 않지만 그들의 주장이 잘 정리되어 있다.

어떤 사람들(독자부)은 말한다. 〔행위대상과 행위자를 부정하는 것은

---

12 5온과의 관계는 다음과 같이 된다. (1) 뿌드갈라는 5온과 같지 않다. (2) 뿌드갈라는 5온과 다른 것에는 없다. (3) 뿌드갈라는 5온을 소유하지 않는다. (4) 뿌드갈라 중에 5온은 없다. (5) 5온 중에 뿌드갈라는 없다.

잘못이다.) 시각기관·청각기관 등의 감관[六根], 혹은 감수(感受) 등의 마음작용-[心所]이 존재하기 이전에 그것들이 이후에 속하게 되는 〈사람〉[13] 이 이미 존재한다. 왜냐하면 현재 존재하지 않는 〈사람〉에게 어떻게 시각기관 등이 속하게 될 것인가. 그러므로 그것들이 존재하기 이전에 〈사람〉이 확립된 것으로 존재한다. (9.1~2)

이와 같은 의미의 뿌드갈라설은 『근본중송』 제10장에서는 5온과의 관계에서, 제12장에서는 괴로움의 경험주체로서 용수의 비판 대상이 되고 있다. 제11장과 제22장도 독자부의 뿌드갈라설을 전제로 한 내용이다.

이와 같은 의미의 주체는 제18장과 제27장의 '나[我. ātman]'도 마찬가지이지만 초기경전에서부터 '제법무아'의 '나[我]'를 말하는 것이다. 하지만 이와 같은 '나[我]'를 설정해서 인정하는 것은 '나[我]'에 집착하는 잘못된 견해인 아견·유신견으로 강하게 부정되고 있다. 이와 같은 의미의 '나[我]'는 지금 거론한 제18장과 제27장 이외에 제23장에서도 부정되고 있다. 이상과 같이 인간존재 안에 무엇인가의 주체, 혹은 변하지 않는 실체를 인정하는 견해를 부정하는 것이 '인무아론'이다.

---

13 원문에서는 감각기관의 소유자를 관계대명사에 호응하는 'sa', 즉 '그' '그 사람'을 가리키는 말로 나타내고 있다. 이 '그' '그 사람'은 독자부(犢子部)가 주장하는 '뿌드갈라'를 말하기 때문에 이하의 번역문에서는 이것을 〈사람〉이라고 표시한다.

❸ 행위의 주체로서 '까라까(kāraka)'[14]

제8장 '행위자와 행위대상의 고찰'에서 음미 되는 '행위자(kāraka)'는 '뿌드갈라(〈사람〉)'나 '아뜨만(ātman, 我)'의 경우와 달라 행위에 한정된 주체를 가리킨다. 문법적으로 말하면 '주어'에 해당하는 개념이다. 제 2장에서 걷는 주체인 '걷는 자'도 이 의미에서 행위자이다.

　이 행위자는 인무아론(人無我論)의 근간에 위치하는 것이라고 말 해도 좋다. 바로 앞에서 인용한 제9장 제1~2게송의 뿌드갈라설에서 는 시각기관[眼]과 행위자인 〈사람〉의 관계로 논의하고 있지만 여기에 서는 마찬가지의 설정을 문법의 문제로 생각해 보기로 한다. 예를 들 면 '본다'는 한 단어로 된 말의 경우, 주어나 목적어는 명시되어 있지 않다고 해도 누군가가 볼 것이고, 무엇인가를 볼 것이다. 보는 주체가 존재하지 않는, 혹은 보는 대상이 존재하지 않는 '보는 행위'란 생각할 수 없다. 그렇다면 보는 주체 '갑'은 보는 행위 이전에 존재하는 것일 까. 존재하는 경우, 갑은 보는 행위를 아직 하고 있지 않음에도 불구하 고 '보는 주체'가 된다. 즉, 아직 보고 있지 않은데 보고 있는 것이 된

14　여기에서 말하는 '까라까(kāraka)'는 문법학자인 빠니니(Pāṇini)의 저작 『아슈따디야이 (Aṣṭādhyāyī)』(기원전 4세기)에 보이는 '까라까(kāraka) 이론'을 배경으로 하고 있다. 빠 니니는 행위를 실현시키는 요소를 '까라까'라고 부르고 여섯 종류로 나누고 있다. 구체 적으로는 (1) 행위주체(kartṛ), (2) 행위대상(karman), (3) 행위수단(karaṇa), (4) 행위의 수혜자(saṃpradhāna), (5) 행위기점(apādāna), (6) 행위가 행해지는 장소(adhikaraṇa)이 다. 상스끄리뜨 문법에서 말하는 8종류의 격어미와 대응해서 설명하면 각각 (1)은 주격 (2)는 목적격 (3)은 구격 (4)는 여격 (5)는 탈격 (6)은 처격의 격어미로 표현된다. 이것 에 비해 속격어미는 명사와 명사 사이의 관계를 표현하고 행위의 표현과는 관계가 없기 때문에 '까라까'로 간주되지 않는다. 나아가 제8격(호격)은 주격의 특정한 예라고 간주된 다. 이 중 행위주체(까르뜨리)와 행위대상(까르만)과의 관계가 『근본중송』 제8장에서 다 루어지고 있다(제8장의 논의를 답습한 제10장 제1게송에도 보인다). 여기에서는 행위주 체는 '까라까'라고도 표기되며, 또한 '까르만'은 행위대상의 의미로 사용되고 있지만 다 른 장에서 후자는 행위의 의미로 사용되고 있다.

다. 반면에 존재하지 않는 경우, 도대체 누가 보는 행위를 시작하는 것일까. 실체가 없는 투명인간일까.

여기에서 바이쉐시까 학파와 같이 어떤 것이 속하는 것[기체 X]을 상정하고 그것에 '본다' '걷는다' '멈춘다'고 하는 행위가 내속한다고 생각한다면 'X는 보고, 걷고, 멈춘다'는 것이 가능하게 된다. X 자체에 특정한 행위가 본질적으로 있을 리가 없으므로 역으로 어떠한 행위도 내속할 수 있기 때문이다. 문법에서는 이와 같은 의미의 X가 '나' '그' 등으로 불리는 주어가 된다. 바이쉐시까 학파에서는 이와 같은 주체 표현을 지시하는 것으로 항상 있는 실재인 아뜨만(ātman, 我)의 존재를 상정한다. 어떤 사람도 음절이나 문장을 사용하는 사람은 무의식 속에 주어, 목적어에 해당하는 것을 실체화하기 때문이다. 용수는 그와 같은 X야말로 고유한 성질을 갖지 않는 무자성이고 개념적으로 구상하는 분별에 지나지 않는다고 강하게 부정한다.

❹ 까라까와 공성(空性)

제26장 '12연기의 고찰'에 한 번뿐이지만 '행위자[kāraka]'라는 말이 나온다. 이것은 윤회나 해탈에 대한 용수의 생각을 보여주는 중요한 말이기 때문에 여기에서 상세하게 검토해 보기로 한다.

> 무명(無明)[이라는 번뇌]에 덮여 있는 자는 다시 태어나도록[再生] 이끄는 세 종류의 행(行='善·不善·不動'과 '身·口·意 三業')을 행하고, 그 업들 때문에 [천계부터 지옥에 이르기까지 윤회의] 다음 행선지[趣]로 향한다. (26.1)

그렇기 때문에 어리석은 자는 윤회의 근본원인인 모든 행(行)을 행한다. 그러므로 업을 행하는 자(kāraka)는 어리석은 자이고, 현자는 업을 행하는 자가 아니다. 현자는 진실을 보기 때문이다. (26.10)

무명이 소멸하면 모든 행(行)이 일어나는 일은 없다. 그런데 무명의 소멸은 바로 이 〔연기에 대한〕 인식〔知〕의 수행〔修習〕에 의한다. (26.11)

이 세 게송이 의미하는 것은 다음과 같다. 윤회의 근본이 되는 행위를 하는 자(kāraka)는 어리석은 자이며, 근본 무지〔無明〕라는 번뇌에 덮여 있는 자이고, 그는 그 행위〔業〕에 의해 다음 행선지〔趣〕로 향하면서 윤회한다. 역으로 진실을 보는 현자는 연기에 대한 인식의 수행〔修習〕에 의해 근본무지가 소멸하고 행위를 하지 않기 때문에 윤회하지 않는다. '현자는 업을 행하는 자가 아니다, 즉 까라까(kāraka)가 아니다'라는 것은 '행위를 하지 않음으로써 행위한다'는 뜻이다. 이는 행위〔業〕에 대한 집착이 없다는 말이며, 행위에 관해 언어적 다원성〔戱論〕·분별이 없다는 의미이다. 다른 게송에서는 다음과 같이 표현한다.

취(取=집착)가 있으면 집착하는 자〔取者〕에게 유(有=윤회를 통한 생존)가 일어난다. 실제로 만일 어떤 사람이 집착을 갖지 않는다면 그 사람은 해탈해버려 〔새로운〕 유(有)가 일어나는 일은 없을 것이다. (26.7)

행위를 하지 않는 자가 행위에 의해 다음의 생존 상태로 나아가는 일이 없는 것과 같이 집착을 갖지 않는 자에게는 윤회를 통한 생존〔有〕이 일어나지 않는다. 어느 쪽도 윤회로부터 해탈하게 된다는 것을

설명하고 있다.[15]

근본무지의 번뇌인 무명(無明)의 소멸로부터 태어남인 생(生), 늙음과 죽음의 괴로움인 노사(老死)의 소멸에 이르기까지의 인과계열을 '환멸문(還滅門)'이라고 한다. 제26장에서 이 환멸문의 설명은 겨우 두 게송뿐이다. 이 환멸문에 관해 제18장에서는 '공성'이라는 말로 설명하고 있다.

업(業)과 번뇌가 소멸함으로써 해탈(解脫)이 있다. 업과 번뇌는 개념적 사유에서 일어난다. 갖가지 개념적 사유는 언어적 다원성[戲論]에서 생겨난다. 그러나 언어적 다원성은 공성(空性)에서 소멸한다. (18.5)

이 게송은 '공성(空性) → 언어적 다원성[戲論]의 소멸 → 개념적 사유[分別]의 소멸 → 업·번뇌의 소멸 → 해탈'이라고 하는 공성에서의 환멸문을 설명하고 있다. 나는 용수가 이를 통해 12연기를 새롭게 해석하고 있다고 생각한다. 이 경우, '업·번뇌의 소멸'이 기존의 12연기에서 환멸문에 해당한다. 용수는 기존의 12연기를 섞어 넣은 새로운 환멸문을 제기하고 있는 것이다. 이 점에 관해서는 목차 다항에서 자세하게 검토해 보기로 한다.

---

15 게송 중에 '만일 사람이 집착을 갖지 않는다면 그 사람은 해탈해 버려…'는 말할 필요도 없이 가상이다. 근본무지[無明]라는 번뇌에 덮여 있는 행위자의 집착이 사라지지는 않지만 임시로 그와 같은 것이 있다고 한다면 해탈하게 되고 윤회를 통한 생존[有]은 일어나지 않는다는 취지이다. 주목해야 할 것은 행위를 하는지, 하지 않는지, 집착[取]이 있는지, 없는지가 다시 태어나는지, 아닌지의 분기점이 된다는 점이다.

4) 실재론의 부정[16]

이상 설일체유부를 비롯해서 실재론의 이론체계가 어떤 것인가를 살펴보았다. 그러면 용수는 이 실재론들 어떻게 논파하고 있는가. 실제의 게송에 맞추어 검토하면서 우선 용수의 논법이 어떤 것인가를 개괄적으로 살펴보기로 한다.

❶ 용수의 논법

용수의 논법은 크게 구분하면 두 종류가 있다. 첫 번째는 매거법(枚擧法)에 의해 모든 상정 가능한 명제를 제시하고 그것을 귀류법으로 모두 부정하여 '모든 것은 공하다〔一切法空〕'는 사실을 이끌어낸다. 두 번째는 두 관계를 최종적으로는 두 대립개념의 상호의존성으로 환원해서 각각의 개념에는 자립적인 존재성이 보이지 않는다고 함으로써 '무자성·공'을 분명하게 하는 것이다. 후자는 이른바 '상호의존의 연기'와 밀접한 관계가 있기 때문에 목차 마항에서 정리하여 설명하기로 한다. 여기에서는 매거법의 논법을 우선 설명한다.

❷ 매거법에 의한 분석

매거법(枚擧法)은 그 형식에서 보면 4구분별·3구분별·2구분별·5형태 분석으로 나누어진다. 가항에서 지적한 것처럼 제1장과 제2장은 이후에 전개되는 논술의 도입부이고 이론적 기반이 되는 부분이다. 제1장

---

16 이 '실재론 부정의 실제' 부문에 관해서는 가츠라 쇼류(桂紹隆), 『インド人の論理学: 問答法から帰納法へ』(中公新書, 1998) 중, 제4장 「帰謬法 ナーガールジュナの反論理学」, 139~213쪽 참조.

은 4구분별에 의해 실재론자의 인과설을 비판하고 있고 제2장은 3구분별에 의해 과거·현재·미래의 모든 경우〔三時〕에서 행위자·행위대상·행위 사이의 상호 관계가 성립할 수 없다는 것을 증명하고 있다. 후자는 과거·현재·미래에 의한 분석으로 부정하기 때문에 '과거·현재·미래에서 성립하지 않는 것〔三時不成〕'이라고도 한다.

❸ 4구분별 (四不生)

구체적으로 먼저 4구분별의 예를 보기로 한다.

> ⑴ 자신으로부터, ⑵ 타자로부터, ⑶ 자신과 타자의 양쪽으로부터, ⑷ 원인 없는 것으로부터 생겨나는 것은 어떤 것도 어디에도 결코 존재하지 않는다. (1.1)

제1장은 초기불교 시대부터 설명되어 온 4연설(四緣說)을 비판하는 내용이지만 처음 부분에서는 후대에 이르기까지 중관 학파의 궁극적인 주제였던 '모든 법은 일어나지 않는다는 것(諸法不生)'이 논의되고 있다. 용수는 다음 네 가지의 명제를 상정하고 그것이 온갖 법의 생성에 관한 모든 가능성을 다 포함하고 있다고 생각한다.

> ⑴ '모든 법은 자신으로부터 생긴다'
> ⑵ '모든 법은 타자로부터 생긴다'
> ⑶ '모든 법은 자신과 타자의 양쪽으로부터 생긴다'
> ⑷ '모든 법은 원인 없는 것으로부터 생긴다'

'모든 법'이라는 논리 공간을 '자신으로부터 생긴다(A)'와 '타자로부터 생긴다(B)'의 두 항목의 조합으로 분석하면 '자신으로부터 생기지만 타자로부터 생기지 않는 것 (A&-B)' '자신으로부터 생기지 않지만 타자로부터 생기는 것(-A&B)' '자신으로부터 생기면서 동시에 타자로부터 생기는 것, 즉 자신과 타자의 양쪽으로부터 생기는 것 (A&B)' '자신으로부터도 생기지 않고 타자로부터도 생기지 않는 것 (-A&-B)'이라는 네 가지 구획으로 분할되어 그것 이외의 조합은 논리적으로 있을 수 없게 된다. 용수는 네 번째의 경우를 '원인 없는 것으로부터 생기는 것'이라고 바꾸어 말하고 있다. '자신'과 '타자'는 서로 맞지 않는 모순개념이라고 생각하면 '자신도 타자도 아닌 것'은 존재하지 않기 때문에 네 번째 경우는 '없는 것으로부터 생기는 것', 즉 '원인 없는 것으로부터 생기는 것'의 경우라고 이해할 수 있다. 주석가들 중에는 '원인 없는 것'의 원어 'ahetu'가 '원인이 아닌 것'이라고 해석할 수 있기 때문에 창조신 등의 나쁜 원인[惡因]으로부터 생기는 것이라고 이해하는 경우도 있다. 어느 쪽이든 여기에서는 온갖 법의 생성에 관한 모든 가능성을 하나하나 헤아리고 있다고 생각할 수 있다. 4구분별이 매거법이라는 것은 제25장에서 열반이 '존재' '비존재'라는 두 항목의 네 가지 조합, '열반은 존재이고 비존재는 아니다' '존재는 아니고 비존재이다' '존재이면서 비존재이다' '존재도 비존재도 아니다'로 분석되어 그 모든 것이 부정될 때 분명해진다. 제1장 제1게송의 경우도 앞에서 제시했던 네 가지 명제가 아래와 같이 모두 부정된다.

(1) '모든 법이 자신으로부터 생기는 일은 없다'

⑵ '모든 법이 타자로부터 생기는 일은 없다'

⑶ '모든 법이 자신과 타자의 양쪽으로부터 생기는 일은 없다'

⑷ '모든 법이 원인 없는 것으로부터 생기는 일은 없다'

여기에서 '모든 법은 자신으로부터 생기는 것이 아니다' '모든 법은 타자로부터 생기는 것이 아니다' 등으로 하지 않은 데는 이유가 있다. 인도의 문법학자나 철학자들은 부정사에 복수의 의미가 있다고 생각한다. 예를 들면 '이것은 항아리가 아니다', 즉 '이것은 〈비항아리〉이다'라고 하는 것처럼 부정사 '비(非)'가 '항아리'라고 하는 말을 부정하는 경우[17]와 〈여기에 항아리가 존재〉하지 않는다', 즉 '여기에 항아리가 없다'라고 하는 것처럼 부정사 '없음(無)'이 '여기에 항아리가 있다'는 문장을 부정하는 경우가 구별된다. 전자의 부정은 〈항아리가 아니다〉라는 부정복합어에 의해 부정되는 항아리의 존재를 전제로 하고 '이것은 항아리가 아니지만 항아리 이외의 것, 예를 들면 접시이다'라는 긍정문을 함의한다. 한편, 후자의 부정은 '여기에 항아리는 없지만 항아리 이외의 것, 예를 들면 접시가 있다'는 긍정문을 함의하지 않는다. 그러므로 전자는 '긍정을 함의하는 부정', 후자는 '긍정을 함의하지 않는, 단순한 부정'이라는 의미에서 '순수부정'이라고 이해

---

17 5~6세기의 문법학자 바르뜨리하리(Bhartṛhari)의 저작으로 보이는 게송에 의하면 부정사 naÑ을 수반하여 복합어를 구성하는 부정의 의미로는 다음 여섯 가지의 가능성이 있다. (1) 유사성('바라문과 유사한 자' =바라문과 유사하지만 바라문이 아닌, 끄샤뜨리야 등) (2) 비존재 ('무죄') (3) 차이 ('말[馬]이 아닌 것' =말일 수 없는 것) (4) 작음('허리가 없는 소녀' =허리가 없다고 해도 좋을 정도로 허리가 가는 소녀) (5) 열성 ('비동물' =소, 말 이외의 열등한 동물) (6) 대립 ('부정행위'). 오가와 히데요(小川英世), 「Kauṇḍabhaṭṭa の否定詞論」(『広島大学文学部紀要』44, 1984) 참조.

할 수 있다.[18]

이제 '모든 법은 자신으로부터 생기는 것이 아니다'라는 명제의 부정사가 긍정을 함의하는 부정이라고 이해한다면 '모든 법은 타자로부터 생기는 것이다'라는 긍정명제를 함의하는 것이 되고 '모든 법이 타자로부터 생기는 일은 없다'는 직후의 명제와 모순이 된다. 한편 '모든 법이 자신으로부터 생기는 일은 없다'라고 하여 부정사가 순수 부정이라고 이해되면 '모든 법이 타자로부터 생기는 일이 있다'고 하는 긍정 명제를 함의하지 않고 '모든 법이 타자로부터 생기는 일은 없다'고 하는 직후의 명제와 모순되지 않는다. 그러므로 부정사를 순수 부정이라고 이해하면 '모든 법이 자신으로부터 생기는 일은 없다'와 '모든 법이 타자로부터 생기는 일은 없다'고 하는 두 명제는 양립한다. 그리고 나머지 두 가지 부정명제도 포함하여 네 가지의 부정명제는 모두 서로 배제하는 일 없이 병립하고 제1장 제1게송의 '생겨나는 것은 어떤 것도 어디에도 결코 존재하지 않는다'고 하는 '제법불생(諸法不生)'으로 결론짓게 된다.

용수는 네 가지 명제를 하나하나 거론하여 그것을 부정하는 이유를 제시하지는 않는다. 다만 초기경전에 등장하고 설일체유부를 비롯한 부파불교의 논사들에게도 인정된 4연설(四緣說)을 상정하여 그 모든 조건(緣)에는 자신·타자의 구별이 존재할 수 없다는 것을 근거로 그 네 가지 명제를 동시에 총괄적으로 부정하고 있다. 왜냐하면 결과로 일어나는 모든 법에 자기동일성이라고 할 수 있는 고유한 성질(自

---

18 인도의 전통에서는 '긍정을 내포하고 있는 부정'을 '빠리우다사(paryudāsa)' '긍정을 내포하고 있지 않은 부정'을 '쁘라사즈야 쁘라띠쉐다(prasajya pratiṣedha)'라고 부르고, 전자를 '단어(語)의 부정', 후자를 '문장(文)의 부정'이라고 정의한다.

性]이 존재하지 않기 때문에 타자의 성질[他性]도 존재하지 않기 때문이다(제1장 제2게송). 나아가 타자로부터 일어난다는 구체적인 설명으로 4연설을 거론하여 일관되게 부정할 뿐이다. 여기에서 『근본중송』의 초기 주석자 중 한 사람인 불호(佛護, Buddhapālita)의 귀류법에 의한 네 가지 명제의 부정을 소개한다.

(1) 모든 법이 자신으로부터 생기는 일은 없다. 그것들의 〔추가적인〕생성은 무의미하기 때문에, 〔언제까지고〕 끝없이 생겨나 버리기 때문에, 〔자세하게 말하면〕 그 자신으로 현재 존재하고 있는 모든 존재가 다시 생겨나는 것에는 효용이 없기 때문이다. 또한, 존재하지 않음에도 불구하고 〔다시〕 생겨난다고 한다면 어느 때에도 생겨나지 않는 일은 없게 되기 때문에 그것도 바라지 않는 것이다.

(2) 모든 법이 타자로부터 생기는 일은 없다. 모든 것이 모든 것으로부터 생겨난다는 인정할 수 없는 결과가 되어 버리기 때문에.

(3) 모든 법이 자신과 타자의 양쪽으로부터 생기는 일은 없다. 〔자신으로부터 생겨나는 것과 타자로부터 생겨나는 것이라는〕 두 명제에 대해 지적된 오류〔가 뒤따른다〕고 하는 인정할 수 없는 결과가 되어 버리기 때문에.

(4) 모든 법이 원인 없는 것으로부터 생기는 일은 없다. 항상 모든 것으로부터 모든 것이 생겨난다고 하는 인정할 수 없는 결과가 되어버리기 때문에. 또한, 〔무엇인가를 만들어 내고자 하는〕 모든 노력이 무의

미하다는 오류에 빠져버리기 때문에.

　'자신으로부터의 생성'을 인정하면 이미 존재하고 있는 것이 다시 생겨나게 되고 그것은 무의미하며, 그것을 인정한다고 하면 모든 법은 언제까지고 끊임없이 생겨나는 것이 되어 버리고 만다. '다른 것으로부터의 생성'을 인정하는 것은 완전히 관계없는 타자로부터 결과가 생긴다는 것을 인정하게 되고 인과관계를 특정할 수 없게 되어 버리고 만다. '자신과 타자 양자로부터의 생성'을 인정하면 양쪽의 오류가 생긴다는 결론에 이르게 되고 '원인 없는 것으로부터의 생성'을 인정하면 인과관계와 관계없이 결과가 끊임없이 일어나게 되어 버리고 만다.

　이상이 불호가 제시한 귀류법에 의한 네 가지 명제의 부정이다. 그의 논법은 진나(陳那, Dignāga)의 영향으로 논증식을 사용해서 적극적으로 용수의 주장을 논증하려고 한 청변(淸辯, Bhāvaviveka, Bhavya)에 의해 강하게 비판되지만 불호의 '용수 이해'를 계승한 월칭(月稱, Candrakīrti)에 의해 옹호된다. 청변과 월칭의 논증법의 차이는 후에 티베트 불교논사들에 의해 '자립논증파(自立論證派)'와 '귀류논증파(歸謬論證派)'로 구별되고 후자의 입장이 용수의 정통적인 이해로 장려된다. 하지만 즈냐나가르바(Jñānagarbha), 샨따락쉬따(Śāntarakṣita), 까말라쉴라(Kamalaśīla) 등 인도의 후기중관 학파 사이에서는 전자의 입장이 주류였다는 점은 분명하다. 다만 인도논리학의 요람기에 원래 실재론을 전제로 하지 않으면 성립하지 않는 논리학에 대해 비판적이었던 용수가 논증식에 의한 직접적인 논증이 아니라 간접적인 귀류논증법을 구사했다는 것은 틀림없는 사실이다.

한편 인도에서 인식론·논리학의 발전을 주도했던 니야야 학파의 최초의 개론서 『니야야수뜨라(Nyāyasūtra, 正理經)』는 용수가 전개한 귀류논증법을 '잘못된 논법(jāti)'이라는 범주 안에 모아 그와 같은 논란의 제물이 되지 않도록 주의를 환기하고 있다.[19] 상식적인 관점에서 보면 앞에서 거론했던 불호의 논의는 '자신'과 '타자'에 대해 완전한 동일성과 개별성으로 읽는 극단적인 논의로 보인다. 예를 들면 '씨앗에서 싹이 나온다'고 하는 일상적인 현상에 관해 씨앗이라고 하는 원인에는 싹을 틔우게 할 능력이 내재해 있다고 이해하면 싹은 자신으로부터 생기는 것이 된다. 다른 한편으로 씨앗과 싹은 외견도 다르고 완전히 별개의 존재라고 생각한다면 싹은 다른 것으로부터 생겨나는 것이 된다.

전자는 인도철학의 모든 학파 중에서는 쌍키야 학파가 인정할 것이고 후자는 바이쉐시까 학파가 인정할 것이다. 또한, 불교의 경량부라면 자신과 타자의 양쪽으로부터 생겨난다고 생각할 것이다. 경량부에 의하면 대지나 적당한 습기와 온도라고 하는 외적인 원인에 의해 씨앗이 상속하는 중에 점차 싹을 틔우는 능력이 숙성하여 싹을 틔우게 되기 때문이다. 용수나 중관 학파의 학자들도 이와 같은 상식적인 이해를 부정하는 것은 아닐 것이다. 하지만 그와 같은 상식적인 이해의 배경에서 자신과 타자를 구별하는 근거로 기능하는 '어떤 것의 고유한 성질〔自性〕'을 거부하기 위해 앞에서 거론한 것과 같은 논의를 전개하고 있다고 이해해야 할 것이다. 바꾸어 말하면 '어떤 것의 고유한

---

19 가지야마 유이치(梶山雄一), 「仏教知識論の形成」『講座·大乗仏教9 - 認識論と論理学 - 』 春秋社, 1984.

성질'이라는 개념을 고집하는 한 일상적인 인과관계도 설명할 수 없게 된다는 것이다.

이상과 같이 『근본중송』의 4구분별에서는 하나하나 거론되는 모든 명제가 부정되는 것이 보통이지만 적어도 한번은 네 가지의 명제가 모두 긍정적으로 제시되는 경우가 있다.

(1) '모든 것은 진실이다'라거나 (2) '모든 것은 진실이 아니다' 그리고 (3) '모든 것은 진실이기도 하고 진실이 아니기도 하다' 나아가 (4) '모든 것은 진실도 아니고 진실이 아닌 것도 아니다' 이것이 [모든] 붓다의 [교화 대상에 대응한] 단계적인 가르침이다. (18.8)

여기에서는 '진실A'와 '비진실B'라는 두 항목 사이의 조합인 'A&-B' '-A&B' 'A&B' '-A&-B'의 네 가지 경우를 담고 있는 것을 전제로 모든 붓다의 가르침을 망라해서 열거하고 있다. 다만 주의하지 않으면 안 되는 것은 '비진실'이라는 부정사를 수반하는 복합어는 '진실'과 대립하는 '허위'를 의미한다는 점이다. '모든 것은 진실이 아니다'라는 표현은 앞에서 설명한 것처럼 '진실'이라는 말의 부정으로 '모든 것은 허위이다'라는 긍정명제를 함의하고 있다. 그러므로 '모든 것은 진실이다'라는 명제와 '모든 것은 진실이 아니다'라는 표현은 양립할 수 없다. 또한, '모든 것은 진실 이면서 또한 진실이 아니다'라고 하는 명제도 문자대로 파악하면 서로 모순이다. 그러나 용수가 여기에서 모순율을 인정하지 않는 것은 아니다. 일견 모순인 것처럼 보이는 이 복수의 구절은 모든 붓다의 교화 대상이 깨달음을 향해 가는 길[道]에서 나타나는 수준의 차이로 설명된다. 붓다의 이와 같은 교화 방법을 '대기설법'이라고 한다. 붓다는 청중의 수준에 맞게 그들이 가장 이해하기 쉽게 가르쳤다고 하기 때문이다.

처음으로 붓다의 가르침을 듣는 사람이나 이제 막 입문한 수행자에게 '모든 것은 진실이다'라고 말해 그들의 실재론적인 사고를 구태여 부정하지는 않는다. 그러나 어느 정도 불교의 수행이 진전된 자에게는 '모든 것은 진실이 아니다'라고 말해 실재론으로부터 이탈하도록 한다. '모든 것은 진실이면서 진실이 아니다'라는 가르침은 '모든 것은 어떤 관점에서 보면 진실이지만 다른 관점에서 보면 진실이 아니다'라고 해석하여 모순을 피한다. 즉, 아직 깨달음의 제1단계에도 이르지 못한 범부의 시점에서 보면 '모든 것은 진실'이지만 이미 범부에서 성자의 수행단계에 들어간 수행자들에게는 '모든 것은 진실이 아니다'

마지막으로 불교의 수행이 완성단계에 가깝게 다가간 자에게는 '모든 것은 진실도 아니고 진실이 아닌 것도 아니다'라고 말한다. 바꾸어 말하면 '모든 것은 진실도 아니고 허위도 아니다'라는 가르침이다. 이 최초의 부정사를 앞에서 설명한 '긍정을 함의하는 부정'으로 이해하면 '모든 것은 허위이기도 하고 허위가 아니기도 하다'라고 환언되어 분명한 모순에 빠진다. 그러나 '모든 것이 진실인 것도 아니고 허위인 것도 아니다'라고 하는 식으로 부정사를 순수부정으로 이해하면 '모든 것이 진실인 것'이라는 명제와 양립하게 된다. 그러므로 여기에서도 모순율의 부정을 피할 수 있게 된다. 그러나 주석자인 월칭(月稱, Candrakīrti)은 그와 같이 해석하지 않는다. 월칭은 '아이를 낳지 않은 여성의 아이'라고 하는 있을 수 없는 존재에 관해 '그 아이는 피부색이 검다'라고 하는 것도, '그 아이는 피부색이 희다'라고 하는 것도 있을 수 없는 것처럼 '진실인 것도 아니고 진실이 아닌 것도 아니다'라고 설정함으로써 그 주어인 '모든 것(法)'이 실체적인 존재가 아니라는 것을 나타내고 완성이 가까워 온 불교 수행자에게 마지막까지 남아있던 실재론적인 사고의 잔재를 제거하려는 것이 이 가르침의 참뜻이라고 한다.

여기에서 다시 주의하지 않으면 안 되는 것은 4구분별이라는 분석법이 용수의 독자적인 논법이 아니라는 것이다. 초기경전에도, 율(律) 관련 문헌에도 그리고 초기불교 부파의 아비달마 문헌에서도 어떤 주제에 관해 두 가지 항목(A, B)을 세워, 'A&B' '-A&B' 'A&B' '-A&-B'라고 망라해서 분석하는 경우는 많이 있다. 용수와 크게 다른 점은 하나하나 헤아려지는 네 가지 명제가 부정되지 않는다는 점이다. 용수는 '모든 법은 생겨나는 것이 아니다' '모든 법은 공이다'라는 부정적인 결론을 유도하기 위해 모든 가능성을 들어 그것을 부정할 경우에 4구분별로 나누지만 그보다 선행하는 불교문헌에서는 그렇지 않고 단순히 문제를 명료하게 정리하기 위해 4구분별이 사용되고 있다. 앞에서도 언급했지만 초기경전에서 4구분별의 구체적인 예로 붓다가 대답할 필요가 없고(捨置) 설명할 필요가 없다(無記)고 하여 침묵을 지켰다고 하는 형이상학적인 물음이 있다. 예를 들면 '10무기(十無記)'로 다음과 같다.[20]

---

20 『맛지마니까야』(Majjhima Nikāya, 中阿含經) 제63 「소말룬꺄경(Māluṅkyaputta Sutta, 箭喻經)」의 예이다.

(1) '세계는 영원한가'

(2) '세계는 영원하지 않은가'

(3) '세계는 무한한가'

(4) '세계는 무한하지 않은가'

(5) '영혼과 육체는 동일한가'

(6) '영혼과 육체는 다른가'

(7) '여래는 사후에 존재하는가'

(8) '여래는 사후에 존재하지 않는가'

(9) '여래는 사후에 존재하면서 존재하지 않는가'

(10) '여래는 사후에 존재하는 것도 아니고 존재하지 않는 것도 아닌가'

마지막의 네 가지 한 묶음이 4구분별을 구성하는데 처음의 네 가지의 물음에 관해서도 '세계는 영원하면서 영원하지 않는가' '세계는 영원지도 영원하지 않은 것도 아닌가' '세계는 무한하면서 무한하지 않은 것인가' '세계는 무한하지도 무한하지 않은 것도 아닌가'라는 물음이 추가되면 다시 4구분별이 구성되어 '14무기(無記)'라고 불리게 된다. 그러나 영혼과 육체에 관한 물음 (5)와 (6)의 동일한가, 다른가라고 하는 2구분별로부터 4구분별로 전개되는 일은 없었다. 아마 동일한가, 다른가라는 물음이 서로 맞지 않는 모순 관계에 있다고 의식하고 있었기 때문일 것이다. 이 물음들에 대해 붓다는 불교수행의 궁극적인 목표인 깨달음에 도움 되는 점이 아무것도 없기 때문에 대답하지 않았다고 한다. 이 '붓다의 침묵'에 대해서는 많은 고찰이 제기되어 왔지만 이 침묵에서 중관사상이 싹텄다고 보는 것도 유력한 견

『중론』용수의 사상·저술·생애의 모든 것

해 중 하나이다.[21]

붓다의 재세 당시 같은 형이상학적인 물음에 대해 답하려고 하지 않았던 산자야(Sajñjaya)라는 종교지도자가 있었다고 초기경전의 『사문과경(沙門果經)』에 기록되어 있다. 그는 아버지를 죽인 죄책감에 괴로워하는 아사세(阿闍世, Ajātaśatru)왕이 출가의 공덕에 대해 물었던 여섯 사람의 출가자(六師) 중 한 사람으로 왕의 질문에 대해 먼저 다음과 같이 대답한다.

> 만일 그대가 '저세상은 있는가'라고 물어 내가 만일 '저세상은 있다'라고 생각한다면 저세상은 있다고 그대에게 대답할 것이지만, 그러나 실제로 나는 그렇게 하지 않는다. 그렇다고 나는 생각하지도 않고 그렇지 않다고 생각하지도 않는다. 그렇지 않다고 생각하지도 않고 그렇지 않은 것은 아니라고도 생각하지 않는다.[22]

이후 계속 마찬가지의 물음에 대해 마찬가지의 대답이 반복된다. 이것을 정리하면 다음과 같이 된다.

(1) '저 세계는 있는가'
(2) '저 세계는 없는가'
(3) '저 세계는 있으면서 없는가'

---

21 나가오 가진(長尾雅人), 「仏陀の沈黙とその中観的意義」『中観と唯識』(岩波書店, 1978) 참조.

22 나가오 가진 역, 「出家の功德」『バラモン教典; 原始仏典』(世界の名著1, 中央公論社, 1979)

(4) '저 세계는 있는 것도 아니고 없는 것도 아닌가'

(5) '화생(化生)인 존재는 있는가'

(6) '화생(化生)인 존재는 없는가'

(7) '화생(化生)인 존재는 있으면서 없는가'

(8) '화생(化生)인 존재는 있는 것도 아니고 없는 것도 아닌가'

(9) '선행·악행에는 결과의 과보가 있는가'

(10) '선행·악행에는 결과의 과보가 없는가'

(11) '선행·악행에는 결과의 과보가 있으면서 없는가'

(12) '선행·악행에는 결과의 과보도 없고 과보가 아닌 것도 없는가'

(13) '여래는 사후에 존재하는가'

(14) '여래는 사후에 존재하지 않는가'

(15) '여래는 사후에 존재하면서 존재하지 않는가'

(16) '여래는 사후에 존재하는 것도 아니고 존재하지 않는 것도 아닌가'

모두 전형적인 4구분별이다. 그리고 마지막 네 가지 한 묶음은 10무기(十無記)와 완전히 동일하다. 모든 물음은 당시 가장 활발하게 논의되고 있던 업의 과보와 윤회에 관한 것이다. 이 물음들에 대해 산자야는 'YES라고도 생각하지 않고 NO라고도 생각하지 않는다. NO가 아니라고도 생각하지 않고 NO가 아닌 것도 아니라고도 생각하지 않는다. 그러므로 YES라고도 NO라고도 대답하지 않는다'라는 태도로 일관한다. 현대의 연구자들은 이를 두고 '불가지론'이라고 하지만 아사세왕은 '속임수에 의한 발뺌'이라고 받아들여 산자야를 '모든 사문·바라문 중에 가장 어리석고 가장 우둔한 자'라는 최악의 평가를 내린다. 그러나 산자야의 'YES라고도 NO라고도 대답하지 않는다'는 태도는 마찬가지의 물음에 대한 붓다의 침묵과 근원적으로 상통한다고 볼 수 있다. 덧붙여서 붓다의 2대 제자라고 불리는 사리불(舍利佛, Śāriputra)과 목건련(目犍連, Maudgalyāyana)은 붓다의 가르침에 귀의하기 이전에는 모두 산자야의 제자였다고 한다. 사리불이 연기법에 대한 한 게송을 듣는 것만으로 불교의 진수를 이해할 수 있었던 배경에는 스승인 산자야의 인도가 있었기 때문이라고도 생각할 수 있다.

더욱이 용수는 14무기의 모든 명제에 대해 '모든 것은 공이다(一切法空)'라는 관점에서 부정적인 의문을 나타내고 있다.

> '여래가 사후에 존재한다' '세계는 유한하다' '세계는 항상 있다' 등의 견해는 각각 열반과 미래의 세계, 과거의 세계와 관련되어 있다. 모든 법이 공일 때 무엇이 무한하고 무엇이 유한할 것인가. 무엇이 무한하기도 유한하기도 하며 무엇이 무한하지도 유한하지도 않을 것인가. 무엇이 같은 것이고, 무엇이 다른 것인가. 무엇이 항상 있는 것이고 무엇이 무상한 것인가. 무엇이 항상 있기도 하고 무상하기도 하며 무엇이 그 어느 쪽도 아닌 것인가. (25.21~23)

4구분별은 어떤 주제에 관해 두 가지 항목을 정하는 것으로 성립하지만 세 가지 항목으로 하면 'A&B&C' 'A&B&-C' 'A&-B&C' 'A&-B&-C' '-A&B&C' '-A&B&-C' '-A&-B&C' '-A&-B&-C'라는 여덟 가지 조합을 생각할 수 있다. '존재' '비존재' '불가언설'이라는 세 항목에 의해 '어떤 의미에서는 존재한다' '어떤 의미에서는 존재하지 않는다' '어떤 의미에서는 언어로 표현되지 않는다' 등의 일곱 가지 명제를 만드는 자이나교의 '스야드바다(Syādvāda)'가 그 좋은 예이다. 하지만 절대주의 형이상학을 부정하며 상대주의의 입장에 선 그들은 '어떤 의미에서는 존재하는 것도 아니고 존재하지 않는 것도 아니며 언어로 표현할 수 없는 것도 아니다'라는 여덟 번째 명제를 만드는 일은 없다. 그러므로 7구분별이 된다. 7구분별은 불교의 아비달마 문헌에도 보인다.

한편 4구분별의 '구(句)'를 하나씩 줄여 가면 3구분별, 2구분별이 생긴다. 예를 들면 '존재'와 '비존재'라는 2항목에 관해 '존재도 아니고 비존재도 아니다'라는 네 번째 가능성을 인정하지 않으면 3구분별이 생기고 '존재이면서 비존재이다'라는 세 번째 가능성도 단순한 모순으로 배제하면 2구분별이 생긴다. 이제 그 구체적인 예를 검토해 보기로 한다.

❹ 3구분별 (과거·현재·미래에 성립하지 않음)

제2장 '걷는 행위의 과거·현재·미래 고찰'은 다음과 같은 게송으로 시작한다. 여기에서는 사물과 현상은 '오는 것도 가는 것도 아니라는 것(不來不去)'을 설명하고 있다.

〔귀경게(歸敬偈)의 "모든 법은 오는 것도 가는 것도 아니다"라는 말에는 어떤 근거가 있는가? 라는 물음에 답한다. '누군가가 걸어간다'라는 문장을 분석할 때 걷고 있는 장소는 그 사람이 이미 통과한 지점이든가, 아직 통과하고 있지 않은 지점이든가, 현재 통과하고 있는 지점이 겠지만〕 (1) 우선 '이미 통과한 지점을 지금 걷고 있다'고 하는 일은 없

다. (2) '아직 통과하지 않은 지점을 지금 걷고 있다'고 하는 일은 결코 없다. (3) 이미 통과한 지점과 아직 통과하지 않은 지점과는 다른 '현재 통과하고 있는 지점을 지금 걷고 있다'고 하는 일도 없다. (2.1)

상식적으로 생각해서 걷는 자가 이미 걸었던 지점, 아직 걷고 있지 않은 지점을 현재 걷고 있다는 것은 있을 수 없다. 전자의 경우 걷는 행위는 이미 끝나버렸고, 후자의 경우 걷는 행위는 아직 시작하지 않았기 때문이다. 그러므로 당연한 일이지만 '지금 현재 걷는 자가 걷는 행위를 하고 있는 장소, 그곳에서만 걷는 행위가 존재한다'고 하는 선택지가 남게 된다. 이것이 대론자가 제시하는 반론의 취지이기도 하다.

이에 비해 용수는 '현재 통과하고 있는 지점이 지금 걸어지고 있는 것은 아니다'라고 일견 비상식적인 견해를 제시하고 있는 것처럼 보인다. 그의 의도를 정확하게 이해하기 위해서는 앞에서 언급했던 '정합적인 인식을 구성하는 모든 요소에 대응해서 무엇인가가 반드시 외계에 실재한다'고 하는 인도 실재론의 원칙을 상기할 필요가 있다. 더욱이 여기에서 직접적인 대론자라고 생각되는 인도문법학자는 '언어와 그 지시 대상, 즉 언어와 그 의미 사이에는 변하지 않고 지속되는 관계가 성립한다'고 생각한다. 바꾸어 말하면 '바른 언어, 혹은 관념과 그 지시 대상 사이에는 반드시 일대일의 대응 관계가 없으면 안 된다'는 것이다. 서구의 철학 전통에서 이른바 '진리대응설'이라고 불리는 것에 해당한다.

'현재 통과하고 있는 지점을 지금 걷고 있다(gamyamānaṃ gamyate)'는 문장을 상스끄리뜨어에 맞게 직역하면 '현재 걸어지고 있는 지점이 지금 걸어지고 있다'가 되고 '현재 걸어지고 있는 지점'과 '지금 걸어지고 있다'라는 두 가지 요소가 유출된다. 그리고 앞의 대원칙을 적용하면 어느 쪽 요소에도 보이는 '걷는 행위'에 대응하여 두 가지의 독립적인 '걷는 행위'를 상정하지 않으면 안 된다. 하지만 물론 그것은 대론자에게도 인정되어야 할 것이다. 용수는 '현재 통과하고 있는 지점이 지금 걸어지고 있다'는 일견 당연한 문장을 부정함으로써 '바른 언어, 혹은 관념과 그 지시 대상 사이에는 반드시 일대일의 대응 관계가 없으면 안 된다'고 하는 인도 실재론의 대전제를 부정하고 있는 것이다.

대론자는 '걷는 자' '걷는 행위' '걷는 지점'이라는 것을 실체화하고 있다. 만일 그가 생각하는 것처럼 걷는 자가 걷는 행위와 독립적으로 실재한다면 그것은 걷는 행위가 속하는〔基體〕 무엇인가, 즉 규정되지 않은 어떤 X, 예를 들면 뿌드갈라(pudgala)에 걷는 행위라는 운동이 속하고 있는 상태여야 할 것이다. 이미 걷는 행위가 속하고 있는 걷는 자가 다시 걷는다는 것은 불합리하다. 걷는 자를 걷는 자답게 하는 걷는 행위는 이미 걷는 자에 속해 있으므로 그 외에 또 다른 걷는 행위가 속하는 것이 되기 때문이다. 말하자면 걷는 자라는 실체는 성립할 수 없게 된다. 또한, 걷는 행위 자체는 독립성이 없다. 무엇인가 속하는 것〔基體〕에 속하여 처음으로 인지되는 것이 되기 때문이다. 그와 같은 것은 고유한 성질을 갖고 자립해서 존재한다고는 말할 수 없다. 즉, 이미 걷는 행위가 그것이 속하는 것〔基體〕으로부터 독립해서 존재한다는 것 자체가 불합리하다. 이와 같이 걷는 자도 걷는 행위도 실재하지 않는다는 것이 증명된다. 당연하겠지만 '현재 통과하고 있는 지점을 지금 걷고 있다'는 것도 있을 수 없다. 걷는 자도 걷는 행위도 존재하지 않는 '걷는 지점' 등은 불합리하기 때문이다.

이와 같이 과거·현재·미래로 나누어 고찰하는 경우 현재는 과거도 아니고 미래도 아닌 것으로 고찰할 수밖에 없지만 그 경우, 운동이 속하는 것〔基體〕도 그것에 속하는 운동도 성립할 수 없기 때문에 운동이 행해지고 있는 현재라는 시점도 존재할 수 없게 된다. 즉, 시간도 운동도 실체화하면 성립하지 않는 것이 된다. 덧붙여서 순간적인 생성과 소멸을 전제로 하는 설일체유부도 운동 그 자체를 실재로 인정하는 것은 아니다.[23] 그런데 용수는 과거·현재·미래를 '존재'와 '비존재'라는 시점으로 이해하고 있었던 것으로 보인다. 즉, '이미 존재하고 있는' 것이 과거의 것, '아직 존재하지 않는' 것이 미래의 것 그리고 '정말로 존재하고 있는, 즉 존재와 비존재의 두 성질을 갖추고 있는' 것이 현재의 것이다. 그러나 존재와 비존재가 모순 관계라는 것을 생각하면 제3의 가능성은 자동적으로 배제된다. 과거·현재·미래에 의한 분석은 4구분별의 네 번째 구(句), 이 경우, '존재도 비존재도 아닌 것'은 시간 관계상 상정할 수 없는 것이어서 3구분별이 되었다고 생각된다. 걷는 행위이든, 걷는 자이든, 걷는 지점이든 과거·현재·미래의 시간적인 흐름을 따라 분석하면 성립할 수 없다는 논리(三時不成)이다.

이 제2장의 과거·현재·미래에 성립할 수 없다는 논의는 제3장 제3게송, 제7장 제14게송, 제10장 제13게송, 제16장 제7게송에서 중요

---

23 『구사론』「업품」 제2게송에 "몸으로 나타나는 행위인 신표업(身表業)은 형태이지 행동이나 이동이 아니다. 유위는 찰나적이기 때문에"라고 하고 있다. 『구사론』에서 세친의 경량부적인 해석에 비판적인 중현(衆賢, saṃgabhadra)의 『순정리론(順正理論)』「변업품(辯業品)」에도 '유위법은 찰나에 소멸하는 것이기 때문에 대개 업(業)에 행동이나 이동이라는 것은 실재하지 않는다'고 하고 있다. 그렇기 때문에 적어도 정비된 설일체유부의 이론에서 운동은 실재하지 않는 것이라는 것을 알 수 있다.

한 논법으로 언급되고 있다. 또한, 제20장 제12~14게송, 제21장 제21게송에서도 같은 논법으로 설명되고 있다. 한편 실재론의 입장에서 인도논리학을 구축한 니야야 학파의 최초의 개론서인 『니야야 수뜨라』는 제2장에서 과거·현재·미래에 성립할 수 없다는 논법으로 인식 수단(pramāṇa)을 부정하는 논의를 인용하고 용수, 혹은 그의 후계자와의 논쟁을 기록하고 있다. 제5장에서는 과거·현재·미래에 성립할 수 없다는 논의를 '과거·현재·미래에 성립하지 않는 잘못된 증인〔非因相似〕'이라는 '잘못된 논법(jāti)'의 하나라고 하여 부정하고 있다.

❺ 2구분별

같은 제2장에서 다음과 같이 논의된다.

> (1) '걷는 행위와 걷는 자가 완전히 같다'는 것은 불합리하다. 다른 한 편으로 (2) '걷는 자가 걷는 행위와 전혀 다르다'는 것도 불합리하다.
> (2.18)

즉, 양자의 관계는 동일하지도 않고 다르지도 않다. 이것은 '8부정〔八不〕' 중 '동일하지 않으면서 다르지 않다(不一不異)'는 것을 설명한 것이고 운동과 그것이 속하는 것〔基體〕의 관계를 나타낸 것이지만 속성과 그것이 속하는 것〔基體〕의 관계에도 맞아 들어간다.

> (1) '만일 '욕망을 갖지 않는 욕망자'가 욕망이 생기기 이전에 존재한다고 가정한다면 욕망은 그 사람을 조건으로 생기겠지만 〔그러면〕 욕망자가 이미 존재하고 있음에도 불구하고 욕망이 〔다시〕 생기게 될 것

이다. 〔그러나 그런 일은 있을 수 없다.〕 ⑵ 다른 한편으로 욕망자가 사전에 존재하지 않는 경우, 도대체 누구에게 욕망이 생기겠는가. (2구분별) 욕망이 이미 존재하는 경우에도 존재하지 않는 경우에도 바로 앞에서 〔욕망을 부정한 것과〕 같은 논법이 욕망자에게도 적용〔되어 부정〕된다. (6.1~2)

'욕망을 갖지 않는 욕망자'라는 것은 욕망이 속하지 않는 규정되지 않은 기체(基體)를 말하지만 그와 같은 기체가 존재한다고 해도 욕망이 속해 있지 않는 이상 욕망자라고 말할 수는 없다. 또한, 욕망이 속하는 것〔基體〕이 어떤 것도 존재하지 않는 경우, 욕망은 누구에게 일어날 것인가. 욕망이 속하는 것이 없으면 욕망 등의 속성은 존재할 방법이 없다. 이와 같이 욕망자가 먼저 존재하고 있다고 해도, 그렇지 않다고 해도, 또한 역으로 욕망이 먼저 존재하고 있다고 해도, 그렇지 않다고 해도 양자는 자립하여 존재할 수 없다는 것을 알 수 있다. 이것을 '무자성·공'이라고 한다. 또한, 양자는 앞에서 보았던 걷는 자와 걷는 행위의 경우와 마찬가지로 '동일하지 않으면서 다르지 않은 (不一不異)' 관계가 된다. 이상으로『근본중송』의 귀경게에 나타나는 '8부정', 즉 소멸하지 않으면서 생겨나지 않고(不生不滅), 끊어지지 않으면서 항상 있지 않고(不常不斷), 동일하지 않으면서 다르지 않고(不一不異), 오지 않으면서 가지 않는다(不來不去)는 것 중 끊어지지 않으면서 항상 있지 않는다(不常不斷)는 내용을 제외하고는 모두 살펴보았다. '끊어지지 않으면서 항상 있지 않는다(不常不斷)'는 것에 대해서는 제18장에 다음과 같은 게송이 나온다.

어떤 것이 어떤 것을 조건으로 생겨날 때 우선 양자는 동일하지도 않고 또한 다르지도 않다. 그러므로 〔모든 법은〕 끊어지는 것도 항상 있는 것도 아니다. (18.10)

이것은 일반적인 인과관계를 설명한 것이기 때문에 이해하기 쉽게 하기 위해 씨앗에서 싹이 트는 것을 구체적인 예로 들어 보기로 한다. 당연하겠지만 씨앗과 싹은 완전히 동일하지도 않고 완전히 다르지도 않다. 동일하지 않기 때문에 명칭이 다른 것이다. 동시에 완전히 다른 것이라고 한다면 싹은 씨앗 이외의 예를 들면 돌 등에서도 돋아나게 될 것이다. 또한, 씨앗은 싹이 되는 것이기 때문에 씨앗으로서 항상 있을 리가 없다. 동시에 쌀의 씨앗을 뿌려 쌀의 싹이 나오기 때문에 씨앗으로서 단절해 버릴 리도 없다. 이것을 '동일하지 않으면서 다르지 않고(不一不異)' '끊어지지 않으면서 항상 있지 않는다(不常不斷)'고 한다.

이와 같이 2구분별은 기체와 운동, 혹은 속성과 같이 한쪽이 성립하기 위해서는 다른 쪽을 전제로 하지 않으면 안 되는 서로 의존하는 관계를 논의하고 있기 때문에 이미 언급한 두 번째 논법에 맞닿아 있다. 이와 관련한 구체적인 설명은 목차 마항에서 하기로 한다.

❻ 5형태분석

『근본중송』에서는 별도로 5형태분석을 언급하고 있다. 제10장 '불과 연료의 고찰'을 예로 들어 보기로 하자. 여기에서는 현상과 그 현상이 속하는 것〔基體〕의 관계로 분석하고 있다.

더욱이 나아가 (1) 불은 연료와 같지 않다. (2) 불은 연료와 다른 것에는 없다. (3) 불은 연료를 소유하지 않는다. (4) 불 속에 연료는 없다. (5) 연료 속에 불은 없다. (10.14)

이 게송은 연소 현상인 불과 연소하는 것인 장작 등 연료의 관계를 망라해서 검토한 것이다. 이 모두는 '(1) 불은 연료와 같은가, (2) 불은 연료와 다른 것에 있는가, (3) 불은 연료를 소유하는가, (4) 불 중에 연료는 있는가, (5) 연료 중에 불은 있는가'라는 물음에 대한 부정적인 회답이다. 이 중 (1), (4), (5) 의 물음은 '불'과 '연료'가 서로 독립적으로 존재한다면 원래부터 성립할 수 없는 것이다. (2)의 경우, 만일 불이 연료와 다른 곳에 있다고 한다면 연료가 없어도 불이 있다고 하는 불합리한 일이 된다. 나머지 (3)의 경우, 불은 연소 현상이며 걷는 행위와 마찬가지로 무엇인가 속하는 것〔基體〕이 있고 그것을 전제로 해서 성립할 수 있다. 그러나 (3)의 물음은 그와 반대로 불이 속하는 것〔基體〕인 연료가 불에 속한다는 불합리를 전제로 하고 있다. 요약하자면 불과 연료는 자립해서는 존재할 수 없는 공·무자성이 된다.

위에서 언급한 4구분별이나 2구분별과 마찬가지로 5형태분석 또한 초기경전까지 그 뿌리를 찾아 거슬러 올라갈 수 있다. 『상윳따니까야(Saṃyutta Nikāya)』 「온상응(蘊相應)」의 처음 부분에서[24] 왜 사람은 몸과 마음이 그토록 괴로운 것인가를 묻자 사리불은 다음과 같이 대답한다. "아직 배우지 않고 수행하지 않은 범부는 (1) 몸〔色蘊〕을 자기〔我,

---

24 이 부분은 붓다가 나끄라의 아버지에게 "몸은 병들어도 마음은 병들지 않는 것처럼"이라고 한 말에 대해 그 의미를 사리불이 나끄라의 아버지에게 해설하는 장면이다.

ātman]라고 보거나, (2) 자기가 몸을 갖는다고 보거나, (3) 자기의 안에 몸을 보거나, (4) 몸 안에 자기를 보거나 하여 '나는 몸이다. 몸은 나인 것이다'라는 생각에 빠져 있기 때문에 그토록 괴로운 것이다." 수(受)·상(想)·행(行)·식(識)의 나머지 4온(四蘊)에도 마찬가지의 대답이 반복된다. 여기에서는 용수의 5형태분석 중 (2) 이외의 모든 경우를 다룬다.[25] 사리불은 나아가 불법을 배우고 수행한 자는 몸(色蘊) 등을 자기라고 보는 것 등이 없이 '나는 몸 등이다. 몸 등은 나이다'라는 생각에 빠져있지 않기 때문에 몸은 괴로울 수 있어도 마음은 괴롭지 않다고 설명한다. 그러므로 용수 논법의 배경에는 우리 고뇌의 근원에 있는 자아의식의 대상인 자기를 부정하기 위해 붓다가 설명한 5온설(五蘊說)을 도입하여 그 하나하나가 자기와 관계없는 것이라고 설명하는 사리불의 논의가 있었다고 할 수 있다.

한편 이미 설명한 것처럼 독자부(犢子部)는 윤회의 주체로서 뿌드갈라라고 하는 인식과 행위의 주체를 세웠다. 그러나 붓다가 설명한(佛說) 5온을 부정한 것은 아니기 때문에 사리불이 상정한 자기(我. ātman)와 차별화하기 위해 5온 그 자체도 아니고 5온과 별개의 것도 아닌(非卽非離蘊) 설명할 수 없는(不可說) 존재로 뿌드갈라를 확립하였다. '불과 연료의 비유'는 그것을 정당화하기 위한 것이었다고 생각된다. 여기에서는 '자기'를 불로 '5온'을 연료로 비유하고 있다. 이 경

---

25 이외에도 예를 들면『맛지마니까야(Majjhima Nikāya)』제109,「대만월경(大滿月經 Mahāpuṇṇama-sutta)」에서 유신견의 설명으로 5온과 자기에 대해 '(1) 색을 자기로 보지 않는다 (2) 자기를 색을 소유하는 것으로 보지 않는다 (3) 자기 안에 색을 보지 않는다 (4) 색 중에 자기를 보지 않는다'라고 하여 마찬가지로『근본중송』의 '5형태분석' 중 두 번째 요소 (2)를 제외하고 분석하고 있다. 가타야마 이치로(片山一良) 번역『中部(マッジマ ニカーヤ) 後分五十経篇1』(パーリ仏典, 片山一良訳, 第1期5, 大藏出版, 2001 참조)

우, 불은 연소라는 행위의 주체, 연료는 연소 행위의 대상이라고 이해할 수 있다.

흥미로운 점은 다음의 제10장에서 불과 연소의 관계를 이 관점에서 파악하고 '같고 다름'의 2구분별에 의해 그 관계를 부정하고 있다는 것이다. 내용을 살펴보면 다음과 같다.

〔독자부(犢子部)는 〈사람〉은 존재한다'고 주장하기 위해 행위주체와 그 대상과의 관계를 '불과 연료'에 비유하지만〕 (1) 만일 불과 연료가 같다면 행위주체와 그 대상이 하나가 될 것이다. (2) 만일 불과 연료가 다르다면 연료가 없어도 불이 있게 될 것이다. (10.1)

자기(=〈사람〉)와 그 집착 대상〔取=五蘊〕에 관한 온갖 논의의 순서는 항아리나, 천 등과 함께 남김없이 불과 연료의 분석으로 설명되었다. (10.15)

제1게송에 의하면 불과 연료는 행위주체와 그 대상으로 간주된다. 즉, 불은 연소라는 행위의 주체이고 연료는 그 행위대상이 된다. 행위자와 행위대상이 같이 실체로 성립할 수 없다는 것은 제8장 '행위자와 행위대상의 고찰'에서 논의했고 제2장의 '과거·현재·미래에 성립하지 않는다(三時不成)는 내용을 다룬 부분에서도 이미 확인이 끝났다.

또한 제15게송에서처럼 이 불과 연료의 관계는 집착이라는 행위의 주체인 자기〔我. ātman〕와 집착 대상인 몸과 마음〔五蘊〕의 관계에 관한 비유가 되고 있다. 즉, 자기, 혹은 뿌드갈라, 행위주체, 몸과 마음

[五蘊]도 서로 자립적으로는 존재할 수 없는 관계라는 것이다. 이와 같은 관계는 '항아리와 점토' '천과 실'의 경우도 마찬가지라는 것이 이 게송의 취지이다.

5형태분석은 그 밖에도 독자부의 뿌드갈라론을 부정한 제16장 제2게송이나 여래와 5온의 관계를 논의한 제22장 제1게송에서도 사용되고 있다.

❼ 귀류법에 대하여

한편, 이상과 같은 매거법으로 모든 상정 가능한 명제를 헤아린 뒤 용수는 그것들을 모두 불합리한 것으로 부정하고 있다. 귀류법은 배리법(背理法)이라고도 한다. 어떤 명제 P를 증명하고 싶을 때 그것을 직접 증명하지 않고 P가 허위라고 가정하면 모순으로 귀결되기 때문에 'P는 허위이다'라는 가정은 잘못된 결론이 되고 P를 간접적으로 증명하는 것이 된다. 명제 P를 가정하면 모순으로 귀결되기 때문에 P는 허위라고 결론짓는 것도 넓은 의미의 귀류법이라고 간주된다. 용수의 '모든 것은 공하다(一切法空)'라는 관점에서 보면 적극적으로 논증하고 싶은 명제는 어떤 것도 없기 때문에 여기에서는 후자의 의미에서 귀류법이라는 말을 사용한다.

귀류법은 인도논리학 전통에서는 '쁘라상가(prāsaṅga) 논법'이라고 한다. 대론자의 주장을 임시로 인정하면 대론자 자신에게 바라지 않는 결론으로 귀결된다는 것을 보여줌으로써 대론자의 주장을 부정하는 방법이다. 자기자신의 주장을 부정하는 명제를 임시로 인정하면 불합리한 결론이 된다는 것을 나타내어 자신의 주장을 간접적으로 증명하는 방법이기도 하다. 일상적으로는 경험할 수 없는 지각 불가능한 존재, 예를 들면 아뜨만이나 창조신, 찰나적인 존재 등에 관한 교리적인 논쟁의 경우에도 사용되었다. 용수는 어떤 주제에 관한 모든 가능성을 상정하고 그것들을 모두 부정하는 것에 의해 간접적으로 모든 것은 공하다는 것[一切法空]을 논증하고 있다. 이것이 바로 이 책에서 다루는 귀류법의 의미이다.

'쁘라상가(prāsaṅga)'는 바라지 않는 것이 결과가 된다는 쁘라사즈야떼(prasajyate)라는 동사의 명사형이다. 이 동사는 『근본중송』에서 24회 사용되고 있다. 그 일례를 보기로 한다.

> 그대의 생각에 따르면 깨달음[菩提]과 연관이 없어도 붓다[覺者]가 되어버리고, 붓다와 연관이 없어도 깨달음이 있게 되어버린다. 그대의 생각에 따르면 깨달음이 없다는(=붓다가 아닌) 고유한 성질을 갖는 자는 예컨대 깨달음을 위해 노력해도 보살행에서 깨달음을 얻는 일은 없을 것이다. (24.31~32)

밑줄 부분이 쁘라사즈야떼(prasajyate)에 해당하는 부분이다. 용수는 이 제24장에서 '무자성·공이기 때문에 비로소 4성제(四聖諦)는 성립하고 번뇌를 극복하여 해탈할 수 있다. 즉, 붓다가 될 수 있다'고 주장하고 있다. 이 두 게송은 "그대가 생각하는 것처럼 모든 법에 고유한 성질이 있다고 하면 깨닫지 않고도 붓다가 되고 붓다가 아니어도 깨달았다고 하는 불합리한 일이 되어 버린다. 역으로 깨닫지 않은 사람은 아무리 노력해도 깨달음에 도달할 수 없게 된다"고 말하고 있다.

이와 같은 귀류법은 자신의 주장을 일정한 추리규정과 형식에 따라 논증하는 방법론, 예를 들면 니야야 학파가 사용하는 다섯 가지 단계의 논증법[五支論證] 등과는 다르고 이른바 상대의 약점을 공격하는 것이 중심이 되기 때문에 독립적이고 적극적인 논증은 아니다. 하지만 생각할 수 있는 한도 내의 모든 명제를 하나하나 부정해 나감으로써 간접적으로 '모든 것은 공이다'라는 자기주장을 확립한다. 이런 점에서는 가장 효과적인 방법론이다. 제2장에서 설명하는 것처럼 『회쟁론』이나 『바이달야론』의 저자들은 니야야 학파의 논법이나 그 저작들의 부분적인 내용들을 알고 있었고 그것을 전제로 논의하고 있지만 『근본중송』의 경우도 그런지는 명확하지 않다. 오히려 『근본중송』의 매거법에 기반하고 있는 귀류법이 니야야 학파에 큰 영향을 끼쳤다고 생각할 수 있다.

더구나 4구분별이나 5형태분석과 마찬가지로 귀류법도 결코 용수의 독창적인 논법은 아니다. 최근 발견되어 워싱턴대학의 한 그룹이 연구하고 있는 기원1~2세기경에 간다라어로 쓰여진 아비달마 문헌의 단편적인 사본 중 설일체유부의 '모든 법은 존재한다(一切法有)'는 이론을 매거법과 귀류법을 사용해서 비판하고 있는 것이 보인다. 또한, 중후기 설일체유부의 논서에서 귀류법은 유력한 논증법으로 사용되고 있다.[26] 그러므로 매거법도 귀류법도 용수의 독자적인 논법이라고 생각할 필요는 없다. 당시 실재론의 입장에 있던 논리학에 대해 강한 경계심을 품고 있던 용수가 자신의 '독자적인 논법'을 구축했을 리가 없다. 용수는 '모든 것은 공이다'라고 간접적으로 결론짓는 일은 있어도 그것을 명제의 하나로 적극적으로 주장하지는 않기 때문에 후

---

26 콜렉트 콕스(Collet Cox) 「アビダルマ誕生の最初の痕跡」(青原令知編 『倶舎絶ゆることなき法の流れ』, 自照社出版, 2015) 참조.

에 서술하는 것처럼 자신의 논의가 대론자에 의해 부정당하거나 비판 당할 수 없다고 확신하고 있었을 것이다.

용수의 매거법을 사용한 논증은 인도 정통철학파인 바이쉐시까 학파의 '잔여법(殘餘法, pāriśeṣya)'과 궤를 같이한다. 이 학파와 같이 실체·속성 등 제한된 수의 실재를 범주로 체계화 하는 경우, 매거법은 매우 유효하게 기능한다. 단지 용수의 경우와 달리 가능한 모든 명제가 부정되는 것은 아니고 부정되지 않고 남겨진 명제가 하나의 정설로 확립된다. 다른 한편으로 귀류법은 상키야 학파의 '간접논증(āvīta)'과 궤를 같이 한다. 하지만 이 학파의 경우도 근본물질을 가리키는 쁘라끄리띠(prakṛti)와 순수의식을 가리키는 '뿌르샤(puruṣa)', 이 두 가지의 지각 불가능한 형이상학적 원리가 존재한다는 것을 논증하는 것이 주요 목적이기 때문에 용수와 같이 '모든 것은 공이다'라는 부정을 목적으로 하는 것은 아니다.[27] 또한 용수의 귀류법을 '잘못된 논법(jāti)'으로 배척한 니야야 학파도 후에는 주재신(主宰神)이나 아뜨만 등 지각 불가능한 것의 존재를 논증하는 데 귀류법을 적극적으로 사용하게 된다.[28]

❽ 공의 논리

마지막으로 용수 자신이 '공의 논리'를 어떻게 파악하고 있는지를 확인해 두기로 한다.

---

27 가츠라(桂), 앞에서 인용한 책『インド人の論理学』, 201~206쪽 참조.

28 가노 쿄(狩野恭)「ātmanの存在論証—kevalavyatirekinの2形式—」『印度学仏教学研究』 36-1, 1987 참조.

〔논쟁할 때〕 공성에 기반해서 논의가 제시되는 경우, 그것을 대론자가 논박해도 그 논박은 모두 논박이라고 부를 가치가 없는 것, <u>논증되어야 할 것과 같게 되어 버린다.</u> (4.8)

〔해탈할 때〕 공성에 기반해서 설명이 될 경우, 그것을 누군가 청중이 비난해도 그 비난은 모두 비난이라고 부를 가치가 없는 것, <u>논증되어야 할 것과 같게 되어 버린다.</u> (4.9)

더욱이 〔모든 것이 공인 경우의 오류를 지적해서〕 그대가 공성을 비난해도 그 비난은 공〔의 논리〕에는 들어맞지 않는다. 우리에게 〔원래〕 오류는 결론에 이르게 되는 것이 아니다. (24.13)

여기에서는 공성에 기반하는 논의나 설명은 어떠한 논박이나 비난의 대상도 될 수 없다는 것, 혹은 '공의 논리'는 오류로 귀결될 수 없다는 점이 분명하게 공표되고 있다. 어째서 이처럼 자신만만하게 말할 수 있는가. 『근본중송』에 관한 청목의 주석인 『청목주(靑目注)』의 설명을 참고로 생각해 본다.

먼저 위의 게송에서 두 번 사용되고 있는 '논증되어야 할 것과 같은 것'이란 『니야야 수뜨라』에서 말하는 '소증상사(所證相似)'에 해당한다고 생각해도 좋을 것이다.[29] 그것을 『청목주』에서는 다음과 같이

---

29 미마키 가쓰미(御牧克己)는 중관 학파가 사용하는 '소증상사(所證相似)'는 (1) 니야야 학파와 같은 것, (2) 중관 학파의 독자적인 것, (3) 서양철학에서 말하는 '논점을 먼저 취하는 오류(Petitio Principii)'로 분류될 수 있고 (1)은 지금 다루고 있는 제4장의 두 게송 만, (3)은 『바이달야론』의 일례 만, 다른 것은 모두 (2)에 해당한다고 한다. 상세한 것은 미마키 가쓰미, 「インド·チベット論理学に於ける「所証相似」(sādhyasama)の問題」(『哲

설명하고 있다. 만일 어떤 사람이 '항아리는 무상하다'라고 말하고 그 이유에 대한 질문에 '무상한 원인으로부터 생기기 때문에'라고 대답한다면 그것을 '논증되어야 할 것과 같은 것'이라고 말한다. 조금 더 설명하면 '무상한 원인'이라는 것, 예를 들면 항아리의 재료인 점토에 대해 '점토는 무상하다'라는 것을 다시 증명하지 않으면 안 된다는 의미이다.

『청목주』의 설명은 계속 이어진다. 그 내용을 보완하면서 살펴보면 다음과 같다. 공성에는 입장이라고 할 만한 것이 없는 것에 비해 일반적인 문답·논쟁은 자신의 입장에 집착한다. 예를 들면 상주론자인 갑(甲)과 무상론자인 을(乙) 두 사람이 논쟁하는 경우, 갑은 '모든 것은 항상 있는 것이다'라는 입장에 서고 을은 '모든 것은 무상하다'라는 입장에 서서 상대의 주장을 비판한다. 지금 을이 갑을 논박한다면 이에 대해 갑은 '그대가 말하는 것과 같이 모든 것이 정말로 무상하다면 업의 과보도 없게 된다. 또한, 눈이나 귀 등의 모든 법도 순간 순간 소멸하기 때문에 그 구별이 없게 된다'고 반론한다. 『청목주』에는 쓰여 있지 않지만 아마도 을은 '그대가 말하는 것과 같이 모든 것이 정말로 항상 있는 것이라면 아이는 언제까지고 아이인 채로 있고 깨달음을 목표로 하는 수행자는 영원히 깨달을 수 없게 된다' 등으로 반론 할 것이다.

이에 비해 공성에 기반한 논의나 설명의 경우, '모든 것은 항상 있

学研究』47-8 (第550号記念特集号), 1984)를 참조. 또한, 『청목주』에서 '소증상사(所證相似)'는 '동의(同疑)'로 번역되고 있다. 번역자인 구마라집이 '동의(同疑)'를 사용한 예 및 그 의미에 대해서는 필자의 논문 「『十二門論』における因中有果論·無果論の否定(2)」(『仏教学会紀要』15. 2009)에서 특히 40~42쪽, 50~51쪽(각주 54)을 참조.

는 것도 아니고 또한 무상하지도 않다'라고 말하면 '입장이 없는 입장'이기 때문에 갑에 대해서는 을의 입장을 포함해서 병, 정 등 생각할 수 있는 모든 입장으로 비판할 수 있고, 을에 대해서는 갑을 포함해서 병, 정 등 생각할 수 있는 모든 입장으로 비판할 수 있다. 더불어 갑의 입장에 있는 갑의 반론, 을의 입장에 있는 을의 반론에도 같은 대응이 가능하다. 이 모두가 가능한 것은 갑도 을도 '항상 있다는 것〔常住論〕'과 '무상하다는 것〔無常論〕'을 언어적으로 실체화〔戱論〕하고 자신의 입장을 고집하고 있기 때문이다. 이에 비해 공성의 근원에는 그와 같이 언어적으로 실체화하지 않고〔戱論寂滅〕, 자신의 고정적인 입장을 갖지 않기 때문이다. 갑이든 을이든 자신의 입장을 주장한다는 것은 '그 입장에 있다'는 것을 증명하지 않으면 안 된다는 의미이다. 지금까지 검토해 온 것처럼 이 '언어적인 실체화가 없는 입장'에 서서 사용하는 매거법에 기반한 귀류법은 이른바 무적의 논법이고 용수의 공의 논리에 관한 요체를 설명한 것이라 해도 좋을 것이다.

여기에서 '언어적인 다원성〔戱論〕'이란 무엇인가, 그것이 소멸한다는 것은 어떤 의미인가, 그것과 공성의 관계, 나아가 연기와의 관계 등이 문제가 된다. 이 모두는 귀경게에서 서로 밀접하게 관련되는 것으로 설명되고 있다. 다음 절에서는 이 귀경게를 실마리로 이 문제를 생각해 보기로 한다.

다. 귀경게 – 『근본중송』의 저술 목적[30]

『근본중송』 전체 게송의 첫 부분에 이른바 귀경게(歸敬偈)가 먼저 나온다. 이 귀경게가 게송들을 짓기 이전에 지어졌는지 이후에 지어졌는지는 현재로선 판단하기 어렵다. 다만 논서의 구성상 이와 같이 시작 부분에 위치하게 되면 읽는 사람에게 지금부터 논의하려고 하는 주요 주제를 제시하고 이 논서를 저술한 목적이나 동기를 제시하려는 의도가 있다고 볼 수 있다.

그럼 먼저 이 귀경게의 내용과 그것에 깃들어 있는 용수의 의도를 확인해 보기로 한다.

소멸하지 않으면서 생겨나지 않고, 끊어지지 않으면서 항상 있지 않고, 동일하지 않으면서 다르지 않고, 오지 않으면서 가지 않고, 희론을 적멸하면서 상서로운 연기(緣起)를 설하신 설법자 중 최고의 설법자 붓다에게 경의를 표합니다.[31]

---

30 이 다항은 필자의 논문 「龍樹の緣起說(2)—とくに十二支緣起との關連から」(『南都佛教』93, 2009)에서 논의된 것에 입각하고 있다.

31 이 게송 전체의 의미는 명확하지만 상스끄리뜨어 원전을 검토해 보면 문법적으로 혹은 어휘상으로 여러 가지 어려운 문제를 내포하고 있다. 게송의 구조는 "(A) 소멸하지 않으면서 생겨나지 않고 끊어지지 않으면서 항상 있지 않고 동일하지 않으면서 다르지 않고 오지 않으면서 가지 않는 (B) 희론이 적멸하면서 상서로운 연기(緣起)를 설명하신 설법자 중 최고의 설법자인 붓다에게 경의를 표합니다."로 되어 있다. 문제는 A구와 B구가 '연기'라는 말에 설명구로 걸려있다는 점이다. '연기'를 붓다가 설명한 이법(理法), 즉 교설(敎說)이라고 본다면 B는 문제가 없다고 해도 A와는 잘 연결되지 않는다.
원래 이법(理法)이나 교설에 '불생불멸(不生不滅)'이나 '불일불이(不一不二)'라는 것은 생각할 수 없다. '불생불멸' 등은 구체적인 하나하나의 존재(緣已生法), 있는 모습 그대로를 설명하는 말이다. A와 관련해서는 '연기'를 '교법' '이법'의 의미로 취하고 동시에 이 말을 소유복합어(有財釋)로 풀어 '그 가르침에 의하면 모든 것(諸法)은 소멸하지도 생겨나지도 않고…'라고 해석해야 한다. 또한, 아비달마에서는 비교적 오래전부터 이미 여기에는 세 가지 메시지가 함축되어 있다는 것을 알 수 있다.

첫째 연기는 붓다〔석존〕가 말한 것〔佛說〕이다.[32]
둘째 연기는 불멸, 불생 등의 여덟 가지 부정〔八不〕으로 설명된다.
셋째 연기는 희론의 적멸, 길상 이외에 다른 것이 아니다.

이 중 첫 번째 연기가 붓다의 말〔佛說〕이라는 것은 '자신이 주장하는 공성(空性)은 붓다가 설명한 연기이고 그러므로 공성은 진실한 말이다'라는 주장이다. 이것은 자신의 입장에 대한 정당성, 정통성의 근거를 붓다에게서 구하고 있기 때문에 『근본중송』을 저술한 주요한 동기 중 하나라고 생각해도 좋을 것이다.

두 번째 8부정에 대한 설명은 이미 앞에서 했지만 요약하면 다

이법으로서의 '연기'와 '조건에 의해 생겨나는 것(緣已生法)'을 구별하지 않는 사유가 정착해 있었다.
예를 들면 『대비바사론(大毘婆沙論)』에서는 다음과 같은 구절이 나온다. '品類足論 作如是言 云何緣起法 謂一切有爲法 云何緣已生法 謂一切有爲法 故知此二無有差別(『품류족론(品類足論)』에서는 다음과 같이 말한다. "무엇이 연기법(緣起法)인가. 모든 유위법(有爲法)을 말한다. 무엇이 조건에 의해 생겨나는 것인가. 모든 유위법(有爲法)을 말한다. 그러므로 〔연기와 '조건에 의해 생겨나는 것〕 이 두 가지에 차이가 없다는 것을 알아야 한다."(역자 번역))
같은 문장이 『구사론(俱舍論)』 「세간품(世間品)」에도 보인다. 그러므로 용수가 그의 시대에 알려져 있었을 이 생각을 전제로 '연기'를 '조건에 의해 생겨나는 것(緣已生法)'이라는 뜻으로 취해 A의 설명과 연결지은 것이라고 해석하는 것도 가능하다. 물론, 이 경우에도 예를 들면 '소멸을 갖지 않고' '생성을 갖지 않는' '조건에 의해 생겨나는 것(緣已生法)'이라는 뜻의 소유복합어가 된다. 즉 '연기'라는 말을 '교법' '이법' '조건에 의해 생겨나는 것(緣已生法)'의 의미를 동시에 담은 다의어(多義語)로 본 것이다. 이 경우, 본문에서 분류한 첫 번째는 '연기＝교설', 두 번째는 '연기＝조건에 의해 생겨나는 것(緣已生法)', 세 번째는 '연기＝이법'이 된다. 물론 어떤 해석에 기반해도 전체의 의미는 같다.

32 후에 상세하게 설명하겠지만 『근본중송』에서 '연기'는 '12연기'를 말한다. 마쓰모토 시로(松本史郎)도 『緣起と空—如來藏思想批判』(大藏出版1989)에서 '붓다가 깨달으신 것은 연기이고 그것은 12연기이며 불교란 연기설을 말한다'는 자신의 설명을 명기하고 있다. (22쪽)

음과 같다. 여러 가지 다양한 조건에서 일어나는 모든 것은 독립적이고 변하지 않는 고유한 성질이 없다〔無自性, 空〕. 또한, 붓다가 설한 연기의 가르침에 의하면 원래 '소멸하는 것도 없고 생겨나는 것도 없으며… 오는 것도 없고 가는 것도 없다〔八不〕.' 즉, '연기＝공성'이다. 이것은 구체적으로는 설일체유부나 독자부(犢子部), 정량부, 문법학자들까지 주장하는 실재론을 공성(空性)의 논리로 부정한 것이다. 말하자면 『근본중송』은 무엇보다도 먼저 실재론적인 사고의 타파를 그 목적으로 하고 있다.

세 번째 연기가 언어적 다원성의 소멸〔戱論寂滅〕, 상서로움〔吉祥〕 이외에 다른 것이 아니라는 것은 연기는 언어적 다원성을 억제하고 상서로운 열반의 경지를 초래한다는 의미이다. 『근본중송』에서 적극적으로 '진실'에 대해 말하는 경우는 거의 없지만 유일하게 제18장에서 '공성에 의한 언어적 다원성〔戱論〕의 소멸 → 해탈'이 설명되어 있다. 이는 『근본중송』이 지향하는 궁극적인 목적은 공성에 의한 언어적 다원성의 소멸, 즉 해탈, 열반이 된다는 뜻이다.

이와 같이 귀경게는 (1) 공성은 붓다가 말한 내용〔佛說〕이라는 것, (2) 공성을 말하는 것으로 실재론자의 잘못된 견해를 타파한다는 것, (3) 공성을 말하는 궁극적인 목적이 언어적 다원성의 소멸에 있다는 것을 선언한다. 게다가 그것이 모두 '연기'와 관련되어 설명된다. 또한, 이와 관련해서 (4) '설법자 중 최고의 설법자[33]인 붓다'라는 측면

---

[33] 이것은 『아쇼카 아바다나(Aśokāvadhāna)』 『디브야 아바다나(Divyāvadhāna)』 『십지경(十地經)』 『입법계품(入法界品)』 『입능가경(入楞伽經)』 등 불교문헌뿐만 아니라 『마하바라타(Mahābhārata)』나 『라마야나(Rāmāyaṇa)』 등에도 광범위하게 보이는 전형적인 표현이다.

도 매우 중요하다. 즉, 붓다가 바른 법[正法], 연기(緣起), 12연기(十二緣起)의 가르침을 설하기로 결심하고 실천한 것은 용수의 입장에서 보면 붓다가 공성을 가르친 것과 마찬가지이다. 그런 점에서 붓다는 '최고의 설법자'이다. 이것은 이른바 '두 가지 진실[二諦]'과도 깊이 관련되어 있는 문제이다.

　(1)에서부터 (4)까지 중에 (2)의 실재론비판에 대해서는 앞에서 설명했기 때문에 지금부터는 이 연기와 공성의 관계를 확인하면서 (A) '공성은 붓다가 말한 것이라는 것', (B) '언어적 다원성[戲論]의 소멸', (C) '최고의 설법자인 붓다'에 대해 자세히 검토해 보기로 한다.

1) '공성(空性)＝불설(佛說)'에 대하여

❶ '연기＝공성'의 선언

제24장은 '모든 것이 공(空)이라면 4성제(四聖諦)가 성립하지 않게 된다'고 주장하는 대론자에게 역으로 공이기 때문에 바로 4성제를 포함하여 모든 것이 성립한다는 것을 강하게 강조하는 장이다. 이 24장의 제18게송에서는 다음과 같이 말한다.

　　〔갖가지 사물과 현상이 어떤 것을〕 조건으로 하여 일어나는 것[緣起]을 우리는 〔모두〕 공성(空性)이라고 말한다. 그것[緣起]은 〔어떤 것을〕 원인으로 〔어떤 것이〕 개념설정되는 것[因施設]이고, 그와 같은 것이 중도(中道)이다.(24.18)

여기에서는 설명을 위해 다음과 같이 직역에 가까운 형태로 살펴본다.

연기인 것, 그것을 우리는 공성(空性)이라고 말한다. 그것(甲)은 〔어떤 것을〕 원인으로 하는 시설[34] 〔因施設〕이다. 동일한 그것(乙)이 중도이다.

이것은 붓다가 말한 '연기(緣起)'야말로 자신이 주장한 '공성(空性)'이라는 것을 명확하게 선언한, 『근본중송』 중에서도 가장 중요한 게송 중 하나이다. 문법적으로는 매우 명쾌한 문장이지만 갑(甲)과 을(乙)의 '그것'이 무엇을 가리키는가에 따라 다음에 제시하는 것처럼 두 가지 해석이 가능하다.[35]

하나는 갑·을 두 가지의 '그것'은 공성을 가리키고 있다고 보고 '연기=공성' '공성=시설(施設)' '공성=중도(中道)'라고 해석하는 것이다.[36] 구체적으로 '연기는 공성이지만 그 공성 자체는 언어에 의

---

34 원어인 '쁘라즈냐쁘띠(prajñapti)'는 '알게 하다'라는 의미의 동사에서 파생된 명사로 한역(漢譯)에서는 '가(假), 가설(假設), 가설(假說), 가명(假名), 언설(言說), 시설(施設)' 등으로 번역된다. 동사형으로는 '설치하다, 준비하다'라는 용례도 있기 때문에 그것들을 고려하면 '시설'이라는 한역어(漢譯語)는 포괄적이고 적절한 번역어라고 생각된다. 조금 뒤에 '희론'과 대비하면서 자세하게 설명하겠지만 일단 '쁘라즈냐쁘띠'의 대응어로 '시설(施設)' '개념설정'을 사용하기로 한다.

35 여기에는 상스끄리뜨 문법에서 말하는 관계대명사를 사용한 문장구조라는 문제가 관련되어 있다. 첫 번째 구문에서는 관계대명사로 지시되는 말이 '연기'이고 그것에 호응하고 있는 것이 '그것'이다. 골자를 드러내자면 '연기라는 것, 그것을…'이 된다. 이하에서 설명하는 첫 번째의 해석은 첫 번째 구문을 이것으로 완결한 것으로 보고 두 번째 구문, 세 번째 구문의 '그것(갑과 을)'을 보통의 대명사로 '공성(空性)'을 가리키고 있다고 본 것이다. 이에 비해 두 번째 해석은 세 가지 '그것'의 어느 것도 관계대명사에 호응한 것으로 보아 '연기라는 것, 그것을…, 그것(갑)은…, 동일한 그것(을)이…'라고 파악한 것이다.

36 이것은 청목(靑目)이나 월칭(月稱)이 취하는 해석이다. 그중에서도 전자는 '공도 또한 다시 공이다. 단지 중생을 인도하기 위해 가명을 빌어 설명한다'고 한다. 이 해석은 천태종

한 개념설정[施設]에 지나지 않는다. 공성에서 사물과 현상은 일어나지 않고(不生)·소멸하지 않으며(不滅), 동일하지 않고(不一)·다르지 않다(不異). 그것을 중도라고 한다'는 의미이다. 마지막의 한 구절을 '공(空)에 치우치지 않고 공이 아닌 것[不空: 有]에도 치우치지 않는 중도(中道)가 진리이다'라고 해석하는 경우도 있다.[37]

이와 관련해서 또 다른 해석은 두 가지의 '그것'이 연기를 가리키고 있다고 보고 '연기=공성, 연기=개념설정[施設], 연기=중도(中道)'라고 보는 것이다. 구체적으로는 '연기야말로 우리가 말하는 공성이고 사물과 현상이 무엇인가를 원인으로 개념설정[施設] 된다는 이치이며 그것은 바로 붓다가 설한 중도의 가르침이다'라는 의미이다.

'연기'는 무엇인가를 '조건[緣]'으로 일어나는 것'이기 때문에 시간적으로 이어지는 인과관계를 나타낸다. 여기에서 말하는 '어떤 것을 원인[因]으로 하는 개념설정'도 문자 그대로 '어떤 것을 원인으로 하여 개념이 형성되는 것'이기 때문에 시간적으로 이어지는 인과관계라는 것에 차이는 없다.[38] 좀 더 구체적으로 설명해 보자.

예를 들면 수레의 양쪽에 달린 긴 채(나룻), 수레바퀴의 회전축(굴

(天台宗)의 이른바 '공(空)·가(假)·중(中)'의 '삼제게(三諦偈)' 해석으로 발전해 간다.

37 이것은 천태종(天台宗)의 '삼제게(三諦偈)' 해석이지만 원문에 의하면 '공(空)'이 아니라 '공성(空性)'이기 때문에 그것의 부정형['불공성(不空性)']이 '유(有)'라는 것은 적어도 인도불교 전통에는 없다.

38 어떤 것을 조건(緣)으로 일어난다는 '연기'의 원래 의미가 사물과 현상의 인과관계를 존재론적인 관점에서 파악한 용어인 것에 비해 이 '어떤 것을 원인(因)으로 하는 개념설정(因施設)'은 연기를 인식론적인 관점에서 파악한 용어이다. 더욱이 이 '어떤 것에 의존하여'라는 것은 문법적으로는 절대 분사라고 하여 동일한 동작 주체에 의해 이루어지는 두 가지 행위 중 선행하는 것을 나타낸다. 물론 일상적인 용례에서는 동시에 행해지는 경우를 나타내는 경우도 있지만 『근본중송』과 같은 사상적인 문헌에서는 엄밀한 의미로 생각해야 한다.

대), 수레바퀴, 수레의 본체 등 여러 부분에 의해 '수레'라는 인식이 일어나지만 그 인식이야말로 '수레'라는 개념설정을 의미한다.[39] 여기에서 주의를 기울이지 않으면 안 되는 점이 있다. 우선 조립된 단계에서는 부품만이 실재하고 그 위에 '수레'라고 하는 전체를 나타내는 명칭이 부여되기 때문에 그런 점에서는 동시이다. 하지만 '수레'라는 개념이 설정되기 위해서는 그 원인이 되는 수레의 채(나룻) 등의 부품이 먼저 존재하고 그것들이 조립되어 처음으로 '수레'라는 개념이 형성되기 때문에 그런 의미에서는 시간적으로 이어지는 것이 된다. 이 경우에는 구체적이고 눈에 보이는 수레의 부품으로 설명하였다. 하지만 몸, 감수(感受), 표상(表象), 의사(意思), 판단이라는 구성요소에 의해 '사람'이라는 인식이 일어나는 경우에도 마찬가지로 '무엇인가를 원인(因)으로 하는 개념설정(因施設)'이 된다. 즉, 이 '개념설정'이라는 표현은 용수가 동시적이고 논리적으로 보이는 관계도 시간적으로 이어진다고 파악한다는 것을 보여주는 중요한 용어이다. '개념설정'은 공성(空性)이라는 점에서는 실체적인 대응물이 없는 '가명, 가설'이기 때문에 부정된다. 하지만 다른 한편으로는 '진실(勝義)'을 알게 하는 언어로서 매우 중요한 역할을 담당한다. 이와 관련해서는 조금 후에 '언어적 다원성(戲論)'과 대비하면서 살펴보기로 한다.

---

39 이 '수레의 비유'는 원래 『밀린다왕의 물음』이라는 성전(聖典)에 나온다. 구체적인 설명은 이 책 목차 중 '최고의 설법자인 붓다에 관하여'에서 '희론'과 '시설' 항목을 참조하기 바란다.

❷ 양극단에서 벗어난 중도(中道)

다음은 '중도(中道)'에 관한 논의이다. 연기가 중도라는 것은 제15장 제7게송에 '양극단에서 벗어난 중도'로 명시되어 있다. 또한, 같은 장에서 예로 들고 있는 경전을 통해 중도의 내용이 12연기(十二緣起)라는 것을 확인할 수 있다. 제24장 제18게송에서는 이에 기반해서 '연기', 즉 용수 자신이 주장하는 '공성(空性)'은 바로 '붓다의 말[佛說]'이라고 선언하고 그 근거를 '중도'에서 구하고 있다. 우선 제15장 제7게송을 먼저 살펴보기로 한다.

> 존재하는 것[有]과 존재하지 않는 것[無]을 잘 아는 세존(世尊, 붓다)은 「까띠야야나(kātyāyana)를 가르치고 훈계함[教誡]」 중에 '어떤 것이 존재한다'는 것과 '어떤 것이 존재하지 않는다'는 것, 어느 쪽도 부정하셨다. (15.7)

『근본중송』 중에서는 명확하게 초기경전의 내용을 언급한 유일한 부분이다. 한역으로는 『잡아함경』 제301경에 해당하는 『상윳따니까야』「깟짜야나[40] 곳따경」에는 다음과 같은 구절이 있다.

> 깟짜야나여! '모든 것은 있는 것[有]이다'라고 한다면 이것은 첫 번째 극단에 해당하는 말이다. '모든 것은 없는 것[無]이다'라고 한다면 이것은 두 번째 극단에 해당하는 말이다. 깟짜야나여! 여래는 이 양극단을 가까이하지 않고 중[도](中道)에 의해 법을 설한다. 무명(無明)에 의해

---

40 깟짜야나는 까띠야야나(kātyāyana)의 빨리어 형이다.

『중론』 용수의 사상·저술·생애의 모든 것

모든 행(行)이 있고 모든 행에 의해 식(識)이 있고… 이와 같이 하여 이 모든 괴로움의 집합이 일어난다. 그러나 무명을 싫어하고 멀리하여 남김없이 소멸하기 때문에 모든 행이 소멸하고 모든 행이 소멸하기 때문에 식이 소멸하고… 이와 같이 하여 이 모든 괴로움의 집합이 소멸한다.

『근본중송』은 문자 그대로 '근본이 되는 중도에 관한 시'라는 의미이다. 이 게송은 그 '중(中)'이 초기경전에서 말하는 '있음[有]과 없음[無]의 양극단에서 벗어남'을 의미한다는 것을 나타내고 있다. 즉, 용수의 공성에 관한 이론을 근원적으로 뒷받침하는 것은 '양극단에서 벗어난 중도'와 12연기(十二緣起)이다. 이 제15장 제7게송을 검토해 보면 제24장 제18게송에서 언급하는 중도의 의미도 '붓다의 말[佛說]'인 12연기이고 그 내용은 '양극단에서 벗어난 중도'임을 알 수 있다.

❸ 공성(空性)의 효용·의미·본질

앞에서 언급한 제24장 제18게송에 대한 첫 번째 해석은 『근본중송』에서 용수가 주장한 것 중에서도 핵심적인 부분을 요약한 것이다. 확실히 이 제18게송은 '공성이란 무엇인가'에 대해 매우 적합하고 간략하게 정리하고 있다.[41] 다만 필자는 제24장 전체의 취지에서 보면, 혹은 『근본중송』 전체의 주장에서 봐도 공성이 중도라는 첫 번째 해석 보다는 연기가 중도라는 두 번째의 해석이 우선되어야 한다고 생각한다. 바로

---

41 다만 바로 앞에서 본 것처럼, 천태종에서는 중도를 '비공(非空)·비불공(非不空)'으로 해석하고 있는데 원문에서는 '공'이 아니라 '공성'이다. 『근본중송』에서는 '공성'에 대한 집착은 부정하지만 '공성' 자체를 부정한다거나 '비공성'과 대비되는 것으로 파악하지는 않는다.

앞에서 지적했던 것처럼 이 제24장은 "그대가 말한 것처럼 모든 것이 공이라면 불교의 핵심인 4성제도 공이 되어 '8정도를 실천해서 번뇌를 억제하고 그 결과 괴로움〔苦〕이 소멸하여 열반에 도달한다'고 하는 불교의 근간을 파괴하게 된다"는 대론자로부터의 비난에 대한 용수의 회답이기 때문이다. 이 장에서는 모든 존재가 공이기 때문에 모든 것이 가능하게 되고[42] 그러므로 4성제의 실천도 의의가 있게 된다는 공성의 적극적인 측면을 설명하고 있다. 같은 장 제7게송에는 다음과 같은 내용이 나온다.

> 이와 같은 비판에 대해 우리는 답한다. 그대는 공성에서 (A) '효용·목적'과 (B) '공성'과 (C) '공성의 의미'를 알지 못한다. 그렇기 때문에 그와 같이 쓸데없는 노력을 하는 것이다. (24.7)

먼저 (A)의 공성에서 '효용과 목적'의 원어인 '쁘라요자나 (prayojana)'는 '동기, 목적, 의도, 이익, 효용' 등의 의미가 있지만, 여기에서는 공성의 '효용'과 '궁극적인 목적'의 의미가 함의되어 있다고 해야 할 것이다. 여기에서 말하는 '효용'이란 '공성에서야말로 4성제를 비롯하여 수행도나 세상의 여러 가지 활동이 가능하게 된다'는 의

---

42 같은 제24장 제14게송에 다음과 같은 내용이 나온다.
   만일 어떤 사람에게 〔모든 법의〕 공성이 이치에 맞는다면, 그 사람에게 〔4성제부터 세속의 삶까지〕 모든 것은 이치에 맞는다. 만일 〔모든 법의〕 공성이 이치에 맞지 않는다면 그 사람에게 모든 것은 이치에 맞지 않는다. (24.14)
   이 게송은 '무자성·공'을 인정하여 모든 것을 실체화하지 않는다면 4성제를 포함하여 모든 존재·현상·활동이 이치에 맞게 되지만 그 반대의 입장에 서면 모든 것이 불합리하고 불가능하게 된다는 것을 보여주고 있다.

미이고 이 24장의 주제이다.[43] 대론자가 공성을 비판하는 제1~6게송에 이어 용수가 반론을 시작하는 첫 게송이기 때문에 그렇게 해석할 수밖에 없다. 그런데 그 4성제의 '목적'은 괴로움〔苦〕으로부터의 해탈, 열반의 달성에 있다. 그렇기 때문에 용수의 본뜻에 비추어 보면 제18장 제5게송에서 말하는 '공성에서 언어적 다원성〔戲論〕의 소멸 → 해탈'이야말로 공성의 '목적'이 된다. 이것은 『근본중송』을 저술한 목적인 '언어적 다원성의 소멸'을 가리킨다. 제18장 제5게송에 대해서는 이후에 상세하게 검토할 것이다.

다음으로 (B)의 '공성'은 '진실한 공성'을 설명한 제18장에서 특히 제9게송을 가리킨다고 생각해도 좋다. 이 게송에서는 '진실한 공성의 특성'이 명시되어 있다. 이 또한 '언어적 다원성의 소멸'과 깊은 관계가 있기 때문에 조금 후에 상세하게 논의하기로 한다. 마지막 (C) '공성의 의미'는 공성이 '붓다의 말〔佛說〕'이고 연기를 가리킨다는 내용을 명시한 이 제24장 제18게송을 말한다는 것은 두말할 필요도 없다.

❹ 제24장에서 제18게송의 의미

지금까지 설명한 것을 요약해 보면 다음과 같다. 용수는 붓다가 설한 '연기'(구체적으로는 12연기)가 바로 자신들이 주장하는 '공성〔空性〕'이고 '개념설정〔因施設〕'으로 설명되며 마찬가지로 붓다가 설한 '있음〔有〕과 없음〔無〕'의 양극단에서 벗어난 중도'와 관련지어 보면 분명해진다고 한다. 즉, '공성'은 '연기' '개념설정〔因施設〕'이고 '붓다의 말〔佛說〕'임을

43　이 해석은 사이토 아키라(斎藤明), 『緣起と空—『中論』三諦偈解釈をめぐって』(『叡山学院研究紀要』第38号, 2016)을 참고했다. 사이토는 '쁘라요자나(prayojana)'를 '유용성'이라고 번역한다.

선언하고 있다. 이 제24장에서는 4성제가 주제이지만 초기경전의 『전법륜경(轉法輪經)』에 의하면 붓다는 4성제를 말하기 전에 먼저 중도와 8정도를 설했다고 한다. '중도'라는 중요한 용어는 『근본중송』에서는 단 한 번, 바로 이 제18게송에 나올 뿐이다. 그만큼 이 게송에서 언급하는 '중도'에는 중요한 의미가 함축되어 있다. 제19~20게송도 살펴보면 다음과 같다.

〔무엇인가를〕 조건으로 하지 않고 생겨나는 것은 어떤 것도 존재하지 않는다. (24.19)

만일 〔그대가 말하는 것처럼〕 이 모든 것이 공(空)이 아니라면 〔무엇인가가〕 일어나거나 소멸하는 일은 없다. 〔그렇다면〕 그대에게는 성자들의 네 가지 진실〔四聖諦〕이 없게 되어 버리고 만다. (24.20)

또한 제24장 마지막 게송인 다음의 두 게송을 보면 제18게송의 '연기'가 붓다가 말한 연기이면서 동시에 공성을 가리키고 있다는 것이 분명해진다.

연기인 공성을 부정한다면 그대는 모든 세상에서의 행위를 부정하는 것이 된다. (24.36)

연기를 보는 자는 '이것은 괴로움이다' 〔괴로움의〕 원인이다' 〔괴로움의〕 소멸이다' 〔괴로움의 소멸로 이끄는〕 길이다' 〔라는 4성제〕를 보는 자이다. (24.40)

이와 같은 논지에서는 첫 번째 해석처럼 '공성도 개념〔假名〕에 지나지 않는다'는 공성의 상대화를 강조할 필연성은 없다. 해설 편 제1장에서 간략하게 살펴본 것처럼『근본중송』에서는 공성으로 실재론을 비판하는 전반부와 달리 후반부에서는 공성으로 진실을 해명하면서 전통교리를 재해석하거나 새롭게 해석하고 있기 때문이다. 첫 번째 해석은 후대의 사람이 제24장은 고사하고『근본중송』과 별개로 자신의 입장에서 공성을 정의할 때 나온 것이 아닐까 생각한다. 필자는 이 첫 번째 해석이『근본중송』의 저자인 용수의 본뜻이라고는 생각할 수 없다.

❺ '공성'이 불설이라는 것

『근본중송』의 마지막 게송도 '귀경게'의 형태를 취한다. 이미 목차 나항에서 살펴보았지만 다시 확인해 보기로 한다.

〔사람들에 대한〕 연민의 정으로 모든 〔나쁜〕 견해를 끊기 위해 〔연기(緣起)라고 하는〕 바른 법〔正法〕을 설하신 고따마(=붓다)에게 나는 귀의(歸依)합니다. (27.30)

이 게송은 용수가 자신의 사상적 입장의 근원인 붓다에게 깊이 존경하는 마음을 표현한 것이다. 붓다가 연민의 정을 일으켜 잘못된 견해를 끊게 하려는 목적으로 '바른 법〔正法〕'[44]을 설하신 것으로 나타나

---

44 '정법(正法)'은 '정(正, sat)'과 '법(法, dharma)의 합성어이다. '삿뜨(sat)'의 의미에 대해서는 몇 가지의 해석이 가능하다. 첫 번째는 '바른'이라는 형용사를 취해 '바른, 훌륭한, 최상의 가르침'으로 해석한다. 두 번째는 '바른 사람'이라는 명사로 풀이하여 '바른, 좋은

있다. 이 '바른 법[正法]'은 말할 필요도 없이 연기(12연기)를 가리킨다. 모두 27장이나 되는 게송에 걸쳐 길게 논증한 뒤 마지막에 위치한다는 것을 고려하면 이 연기는 공성(空性)을 가리킴이 분명하다. 이 게송과 함께 검토해 보면 처음 부분의 귀경게는 다음을 주장하고 있다는 것이 한층 명확해진다. 즉, 공성이 실재론자들의 언어적 다원성[戱論]에 기반한 잘못된 견해를 타파한다는 것, 그 언어적 다원성의 소멸에 의해 상서로운 열반의 경지에 이른다는 것 그리고 그 공성이 바로 연민의 정으로 중생들에게 가르침을 주기로 결정했던 붓다가 설한 연기라는 것이다. 달리 말하면 『근본중송』은 '공성＝붓다의 말[佛說]'이라는 내용을 강하게 주장하고 있다.

2) 희론의 적멸에 대하여

❶ '희론'의 의미

'희론(戱論)'은 용수의 사상에서 매우 중요한 용어로 많은 뜻을 내포하고 있고 동시에 난해하기도 하다. 이 책에서는 명사로는 '언어적 다원성', 동사로는 '실체화하다, 언어적으로 실체화하다, 실체화하여 말하다'라는 번역어를 사용한다. 희론의 상스끄리뜨 원어는 '쁘라빤짜(prapañca)'이며, '전개, 광대(廣大), 다의(多義), 다원성'이 기본 의미이

사람들, 즉 모든 붓다(佛)의 가르침'이라고 해석한다. 세 번째는 '존재한다'라는 동사를 취해 '모든 붓다 사이에 전해지고 존재해 온, 불멸의 가르침'이라고 해석한다. 이 해석들은 후에 검토할 '용수의 붓다관'과 연관되는 것으로 '정법(正法)'에는 이 세 가지 의미가 있다고 생각해도 좋다.

『중론』 용수의 사상·저술·생애의 모든 것

다. 당연하지만 전개에는 무엇인가 시작이 있고, 그 시작을 계기로 점점 광대해져 가면 다양하고 다원적인 세계가 펼쳐지게 된다. 이와 같은 뜻을 가장 잘 보여주는 내용이 후대 바라문교 문헌에 있는데, 궁극적인 원리인 브라흐만(brahman)으로부터 세계가 전개하는 것, 혹은 전개한 세계를 '쁘라빤짜'라고 부르는 용례가 있다. '브라흐만〔梵〕'은 원래 신성한 기도의 말을 뜻하기 때문에 '쁘라빤짜'도 언어로부터 다양하고 다원적인 이 세계가 전개하고 확대한다는 의미라고 이해할 수 있다. 그러나 불교는 그런 우주원리와 같은 궁극적인 것으로부터 세계가 전개된다고 인정하지 않는다. 그렇기 때문에 고대 불교도는 언어를 궁극적인 원리가 아니라 우리 마음 안에서 시작된다고 생각했던 것으로 보인다. '나'라고 하는 의식, 존재는 언어에 의해 시작되고 그 언어에 의해 지각대상의 분절·표시·인지·개념화가 진전되며 분석적 사고·다양한 견해·주장·학설로 전개해 간다. 물론 동시에 분절·표시·개념·견해 등 각각의 단계에서도 이른바 횡적으로 다양하게 확산해 간다. '쁘라빤짜'는 언어의 이와 같은 다원적 전개 중 그 최초의 단계, 즉 잠재적인 시발점에서부터 최종적인 전개의 결과에 이르기까지를 포함하여 전개과정 전체를 함의하고 있다고 생각할 수 있다.

빨리어 불전에서는 '희론(戲論)'을 '빠빤짜(papañca)'라 하고, '명칭(nāma)과 형태(rūpa)'와 밀접한 관계에 있는 말로 사용된다. 또한 '갈애(渴愛)'나 '견해'와 유사한 말, 혹은 총칭으로 사용된다. 나아가 붓다의 경지로서 '적정(寂靜)'과 함께 '빠빤짜의 단절'이 설해지고 있다. 대승경전에서도 '동요' '망상에 기반한 생각〔妄念〕' '쓸데없는 궤변〔冗論〕'의 의미로 풀이되고 가장 원초적인 언어 형태도 함의하고 있는 것으로 보인다. 적어도 용수의 용례를 보면 『근본중송』에서는 번뇌나 견해, 망상이나 분별, 쓸모없는 형이상학적 궤변〔冗論〕 등 언어나 언어와 밀접하게 결합되어 있는 마음의 움직임을 가리킨다. 또한 이 모든 것의 근원에 잠재하고 있는 언어의 시발점, 기동점을 포함하는 언어적 확장, 언어적 다원성을 보여주고 있다고 생각된다. 이제 '희론'이라는 말을 중심으로 맥락에 맞게 원어인 '쁘라빤짜', 그 번역어인 '언어적 다원성'이라는 표현을 사용하면서 설명해 가기로 한다.

❷ '적멸'의 의미

'희론(戱論)의 적멸'이라고 할 때 '적멸(寂滅)'의 의미도 살펴보자. 원어로는 '우빠샤마(upaśama)'라고 하고 '진정, 온화, 적정, 정지, 이완' 등의 의미가 있다. 다른 표현으로는 '희론의 소멸'도 있는데 이 '소멸'의 원어는 '니로다(nirodha)'이고 '감금, 포위, 통제, 억압, 제압, 파괴' 등의 의미가 있다. 여기에서 중요한 것은 '소멸' '적멸'의 원래 의미는 '제압되어 그 활동이 억제되고 정지되어 적정하게 된' 상태를 나타낸다는 것이다. 즉, 희론은 완전하게 소멸, 적멸하는 것이 아니라 '공성(空性)'에서 활동이 정지〔抑止〕하고 억제되어 진정〔寂靜〕된 것을 말한다. 희론의 이와 같은 의미는 열반에 도달한 사람의 언어활동, 붓다의 경우라면 설법의 시작이라는 문제와 깊은 관계가 있다.

❸ 『근본중송』에서 '희론'의 용례

구체적으로 먼저 제18장 제5게송을 보기로 하자.

> 업(業)과 번뇌가 소멸함으로써 해탈(解脫)이 있다. 업과 번뇌는 개념적 사유에서 일어난다. 갖가지 개념적 사유는 언어적 다원성〔戱論〕에서

생겨난다. 그러나 언어적 다원성은 공성(空性)에서 소멸한다. (18.5)

이것을 도식화해서 보면 '언어적 다원성〔戱論〕 → 개념적 사유〔分別〕→ 업·번뇌, 공성 → 언어적 다원성의 소멸 → 개념적 사유의 소멸 → 업·번뇌의 소멸 → 해탈⁴⁵'이 된다. 12연기와 비교해 보면 전자는 유전문(流轉門), 후자는 환멸문(還滅門)에 해당한다. 주목해야 할 것은 언어적 다원성〔戱論〕이 분별의 원인이라는 것, 또한 공성에서, 즉 '공성에 대한 인식(知)의 수행〔修習〕⁴⁶'에 의해 언어적 다원성〔戱論〕이 소멸하고 그로 인해 해탈하게 된다는 점이다.

또한, 여기에서 문제가 되는 것은 무명, 갈애 등의 근원적인 번뇌와 언어적 다원성〔戱論〕의 관계이다. 유감스럽게도 『근본중송』에서는 그것이 명확하게 나타나 있지 않고 겨우 제23장에 다음과 같은 게송이 있을 뿐이다.

〔모든 붓다는〕 욕망·혐오·무지〔의 3대 번뇌〕는 잘못된 사고에서 일어

---

45 상스끄리뜨어 원문을 분석해 보면 희론은 '억제(nirodha)'되고 업·번뇌는 '소멸(kṣaya)'한다고 한다. '분별'에 대해서는 언급되지 않지만 곧이어 제9게송에서 '진실'을 분별이 없는 것이라는 의미의 '니르비깔빠(nirvikalpa)'라고 하고 있다. 이 니르비깔빠는 '분별을 떠난 것〔離分別〕'이라고 한역되기도 한다. 말하자면 '분별하는 마음에서 벗어난 것' '분별하는 마음이 없어진 것'이란 '분별의 소멸'을 의미한다고 생각할 수 있다.

46 제26장 제11게송에 다음과 같은 내용이 나온다.
     무명이 소멸하면 모든 행(行)이 일어나는 일은 없다. 그런데 무명의 소멸은 바로 이 〔연기에 대한〕 인식(知)의 수행〔修習〕에 의한다. (26.11)
     이미 확인한 것처럼 '공성'은 '연기'와 등치 된다. 또한, 이후에 설명하는 것처럼 12연기는 '공성'에서 환멸문(還滅門)의 근간에 위치한다. '공성에 대한 인식(知)의 수행〔修習〕'이라는 표현은 이상의 자료에 기반한 것이다.

난다고 설명한다. 실제로 3대 번뇌는 각각 '좋아하는 것〔淨〕'[47]·'좋아하지 않는 것〔不淨〕'·〔상(常)·낙(樂)·아(我)·정(淨)이라고 하는 네 종류의〕'잘못된 견해〔顚倒〕'를 조건으로 일어난다. (23.1)

이상과 같이 네 가지 잘못된 견해〔顚倒〕가 소멸함으로써 무명(無明)은 소멸한다. 무명이 소멸할 때, 행(行)을 시작으로 하는 〔12연기의 나머지〕도 소멸한다. (23.22)

여기에서 다음과 같은 체계를 생각할 수 있다.

'좋아하는 것'·'좋아하지 않는 것'·'네 가지 잘못된 견해〔顚倒〕' →
욕망·혐오·무지〔無明〕 → 행(行)

제1게송의 '좋아하는 것〔淨〕'·'좋아하지 않는 것〔不淨〕', '상(常)·낙(樂)·아(我)·정(淨)이라고 하는 네 종류의 잘못된 견해〔顚倒〕'는 개념적 사유〔分別〕이기 때문에 말할 필요도 없이 언어적 다원성〔戱論〕은 이

---

47 '좋아하는 것'의 원어 '수브하(subha)'는 일반적으로 '정(淨)'이라고 번역된다. 이른바 네 가지 잘못된 견해〔顚倒〕에 포함되는 '정(淨)'의 원어로는 '슛다(śuddha)'가 일반적이지만 '슛다(śuddha)'가 '청정'이라는 의미에 거의 한정되는 것에 비해 '수브하(subha)'는 '정(淨, pureness)' 이외에 '선(善, goodness)' '미(美, beauty)' '덕(德, virtuous action)' '길(吉, good fortune)' '이익(利, benefit)' '복(福, happiness)' 등 수 많은 의미를 포함하고 있다. 다른 주석가가 '정(淨)·부정(不淨)' 등 네 가지 잘못된 견해〔四顚倒〕로 해석하는 것에 비해 월칭만은 '정(淨)·부정(不淨)'을 네 가지 잘못된 견해〔四顚倒〕와 다른 것으로 본다. 그것은 '수브하(subha)'와 '슛다(śuddha)'의 대비가 '정(淨)·부정(不淨)'뿐만 아니라 더 많은 가치관의 대비를 포함하고 있는 것에 착안했기 때문이라고 생각된다. 월칭(月稱)에 의하면 이 '수브하(subha)' '아수브하(asubha)'는 각각 욕망(貪)과 혐오(瞋)의 대상이 되기 때문에 이 책에서는 '좋아하는 것' '좋아하지 않는 것'이라고 번역했다. 이 경우 네 가지 잘못된 견해〔四顚倒〕의 대상은 무지, 즉 어리석음〔癡〕이다.

『중론』 용수의 사상·저술·생애의 모든 것

들 앞에 위치한다. 만일 이 순서가 바르다면 이 언어적 다원성[戱論]은 동요가 없는 적정 상태의 경지로부터 이원대립의 세계를 향한 언어화 충동이라고 볼 수 있다. 즉, 언어의 출발점에 가까운 잠재적인 '언어 충동', 혹은 '언어본능'과 같다고 볼 수 있다.[48]

같은 제18장 제7게송을 보도록 하자.

> [공성에서 언어적 다원성이 소멸할 때] 언어의 대상은 소멸한다. 그리고 마음의 활동영역도 소멸한다. 왜냐하면 [모든 법의] 법성(法性)은 마치 열반(涅槃)과 같이 생겨나지도 않으면서 소멸하지도 않기 때문이다. (18.7)

이 게송의 전반은 바로 앞에서 검토한 '공성에서 소멸하는 쁘라빤짜[prapañca, 戱論]'를 마음 안에서 일어나는 일로 기술한 내용이다. 게송 중 '소멸한다'는 말의 원어는 '니브릿따(nivṛtta)'로 '후퇴, 퇴거, 퇴사, 절제, 활동의 억제'라는 의미이다. 이 경우 '쁘라빤짜'는 마음 안에서 싹트는 어떤 종자의 충동, 언어가 다원적으로 전개하려는 잠재적인 충동, 즉 언어본능을 가리킨다. 그 '쁘라빤짜'가 억제되어 소멸할 때 언어로 표현되는 것과 마음의 활동인 대상 영역이 함께 그 활동을 정지[止滅]한다는 것이다. 그 상태는 모든 것의 진실한 모습인 '법성 (法性)'의 관점에서 말하면 '마치 열반과 같이 생겨나지도 않으면서 소멸하지도 않는다'는 것과 같다.

---

48 언어본능에 대해서는 가츠라 쇼류, 『インド人の論理学—問答法から帰納法へ—』(中公新書, 1998) 145~146쪽 참조.

다음에 거론하는 용례도 같은 장의 제9게송이다.

〔진실은〕다른 것에 의해 알려지지 않고, 적정(寂靜)이며 갖가지 언어적 다원성〔戱論〕에 의해 실체화하여 말해지지도 않고, 개념적 사유에서 벗어나며 여러 가지 뜻을 갖지 않는다. 이것이 〔모든 법(法)의〕 진실〔空性〕의 특징이다. (18.9)

이 게송은 '진실'의 특징〔定義〕을 설명한다. '다른 것에 의해 알려지는 일이 없다'는 뜻은 '자내증(自內證)'을 가리킨다고 생각해도 좋다. 또한, 진실은 당연하겠지만 분할의 대상이 되지 못한다. '모든 언어적 다원성〔戱論〕'에 의해 실체화하여 말한다'[49]는 것은 각기 다른 입장을 가진 사람이 각기 다른 용어·개념·학설 등으로 진실이란 이렇다고 주장하는 것을 가리킨다고 생각된다. 구체적으로는 실재의 요소를 기반으로 정밀한 범주론을 구축하는 설일체유부 등의 주장이나 학설을 염두에 둔 표현이다. 물론 그와 같은 개념적 사유〔分別〕의 대상이 되지 않는 진실은 여러 가지 의미를 갖지 않는다. 적정(寂靜)하기 때문이다.
다음은 제22장 '여래의 고찰' 제15게송의 용례이다.

(A) '언어적 다원성〔戱論〕'을 초월하고 소멸하지 않는 붓다(=여래)를 (B) 언어적으로 실체화하는 사람들은 모두 (C) 언어적 다원성에 물

---

49 '희론(prapañca)'을 동사로 사용하는 용례는 다음에 나오는 제22장 제15게송 이외에 제11장 제6게송이 있다.
　　선·후·동시의 순서 관계가 있을 수 없다면 〔성자들이〕 "이것이 태어남〔生〕이고, 이것이 늙음과 죽음〔老死〕이다"라고 '태어남'·'늙음과 죽음'을 실체화하여 말하는 일〔戱論〕이 어떻게 있겠는가. (11.6)

들어 여래를 보지 못한다. (22.15)

B의 '희론'은 이미 설명한 것처럼 실재론자들이 자신들의 주장·학설 등에 기반하여 다양한 요소나 개념·존재 등을 실체화하여 말하는 형이상학적 논의를 가리킨다. 이 게송에서 실체화되는 대상은 '여래(如來)' '붓다(佛陀)'라고 불리는 존재이다. 그렇다면 A의 '희론'은 어떤 의미인가. B와 같은 의미인가. 그래서 그와 같은 형이상학적 논의를 초월하고 있다는 것인가. 이 22장은 '법을 말하는 자'로서 붓다가 아니라 몸과 마음의 구성요소[5온]와 관련해서 '여래의 존재' 그 자체를 고찰한 장이다. 바로 앞의 게송에서 '여래(如來)'라는 존재는 고유한 성질[自性]의 측면에서 공(空)이라는 점이 강조되었고 이 게송에서는 '언어적 다원성[戲論]을 초월하고 소멸하지 않는 붓다'라고 하기 때문에 '쁘라빤짜(prapañca)'의 원래 의미인 '다양한 전개'가 억제되고 있다고 파악해야 한다. 열반적정의 경지에 있는 붓다이기 때문에 언어의 근원에 있는 '쁘라빤짜'의 전개하고자 하는 충동이 진정되고 있다는 것이다. 즉, 공성에 의해 희론이 소멸된 것을 의미한다. 그렇다면 C도 단순히 형이상학적 논의에 휘둘려지고 있다기보다는 그 출발점에서부터 언어적 다원성에 의해 더럽혀지고 있다고 파악해야 할 것이다. 공성으로 언어적 다원성이 소멸하는 경지를 알지 못하는 그들에게 '여래'는 보이지 않는다.

끝으로 열반을 주제로 하는 제25장의 마지막 게송을 검토해 보기로 한다.

〔세존(世尊. 붓다)이 열반을 설하시기 때문에 열반은 존재한다고 생각한

다면 다음과 같이 대답한다. 귀경게(歸敬偈)에 있는 것처럼 붓다는 언어적 다원성(戱論)이 적멸(寂滅)한 상서로운(吉祥) 열반으로 이끄는 연기를 설하셨지만, 이) 언어적 다원성이 적멸한 상서로운 것이란 모든 인식이 적멸하는 것을 말한다. (그와 같은 의미에서) 붓다는 어디에서도 누구에게도 어떠한 법(法)도 설한 적이 없다. (25.24)

이 25장도 '모든 것이 공(空)이라면 번뇌의 억제에 의해 괴로움(苦)이 소멸한 열반에 이른다는 것도 성립하지 않게 된다'고 주장하는 대론자에 대해 '공(空)이기 때문에야말로 열반은 성립한다'고 한 용수의 회답이다. 열반은 존재나 비존재의 범주에 없고 모든 인식이 작용하는 대상에도 없다. 이 게송의 전반부는 이미 제18장 제7게송의 '언어의 대상은 소멸한다. 그리고 마음의 활동영역도 소멸한다'와 같은 경지, 즉 언어적 다원성(戱論)이 소멸한 상서로운 열반의 경지를 보여주는 것이라고 생각해도 좋다. 법(法)에 의거해서 말하자면 마치 열반처럼 생겨나지도 않으면서 소멸하지도 않는 상태이다. 모든 대상화가 진정되고 언어적 다원성(戱論)이 진정된 이 경지에서 설명되어야 할 법은 결코 존재하지 않는다.

3) '최고의 설법자인 붓다'에 관하여

마지막으로 귀경게(歸敬偈)에 보이는 '붓다의 설법'에 관한 문제를 살펴보겠다. 귀경게에서는 연기를 깨달으면 언어적 다원성(戱論)은 소멸하고 상서로운 열반으로 인도된다고 가르친 붓다를 '설법자 중 최고의 설법자인 붓다'라고 하였다. 이에 비해 제25장의 마지막 게송에서는 "붓다는 어디에서도 누구에게도 어떠한 법도 가르친 적이 없다"고 한다. 이 점에 대해 생각해 보기로 한다.

❶ '희론(戱論)'과 '시설(施設)'

이미 살펴본 것처럼 '쁘라빤짜(prapañca, 戱論)'는 마음의 심층에서 일어나는 언어적 다원성을 말하고 그 자체에는 한역어인 '희론(戱論)'이 부여하는 부정적인 의미는 원래 포함되어 있지 않았다. 그러나 진실을 파악하는 것, 혹은 파악한 진실을 다르게 가르치는 것과 관련해서 언어는 무력하고 오히려 궤변을 초래하는 측면도 있기 때문에, 특히 종교적이고 철학적인 말들과 관련해서는 내용이 없는 헛된 논의라는 의미에서 '희론(戱論)'이라고 하였다. 아비달마의 논사들이나 문법가들은 언어·용어에 의해 표시되는 것은 단순히 기호·개념에 지나지 않음에도 불구하고 그것을 실체적인 것으로 생각해서 이론을 전개하였다. 그래서 용수는 그러한 어구·용어·이론에 의해 제시되는 것을 실체가 없는 무자성·공, 즉 '희론(戱論)'으로 강하게 부정했다. 물론 언어 자체가 실체화를 유발하는 힘을 갖고 있기 때문에 용수가 말하는 '공성(空性)'도 실체화될 가능성이 있다. 그렇기 때문에 용수는 항상 자신의 주장인 '공성'이 절대화되는 것을 경계한다.

제24장 제18게송에 나오는 '개념설정(施設)'에 대해서도 마찬가지라고 말할 수 있다. 원어는 '쁘라즈냐쁘띠(prajñapti)'이고 '교시, 정보, 약속' 나아가 '표현, 진술, 배치' 등의 의미가 있다. 이 '쁘라즈냐쁘띠'는 이미 초기경전에서 사물이나 실체(dravya)에 대한 '기호·명칭'의 의미로 사용되었고 더욱이 '명칭(nāma)' '언어활동(vyavahāra)' '세상에서

의 공통이해(sammuti)⁵⁰'와 동의어로도 사용되었다. 이 '쁘라즈냐쁘띠(prajñapti, 施設)'도 언어인 이상 '쁘라빤짜(prapañca, 戲論)'와 마찬가지로 사물과 현상의 진실을 전달할 수 없는 개념에 지나지 않는 것을 실체화하는 계기가 된다는 측면이 있다. 이 점에 착안해서 '가설(假說), 가명(假名)'이라고 번역된다.

여기에서 『밀린다왕의 물음』이라는 빨리어 경전에 나오는 용례를 살펴보기로 한다.

장로 나가세나(Nāgasena)는 밀린다왕에게 다음과 같이 설명한다. "수레는 여러 부품으로 구성된 것이어서 '수레'라는 것은 호칭, 표시〔施設〕, 단어, 단순한 명칭에 지나지 않습니다. 그것과 마찬가지로 나에게도 몸과 마음을 구성하는 다섯 가지의 존재요소〔5蘊〕에 의해 '나가세나'라고 하는 호칭, 표시, 말, 단순한 명칭이 생기지만 궁극적인 진실〔勝義〕의 경지에서는 그것을 '사람(pudgala)'이라고 하는 것은 인정되지 않습니다." 이어서 '예를 들면 부분의 집합에 의해 '수레'라는 말이 있는 것처럼 5온(五蘊)이 존재할 때 〈사람〉이라는 세상의 공통된 이해가 있다'라는 『상윳따 니까야』(한역 『잡아함경』)의 시가 인용된다.

이와 같이 수레가 그 구성요소인 각 부품에 의해 '수레'라고 개념적으로 설정되고 인식되는 것처럼 인간도 5온이라는 구성요소에 의해 '나가세나'라고 개념적으로 설정〔施設〕되어 마치 그 속에 하나의 인

---

50 '삼무띠(sammuti)'는 빨리어이다. 이것에 대응하는 상스끄리뜨어는 '삼마띠(sammati)'로 '합의'를 뜻하지만 초기대승경전의 게송에 보이는 불교 혼성 상스끄리뜨어에서 대응어는 '삼브리띠(saṃvṛti)'이다. 상스끄리뜨어의 '삼브리띠'는 원래 '덮는 것'을 의미하지만 이 빨리어·불교 혼성 상스끄리뜨어의 본뜻을 받아서 '승의(勝義)'와 대비되는 말인 '세속'의 의미로 사용된다. 교의적으로 상식의 세계라고 할 수 있는 '세속'은 궁극의 진실을 가리키는 '승의'을 덮는 것이라고 해석된다.

격주체〔ātman〕가 있는 것처럼 공통된 이해가 생겨난다. 경전 내용처럼 왕이 타고 왔던 수레도, 왕을 가르치는 '나가세나'도 궁극의 진실〔勝義〕로는 실재하지 않는다. 즉, 언어에 불과한 호칭, 표시, 말, 명칭은 단지 기호·개념이지 그 지시대상에 실체성은 없다.

그러나 이 『밀린다왕의 물음』에서는 강조하지 않지만 개념적으로 설정하는 언어의 이와 같은 작용에 의해 왕은 수레를 준비시켜 그것을 타고 장로 나가세나가 있는 곳으로 가 그와 유익한 대화를 나눌 수 있었던 것이다. 즉, 세속에서의 활동이라는 점에서 '개념설정〔施設〕'은 사람의 여러 가지 활동에 매우 유용하다. 오히려 언어가 갖는 이 '개념설정'의 기능에 의해서야말로 언어활동을 포함한 일상적인 행동이나 사회적인 활동이 가능하게 된다. '쁘라빤짜(prapañca, 戱論)'의 경우에도 마찬가지이다. 언어에 다원적으로 전개하는 특성이 있음으로써 종류별로 나누거나 개념화하는 등의 지적 조작은 물론, 비유법·역설법 등의 수사적인 표현도 가능하게 된다.

이처럼 '다원성'이나 '개념설정'으로 특징지어지는 언어에는 지금까지 살펴본 것처럼 전달을 가능하게 하는 유효성과 진실을 전하지 않고 오히려 진실을 감추는 허위성의 두 가지 측면이 있다.

용수는 현대의 언어철학자가 아니기 때문에 언어가 갖는 이 이면성(二面性), 그중에서도 사회에서 언어의 기능·의미에 대해 객관적·과학적으로 분석하고 고찰하는 일은 하지 않는다. 어디까지나 윤회로부터의 해탈이라는 관점에서 진실을 알지 못해 헤매고 있는 세계인 세속과 성스러운 진실의 세계인 열반적정의 관계를 언어를 통해 분명하게 하려는 것이다. 이와 같은 용수의 진리관을 바로 보여주는 것이 세상의 상식으로서 진실〔世俗〕과 궁극의 진실〔勝義〕의 관계를 나타내는 이른바 '2제설(二諦說)'이다.

❷ 4성제(四聖諦)와 세속제(世俗諦)·승의제(勝義諦)

제24장에 2제(二諦)에 관한 다음과 같은 게송이 있다.

모든 붓다는 2제(二諦)〔라는 두 가지 다른 차원의 진실〕에 의해 가르침
〔法〕을 설한다. 즉, 세상의 상식으로서 진실〔世間世俗諦〕과 궁극적인 의
미의 진실〔勝義諦〕이다. (24.8)

이 24장은 이미 검토한 것처럼 4성제와 공성(空性)의 관계가 주제
이다. 당연하겠지만 여기에서 말하는 '두 가지 진실〔二諦〕'은 네 가지
진실〔四聖諦〕과 밀접한 관계가 있다. 제8게송이 말하는 '세간세속제
(世間世俗諦)'는 진실을 알지 못해 헤매고 있는 세계〔世俗〕에 관한 진실
이라는 의미로 이해할 수 있다. 이는 4성제 중 '이 세상은 괴로움〔苦〕
이다'라는 진실〔苦諦〕과 '괴로움이 일어나는 데는 갈애(渴愛)라는 원인
이 있다'는 진실〔集諦〕에 해당하는 것이 되고(집제→고제) 이것을 유전연
기(流轉緣起)라고 한다. 반면에 '승의제(勝義諦)'는 열반적정에 관한 진
실이라는 의미에서 '괴로움이 소멸한 열반의 경지에 이른다'는 진실
(滅諦)과 '열반으로 이끄는 길'이라는 진실(道諦)에 해당할 것이고(도제
→멸제) 이것을 환멸연기(還滅緣起)[51]라고 한다. 그러나 고제·집제·멸

---

51 4성제와 2제의 관계에 대해서는 부파의 논사들에 의해 다양하게 논의되어 왔다. 예를 들
면 『대비바사론』에서는 (A) 4성제 중 처음의 2제가 세속제라는 설, (B) 마지막 도제를
제외한 나머지를 세속제라고 하는 설, (C) 4제 모두를 세속제라고 하는 설 등이 거론되
고 있다. A는 고(苦)·집(集)을 세속의 사항과 관련되는 것으로, 멸(滅)·도(道)는 승의
와 관련되는 것으로 이해한다. B는 멸제(滅諦)를 '저쪽 언덕〔彼岸〕'과 같이 세속적인 언

제·도제의 4성제는 모두 괴로움이 소멸한 열반이라는 깨달음의 경지가 목표이기 때문에 제8게송이 말하는 '궁극적인 의미의 진실[勝義諦]'에 해당한다고도 말할 수 있다.

그런데 이 제24장은 4성제를 둘러싼 부파의 공격에 대해 '공성'의 입장에서 반론하는 내용이다. 용수 입장에서 보면 그들의 주장은 궁극의 진실[勝義]을 보지 못하는 잘못된 견해, 바로 희론(戱論)이다. 그렇기 때문에 그들이 이해하는 4성제는 붓다의 가르침인 진실로부터 멀리 벗어나 있고 잘못된 견해[邪見]라는 덮개에 덮인 '세속의 진실[世俗諦]'이 된다. 이에 비해 '공성'에 기반하는 4성제는 전체가 언어적 다원성이 소멸[戱論寂滅]하는 경지를 목표로 하고 '궁극의 의미'를 분명하게 하는 가르침[勝義諦]이다. 그러나 이것을 바르게 이해하지 못하고 '공성'의 가르침도 그 자체를 견해로 집착하는 사람들이 나타난다. 이를 지적한 것이 다음 목차 라항 '용수의 붓다관'에서 다루는 제13장 제8게송이다.

> 승리자[勝者, 붓다]들은, 공성(空性)은 모든 견해를 제거하는 수단이라고 했다. 그러나 공성을 견해로 갖는 자는 구제받기 어렵다고도 했다.
> (13.8)

어로 설명되는 것이라고 하여 도제(道諦)만이 붓다가 말하는 궁극의 진실이 되기에 적합하다고 이해한다. C는 세속제 중에도 궁극의 진실[勝義]이 있고 승의제 중에도 세속이 있다고 이해한다(大正藏經, 27권, 399~400쪽). 사이토 아키라(齋藤明), 「二諦と三性―インド中観·瑜伽行両学派の論争とその背景」 『印度哲学仏教学』25, 2010 참조.

또한 그 폐해를 구체적으로 보여주는 것이 다음에 거론하는 제24 장 제11게송이다.

> 공성은 잘못 이해하면 잘못된 방법으로 포획한 뱀과 같이, 혹은 잘못 읊은 주문과 같이 어리석은 자를 파멸시킨다. (24.11)

이 게송들이 의미하는 것은 명확하다. 그러나 무엇을 말하려고 하는지에 대해서는 그렇게 간단하지 않다. 이와 관련해서 검토해 보기로 한다.

이미 살펴본 것처럼 5온(五蘊)·12처(十二處)·6계(六界) 등 실재론자가 그 주장의 근저에 두고 있는 이론들은 공성의 빛에 비추어보면 '세속의 진실(世俗諦)'이라는 것이 분명해졌다. 즉, 이 교리들은 붓다 자신이 가르친 것이지만 그 의미가 명시적으로는 나타나 있지 않아 뜻을 명확하게 알 수 없다(未了義). 이에 비해 4성제는 그 의미가 명확하고 공성의 빛으로 비추지 않아도 뜻을 명확하게 알 수 있는(了義) '궁극의 진실(勝義諦)'이다. 하지만 실재론자들은 4성제가 공성이기 때문에 성립한다는 것을 이해할 수 없다. 공성에 기반하는 궁극의 진실임에도 불구하고 그들은 그것을 꿰뚫어 보지 못한다. 그런 점에서는 뜻을 명확하게 알 수 없는 세속의 진실이 된다. 이와 관련해서 용수는 다음과 같이 비판하고 있다.

> (공성을 비난하는) 그대는 자신의 잘못을 우리에게 전가하고 있다. 그대는 바로 말에 타고 있으면서 그 말을 완전히 잊어 ('말은 어디에 있는가'라고 소란을 피우고) 있는 것이다. (24.15)

❸ 모든 붓다의 단계적인 가르침인 2제(二諦)

지금까지 가르침을 설한 붓다와 그 가르침을 받들어 온 설일체유부 등의 아비달마 논사들 그리고 붓다의 진실한 가르침의 계승자라고 자부하는 용수의 관계 속에서 세속의 진실〔世俗〕과 궁극의 진실〔勝義〕 사이의 관계를 검토하고 구별하는 일이 결코 쉽지 않다는 것을 살펴보았다.

이와 관련해서 '모든 붓다〔諸佛〕'라는 보편적인 진리의 전승자·주창자의 입장에서 보면 어떻게 될지 다시 생각해 보기로 한다. 여기에서 잠깐 부언하자면 '모든 붓다〔諸佛〕'란 복수형의 붓다를 말하고 붓다의 또 다른 명칭인 '석존'은 단수형의 붓다를 말한다. 이와 관련해서는 다음 목차 라항에서 자세하게 검토해 보기로 한다. 이 복수형의 붓다인 '모든 붓다'의 심원한 가르침, 그 가르침의 진실을 알리기 위한 교화방법을 분명하게 한 것이 앞에서 검토한 제24장 제8게송이다. 또한, '모든 붓다'의 가르침은 어떻게 자리매김해야 하는가를 구체적으로 보여준 것이 다음의 두 게송이다.

> 모든 붓다는 '자기는 있다〔有我〕'라고도 임시로 설명〔施設〕하셨다. '자기는 없다〔無我〕'라고도 설명하셨다. '무엇인가 자기라고 불리는 것이 있는 것도 아니고, 자기가 없는 것도 아니다(非有我非無我)'라고도 설하셨다. (18.6)

> '모든 것은 진실이다'라거나 '모든 것은 진실이 아니다' 그리고 '모든 것은 진실이기도 하고 진실이 아니기도 하다' 나아가 '모든 것은 진실도 아니고 진실이 아닌 것도 아니다' 이것이 〔모든〕 붓다의 〔교화 대상

에 대응한) 단계적인 가르침[52]이다. (18.8)

　　처음의 제6게송은 예를 들면 처음으로 가르침을 듣는 사람에게는
'자기는 있다[有我]'고 가르치는 경우가 있고 조금 더 이해도가 높은
사람에게는 '자기는 없다[無我]'고 가르치며, 더 이해가 깊은 사람에게
는 '무엇인가 자기라고 불리는 것이 있는 것도 아니고, 없는 것도 아
니다'라고 설한다. 다음의 제18장 제8게송에 대해서는 이미 목차 나
항에서 자세하게 설명하였다. 말하자면 교화 대상의 이해도에 대응해
서 임기응변으로 설한 것이 모든 붓다의 교화 방법이다. 지금까지 살
펴본 예로 설명하면 '5온·12처·6계'의 교리는 이해도가 낮은 사람들
에게 보여주는 '세속의 진실[世俗諦]'이다. 반면에 '공성'은 모든 붓다
의 궁극적인 가르침이고 이해도가 높은 사람들에게 보여주는 '궁극적
인 의미에서의 진실[勝義諦]'이다.

　　앞에서 검토했던 4성제의 경우는 다음과 같이 생각해야 할 것이
다. 모든 붓다의 입장에서 말하면 4성제는 공성에 기반한 '궁극의 진
실[勝義諦]'이지만 붓다가 실제로 설명한 것은 그 4성제의 근원에 공성
이 있다는 것을 감춘 '뜻을 명확하게 알 수 없는[未了義] 세속의 진실'
이었다. 그렇기 때문에 설일체유부를 비롯한 실재론자들은 4성제와
공성의 관계를 이해할 수 없다. 이와 관련해서 용수는 다음과 같이 간
략하게 언급한다.

52　'단계적인 가르침'의 원어는 '아누샤사나(anuśāsana)'이다. '아누(anu)'는 '~에 따라'라는
　　뜻의 접두사이다. 여기에서는 교화 대상의 이해도에 따른 가르침, 각각에 걸맞은 단계적
　　가르침이라는 의미이다.

이 2제의 구별을 알지 못하는 사람들은 [모든] 붓다의 심원한 가르침의 진실을 알지 못한다. (24.9)

이와 같이 원래 '모든 붓다'에게는 그리고 물론 '석존'에게도 교화대상에 직접적으로 대응하는 단계적인 가르침이 있다는 것을 바로 앞에서 검토한 두 게송은 간략하게 보여준다. 구체적으로 석존[붓다]이 설한 가르침, 예를 들면 4성제에 대해 사상적인 입장이 다른 사람들이, 혹은 후대의 주석자들이, 나아가 현대의 우리가 2제(二諦)를 고찰할 때, 위에서 언급한 단계적 가르침 때문에 그렇게 간단하지만은 않은 문제가 생긴다. 이로 인해 후대 중관 학파의 학자들이 다양한 2제설을 제기하게 되었다고 생각한다.

❹ 12연기(緣起)와 공성(空性)

그런데 12연기에 대해 말하자면 이것도 원래 '궁극의 진실[勝義諦]'이라고 딱 잘라 결론지어 버리면 간단하겠지만 실제로는 4성제보다 더 세밀한 검토가 필요하다. 왜냐하면 4성제를 공성(空性)으로 음미·검토하는 일이 12연기에는 적용되지 않는 것처럼 보이기 때문이다. 그 결과 제26장에서 설명되는 12연기[53]에 대해 수많은 인도의 주석가들은 '성문을 위한 가르침' 혹은 '세속의 가르침'이라고 파악하였다. 근대의 학자들은 이 제26장을 후대에 첨가된 것으로 보고 용수가 아직

---

53 『근본중송』에서 제26장 「12연기의 고찰」의 의의에 관해서는 필자의 논문 「龍樹の縁起説 (3)」―『中論頌』第26章「十二支の考察」について(1)」(『仏教大学仏教学部論集』 第95号, 2011)과 「龍樹の縁起説(3)―『中論頌』第26章「十二支の考察」について(2)」(『仏教学会紀 要』第16号, 2011)에서 다루고 있다. 또한, 이 두 논문을 재검토한 「再考:『根本中頌』に おける「十二支縁起」」(『仏教学会紀要』第21号, 2016)가 있다.

'뿌드갈라(pudgala)론'의 영향 아래에 있었던 때의 초기 작품이라고 하기도 한다.[54]

그러나 이미 살펴본 것처럼 『근본중송』에서 '연기'는 12연기이기 때문에 12연기에 대해 다시 공성의 빛으로 비출 필요는 없었다. 귀경게에 나오는 것처럼 용수에게 '설법자 중 최고의 설법자인 붓다'가 말한 연기야말로 공성이고 이 공성에 의해 제18장에 보이는 것처럼 '공성 → 희론의 소멸 → 분별의 소멸 → 업·번뇌의 소멸 → 해탈'이라는 환멸문이 가능하게 된다. 4성제와 관련해서 고제와 집제의 유전문(流轉門)은 진실을 덮고 있는 세속의 진실[世俗諦]이고 이에 비해 4성제 전체는 깨달음으로 나아가는 방법을 명시한 궁극의 진실[勝義諦]이라고 생각할 수 있는 것처럼 12연기도 그 유전문은 세속의 진실이라고 해도 유전문과 환멸문(還滅門)을 포함하는 전체는 궁극의 진실[勝義諦]로 볼 수 있다. 특히 환멸문은 중요하기 때문에 아래에서 거론하고 있는 것처럼 게송 중에 이미 12연기의 각 부분이 '무자성·공'을 전제로 설명되고 있다.

> a. 시각대상과 시각기관이 존재하지 않기 때문에 12연기(十二緣起)에서 식 등의 네 가지 항목(식識·촉觸·수受·애愛)은 존재하지 않는다. 그러므로 취 등의 모든 항목(취取·유有·생생·노사老死)이 하물며 어떻게 존재하겠는가. (3.7)

---

54 이 점에 관해서는 앞 주석에서 언급한 첫 번째 논문 65~66쪽의 주 (2), (3)을 참조하기 바람.

b. 〈사람〉이 어떤 5취온(五取蘊=五蘊)에서 다른 5취온으로 윤회한다면 그는 그때 생존[有]을 벗어나 〔해탈한〕 자가 될 것이다. 그러나 〈사람〉이 집착[取]을 갖지 않고 생존을 벗어나 〔해탈한〕 자라면 도대체 누가 어느 곳으로 윤회하는 것인가? (16.3)[55]

c. 밖에서도 그리고 바로 안에서도 '나'와 '나의 것'이라는 의식이 소멸할 때 〔욕취(欲取)·견취(見取)·계취(戒取)·아어취(我語取)라는 네 종류의〕 집착[取]이 소멸한다. 집착이 소멸하기 때문에 〔다시〕 생겨나는 것도 소멸한다. (18.4)

d. 이상과 같이 네 가지 잘못된 견해〔顚倒〕가 소멸함으로써 무명(無明)은 소멸한다. 무명이 소멸할 때, 행(行)을 시작으로 하는 〔12연기의 나머지〕도 소멸한다. (23.22)

여기에서는 12연기 중 네 번째 지분인 명색(名色)과 다섯 번째 지

---

55 여기에서 보이는 '취(取)'와 '유(有)'를 둘러싼 설명은 일반적인 12연기와는 상당히 이질적인 것처럼 보이지만 이하의 제26장 게송의 내용에 대응하고 있다. 각주 15에서 이미 설명했지만 다른 관점에서 보도록 한다.
  취(取=집착)가 있으면 집착하는 자[取者]에게 유(有=윤회를 통한 생존)가 일어난다. 실제로 만일 어떤 사람이 집착을 갖지 않는다면 그 사람은 해탈해버려 〔새로운〕 유(有)가 일어나는 일은 없을 것이다. (26.7)
  이 '유(有)'를 용수는 '실유(實有)'라고도 '삼유(三有: 欲有·色有·無色有)'라고도 하지 않고 '생(生)→노사(老死)'라는 괴로움이 일어나는 이유로 '윤회를 통한 생존 중에 있는 것'이라고 한다. 즉, 전생(轉生)을 '취(取)'와 '유(有)'의 사이로 인정하고 '유(=五蘊)'의 구체적인 내용을 '생(生)→노사(老死)'라고 한다. 이 사유방식은 당시 아비달마, 혹은 이후의 중관 학파나 유가행파의 교학과도 다르고 오히려 초기경전의 전통적인 해석에 가깝다고 말할 수 있다. 이 점에 관해서는 51번 각주에 거론한 세 번째 필자의 논문을 참조하기 바람.

분인 6처(六處)가 빠져 있는 것처럼 보이지만 실은 6처 중 하나인 a의 밑줄 부분 '시각기관(眼根)'과 '식(識)'은 활성화한 '명색'을 가리킨다. 전자인 안근은 '명색'에서 물질적인 것을 나타내는 '색(色)'이고 후자인 안식은 '명색'에서 심리적, 정신적인 것을 나타내는 '명(名)'이다. 같은 내용이 제26장 제3게송에도 나온다. 그 전후 게송과 함께 거론해 두면 다음과 같다.

> 행(行)을 조건으로 식$_1$(識)이 〔다음에 태어나는〕 행선지에 〔들어가〕 정착한다. 그런데 식$_1$이 정착하면 명색$_1$(名色)이 〔습기를 머금고〕 활성화한다. (26.2)

> 그러나 명색$_1$(名色)이 활성화하면 〔거기에 활성화한 것으로〕 6처(六處=여섯 감관)가 일어난다. 〔그러면 같이 활성화한 식$_2$(識)이〕 6처에 이르러 〔6처(感官)와 그 대상과 식$_2$(認識), 이 세 가지의〕 촉(觸=접촉)이 일어난다. (26.3)

> 시각기관(眼根)과 시각대상(色境)과 주의집중을 조건으로, 즉 명색$_2$을 조건으로 하여 〔안〕식$_2$(眼識, 시각인식)이 일어난다. (26.4)

명색$_1$(名色)은 환생할 때 '윤회하는 다음 생에 깃드는(結生) 식$_1$(識)'에서 활성화한다. 이 명색$_1$의 '색(色)'으로부터 '안근(眼根)에서 신근(身根)까지의 다섯 가지 감관(五根)'이 생기고 '명(名)'으로부터 '의근과 안식에서 의식까지의 6식(=識$_2$)'이 일어난다. 이 식들은 '명료하게 구분하는(了別) 식'이다. 네 번째 게송에서 보이는 명색$_2$은 '색'이라고 할 수 있는 '안근(眼根)' 및 '색경(色境)'과 '명(名)'이라고 할 수 있는 '주의집중'을 총괄한 호칭이지[56] 12연기 중 네 번째 지분인 '명색₁'과는 다르다. 그러나 이를 통해 '식₁ → 명색₁,' '명색₂ → 식₂'의 과정이 성립하고 '식'과 '명색'의 '상호의존'[57]을 설명하게 된다.

이와 같이 공성에서 12연기의 환멸문(還滅門)은 제25장 이전의 게송들에서 설명되고 있다. 제26장은 12게송으로 되어 있지만 처음 9게송이 유전문(流轉門)의 설명, 마지막의 2게송이 환멸문의 설명이고 그사이의 열 번째 게송은 이른바 연결역할을 하고 있다. 환멸문의 설명이 겨우 2게송밖에 없는 것은 이미 검토한 것처럼 공성에 이르러 환멸문이 설명되고 있기 때문이다.

제18장에 나타나 있는 '공성 → 희론의 소멸 → 분별의 소멸 → 업·번뇌의 소멸 → 해탈'이라고 하는 환멸문에 바로 앞에서 언급한 제23장 제22게송(d.)에서 말한 것을 합하면 네 가지 잘못된 생각[四顚倒]이란 바로 개념적인 사유인 분별을 말한다. 그렇기 때문에 다음과 같은 인과과정이 형성된다.

공성 → 희론의 소멸 → 분별[四顚倒]의 소멸 → 업(業)·번뇌의 소멸(=

---

56 후대의 주석가, 예를 들면 청변은 '색'을 5온 중의 색온(구체적으로는 지수화풍(地水火風)의 4원소와 그것들에 의해 형성된 것), '명'을 나머지의 수상행식(受想行識)의 4온(四蘊)이라고 한다. 이외에 '명'을 '감수·표상[想]·의사[行]·접촉·주의집중'이라고 하는 생각도 있다.

57 식(識)과 명색(名色)은 초기경전에서 예를 들면 『노속경(蘆束經)』『성유경(城喩經)』 등에서 특히 9지나 10지의 연기에서 '두 묶음의 갈대 다발[蘆束]'과 같이 서로 의존하고 있는 것으로 설명된다. 대승경전이나 논서 중에서도 이 둘의 관계가 가끔 언급된다. 식(識)과 명색(名色)의 관계에 대해서는 필자의 논문 「再考: 『根本中頌』における「十二支緣起」」(『佛教学会紀要』21, 2016)에서 상세하게 논했다.

무명의 소멸 → 행의 소멸 → ⋯ 취의 소멸 → 유의 소멸 → 생의 소멸 → 노사의 소멸)
→ 해탈

제26장의 정식 명칭은 '12연기의 고찰'이다. 여기에서 검토되고
있는 것은 유전문(流轉門)을 중심으로 각 지분의 어의(語意) 설명을 포
함한 인과관계이다. 유전문 자체는 '세속의 진실〔世俗諦〕'일지 모르지
만 여기에 겨우 2게송뿐인 환멸문(還滅門)을 더하는 것으로 '궁극의 진
실〔勝義諦〕'로서 12연기에 대한 설명을 완결하게 된다.

이미 검토한 것처럼 용수는 제24장 제18게송에서 붓다가 설명한
연기란 공성을 말한다고 선언했다. 12연기(十二緣起)를 다음과 같이
공성의 이론으로 통합하고 있는 것이다.

유전문(流轉門): 희론 → 분별 → 업(業)·번뇌(=12연기의 유전문)

환멸문(還滅門): 공성 → 희론의 소멸 → 분별의 소멸 → 업(業)·번뇌의

소멸(=12연기의 환멸문) → 해탈

이와 같은 구조는 열두 가지라고 하는 지분을 넘어서고 있다. 하
지만 '공성'에서 미혹〔迷〕과 깨달음〔悟〕의 관계를 보여주는 '궁극의 진
실〔勝義諦〕'로서 12연기이자 용수가 제시한 12연기의 새로운 해석이라
고 말해도 좋을 것이다.

❺ '희론의 적멸'과 법(가르침, 진실)

그런데 이 절의 주제는 '최고의 설법자인 붓다'였다. 이와 관련해서
지금까지 언어적 다원성〔戲論, prapañca〕이나 개념설정〔施設, prajñapti〕 등

『중론』 용수의 사상·저술·생애의 모든 것

언어의 측면에서 살펴보았다. 나아가 교화라는 관점에서 언어적인 측면의 세속적인 진실〔世俗諦〕과 궁극적인 진실〔勝義諦〕의 관계에 대해 검토하고 그 구체적인 예로 4성제와 12연기를 공성과의 관계로 분석하였다. 마지막으로 깨달음의 경지에 있는 붓다와 언어·가르침과의 관계를 생각해 보기로 한다.

　지금부터 거론하는 것은 이미 살펴본 게송이지만 여기에서 다시 그 의미를 생각해 보기로 한다.

　　〔공성에서 언어적 다원성이 소멸할 때〕 언어의 대상은 소멸한다. 그리고 마음의 활동영역도 소멸한다. 왜냐하면 〔모든 법의〕 법성(法性)은 마치 열반(涅槃)과 같이 생겨나지도 않으면서 소멸하지도 않기 때문이다. (18.7)

　　〔세존〔붓다〕이 열반을 설하기 때문에 열반은 존재한다고 생각한다면 다음과 같이 대답한다. 귀경게(歸敬偈)에 있는 것처럼 붓다는 언어적 다원성〔戲論〕이 적멸(寂滅)한 상서로운〔吉祥〕 열반으로 이끄는 연기를 설하셨지만, 이〕 언어적 다원성이 적멸한 상서로운 것이란 모든 인식이 적멸하는 것을 말한다. 〔그와 같은 의미에서〕 붓다는 어디에서도 누구에게도 어떠한 법(法)도 설한 적이 없다. (25.24)

　밑줄 부분은 '공성을 인식하는 수행'에 의해 해탈한 사람의 깨달은 경지, 마음 안의 풍광을 보여준 것이다. 언어적 다원성〔戲論〕이 소멸하여 진정되고 언어 대상도 마음의 활동영역도 소멸하여 억제되고 있다. 바꾸어 말하면 언어에 의한 대상화라고 할 수 있는 모든 인식 활동은 소멸하고 진정된다. 이것은 '상서로움〔至福〕', 즉 '열반〔寂靜〕'과 다름 없다. 이와 같은 경지에 있는 붓다가 법을 설한다는 것은 있을 수 없다. 그러나 붓다의 특성상 진실을 알지 못한 채 고뇌하고 있는 어리석은 사람들에게 자신이 깨달은 진실, 상서로움·열반의 경지를 조금이라도 전하여 다른 사람을 깨우치고〔覺他〕 싶다는 생각도 강했을 것이다.

　　제24장에 붓다의 전기로 언급한 다음과 같은 게송이 있다.

　　그러므로 이〔공성의〕 가르침〔法〕은 어리석은 자들이 이해하기 어렵다고 생각해〔석가〕모니는 그것에 대해 설하는 것을 주저하신 것이다. (24.12)

이것은 범천이 붓다에게 가르침을 권한〔梵天勸請〕 유명한 이야기에 입각한 것이지만 진실과 언어의 관계에 대한 붓다의 깊은 통찰을 보여준다고도 생각할 수 있다. '어리석은 자들에게는 이해하기 어려운'이라는 것은 불전의 기록에 입각한 표현이다. 이 게송의 바로 앞에는 '공성은 잘못 이해하면 어리석은 자를 파멸시킨다'라고 하고 있다. 이처럼 교화 대상에 문제가 있을 수 있다는 것도 분명하지만 그보다는 진실을 이해할 수 없는 어리석은 자들에게 어떻게 가르침을 전달할 것인가라는 언어의 문제에 직면했기 때문에 주저한 것으로 생각할 수 있다. 주저한다는 것은 한편으로는 가르침을 펼치려는 마음도 일어나고 있다는 것을 말한다. 그러나 언어를 사용하여 가르침을 설명한다는 것은 '언어적 다원성〔戱論, prapañca〕'의 발동 없이 생각할 수 없고 '개념설정〔施設, prajñapti〕'도 불가피하다. 교화의 대상인 사람들이 언어에 사로잡혀 그 진의를 정당하게 파악하지 못할 위험이 다분히 있다. 침묵에 머물 것인가, 설법을 시작할 것인가, 이와 같은 궁극적인 선택의 갈림길에서 붓다는 어떤 마음으로 설법이라는 곤란한 일에 발을 내디딘 것일까.

제24장에서 2제와 그 구별의 중요성을 설명한 직후 제10게송에 다음과 같은 내용이 나온다.

> 언어활동〔言說〕에 의존하지 않고서는 궁극의 진실〔勝義〕은 분명하게 설명되지 않는다. 궁극의 진실을 이해하지 않고서는 열반은 이루어지지〔證得〕 않는다. (24.10)

제8~9게송과의 관계에서 보면 이 제10게송은 '모든 붓다'의 가르침이지만 용수는 붓다도 이와 같이 생각했기 때문에 설법을 결정하셨다고 생각했던 것 같다. 여기에서 말하는 '언어활동'이 '개념설정〔施設〕'과 같은 뜻이라는 것은 이미 『밀린다왕의 물음』 부분에서 설명하였다. 대승경전에서는 붓다의 교화방법으로 '설법을 위한 뛰어난 방법〔方便善巧〕' '깊은 의도를 감춘 설법 방법〔隨宜所說〕'을 거론하겠지만 용수는 '2제의 구별'이 모든 붓다와 석존의 교화방법이라고 한다. 이미 몇 번인가 언급했지만 다음의 마지막 게송을 다시 보기로 한다.

> 〔사람들에 대한〕 연민의 정으로 모든 〔나쁜〕 견해를 끊기 위해 〔연기(緣起)라고 하는〕 바른 법〔正法〕을 설하신 고따마(=붓다)에게 나는 귀의(歸依)합니다. (27.30)

'공성'에 의한 깨달음의 지혜와 여기에 보이는 '연민의 정', 즉 자비의 마음에 기반해서 분별, 업(業)·번뇌가 억제된 '언어적 다원성[戱論, prapañca]'이 새롭게 전개되고 있는 것이다. 이것으로 붓다는 45년간의 오랜 기간에 걸쳐 교화 대상에 대응하는 다양한 가르침을 전개했다. 언어적 다원성의 소멸[戱論寂滅]·상서로움[吉祥]·열반의 상태에서부터 다시 한번 '언어적 다원성[戱論]'이 작동함으로써 '개념설정[施設]' '언설'을 사용한 '법[眞實]의 가르침'으로 발을 내딛는 이 미묘한 전환점에 대해 『근본중송』은 침묵하고 있다. 용수에게 공성은 자신의 사상적인 기반이고 붓다가 말한 연기임에 틀림없다. 이 '연기=공성'으로 세상에 만연하고 있는 아비달마 논사나 문법가들의 실재론을 '언어적 다원성[戱論]'에 의한 잘못된 견해[邪見]라고 공격하는 것, 나아가 이 '연기=공성'이 초래하는 상서로운 경지를 언어로 명시하는 것이 용수에게는 중요했다. 적어도 귀경게를 보면 그것이 용수가 『근본중송』을 지은 동기이자 목적임을 알 수 있다.

라. 용수의 붓다관[58]

앞 절에서 조금 언급하였지만 『근본중송』에는 '단수형의 붓다[59]'와 '복

---

58 이 항목은 필자의 논문 「龍樹の仏陀観―龍樹文献群の著者問題を視野に入れて―」『インド学チベット学研究』第12号, 2008)에서 논의된 것에 입각한 것이다.

59 『근본중송』에는 붓다 이외에도 '세존' '교주' '모니' '승자' 등 붓다를 가리키는 다양한 호칭이 보인다. 하지만 단수형과 복수형의 차이에 주목하는 경우에는 '단수형의 붓다' '복수형의 붓다'라고 표기하기로 한다. 또한, 여기에서 검토하는 이 '붓다'들은 모두 '가르침을 설명하는 존재'로 한정한다. 그러므로 여래의 신체적인 존재를 주제로 한 제22장 「여래의 고찰」의 모든 게송, 깨달은 자로서 붓다라는 존재를 문제로 한 제24장 「4성제의 고찰」의 네 게송(제5, 30, 31, 32게송)과 제25장 「열반의 고찰」의 두 게송 (제17~18게송)

수형의 붓다'가 보인다. 초기의 대승경전에도 비슷한 현상이 보이지만 거기에 어떤 의미가 있는지는 그렇게 명확하지 않다.[60] 이에 비해 『근본중송』에서 그 차이는 매우 명확하고 용수의 붓다관을 웅변해서 말하고 있다.

『근본중송』의 처음 부분에 있는 귀경게를 제외하고 붓다의 사상·행동과 연관되는 게송들을 검토해 보면 단수형의 붓다는 '전통적인 교리의 체현자·설법자'인 것에 비해 복수형의 붓다는 '공성(空性)' '2제(二諦)' '불일불이(不一不異)' 등 용수의 용어나 '나(我)' '진실'에 관한 4구분별 등 용수의 특징적인 논법과 연관되는 경우에 사용되고 있다는 것을 알 수 있다. 즉, 단수형의 붓다는 12연기를 말한 역사상의 고따마 붓다(석존)를 가리킨다. 반면에 복수형의 붓다는 용수가 주장하는 교설의 찬탄자·지지자, 즉 '대승[61]의 모든 붓다'를 말한다. 유일하게 귀경게만이 단수형의 붓다(석존)가 대승의 '연기', 즉 '공성'을 설했다고 명시하고 있다. 그리고 이 귀경게에 호응하는 마지막 장 마지막

의 예는 이하의 고찰에서는 제외된다.

60 이제부터 살펴볼 용수의 붓다관을 통해 초기대승경전에서 '단수형의 붓다'와 '복수형의 붓다'의 차이가 애매하고 불명확했던 이유가 분명해진다. 많은 초기대승경전에서는 처음부터 '단수형의 붓다'인 석존이 대승의 교설을 설한 '대승의 붓다'로 등장하고 대승의 지원자, 보편적인 진리의 체현자로서 '복수형의 붓다'와 성격상의 차이가 거의 없게 되어버렸기 때문이라고 생각된다. 용수의 붓다관은 오히려『상윳따니까야』제6「범천집성(梵天集成)」에 묘사되는 붓다에 가깝다고 말할 수 있다. 여기에서는 과거의 정등각자들이나 미래의 정등각자들(복수)과 마찬가지로 현재의 정등각자인 세존(단수형의 붓다)도 타자가 아니라 자신이 깨달은 법을 중요시하여 의지하도록 범천에게 호소하고 있다.

61 용수가 자신의 입장을 '대승'이라고 자각하고 있었는지는 명확하지 않다. 적어도『근본중송』에는 '대승' 혹은 그것에 연결되는 용어, 예를 들면 '반야바라밀' 등은 보이지 않는다.『근본중송』의 저자는 오히려 '대승'을 자각하고 나서의 '대승불교운동'은 아직 알지 못했을 가능성이 있다. '대승' '보살' 등의 용어나 그 '공성'과의 관계에 대해 자각적으로 논의하는 것은『보행왕정론』의 시대가 되어서부터이다. 그러므로 여기에서 '대승'은 후에 '대승'이라고 불리게 되는 '공성'의 가르침을 지지하는 입장을 가리킨다.

게송에서도 고따마 붓다(석존)가 설한 '바른 법〔正法〕'은 대승의 가르침인 '연기(=공성)'를 말한다고 이해할 수 있다. 이와 같은 붓다관은 또한 용수의 저술이라고 알려진 다른 저서들, 이른바 '용수문헌군'의 저자 문제에도 큰 힌트를 주고 있다. 지금부터 귀경게와 마지막 게송을 제외한 '붓다', 혹은 '붓다들'의 사상·행동에 관한 단수형 열 가지 예와 복수형 아홉 가지 예, 합해서 열아홉 가지의 예를 이미 검토한 것을 포함해서 열거해 보기로 한다.

먼저 '단수형의 붓다'이다.

A **위대한 석가모니(붓다)**는 "윤회의 궁극적인 시작은 알려지지 않는다"고 말씀하셨다. 실제로 윤회는 시작도 없고 끝도 없으며, 최초의 단계도 최후의 단계도 없다. (11.1)

B **세존(世尊, 붓다)**은 다음과 같이 설하셨다. "일반적으로 속이는 성질을 갖는 것은 허망하다. 그런데 인과관계로 제약되는 것〔諸行〕은 모두 속이는 성질을 갖는다. 그러므로 그것들은 허망하다." (13.1)

C 만일 속이는 성질을 갖는 것이 허망하다면 그 경우 사람은 도대체 무엇에 속는 것인가. 〔그런 것은 어떤 것도 존재하지 않는다.〕 그럼에도 불구하고 **세존(世尊, 붓다)**이 그것을 설한 이유는 〔인과관계로 제약되는 것은 모두 고유한 성질을 갖지 않기 때문에〕 공이라는 것〔空性〕을 분명히 하기 위해서이다. (13.2)

D 존재하는 것〔有〕과 존재하지 않는 것〔無〕을 잘 아는 **세존(世尊, 붓다)**

은 「까띠아야나(kātyāyana)를 가르치고 훈계함〔敎誡〕」 중에 '어떤 것이 존재한다'는 것과 '어떤 것이 존재하지 않는다'는 것, 어느 쪽도 부정하셨다. (15.7)

E **최고의 성자〔聖仙, 붓다〕**는 "업(業)이란 생각의 업〔思業〕과 생각하고 나서의 업〔思已業〕이다"라고 하셨다. 또한, "업에는 다양한 분류가 있다"고도 설하셨다. (17.2) (대론자의 게송)

F 〔우리는 부실법을 인정하고 그것에 의한 업의 과보가 다르게 무르익는 것〔異熟〕을 주장하기 때문에 업의〕 공성(空性=비지속성)은 단멸론(斷滅論)이 아니다. 〔업의 공성 때문에 우리가 말하는〕 윤회는 상주론(常住論)이 아니다. 더욱이 업의 부실법은 붓다에 의해 설해진 것이다. (17.20) (대론자의 게송)[62]

G 예를 들면 **스승〔붓다〕**은 신통력으로 변화불〔化佛〕을 변화시켜 나타나게〔化作〕 하고, 그 변화되어 나타난 변화불이 다시 다른 변화불을 변화시켜 나타나게 한다. (17.31)

H 그러므로 이 〔공성의〕 가르침〔法〕은 어리석은 자들이 이해하기 어렵다고 생각해 **〔석가〕모니**는 그것에 대해 설하는 것을 주저하신 것이

---

62 청목(靑目)만은 이 게송을 용수의 주장이라고 보지만 다른 주석가들과 같이 제12게송부터 이어지는 정량부의 주장을 총괄한 게송으로 보아야 한다. 즉, 용수의 용어인 '공성'을 사용해서 자신들의 '부실법(不失法)'이 상주론과도 단멸론과도 관계없음을 논리적으로 설명한 뒤, 이 '부실법'이 붓다가 설한 '불설'임을 강조하고 있는 것이다. 다만 초기경전 중에 '부실법'을 언급한 문언은 보이지 않는다. 이 F의 게송은 M의 게송에서 '복수형의 붓다'를 언급한 것과 밀접한 관계가 있다.

다. (24.12)

I 스승[붓다]은 생존[有]과 생존으로부터의 이탈[非有][을 향한 강한 욕
망[渴欲]]을 버리게 하려고 설하신 것이다. 그러므로 '열반은 존재도
아니고 비존재도 아니다'라는 것이 이치에 맞는다. (25.10)

J [세존(世尊, 붓다)]이 열반을 설하시기 때문에 열반은 존재한다고 생각
한다면 다음과 같이 대답한다. 귀경게(歸敬偈)에 있는 것처럼 붓다는
언어적 다원성[戱論]이 적멸(寂滅)한 상서로운[吉祥] 열반으로 이끄는
연기를 설하셨지만, 이] 언어적 다원성이 적멸한 상서로운 것이란 모
든 인식이 적멸하는 것을 말한다. [그와 같은 의미에서] 붓다는 어디
에서도 누구에게도 어떠한 법(法)도 설한 적이 없다. (25.24)

이 중에 A·C·D는 『상윳따니까야』 혹은 『잡아함경』에, B는 『맛
지마니까야』(『중아함경』)[63]에, I는 『숫따니빠따』에서 거의 대응 부분을
추출할 수 있다. A·C·I 후반의 두 줄 밑줄 부분은 석존(釋尊, 붓다)의
언어를 근거로 '공성' 혹은 그것에 기반한 자신의 설이 올바르다는 것
을 주장하고 있다.[64] 또한 E·F는 대론자인 설일체유부와 정량부의 주

---

63 B 후반의 점선 부분은 『입보리행론세소(入菩提行論細疏)』가 인용하는 경전 '비구들이
여, 최고의 진실은 오직 하나이다. 즉, 속이는 성질이 없는 열반이다. 모든 행은 거짓이
고 속이는 성질을 갖는 것이다'의 밑줄 부분과 비슷한 표현을 전하고 있다. 이 부분은
'행'이라는 말은 없지만 그 전후도 『맛지마니까야』 제140 「계분별경」이나 『중아함경』의
해당 부분과 유사하기 때문에 중아함경계의 다른 전승이라고 추정된다.

64 I의 경우, 석존(釋尊, 붓다)의 언어는 '생존(bhava), 윤회를 통한 생존상태'인 것에 비해
용수는 그것을 '존재(bhāva)'라고 하고 있다. 출전으로 지목되는 『숫따니빠따』에 의하면
석존(釋尊, 붓다)은 '생존' '비생존'을 버리고 열반에 머무는 것을 말한 것에 비해 용수는

장으로 자신들의 논지와 관련하여 그 정당성 내지는 정통성의 근거를 석존[붓다]의 언어에서 구하고 있다. 다만 실제로 초기경전에 그 대응 부분이 보이는 것은 『맛지마니까야』(『중아함경』)에 나오는 E만으로 F에는 보이지 않는다. G는 다른 예와는 취지가 다르고 설법과 직접 결부되지는 않지만 대론자도 교주로서 우러러보는 존재, 즉 '석존[붓다]'을 사용한 비유로 대론 상대를 설득하려고 한다. 이른바 '사위성의 신비한 변화' 이야기에 입각한 것이라고 생각된다.[65] H는 깨달음을 얻은 후에 설법을 주저하는 이야기에 입각한 표현이다. 같은 취지의 내용은 『상윳따니까야』 등에 보인다. J는 이미 목차 다항에서 설명한 것처럼 깨달음을 얻은 후의 경지인 열반과 설법의 관계를 보여준 것이다. 공성의 입장, 즉 언어적 다원성이 소멸한[戱論寂滅] 경지에서 말하자면 석존[붓다]은 법을 설명한 적이 없게 된다.

다음으로 '복수형의 붓다'의 용례를 보기로 한다.

K **승리자[勝者, 붓다]**들은, 공성(空性)은 모든 견해를 제거하는 수단이라고 했다. 그러나 공성을 견해로 갖는 자는 구제받기 어렵다고도 했다. (13.8)

L 고유한 성질과 타자의 성질, 존재하는 것과 존재하지 않는 것을 보

그 열반도 '존재' '비존재'의 범위에는 들어가지 않는다는 것을 보여준다고 할 수 있다.

65 『근본설일체유부비나야잡사(根本說一切有部毗奈耶雜事)』 권26에 기록되어 있는 「사위성의 신비한 변화」는 한 연꽃 위에 앉은 석존[붓다]의 전후좌우에 또 연꽃 위에 앉은 붓다가 있고 그 하나하나의 붓다 전후좌우에도 또한 각각 마찬가지로 연꽃 위에 앉은 붓다가 있으며 그것이 점점 겹쳐져서 결국에는 색구경천에 다다른다는 내용이다. 그 장대한 모습을 '불화엄(佛華嚴)'이라고 하지만 그 내용이 변화불로부터 변화불이 점점 나타난다는 것은 『불본행경(佛本行經)』 권4 「현대신변품 제20」의 기술에서 보면 분명하다. 상세한 내용은 사쿠라베 하지메(桜部建)의 『仏教語の研究』(文栄堂書店, 1997) 94~95쪽 참조.

는 사람들은 (모든) 붓다의 가르침에서 진실을 보는 자가 아니다. (15.6)

M 한편 모든 붓다와 독각(獨覺), 성문(聲聞)들이 설명했던 이 문제에 관한 합리적인 생각을 나는 설명하고자 한다. (대론자의 게송)[66] (17.13)

N 모든 붓다는 '자기는 있다[有我]'라고도 임시로 설[施設]하셨다. '자기는 없다[無我]'라고도 설하셨다. '무엇인가 자기라고 불리는 것이 있는 것도 아니고, 자기가 없는 것도 아니다(非有我非無我)'라고도 설하셨다. (18.6)

O '모든 것은 진실이다' '모든 것은 진실이 아니다' 그리고 '모든 것은 진실이기도 하고 진실이 아니기도 하다' 나아가 '모든 것은 진실도 아니고 진실이 아닌 것도 아니다' 이것이 (모든) 붓다의 (교화 대상에 대응한) 단계적인 가르침이다. (18.8)

P (모든 법은) 하나의 뜻도 아니고 여러 뜻도 아니며, 끊어지는 것도 항상 있는 것도 아니다. 이것이 세상의 지도자인 모든 붓다의 감로(甘露)와 같은 가르침이다. (18.11)

---

66 이 게송의 내용을 주장하는 대론자는 '정량부(正量部)'라고 알려져 있다. 그들은 업과 그 과보의 연속성을 설명하기 위해 '부실법(不失法)'이라는 원리(다르마)를 확립한다. '단수형의 붓다 F의 예로 쓰인 제17장 제20게송에서는 '공성'과 관련 지으면서 그 '부실법'은 '단수형의 붓다'가 가르친 것이라고 되어 있다. 즉, '부실법'은 '붓다의 말[佛說]'이라고 주장하고 있는 것이다.

Q 예컨대 **모든 붓다**가 〔이 세상에〕 나타나지 않고, 나아가 〔모든 붓다의 직제자인〕 성문들이 사라져 버린다 해도 독각들의 인식〔知〕은 〔세상으로부터〕 벗어남으로써 생긴다. (18.12)

R **모든 붓다**는 2제(二諦) 〔라는 두 가지 다른 차원의 진실〕에 의해 가르침〔法〕을 설명한다. 즉, 세상의 상식으로서 진실〔世間世俗諦〕과 궁극적인 의미의 진실〔勝義諦〕이다. (24.8)

S 이 2제의 구별을 알지 못하는 사람들은 **(모든) 붓다**의 심원한 가르침의 진실을 알지 못한다. (24.9)

이 복수형의 '모든 붓다'는 '공성' '2제(二諦)' '불일불이(不一不異)' 등 용수가 사용하는 용어나 '나〔我〕' '진실'에 관한 4구분별과 연관되는 경우에 사용된다. 즉, 용수가 주장하는 교설의 찬탄자·지지자로서 '대승의 붓다'를 가리킨다. 다만 M과 Q에 보이는 '붓다·독각·성문'의 세 구분 중에 있는 복수형의 붓다는 다른 '대승의 붓다'와는 조금 다른 듯이 보인다. 실제로 M은 대론자의 주장이기 때문에 다르게 보이는 것이 어쩌면 당연하다. 이와 관련해서는 마지막에 검토하기로 한다. L, O, S의 세 가지 예는 원문으로 보면 어느 쪽도 '붓다+가르침'이라는 복합어이기 때문에 이것만으로는 복수형의 붓다라고 단정할 수는 없다. 하지만 L, O는 예를 들면 P와의 형식상의 유사성 때문에, S는 직전의 게송인 R과의 관계 때문에 복수형이라고 생각해도 좋다. 더욱이 O의 한역은 모두 '모든 붓다'라고 번역하고 있다.

이 중에 특히 주목해야 할 것은 K의 예이다. 내용도 중요하지만 실제로는 다음에 거론하는 『보적경』의 한 절에 입각한 것으로 생각되기 때문이다.

> **세존(붓다)**이 말씀하셨다. "[병의 원인을 제거하기 위해 복용한 약이 언제까지고 체내에 남아 있으면 병이 치유되겠는가. 오히려 병이 악화되는 것처럼] 바로 그와 같이 가섭이여! 잘못된 견해[邪見]를 모두 제거하는 것이 공성이지만 다름 아닌 그 공성을 [하나의] 견해로 삼는 사람이 있다면 그 사람을 나는 치유할 수 없는 자라고 부른다." (「가섭품」제65절)

내용적으로는 매우 가깝지만 「가섭품」의 '세존'이 단수형의 붓다인 데 비해 K에서는 '승자들'이라는 복수형의 붓다인 것이 다르다. 그러나 오히려 그 점에서 용수의 붓다관이 강하게 반영되어 있다고 생각해야 한다. 대승경전을 근거로 했다고 생각할 수 있는 적지 않은 예가 있기 때문에 용수에게 이것은 어떻게 해도 복수형의 붓다가 아니면 안 되었던 것이다. 아직 석존(붓다)은 공성을 말하는 대승의 붓다를 가리킨다고 입증하지 않고 있는 이 게송의 단계에서 대승의 입장에 서 있는 설법자는 단수형의 붓다가 아니라 복수형 붓다여야만 했다.[67]

---

67 이와 관련해서는 다음과 같은 가설이 있을 수 있다. 즉, 애초에 대승경전은 과거 혹은 현재 시방(十方)의 모든 붓다에게 전해져 온 '진실한 가르침[正法]'의 깨달음을 나타내는 것으로 시작했지만 그것이 붓다가 설하신 언어라고 분명하게 주장할 수 있게 되기까지는 다소의 시간이 필요했다. 즉, 용수가 『근본중송』에서 한 작업을 대승경전의 저자들도 하고 있었던 것은 아닌가 하는 가설이다. 바꾸어 말하면 용수가 해당 경전의 '단수형의 붓다'를 복수형으로 변경한 것이 아니라 '복수형의 붓다'의 가르침으로 파악되고 받아들여졌던 것, 그와 같이 알려져 있던 것이 경전에서는 '단수형의 붓다', 즉 석존(붓다)의 언어로 표현되고 있었다는 것이다. 이것은 문헌상의 뒷받침이 없는 순전한 가설이지만 초기 대승불교의 상황을 생각해 보면 하나의 힌트가 될 수 있다고 생각한다.

그런데 여기에서 아직 검토하지 않은 M과 Q에 보이는 '성자의 세 유형'을 살펴보기로 한다. 이 게송들에 보이는 '붓다·독각·성문'이라는 구분 자체는 조금이긴 하지만 초기경전에도 보인다. 이 초기경전에서는 현재의 붓다인 석존[붓다]과 대비되는 과거의 모든 붓다와 그 제자들 그리고 독각들을 가리키고 있다.[68] 그러나 예를 들면『증일아함경』에서는 '수세(受歲)의 법[自恣]'[69]이 과거 세 종류의 성자에게는 없고 석존[붓다]의 독자적인 특징이라고 하여 현재의 붓다인 석존의 우월성을 강조하고 있다.[70] 이에 비해 M에서는 자신이 주장하는 교리인 '부실법(不失法)'이 진실한 설법이라는 근거를 단수형의 붓다인 석존[붓다]이나 용수와 같이 복수형의 붓다에게서가 아니라 과거 '세 유형의 성자들'에게서 구하고 있다. 즉, 자신의 교설[自說]을 지지하고 찬탄하는 자들을 '성자의 세 유형'에서 구하고 있는 것이다. 이것이 당시 아비달마 논사들이 자신의 교설[自說]의 정당성이나 정통성을 주장하는 수법 중 하나였는지 단언할 수는 없지만[71] 용수의 교설에

---

68 이 구분은 예를 들면『대승열반경』에 「불석설게(佛昔說偈)」에서 '諸佛與緣覺 及以弟子衆 猶捨無常身 何況諸凡夫'라는 형태로 나온다. 이것은『별역잡아함경』의 '諸佛與緣覺 菩薩及聲聞 猶捨無常身 何況諸凡夫'라는 구절의 전승이라고 생각되지만 여기에서 오히려『별역잡아함경』에 '보살'은 후대에 추가된 말로 원래 존재하지 않았다는 것을 추측할 수 있다.

69 '수세(受歲)'란 3개월에 걸친 우안거의 마지막 날을 가리킨다. 그 다음날부터 '새로운 해'에 들어간다. 이날 수행승들은 서로 자신이 범한 죄를 자발적으로 고백하고 참회하며 용서를 구하는데 이 의식을 '자자(自恣)'라고 부른다.

70 『증일아함경』「선취품(善聚品)」제5경에서는 '過去恒沙佛 辟支及聲聞 盡是諸佛法 獨是釋迦文'라고 하고 또한 '恒沙過去佛 弟子清淨心 皆是諸佛法 非今釋迦文 無歲無弟子 獨逝無伴侶 不與他說法 當來佛世尊 恒沙不可計 彼亦受此歲 如今瞿曇法'라고 하고 있다. 요약하면 석존[붓다]은 과거의 모든 붓다·성문·독각이 전혀 모르는 수세(受歲)의 법을 창시하고 그것을 미래의 모든 붓다도 계승한다는 내용이다.

71 M 바로 앞의 게송에서부터 정량부에 의한 경량부 비판이 시작되기 때문에 동등한 전통 부파에 속하기 위해 이와 같은 '성자의 세 유형'을 예로 들거나 혹은 용수가 그렇게 설정

대한 지지자로서 '복수형의 붓다'라는 사고방식과 관계가 없진 않다. 더욱이 중요한 것은 같은 제17장에서 '부실법'과 관련된 주장을 하는 게송들 중 마지막 게송이다. 이와 관련해서는 이미 F에서 살펴보았지만 여기에서는 현존하는 초기경전에는 보이지 않는 '부실법'을 단수형의 붓다가 말한 것, 즉 '붓다의 말〔佛說〕'이라고 하고 있다.[72] 실제로 그 정량부 논사들이 그와 같이 주장하는 방식을 취했는지, 용수가 대론자의 교설을 정리하는 과정에서 그와 같이 설정한 것인지는 분명하지 않다. 하지만 어느 쪽이라 해도 용수의 붓다관, 나아가 후대의 '대승불설론(大乘佛說論)'과도 깊게 연관되는 중요한 논점이 될 것이다.[73]

더욱이 중요하다기보다는 이해하기 어려운 것이 Q의 예이다. 제18장은 『근본중송』 중에는 드물게 해탈과 진실에 대해 적극적으로 설명하고 있다. 그것만으로도 매우 중요한 장이라고 할 수 있다. 이미 살펴본 것처럼 M에도 마찬가지로 성자의 세 가지 구분이 있고 이 들

한 것인지도 모른다.

72 초기경전으로 확인할 수 없는 언어나 용어를 '붓다의 말〔佛說〕'이라고 하는 것은 아비달마 문헌도 '붓다의 말〔佛說〕'로 한다는 생각이 배경에 있는 것으로 보인다. 경우에 따라서는 아비달마 문헌을 경전이나 율보다도 상위의 것으로 보기도 한다.

73 일반적으로 아비달마 문헌이나 대승경전에서 설명되고 있는 교설·이론이 '붓다의 말〔佛說〕'인가 아닌가, 그 정당성·정통성의 유무를 판단하는 기준은 크게 나누면 다음 세 가지로 정리된다. 즉, (1) 그 이론이 '법성(法性)'에 적합한가 아닌가, (2) 확실하게 석존에 의해 말해진 것이지만 현재에는 전해지고 있지 않은 경전인 '은몰경(隱沒經)'에 나왔다고 판단되는 것인가 아닌가, (3) 초기 경전에서는 명시적으로 나타나 있지 않지만(未了義) 거기에서 읽어낼 수 있는 석존〔붓다〕의 진의〔密義〕를 분명하고 확정적으로 보여준〔了義〕 이론인가 아닌가이다. 혼조 요시부미(本庄良文), 「阿毘達磨仏説論と大乘仏説論—法性, 隱没経, 密意—」(『印度佛教学研究』38, 1, 1989) 참조.
이에 비해 용수는 자신이 주장하는 '공성' 이론이 '복수형의 붓다'에 의해 지지 되는 정당한 것이고 역사상의 인물이자 단수형의 붓다로 표기되는 고우따마의 가르침〔佛說〕, 즉 '연기'를 가리킨다고 주장한다. 이것으로 자신의 교설은 정통이고 불설〔佛說〕이라는 것을 주장하고 있기 때문에 위에서 거론한 세 종류의 불설론과는 분명히 다르다.

은 명확하게 '과거의 성자들'을 가리킨다. Q도 같은 '성자의 세 유형'이기 때문에 적어도 여기에 보이는 복수형의 붓다는 '과거의 모든 붓다'를 가리키고 있다고 생각해도 좋다. Q 자체도 모든 붓다는 이제 출현하지 않고 성문들도 소멸해 버렸다고 전제하고 그와 같은 때에는 독각(獨覺)들의 인식이 일어난다고 한다. 이와 같이 본다면 많은 초기대승경전이 전제로 하는 '모든 곳에 있는 모든 붓다〔現在十方諸佛〕' 혹은 '모든 시공간에 있는 모든 붓다〔三世十方諸佛〕'라는 생각에 기반해서 현재 모든 곳에 온갖 붓다가 있다는 대승 신앙을 이해할 수 있다.[74]

그러나 이와 같은 붓다관, 혹은 '현재 모든 곳에 있는 모든 붓다〔現在十方諸佛〕'를 향한 신앙은 Q에 한정해서 보면 『근본중송』의 붓다관과는 다르다고 생각된다. Q와 M에 보이는 붓다관은 오히려 초기경전의 '칠불통계게(七佛通戒偈)'에 보이는 것과 같은 보편적인 진실의 전승자·전달자로서 '과거의 모든 붓다'라는 사유방식에 가깝다고 해야 할 것이다.[75] 그리고 만일 M이나 특히 Q에서 복수형의 붓다가 『근

---

74 예를 들면 초기대승경전 중 하나인 『유가장자소문경(郁伽長者所問経)』에는 붓다가 없는 시대〔無佛時代〕의 불교도에 대한 메시지로 '현재 모든 곳에 있는 모든 붓다〔現在十方諸佛〕'를 향한 신앙이 다음과 같이 기술되어 있다.
　　만일 과거의 교주〔붓다〕가 설하신 언어는 존재하면서 새로운 붓다의 출현은 없고 법의 교시도 없이 성스러운 승단을 만나는 일도 없다고 한다면 그 재가의 보살은 모든 곳의 모든 붓다에게 예배하고 그들이 일찍이 보살로서 행하는 것… 지금은 깨달음을 얻어 붓다의 모든 특성을 완비하고 있는 것을 깊이 생각하여 그것을 나의 일로 기뻐해야 할 것이다.

75 『법구경』 제183~185게송은 이른바 '칠불통계게(七佛通戒偈)'라고 불리는 것으로 아래와 같다.
　　모든 악을 행하지 않고 선을 갖추어 자기의 마음을 청정하게 하는 것. 이것이 모든 붓다의 가르침이다. (제183게송)
　　"참고 인내하는 것은 최고의 고행〔修行〕이다. 열반은 최고이다"라고 모든 붓다는 말한다. 실제로 타인을 해하는 출가자, 타인을 괴롭히는 사문은 존재하지 않는다. (제184게송)
　　비방하지 않고 해하지 않으며 근본 계〔別解脱戒〕에 따라 진중하고 식사할 때도 적당한 양을 알며 홀로 떨어져 좌선하고 명상에 전념하는 것. 이것이 모든 붓다의 가르침이다. (제185게송)

본중송』의 다른 모든 게송에 나오는 복수형의 붓다와 같다고 한다면 용수는 '공성'을 포함하여 자신의 사상·사유법이 '과거의 모든 붓다'가 전승해온 보편적인 진리에 기반한다는 신념을 갖고 있었다고 생각할 수 있다.[76] 그리고 현재의 붓다가 없는 세상에서 '공성'을 앞장서서 주장하는 용수는 자신을 독각(獨覺)의 한 사람이라고 자부하고 있었을 가능성도 억지로 부정할 필요는 없다고 생각한다.[77]

지금까지 살펴본 것처럼 용수는 '단수형의 붓다'와 '복수형의 붓

다만 여기에 보이는 '가르침(śāsana)'은 『근본중송』의 경우와는 달라서 교설이라기보다는 교계(教誡, 훈계, 교훈)의 의미가 강하다는 것에 주의해야 한다.

[76] 나미카와 타가요시(並川孝儀), 『ゴータマ·ブッダ考』(大蔵出版, 2005)에 의하면 초기불교 제일 처음 단계에서는 '붓다들' 외에 '여래들' '위대한 승자들' 등의 호칭이 '수행을 완성한 사람'을 가리키는 보통명사로 사용되고 있었고, 또한 이 '붓다'라는 말이 '개조(開祖)'인 고따마 붓다(=석존)를 가리키는 고유명사로 사용하게 된 이후에도 제자인 사리뿟따(Sāriputta, Śāriputra, 舍利佛)나 꼰단냐(Koṇḍañña, Kauṇḍinya) 등 수행을 완성하여 자각한 사람이 '붓다' 혹은 '고따마 붓다를 따라 깨달은 사람(anubuddha)'이라고 불리고 있었다. 다만 여기에 보이는 고따마 붓다(=석존) 이외의 붓다들은 '과거칠불'의 예를 제외하면 대부분이 동시대에 수행을 완성한 자들, 즉 열반의 체득자들을 가리키고 있고 구체적인 교리·교설을 설명하는 자라는 측면은 중요하게 여겨지지 않았다는 점은 주목해야 한다. 이에 비해 용수의 '복수형의 붓다'는 어디까지나 공성 혹은 그것에 기반한 교설의 지지자들이다. 이와 가까운 예로는 예를 들면 2세기경에 성립했다고 보여지는 『붓다짜리따(Buddhacarita, 佛所行讚)』를 거론할 수 있다. 10지의 유전문과 12지의 환멸문으로 되어 있는 연기의 관찰을 끝내고 깨달음에 도달하신 석존에 대해 다음과 같이 기술하고 있다.
이렇게 하여 자기를 완성하신 그(석존)에게 다음과 같은 생각이 떠올랐다. '뛰어난 것과 비루한 것을 변별하셨던 고대의 위대한 성자(모니)들이 궁극의 진실[勝義]를 구해 걸어 왔던 이 최선의 길을 나는 깨달았다'라고. (제14장 제85게송)
'고대의 위대한 성자(모니)들'을 과거불('복수형의 붓다')로 파악할 수 있다고 한다면 이것은 오히려 앞의 주석에서 본 『법구경』과 연결되는 전통이다. 이것은 '공성'을 깨달은 용수의 입장에 비쳐 볼 수 있지만 그런 다음 그는 앞의 절에서 설명한 것처럼 석존이 깨달은 '연기'야말로 바로 자신이 깨달아 주장하는 '공성'이라는 것, 즉 '단수형의 붓다(=석존)'의 교설(=불설)이라는 것을 설명할 필요가 있었다.

[77] 다음의 한 구절은 당시 불교도가 품고 있던 독각관을 잘 보여주고 있다.
모든 붓다가 세상에 나타날 때 모든 붓다의 [입멸 후, 새로운 출현까지 붓다가 없는] 사이 공양을 받기에 걸맞은 사람으로 독각들이 세상에 나타난다. 그들은 침묵에 의해 [몸과 마음이] 빛나고 인도의 코뿔소처럼 혼자서 행동하고 자신 한 사람을 제어하여 공양을 받기에 걸맞은 복전(福田)으로서 완전한 열반[반열반]을 한다. (『마하바스뚜(Mahāvastu)』 제3권)

다'를 명확하게 구별하여 사용하고 있다.[78] 다른 용수의 저서라고 알려진 문헌들('용수문헌군')에서 다루고 있는 양자의 관계에 대해서는 제2장 '용수의 저술' 부분에서 확인하기로 한다.

마. 『근본중송』의 연기와 상호의존의 연기[79]

『근본중송』에서 다루는 '연기'와 '공성(空性)'의 관계에 대해서는 목차 나항과 다항에서 상세하게 살펴보았다. 여기에서는 이른바 '상호의존의 연기〔相依性〕'에 대해 고찰해 보기로 한다. 이것은 제1장 나항에서 거론했던 용수의 논법과 밀접한 관계가 있는 주제이다. 그도 그럴 것이 현대의 학자·연구자 중에는 '상호의존의 연기'야말로 『근본중송』에서 얘기하는 '공성'을 가리킨다고 하는 사람이 적지 않기 때문이다. 다만 그렇게 주장하는 사람들이 거론하는 문헌상의 근거는 『근본중송』이라기보다는 오히려 한역 『중론』(『청목주』)이나 『쁘라싼나빠다(prasannapadā)』(『월칭석』) 등 후대의 주석서에 보이는 문장이나 구절이

---

78 이와 같은 방식으로 파악하는 것이 가능하다면 예를 들어 제1장 제8게송, 제7장 제34게송, 제23장 제1게송, 제25장 제9게송 등, '설한다' '설해진다'라는 것만으로 설명하는 주체가 명시되지 않는 경우에도 그 내용상 '모든 붓다에 의해' '모든 붓다가'라고 파악해도 좋다. 특히 제1장 제8게송의 경우 『무외론』은 그 전거를 『반야경』으로 하고 있고 『청목주』도 대승의 문헌이라고 하고 있으며 각각이 거론하는 문장과 구절들을 현존하는 대승경전 중에서 특정할 수는 없지만 '모든 붓다'라는 말을 생각해봐도 틀림없을 것으로 보인다.

79 이 항목은 필자 고시마 기요타카(五島清隆)의 논문 「龍樹の緣起説(1)」—とくに相互依存の觀点から」(『南都仏教』92, 2008)에서 논의된 것에 입각하고 있다. 또한, 이하의 두 논문에서 큰 시사점을 얻었다. 야마구치 주이호(山口瑞鳳), 「邪説「相依性緣起」の暴走—般若波羅蜜多修習の否定」(『成田山仏教研究所紀要』28, 2005), 마츠모토 시로(松本史郎), 「『根本中頌』の論理学」『インド論理学研究』7, 2013.

중심이 되고 있다. 이것은 역으로 『근본중송』에 '상호의존의 연기'를 직접 명시한 표현은 보이지 않는다는 것을 나타내는 것이라고 할 수 있다. 과연 용수 자신은 '상호의존의 연기'를 말하고 있는지 아닌지를 지금부터 고찰해 보기로 한다. 하지만 그 전에 '상호의존의 연기'에 관한 이른바 연구사라고 할 수 있는 내용을 먼저 검토해 보기로 한다.

❶ 스체르밧스키(Stcherbatsky)의 '상호의존', 우이 하쿠쥬(宇井伯壽)·야마구치 스스무(山口益)의 '상호의존'

연기에 대해 '상호의존'이라는 용어를 처음 사용한 것은 아마도 스체르밧스키의 『불교에서 열반의 개념』[80]일 것이다. 스체르밧스키는 연기(pratītyasamutpāda)를 '상호의존적 동시 생기성(dependently-together-origination)'이나 '상호의존적 생기성(dependently-coordinated-origination)'으로 번역하고 있다. 즉, 연기를 사물과 현상의 동시적, 혹은 논리적인 관계를 나타내는 용어로 해석한다. 이와 관련하여 구체적으로 살펴보기로 한다.

> 인과성이란 '상호의존적 생기성(pratītyasamutpāda, 因緣生起=緣起)' 또는 '다른 것에 의존하는 것'이라고 한다. 이것은 모든 찰나적인 존재는 다른 여러 가지 작용과의 결합에 의해 존재로 나타나거나 생성하고 소멸한다는 의미이다. 이와 관련된 공식은 '이것이 있으면 저것이 일어난다'였다. 그래서 인과율은 단지 각 작용 사이에서만 존재한다고 생각

---

80   Theodore Stcherbatsky: *The Conception of Buddhist Nirvāṇa*, Leningrad, 1927. シチェル
      バトスコイ, 金岡秀友訳, 『大乗仏教概論』―仏教の涅槃の概念―』(理想社, 1957)

266   『중론』 용수의 사상·저술·생애의 모든 것

된다. 즉, 모든 작용의 생성은 다른 많은 작용의 생성과 동시에 일어난다. 엄밀하게 말하면 그것은 결코 인과율이 아니었고 하나가 다른 것을 만들어 낸다는 문제가 아니었다. (제12장「소승에서 인과율 이론」)[81]

그런데 중관 학파는 실재와 관련해서 전혀 다른 개념으로 출발한다. 실재란 그 자신의 실재성[svabhāva. 自性]을 갖지 않고 원인에 의해 생겨나지 않으며 만들어지지도 않는다(無作, akṛta＝無爲, asaṃskṛta). 또한, 다른 어떤 것에도 의존하지 않는다(paratra nirapekṣa, 不待異法性). 소승(小乘)에서는 여러 가지 구성요소가 상호의존적(saṃskṛta, 有爲 ＝pratītyasamutpāda, 緣生)이긴 하지만 실재(vastu 事)한다고 한다. 대승에서는 여러 가지 요소가 상호의존적이지만 그렇기 때문에 실재하지 않는다(śūnya, 空＝svabhāvaśūnya, 自性空)고 한다. 소승에서는 부분으로부터 성립하는 전체(rāśī, 堆積＝avayavin, 有分)는 모두 오로지 명칭일 뿐인 실재(prajñaptisat, 施設有)라고 간주되고 부분 내지는 궁극적인 구성요소(dharma, 法)만이 실재한다(vastu, 事)고 한다. 대승불교에서는 모든 부분이나 갖가지 구성요소는 비실재(śūnya, 空)이고 단지 전체, 즉 하나하나 전체의 전체(dharmatā, 法性＝dharmakāya, 法身)만이 실재한다고 한다. (제13장「대승에서 수용되는 같은 이론」[82])

즉, 연기는 소승에서도 대승의 중관 학파에서도 이미 인과율을 나타내는 것이 아니라 서로 의존하는 동시적인 관계를 나타내는 말이

---

81 가나오카 쇼유(金岡秀友)의 번역, 100～101쪽
82 가나오카 쇼유의 번역, 103쪽

되었다. 중관 학파의 대표적인 논서인 『근본중송』에 의하면 상호의존
적이지만 바로 그렇기 때문에 하나하나의 다르마는 실재하지 않는다.
하지만 소승 아비달마의 입장에서 보면 이 세상의 사물과 현상은 독
립적으로 스스로 존재하는 다르마에 의해 상호의존이라는 존재 방식
으로 구성되고 존재한다. 후자의 이 파악 방식은 나중에 자세하게 설
명하는 '상호의존의 연기'로 이어진다. 바꾸어 말하면 스체르밧스키
에 의한 아비달마의 연기 해석이 결과적으로 이후 '상호의존의 연기'
라는 사고 틀을 제공했다고 할 수 있다. 더욱이 스체르밧스키의 이 생
각은 『근본중송』 제1장 '네 가지 조건[四緣]의 고찰'에 대한 월칭의 주
석 『쁘라산나빠다(prasannapadā)』의 영향이라고 생각된다.[83]

　　나아가 스체르밧스키는 공성(空性)을 '상대성(relativity)'이라고 하
고 귀경게에서는 연기를 '상대성의 원리(the principle of relativity)'라고
번역하고 있다. 이 또한 '상호의존의 연기'라는 생각으로 인도했다고
말할 수 있다.

　　다음으로 우이 하쿠쥬(宇井伯壽)의 『공의 논리』(1950)를 보기로 한
다. 여기에서는 '상호의존'을 '상의상대(相依相待)[84]'라고 표현하고 있

83　예를 들면 월칭(月稱, Candrakīrti)은 『월칭석』 제1장의 '청변 비판' 부분에서 다음과 같이
　　말한다. "마찬가지로 고찰하면 지(地) 등〔의 원소〕에 견고함 등과 분리된 특징지어지는
　　것(所相)은 존재하지 않고 특징지어지는 것과 분리되어 기체가 없어진 특징짓는 것(相)
　　도 존재하지 않게 된다. 하지만 그렇다고 해도 세속이야말로 바로 존재하는 것이다. 그렇
　　기 때문에 '상호의존 (parasparāpekṣā)에 의한 성립'으로 〔용수 등의〕 모든 스승들께서는
　　이미 확정하셨다." 이와 같은 청변과 월칭의 상호의존을 둘러싼 해석의 차이를 명쾌하게
　　논의한 논문으로 오자와 치아키(小澤千晶)의 「清弁と相互依存の縁起─『般若灯論』の用
　　例を中心として」(『印度学仏教学研究』55(1), 2006)가 있다. 오자와는 청변이 주장하는
　　'상호의존'을 중심으로 논의하고 있지만 비교 검토한 월칭이 말하는 '상호의존'의 특성도
　　한층 분명하게 대비되고 있다. 오자와에 의하면 양자의 '상호의존' 해석은 각각 2제설 해
　　석의 차이에 기반한다.
84　근대에서 '상의상대(相依相待)'라는 말을 '상호의존'의 의미로 사용한 최초의 인물은 기

다. 그 제1장에서 우이 하쿠쥬는 다음과 같이 말하고 있다. (밑줄은 필자가 표기하였다.)

연기는 범어 원전에서는 상의성(相依性, idaṃpratyayatā)이라고도 한다. 그러므로 상대(相待, apekṣa)와 같은 의미이기도 하고 단순히 '조건으로 하여(pratītya)'라고 언급되기도 한다. 상의성은 원어를 직역하면 '이것을 조건으로 하는 것'이라는 의미이지만 '이것'을 가리키는 것은 갑(甲), 을(乙) 등의 경우 그 어느 쪽에서도 타자를 가리키기 때문에 거기에 <u>'서로'의 의미를 포함하고 있다.</u> 연(緣)은 '의존한다', 또는 '기다린다'는 의미가 되기 때문에 서로 의존하고 있다는 의미이다. 또한, 상대(相待)의 원어는 원래 둘러본다는 의미로 기대, 요구, 의거, 원인이 결과와 관계하고 있는 것 등의 의미가 되고 일반적으로 의지하여 관계하는 것을 말한다. 또한 <u>상호적이기 때문에 상대(相待)의 의미가 된다.</u> 신역에서는 이 원어에 본다는 의미가 있기 때문에 관대(觀待)라고 번역한다. 하지만 이 번역어는 앞에서 언급한 '대(待)'와 본다는 의미의 '관(觀)'을 합쳐 하나의 의미를 나타내는 글자로 만든 숙자〔熟字〕이며 아무래도 생경하다. 관대라고 해도 '대(待)'의 의미가 중요하다. 또한, '조건으로 하여'라는 것은 연기(緣起)의 '연(緣)'을 말하고 단순히 '연(緣)'이라고 하는 경우에는 명사가 된다. 이와 같기 때문에 <u>연기란</u>

요사와 만지(清沢満之)일 것이다. (『清沢満之全集』2, 岩波書店, 2002), 182~183쪽. 여기에서는 인간관계의 상호의존성이나 상관성을 서술하고 있을 뿐이지만 다른 논문「万法相関の理」(278~280쪽)에서는 "우주의 삼라만상이 서로 관계하고 접속하여 하나도 고립하여 홀로 존재할 수 없는 이치를 만물상관의 이치라고 칭한다. … 만법은 곧 일법이고 일법은 곧 만법이다"라고 설명하고 있다. 『화엄경』의 법계연기를 염두에 둔 표현이라고 생각된다.

모두 '상의상대(相依相待)의 상관관계를 의미한다. 그러므로 어떤 것도 독립적으로 홀로 존재하여 타자와 관계없는 것은 하나도 없고 모든 것은 전부 관계의 상태일 뿐이라고 간주한다.[85]

먼저 기본적인 것을 확인해 두기로 한다. 우이 하쿠쥬가 사용하고 있는 '상의성(相依性)' '상대(相待)'는 각각 '~을 조건으로 하는 것, ~와 관련하고 있는 것' '~을 전제로 하는 것, ~에 연관되는 것'이라는 의미이고[86] 그러므로 양자에서 '상(相)'은 단독으로 '서로'를 의미할 리가 없다. 이 '상(相)'은 'A에서 B로' 'A와 B 사이에서' 등의 뜻을 갖고 이 둘 사이에 생기는 동작에 붙는 부사이다. 초기경전의 용례를 봐도, 『근본중송』 중에서도, '상의성(相依性)'과 '상대(相待)' 두 용어의 기본적인 말뜻에 '서로'라는 의미는 없다. 위에서 '갑, 을 등의 경우, 그 어느 쪽에서도 타자를 가리키기 때문에'라고 인용한 구문에서도 알 수 있는 것처럼, 또한 밑줄 부분에서 보여주고 있는 것처럼 우이 하쿠쥬도 두 언어를 '상의상대(相依相待)의 상관관계'를 나타내는 것으로 보고 있다. 12연기의 각 지분 사이의 관계를 요약하여 설명한 '상의성(相依性)'도 이와 같이 풀이한다는 것은 12연기 중 인접하고 있는 두 개의 지분 사이의 관계를 동시적이고 논리적인 관계로 보는 것이 된다. 뒤에서 검토하겠지만 이는 『공칠십론』의 주장에 가깝다. 그러나 우이 하쿠쥬의 이 책에서는 연기 일반을 가리키고 있는 듯하다. 그렇다면

---

85 우이 하쿠쥬, 『東洋の論理空と因明』(書肆心水, 2014), 24쪽

86 '상의성(相依性)' '차연성(此緣性)'이라고도 한다. 이와 관련해서는 이 책 349~350쪽의 설명, '상대'에 대해서는 번역 편 '번역 관련 일러두기' (2)를 참조하기 바람.

바로 앞에서 살펴본 스체르밧스키의 파악 방법과 기본적으로는 다르지 않다고 말할 수 있다. 표현상의 문제로 보면 밑줄 부분은 '상호의존의 연기'에 꽤 근접하고 있다고 말할 수 있다.

다만 제10장 「불과 연료의 고찰」에서 '결국, 불은 장작에 상대(相待)하여 있게 되는 것도 아니고, 또한 장작에 서로 상대하지 않고 있는 것도 아니다. 더욱이 장작은 불에 상대하여 비로소 있는 것도 아니고 불에 상대하지 않고 있는 것도 아니다. 상대(相待)의 성립은 본질적으로[自性上] 고정되어 있는 것이 아니다[87]라고 하는 점에 주목할 필요가 있다. 뒤에서 검토하겠지만 이와 같은 파악 방법은 용수의 연기관에 들어맞는 것이고 이른바 '상호의존의 연기'를 표명했다고는 말할 수 없다.

마지막으로 야마구치 스스무(山口益)의 '상호의존'에 대한 생각을 살펴보기로 한다. 야마구치는 연기를 '상의상대(相依相待)' '상의상성(相依相成)'이라고 표현한다. 야마구치는 이 '상의상대'에 대해 다음과 같이 설명한다. 12연기에 입각해서 말하면 식과 명색의 사이, 나아가 식, 명색, 6처(식識·경境·근根) 사이에 보이는 관계이다. 또한, 부연하자면 모든 관계성, 예를 들면 능취(能取)와 소취(所取, 五取蘊)의 관계 등에 적용된다. 야마구치 자신은 이와 관련해서 다음과 같이 설명한다.

양자의 연기에서는… 무엇이 의존되는 것[所依]이고 무엇이 의존하는 것[能依]이라는 실체적인 결정성이 처음부터 있었던 것은 아니다. 상대성(相待性)은 시작을 알 수 없을 정도로 아주 오래전부터 있었다[無

87   우이 하쿠쥬, 앞의 책 58쪽.

始時來性). 이것(無始時來性)은 의존하는 것(能依)과 의존되는 것(所依)의 결정성을 자체적으로 얻을 수 없는 처음부터 공(無始空)이라는 의미이다.[88]

더욱이 야마구치는 「화엄경유심게(華嚴經唯心偈)」중 행동을 뜻하는 'gati'의 의미를 해설하면서 『근본중송』제2장과 연관지어 다음과 같이 기술하고 있다.

그 gati는, 용수가 『중론』「관거래품」에서 규명한 '가는 자(gantṛ), 가는 법(gamana, 能法), 가고 있는 곳(gantavya), 이 세 가지가 서로 의존(相依相待)하여 성립하는, 우리 존재들이 세상에서 하는 활동(laukika-vyavahāra) 상태이다. 따라서 그것은 말할 필요도 없이 행위자(作者)와 행위수단(能作·作法)과 행위대상(所作業)(kartṛ, karaṇa, karman-kriyā)이 서로 의존하는(相依相待) 행위적 세계의 양태이다. 불교에서 세간(世間)이란 이 세간적인 활동(laukika-vyavahāra)을 말한다.[89]

즉, 야마구치 스스무는 이 '세상의 활동'을 세속제(世俗諦)로 보고 있다. 이와 관련해서는 다른 부분에서 다음과 같이 서술한다. (밑줄은 필자의 표기이다.)

이와 같이 '8부정(八不)'이자 언어적 다원성의 소멸(戱論寂滅)이고 세

---

88 야마구치 스스무(山口益), 『山口益仏教学文集』(春秋社, 1973), 51쪽

89 야마구치 스스무, 앞의 책 62쪽

간을 부정하여 초월한 출세간의 공승의제(空勝義諦)는 서로 의존하는[相依相待] 연기 때문이다. 그러나 동시에 이 연기에는 세상의 바르고 긍정적인 존재 방식이 있을 수 있다. 그것을 중론에서는 공의(空義, śūnyatā-artha)라고 말한다. 용수는 이와 관련해서 중론의 하나의 지분에 해당하는 논서인 『공칠십론』에서 다음과 같이 말한다.

> 승의제(勝義諦)란 연기하는 모든 법에 자성(自性)이 없다는 것일 뿐이다. 그러나 붓다는 연기의 세간적인 활동(laukika-vyavahāra)이라는 입장에서 모든 법을 개념적으로 설정[施設]했다.

이 논서에서 말하는 공의(空義)의 '의(義, artha)'란 현실적인 사물과 현상의 모습이고 공의(空義)란 공(空)이 현실적인 사물과 현상의 모습에 나타나는 측면이다. … 세간적인 활동이란 앞에서도 말한 아는 주체[能知]와 알려지는 대상[所知], 말하는 주체[能言]와 말해지는 대상[所言]이라는 주체와 대상[能所]의 형태로 있는 세상이 세상으로서 실제로 사용되고 행해지고 작용하는 것을 말한다. 또한, 연기의 세간적인 활동이란 그것이 연기에서 성립하고 그것이 성립하는 것이야말로 모든 법이 개념적으로 설정[施設]되어 나타나는 것이라고 한다. … 바꾸어 말하면 붓다의 교설에 나타나고 있는 고집멸도(苦集滅道)의 4성제가 성취된다. 이것이 바로 세속제의 성취이다.[90]

두 곳의 밑줄 부분을 보면 야마구치가 '상의상대(相依相待)', 즉 '상호의존'을 '세속제(世俗諦)의 성취'로 보고 있다는 것을 알 수 있다. 그러나 용수의 2제설은 교설에 관한 것이고 교설의 내용, 즉 진실이

---

90   야마구치 스스무, 『般若思想史』(法藏館, 1951), 38~40쪽

라든지, 세속이라든지 하는 세계의 존재 방식에 관한 것은 아니다. 또한, 용수는 세속에서 '상호의존'이 성립하고 있다고도 말하지 않는다. 상호의존은 오히려 상호 관계 자체가 성립하지 않는다는 것을 증명하기 위한 방법론이다. 이 점은 뒤에서 확인하기로 한다. 야마구치는 이미 현대 연구자들의 '상호의존 관계의 연기'라는 입장을 앞서서 취하고 있다. 혹은 야마구치가 논의하고 있는 것을 근거로 지금까지 '상호의존의 연기'가 전개되어 왔다고도 할 수 있다. [91]

❷ 현대 연구자가 본 용수의 연기관

앞에서 설명한 연구사에 입각해서 현대 불교연구자가 『근본중송』의 연기를 어떻게 파악하고 있는지 구체적으로 살펴보기로 한다. 나카무라 하지메(中村元)는 청목(靑目, piṅgala)의 주석을 거론하며 다음과 같이 설명한다. (점은 나카무라가 표기한 것이다.)

> 간단히 정리하면 『중론』의 마지막 목적은 갖가지 사물과 현상이 서로 상호의존 또는 상호한정 하는 관계로 성립(相因待)한다는 것을 분명하게 하려는 것이다. … 예를 들면 『중론』의 제2장 '운동의 고찰'에서 가는 작용, 가는 주체, 가는 곳을 부정한 후에 삥갈라(piṅgala)는 다음과

91　이와 같이 보면 월칭의 '세속에서 상호의존의 성립'이라는 생각은 근대 그리고 지금부터 설명하는 현대 학자들에게 큰 영향을 끼치고 있다는 것을 알 수 있다. '상호의존의 연기'에 얽힌 이 커다란 흐름에 대한 비판이 야마구치 주이호(山口瑞鳳)의 일련의 논문이다. 그 대표적인 것이 「邪説「相依性縁起」の暴走一般若波羅蜜多修習の否定」이다. 이 논문의 제3절 (「『空七十論』の錯乱」)에서는 필자가 이 책에서 거론하지 않은 제2~4, 제6, 제58, 제63의 모든 게송에 관해서도 엄중하게 비판하고 있다. 더욱이 나머지 세 절(「月称の驕り」, 「無断な『中論』釈」, 「『業』の虚無化」)에서 월칭의 '상의성연기'(상호의존의 연기)라는 생각이 얼마나 용수의 진의를 왜곡한 것인가를 논하고 있다.

같이 말한다.

> 이와 같이 사유하고 관찰하면 가는 행위(가는 작용), 가는 자(가는 주
> 체), 가는 곳의 모든 법들은 서로 상호의존 또는 상호한정(相因待)한
> 다. 가는 행위(去法)에 의해 가는 자가 있다. 가는 자에 의해 가는 행
> 위(去法)가 있다. 이 두 가지 행위(法)에 의하면 곧 가야 할 곳이 있
> 다. 결정적으로 있다고 말할 수 없고 결정적으로 없다고 말할 수 없
> 다. (대정장 30권, 50쪽 이하[92]).

나카무라는 또한 월칭(月稱, Candrakīrti)의 주석을 거론하며 다음과
같이 설명한다.

『중론』이 주장하는 연기란 상호의존(相依性)의 의미라고 생각된다. 『중
론』의 시구 중에 상호의존이라는 말은 한 번도 나오지 않지만 그러나
연기가 상호의존의 의미라는 것은 주석을 봐도 분명하다.
예를 들면 제8장 '행위와 행위주체의 고찰'에서는 행위와 행위주체가
서로 분리되어 독립적으로 존재하는 것은 불가능하다는 것을 증명한
후에 다음과 같이 결론짓는다.

> 행위에 의해 행위주체가 있다. 또한, 그 행위주체에 의해 행위가 작
> 용한다. 그 외의 성립 원인을 우리는 보지 못한다. (제12게송)

즉, 행위와 행위주체는 서로 의존하여 성립하고, 상호의존(相依性) 이
외에 양자가 성립하는 이유는 생각할 수 없다는 의미이다. 짠드라끼
르띠의 주석에 의하면 이 시구는 "아지랑이와 같은 세속의 사물은 오

---

92   나카무라 하지메(中村元) 『龍樹』(講談社学術文庫, 2002) 155~156쪽.

직 상호의존만을 인정하는 것으로 성립한다. 다른 이유로는 성립하지 않는다"(『쁘라산나빠다(prasannapadā)』 189쪽)는 말이다. 그렇기 때문에 이 시구가 의미하는 '갑(甲)에 의해 을(乙)이 있고 을에 의해 갑이 있다'는 것을 상호의존[相依性]을 가리킨다고 보아도 좋다.[93]

또한, 사이구사 미쓰요시(三枝充悳)는 다음과 같이 설명한다.

예를 들면 자신과 타자 둘로 나눈다는 것은 다음과 같은 의미이다. 우선 자신은 타자에 의존하고 타자는 자신에 의존하여 성립한다. 뿐만 아니라 자신은 타자의 부정이고 타자는 자신의 부정이다. 동시에 타자에게는 타자의 자신이 있고 자신에게는 타자의 타자가 있다는 긍정은 필연적이다. 더욱이 자신이 자신이라는 것은 타자에게도 자신이 있다는 것과 타자의 타자에 의존하고 있다는 의미이다. 이와 같은 자신과 타자의 상호부정과 상호긍정 즉 상호배제와 상호의존이 교착하고 있는 실상을 어느 만큼이라도 선명하게 해 가는 과정에서 실체적인 사고 내지 개념화에 의한 인식은 흔적도 없이 소멸하여 모든 것은 공이라는 것이 드러나게 된다. 이 외에 앞에서 서술한 모든 항목, 즉 원인과 결과, 운동과 변화, 동일성과 차이, 인식의 주체와 객체, 언어와 대상 등에 관해서도 그 실상을 분명하게 밝혀나가야 하는 것은 두말할 필요도 없을 것이다.[94]

---

93 나카무라 하지메(中村元), 앞의 책 182쪽

94 사이구사 미쓰요시(三枝充悳)의 『縁起の思想』, 法藏館, 2000. 21쪽

용수의 연기설은 지금까지의 12연기나 6인·4연·5과 등의 모든 교설로부터 비약적인 발전을 이루었다. 즉, 갖가지 사상 모두는 무자성-공이면서 긍정과 부정이라는 모순을 모두 포괄한 상호의존의 관계주의로 환원된다. 이와 같이 공에 기반한 연기의 이론은 그 이후의 불교는 말할 것도 없고 전 세계적으로 현재와 미래의 모든 사상과 철학에 기여한 바가 크다.[95]

우류주 류신(瓜生津隆眞)의 견해도 살펴보기로 한다.

그렇다면 도대체 용수(龍樹, Nāgārjuna)는 연기를 어떻게 설명하고 있는가. 한마디로 말하면 연기란 (1) 공이고, (2) 사물과 현상의 상의상관(相依相關), 상호의존의 관계성을 나타내고 있다.[96]

그런데 짠드라끼르띠(Candrakīrti, 月稱)는 '최고의 성자[붓다]'와 '연기를 설하는' 것의 관계를 논의하면서 이 양자는 서로 원인이 되고 결과가 된다고 한다. 그 다음 연이어 다음과 같이 설명한다.

　왜냐하면 붓다가 최고의 성자인 이유는 단지 연기를 설하기 때문만이 아니라 모든 존재는 서로 의존한다는 입증된 도리를 나타낼 때 모든 존재의 생성과 소멸을 부정하기 때문이다. (『용수논집』10쪽[97])

---

95 사이구사 미쓰요시, 앞의 책 22쪽.

96 우류주 류신(瓜生津隆眞)의 『ナーガールジュナ研究』, 春秋社, 1985, 5쪽.

97 우류주 류신, 앞의 책 93쪽. 인용된 월칭의 말은 『육십송여리론』 월칭석에 있는 내용이다.

이에 비해 가지야마 유이치(梶山雄一)는 연기를 다음과 같이 해석한다.

> 연기란 시간적인 순서에 따른 인과관계와 논리적이고 상대적인 관계를 포함한 의존성을 의미한다는 것을 지적해 둔다.
> 중국의 삼론종(三論宗) 영향이겠지만 우리는 경우에 따라 『중론』은 연기를 설하는 논서 라든가, 나가르주나는 상대성(相對性)을 가르쳤다는 식의 말에 주의하지 않는 경우가 있다.
> 그러나 이런 식의 말은 근원적인 오해로 이어지는 경우가 있기 때문에 주의하지 않으면 안 된다.
> 나가르주나는 인과관계나 논리적인 관계를 주장한 것이 아니다. 예를 들면 설일체유부와 같은 방식으로 나가르주나가 의존관계를 말한 것은 아니다. 실제로 그는 설일체유부식으로 해석된 이 두 가지의 관계를 부정한다. 그가 말한 것은 본질적인 실체를 고집하는 입장에서는 인과관계도 논리적인 관계도 성립하지 않는다는 것이다. 본질적인 실체를 갖는 것들 사이에 있는 의존관계를 부정하고 관계라는 것은 동일한 것이든 다른 것이든 본질적인 실체를 갖지 않는 것 사이 이외에는 성립하지 않는다고 말하고 있다.[98]

상호의존의 오류는 무한소급의 오류에서 파생한다. 아비달마 철학에서도 원래의 생(生)이 생생(生生)을 생생이 제3의, 이른바 생의 생의 생을 요구한다는 형태의 무한소급을 피하기 위해 생은 생생을 생하고 생

---

[98] 가지야마 유이치(梶山雄一) 『空の論理「中觀」』, 仏教の思想3, 角川文庫ソフィア, 1997, 89~90쪽.

『중론』 용수의 사상·저술·생애의 모든 것

생이 생을 생한다고 하는 상호작용을 설명하고 있다.

생생(生生)은 단지 원래의 생(本生)을 일으키고 또한 원래의 생(本生)은 생생을 일으킨다. (7.4)

나가르주나는 이 상호작용의 설에 대해 다음과 같이 말한다.

그대에게도 생생은 원래의 생(本生)을 일으키는 것이라고 한다면 원래의 생(本生)에 의해 아직 일으켜지지 않는 생생이 어떻게 원래의 생을 일으키겠는가. (7.5)

그대에게도 만일 원래의 생(本生)에 의해 일으켜진 생생이 원래의 생을 일으키는 것이라면 생생에 의해 아직 일으켜지지 않는 원래의 생이 어떻게 생생을 일으키겠는가. (7.6)

상호의존은 A가 B를 생하고 B가 A를 생하는, 또는 A가 B에 근거를 부여하고 B가 A에 근거를 부여하는 관계이다. 이것은 논리적으로 순환논증의 오류일 수밖에 없다.

나가르주나는 이 무한소급과 상호의존성을 깨끗함과 더러움, 아버지와 아들, 인식과 대상, 원인과 결과, 긴 것과 짧은 것 등의 대립개념을 분석하는 데 적용한다.[99]

가지야마 유이치(梶山雄一)에 의하면 용수가 '두 가지 관계를 최종적으로 두 가지 대립개념의 상호의존성으로 환원한 것은 각각의 개념이 자립적으로 존재하는 본질적인 실체를 갖지 않는다는 것을 알리기 위한 것'[100]이지 '상호의존의 연기'를 설한 것은 아니다.

---

99 가지야마 유이치(梶山雄一) 앞의 책, 118~119쪽.

100 가지야마 유이치(梶山雄一) 앞의 책, 123쪽.

앞에서 살펴본 것처럼 나카무라(中村), 사이구사(三枝), 우류주(瓜生津)도 두 가지는 상호의존의 관계에 있기 때문에 각각은 독립성이 없는 무자성·공이고 불생불멸(不生不滅)이라고 한다. 이 점에서는 가지야마(梶山)도 같은 입장이다. 하지만 가지야마와는 다르게 용수의 연기를 나까무라는 '상의성의 연기', 사이구사는 '상의상관, 상호의존의 관계성', 우류주는 '모든 존재는 서로 의존하고 있다고 입증된 도리'라고 해석하고 있다. 같은 텍스트의 해석이지만 어떻게 이와 같이 상반된 결론을 내리게 된 것일까.

❸ 용수의 연기관

여기에서 용수가 이 점에 관해 어떻게 설명하고 있는지 실제의 게송에 입각해서 살펴보아야 할 것이다. 하지만 그 전에 먼저 용수의 연기관을 논의하고 그 다음 매우 중요한 논점을 확인해 두지 않으면 안 된다. 지금부터 검토하겠지만 용수는 사물과 현상의 인과관계를 논의하는 중에 많은 경우 두 가지 항목의 상호의존 관계에 주목하고 그것이 논리적으로 성립할 수 없다는 것을 논증한다. '불과 연료'같이 현상적으로 일체화하고 있는 경우, 혹은 '4원소와 물질'같이 원리적으로 두 가지가 일체화하고 있는 경우이다. 또한, '유(有)와 무(無)'와 같이 순수하게 개념적인 대비어의 경우도 그렇다. 일반적으로는 각각 동시적, 논리적, 초시간적인 관계라고 간주된다. 물론 용수는 이것들도 시간상의 관계로 보고 있다.

이에 비해 시간적으로 변할 수 없는 관계에 있는 것에 대해서는 그 무자성을 논증하면서 상호의존에 주목하지 않는다. 예를 들면 제13장 제5게송과 제6게송에 보이는 '젊은이와 노인' '우유와 응유(발효유)'처럼 고유한 성질(自性)이 있으면 변화는 있을 수 없다고 하여 그 무자성·공을 논증한다. '상호의존의 연기'를 주장하는 사람들은 이것을 순수하게 개념적인 것으로 파악해서, 즉 변할 수 있는 것으로 보아 상호의존의 관계가 성립한다고 하겠지만 용수는 그렇게 하지 않는다. 가장 중요한 것은 제26장에서 12연기 각 지분의 관계 즉 유전문과 환멸문이다. 12연기의 각 지분과 관련해서는 제3장 제7게송이나 제16장 제3게송, 제18장 제4게송, 나아가 제23장 제22게송에서 모두 환멸문의 일부가 제시되고 있다. 더욱 주목해야 할 것은 이미 검토한 제18장의 제5게송이다. 여기에서는 '희론 → 분별→ 업·번뇌' '공성(空性) → 희론(戱論)의 소멸 → 분별의 소멸 → 업·번뇌의 소멸 → 해탈'이라는 인과관계를 설명하고 있다. 물론 전자는 유전문, 후자는 환멸문에 해당한다. 각각의 항목은 무자성·공이지만 불교도인 용수에게 시간적으로 변할 수 없는 이 인과관계는 중요한 교리상의 대전제이다. 적어도 시간상에 있는 두 가지 항목의 무자성·공을 논증하는 과정에서 용수는 그것들의 관계를 '상호의존'이라고 파악하지 않는다. 이와 관련해서는 이미 제24장 제18게송에 나오는 '개념설정(因施設)'을 언급하면서 상세하게 설명하였다.

그러면 먼저 '상호의존'을 둘러싼 공성 논리의 전형적인 예를 확인해 보기로 한다. 다음은 제10장 '불과 연료의 고찰'에 보이는 게송으로 그의 연기관이 잘 나타나고 있다.

어떤 것(갑)이 다른 어떤 것(을)에 의존해서 성립하는 경우, 만일 그 갑에 의존하여 갑의 의존 대상인 을이 성립한다면 도대체 무엇에 의존해서 무엇이 성립하는 것인가. (10.10)

이것을 구체적으로 설명한 것이 다음의 게송이다.

불은 연료에 의존해서 성립하지 않는다. 불은 연료에 의존하지 않고 성립하지도 않는다. 연료는 불에 의존해서 성립하지 않는다. 연료는 불에 의존하지 않고 성립하지 않는다. (10.12)

이것을 일반화해서 바꾸어 말하면 다음과 같이 된다.

갑은 을에 의존해서 성립하는 것이 아니다. 갑은 을에 의존하지 않고 성립하는 것도 아니다. 을은 갑에 의존해서 성립하는 것이 아니다. 을은 갑에 의존하지 않고 성립하는 것도 아니다.

더욱 간략하게 하면 다음과 같다.

〔정식 A〕: 실체적으로 서로 다른 갑과 을은 서로 의존하는 것도 아니고 의존하지 않는 것도 아니다.

요약하자면 의존관계는 성립하지 않는다.
제23장 '잘못된 생각〔顚倒〕의 고찰'에 나오는 예도 검토해 보기로 한다.

좋아하는 것에 연관〔觀待〕되지 않으면 좋아하지 않는 것은 존재하지 않는다. 〔그러나〕 그 좋아하지 않는 것을 조건으로 우리는 좋아하는 것을 개념적으로 설정할 수 있기 〔때문에 양자는 서로 의존한다〕. 그

러므로 좋아하는 것이 〔고유한 성질을 갖는 것으로〕 정당화되는 일은 결코 없다. (23.10)

좋아하지 않는 것에 연관되지 않으면 좋아하는 것은 존재하지 않는다. 〔그러나〕 그 좋아하지 않는 것을 조건으로 우리는 좋아하지 않는 것을 개념적으로 설정할 수 있기 〔때문에 양자는 서로 의존한다〕. 그러므로 좋아하지 않는 것이 〔고유한 성질을 갖는 것으로〕 알려지는 일은 결코 없다. (23.11)

좋아하는 것을 갑, 좋아하지 않는 것을 을로 간략하게 정리하면 다음과 같다.

ᴀ갑에 의존〔觀待〕하지 않으면 을은 존재하지 않는다. 그 을을 조건으로 우리는 갑을 개념적으로 설정할 수 있다. 그러므로 갑이 정당화되는 일은 결코 없다. ᴮ을에 의존〔觀待〕하지 않으면 갑은 존재하지 않는다. 그 갑을 조건으로 우리는 을을 개념적으로 설정할 수 있다. 그러므로 을 그것이 알려지는 일은 결코 없다.

밑줄 부분의 A와 B를 합쳐서 살펴보면 갑과 을의 관계가 '상호의존'의 무한순환이라는 것이 보다 명확해진다. 요약하면 실체적으로 상이한 갑과 을의 관계는 서로 의존하는 것도 아니고 의존하지 않는 것도 아니라는 정식A가 된다.

그러나 같은 게송을 나카무라(中村)는 다음과 같이 번역하고 해설하고 있다.

좋아하는 것[淨]에 의존하지 않고서는 좋아하지 않는 것[不淨]은 존재하지 않는다. 좋아하지 않는 것을 조건으로 좋아하는 것을 우리는 설한다. 그렇기 때문에 좋아하는 것은 얻을 수 없다. (23.10)

좋아하지 않는 것에 의존하지 않고서는 좋아하는 것은 존재하지 않는다. 좋아하는 것을 조건으로 좋아하지 않는 것을 우리는 설한다. 그렇기 때문에 좋아하지 않는 것은 얻을 수 없다. (23.11)[101]

그러므로 좋아하는 것[淨]과 좋아하지 않는 것[不淨]이라는 두 가지 '존재 방식'에 대해 생각한다면 양자는 서로 관계없을 수가 없고 서로 타자를 예상해서 성립한다. 좋아하는 것은 좋아하지 않는 것으로 인해 좋아하고, 좋아하지 않는 것은 좋아하는 것으로 인해 좋아하지 않는다.

그러므로 양자는 독립적으로 존재하지 않는다. 이 서로 의존[相依]한다는 사상은 중관 학파의 저술에 종종 나오는 '아버지와 아들'의 예를 보면 한층 명료해진다. 자연적인 존재의 영역에서는 아버지가 먼저 있고 아들이 태어나기 때문에 아버지는 생겨나게 하는 것[能生]이고 아들은 생겨지는 것[所生]이다. 역으로 아들이 아버지를 낳는 것은 있을 수 없다.

그러나 '존재 방식'의 관점에서 아버지와 아들을 문제로 하면 그렇게 말할 수 없다. 아버지는 아들을 낳지 않고서는 아버지로 있을 수 없고 아들을 낳고 나서야 비로소 아버지라고 말할 수 있다. 아버지와 아들

---

101 나카무라 하지메(中村元), 앞의 책 186쪽

은 서로 의존[相依]해서 있는 것이기 때문에 서로 독립적인 아버지와 아들을 생각할 수 없고 또한 아버지가 아들을 낳는다는 것도 있을 수 없다. 모든 법은 상의상관(相依相關)에서 성립한다.[102]

물결무늬 밑줄은 지금까지 보아온 네 명의 학자가 모두 인정하는 용수의 주장이다. 그러나 두 줄 밑줄은 나카무라(中村)의 견해이지 용수가 말한 것과는 관계가 없을지도 모른다. 나카무라는 '아버지와 아들'이라는 인간관계를 예로 들고 있지만[103] 시간적인 인과관계에 있는 '씨앗과 싹'이나 동시적인 인과관계에 있는 '등과 조명', 대비가 되는 개념어인 '긴 것과 짧은 것' '깨끗함과 더러움' '윤회와 열반'도 포함하여 모두 개념으로 보면 서로 다른 것을 전제로 해서 처음으로 성립한다. 굳이 부언하자면 '씨앗과 싹'같이 현실에서는 변할 수 없는 관계에 있는 것도 순수한 개념으로 보면 서로 다른 것을 전제로 성립한다는 의미이다. 그러나 이것은 순전히 언어의 문제이고 언어학의 관점에서 봐도 용수가 추구한 것은 아니라고 생각된다. 시간적인 연속에 있는 것은 물론, 일반적으로 동시적, 논리적인 관계에 있다고 풀이

---

102 나카무라 하지메(中村元), 앞의 책 187쪽

103 '아버지와 아들'의 관계는 '상호의존의 연기'에 대한 예로 자주 사용된다. 현실에서 아버지와 아들의 경우, 아버지를 원인의 하나로 해서 그 아들이 결과로 탄생한다는 것이기 때문에 '아버지→아들'이 된다. 그러나 이것을 인간관계의 관점에서 보면 어떤 남성에게 아들이 탄생하는 것에 의해 그 아들의 '아버지'로 불리게 되기 때문에 '아들→아버지'가 된다. 즉 '아버지와 아들'의 예는 시간의 연속성에서 선후 관계와 논리적인 상관관계를 동시에 나타낸다. 이 것이 시간의 연속성과 관계없는 '남편과 아내'의 예와 다른 점이다. 물론 '아버지와 아들'을 인간관계를 나타내는 개념으로 보면 '아버지⇄아들'이 된다는 것은 말할 필요도 없을 것이다. 또한, '아버지'라는 말, 혹은 개념과 '아들'이라는 말, 혹은 개념의 어느 쪽이 우선이 되고 근거가 되는가를 생각하면 순환논법에 빠져 버려 양자는 독립적인 존재성을 갖지 않는 '공(空)'이 된다.

되는 것도 용수는 이른바 '상호의존의 연기'로 파악하지 않는다는 것은 바로 앞에서 확인했다. 『근본중송』에서 연기는 '서로 다른 것을 전제로 해서 처음으로 성립한다. 즉 서로 의존하고 있다는 것은 무한순환[惡無限]이 되기 때문에 각각에 실체성은 없고 무자성·공이다'라고 주장하기 때문이다.

나아가 제14장 '행위·행위대상·행위자의 결합에 관한 고찰'과 제18장 '자기와 법의 고찰'에 나오는 게송을 살펴보기로 한다.

어떤 것(갑)에 의존[觀待]해서 다른 것(을)은 '다른 것'이고, 갑이 없으면 을은 '다른 것'이 아니다. 그런데 갑 [혹은 을]에 의존해서 을 [혹은 갑]이 있는 이상 양자가 다르다는 것은 있을 수 없다. (14.5)

만일 갑과 을이 다르다면 갑이 없어도 을은 '다른 것'이어야 한다. [그러나] 갑 [혹은 을]이 없으면 을 [혹은 갑]은 '다른 것'으로 존재하지 않는다. 그러므로 개별적인 차이[別異性]는 존재하지 않는다. (14.6)

어떤 것이 어떤 것을 조건으로 생겨날 때 우선 양자는 동일하지도 않고 또한 다르지도 않다. 그러므로 [모든 법은] 끊어지는 것도 항상 있는 것도 아니다. (18.10)

이 게송들의 주장은 다음과 같이 정리된다.

[정식 B]: 서로 의존하는 갑(甲)과 을(乙)은 동일한 것도 아니고 다른 것도 아니다.

이 외에 『근본중송』에는 다음과 같은 정식도 보인다.

〔정식 C〕: 서로 의존하는 갑과 을은 한쪽이 성립하지 않으면 다른 쪽도 성립하지 않는다.

제15장 '존재하는 것〔有〕과 존재하지 않는 것〔無〕의 고찰'에 보이는 전형적인 예를 보기로 한다.

만일 존재하는 것〔有〕이 성립하지 않으면, 존재하지 않는 것〔無〕은 결코 성립하지 않는다. 왜냐하면 사람들은 존재하는 것이 변화한 상태를 '존재하지 않는 것'이라고 부르기 때문이다. (15.5)

다음도 같은 정식 C의 예이다. 이것은 인과관계에 의해 제약되는 존재〔有爲法〕에는 생기·지속·소멸이라는 세 가지의 특성〔相〕이 있다고 하는 설일체유부의 이론을 부정한 제7장을 정리하는 게송이다.

생기·지속·소멸의 세 가지 특징이 성립하지 않기 때문에 <u>유위법은 존재하지 않는다. 유위법이 성립하지 않을 때 어떻게 무위법이 성립하겠는가</u>. (7.33)

생기도 지속도 소멸도, "환영과 같이 꿈과 같이 신기루와 같이"라고 〔모든 붓다는〕 말씀하셨다. (7.34)

제33게송의 '유위법이 성립하지 않으면 무위법도 성립하지 않는다'는 진술은 '유위법과 무위법'의 상호의존을 전제로 하지 않으면 성립하지 않는다는 생각도 있을 것이다. 이미 검토한 것처럼 용수에게 '상호의존'은 증명해야 할 이론이 아니라 고유한 성질을 갖는 실체와 실체 사이에는 관계가 결코 성립하지 않는다는 것을 증명하기 위한 이유일 뿐이다. 여기에서는 유위법을 특징짓는 생기·지속·소멸의 세 가지 특성이 성립하지 않는다는 것을 근거로 유위법 그 자체의 부정에 주안점을 두었다고 보아야 할 것이다. 마지막 게송인 제34게송을 보면 이와 같은 점은 분명하다. 용수에게는 '무위법이 성립하지 않기 때문에 유위법도 성립하지 않는다'는 발상 자체가 있을 수 없었을 것이다.[104] 지금까지 살펴본 이 세 가지 정식(定式) A, B, C가『근본중송』에 보이는 '상호의존'에 관한 '공성의 논리'이다. 용수의 저술이라고 하는『회쟁론』이나『라뜨나발리(Ratnāvalī)』가 사용하는 이론도 이 정식들에 의거하고 있다.

그러나 이 정식들에 맞지 않는 듯이 보이는 게송이『근본중송』에

---

104 이와 같이 용수는 예를 들면 '유위(有爲, saṃskrita)' '무위(無爲, asaṃskrita)' '유(有, bhava)' '무(無, abhava)'같이 서로 모순되는 관계에서 전자가 먼저 생각되고 그 부정이 후자로 표현된다고 한다. 그와 같은 의미에서는 '변할 수 없는 것'이라고 까지는 말할 수 없어도 어떤 종(種)의 '방향성'은 인정하고 있는 듯하다. 단지 일례일 뿐이지만 이 '방향성'의 전제에 반하는 듯이 보이는 예가 있다. 제13장의 제7게송이다. 여기에서는 '공 아닌 것[非空]이 없으면 공이 없다'고 한다. 마지막의 제8게송과 함께 보기로 한다.
　　만일 공이 아닌 것이 무엇인가 존재한다면, 공인 것도 무엇인가 존재할 것이다. 그러나 [지금까지 설명한 것처럼] 공 아닌 것은 어떤 것도 존재하지 않는다. 어떻게 공인 것이 존재하겠는가. (13.7)
　　승리자[勝者, 붓다]들은, 공성(空性)은 모든 견해를 제거하는 수단이라고 했다. 그러나 공성을 견해로 갖는 자는 구제받기 어렵다고도 했다. (13.8)
　　이와 관련해서는 다음과 같이 생각해야 할 것이다. 즉 '모든 것은 공이고 공이 아닌 것은 없다' 그러나 그것도 실체화해서 '공 아닌 것'이 존재한다고 생각하는 사람에게는 '공'도 존재할 것이다. 그러나 실체화된 '공 아닌 것'이란 원래 생각할 수 없다. 그러므로 '공'도 실체로는 존재하지 않는다. 그것을 받아들여 다음의 제8게송에서 '공성'을 실체화하는 위험성이 지적되고 있다.

하나 보인다. 나카무라가 특히 주목하여 '상호의존의 연기'에 대한 근거로 삼은 제8장 '행위자와 행위대상[105]의 고찰' 제12게송이다.

> 행위의 대상을 조건으로 행위자[라는 개념·명칭]은 일어나고 그 행위자를 조건으로 행위의 대상[이라는 개념·명칭]은 일어난다. [이와 같은 상호의존관계] 이외에 양자가 성립하는 근거를 우리는 찾아내지 못한다. (8.12)

이것을 정식(定式)으로 만들어 정리하면 다음과 같다.

[언명 X]: 갑(甲)과 을(乙), 두 가지 개념은 서로 의존한다.

---

105 나카무라(中村)가 '행위'라고 번역하는 원어 '까르만(karman)'을 이 논서의 번역에서는 '행위대상'이라고 하고 있다. 확실히 '까르만'은 일반적으로는 '행위'를 가리키지만 문법 용어로는 '행위대상'의 의미로 사용된다. 용수는 대문법가 빠니니(Pāṇini)를 비롯한 문법가들이 주어인 행위주체, 동사인 행위, 목적어인 행위대상의 각각을 실체화하는 사고법을 강하게 부정하고 있다. 예를 들면 제2장 '걷는 행위의 과거·현재·미래 고찰' 등의 경우이다. 이 세 가지의 관계에서 가장 중요한 요소는 행위의 주체와 그 대상이다. 나항에서 이미 설명했지만 예를 들면 '본다'고 하는 경우, 보는 주체가 본다고 하는 행위를 한다. 원래 무엇인가 대상이 없으면 '본다'는 것은 불가능하다. 즉 '본다'는 행위는 보는 주체와 보이는 대상과의 관계 위에 생겨난다. 용수는 이 '보는 주체―보이는 대상'의 관계자체가 성립하지 않는다고 주장하고 있는 것이다. 물론 그렇게 되면 보는 주체와 그 보는 행위의 관계도 성립할 수 없다. 이와 관련해서는 다음 게송을 보면 명확하다.
　행위자(kartṛ)가 이미 존재하는 경우, 다시 또 행위(kriyā)는 필요하지 않다. 그렇다면 행위의 대상(karman)은 행위자를 수반하지 않게 될 것이다. 행위의 대상이 이미 존재하는 경우, 다시 또 행위는 필요하지 않다. 그렇다면 행위자는 행위의 대상을 수반하지 않게 될 것이다.(8.2)
이 게송에 대해 『월칭석』은 "행위의 대상(karman)이란 '행해지는' 것을 말하고 행위자에게 가장 원해지는 대상이다"라고 한다. 저본으로 사용한 예샤오융(叶少勇)의 텍스트도 그 해설에서 "그중 업(業, karman)은 행위의 대상을 가리키고 있는 것이지 결코 선악의 행위[業行]를 가리키고 있는 것이 아니다"라고 하고 있다.

언뜻 보기에 이것은 처음에 검토했던 근대의 학자들이 주장하는 '상호의존의 연기'를 '정의'한 것이라고 해도 좋을 내용이다. 그렇다면 역시 용수는 '상호의존의 연기'를 설하고 있는 것일까.

그러나 이 언명 X는 분명하게 앞에서 본 정식 B, '서로 의존하는 갑과 을은 동일한 것도 아니고 다른 것도 아니다'와 정식 C, '서로 의존하는 갑과 을은 한쪽이 성립하지 않으면 다른 쪽은 성립하지 않는다'의 주어와 그 수식어 부분이다. 이것은 '갑과 을'에 부여되는 전제조건이고 중요한 것은 그 귀결, 즉 '동일한 것도 아니고 다른 것도 아니다' 혹은 '한쪽이 성립하지 않으면 다른 쪽은 성립하지 않는다'는 부분이다. 그러므로 제8장 제12게송은 『근본중송』 중에서 귀결 부분을 함의하는 것으로 '행위자와 그 대상은 상호의존관계에 있다. 그렇기 때문에 독립적인 존재가 아니고 양자는 불일불이(不一不異)이다. 한쪽이 성립하지 않으면 다른 쪽도 성립하지 않는다'고 해석해야 할 것이다. 그렇지 않다면 다음에 위치하는 게송이 의미를 잃어버리게 되고 만다.

> 이와 같은 이유로 행위대상과 행위자가 부정되기 때문에 마찬가지로 〔집착의 대상인 오〕취〔온(五取蘊)과 그것에 집착하는 자도 부정된다는 것〕이 이해되어야 한다. 나머지 모든 것도 행위대상과 행위자에 따라 이해해야 한다. (8.13)

즉, 두 가지의 관계는 모두 이 장에서 다룬 '행위자와 행위대상'의 관계로 집약된다. 이미 살펴본 것처럼 용수는 여러 곳에서 다양한 사물〔존재〕이나 현상, 개념에 대해 그것들의 상호의존관계를 언급하고 있다. 하지만 그것은 서로 의존하고 있기 때문에야말로 독립적인 존재는 아니라는, 즉 각각은 무자성·공이라는 것을 주장하고 있는 것이다. 즉 양자의 관계자체가 성립할 수 없다는 의미다. 굳이 표현한다면 양자는 '동일한 것도 아니고 다른 것도 아니다. 한쪽이 성립하지 않으면 다른 쪽은 성립하지 않는다'가 된다. 대비 되는 두 가지가 '상호의존관계에 의해 성립한다'고 말하는 것이 결코 아니다.

이 '행위자와 행위대상'에 입각해서 말하면 행위자는 행위대상에 의존하고 그 행위대상은 행위자의 의존을 전제로 하여 행위자에 의존하며 그 행위자는 행위대상의 의존을 전제로 하여… 라는 식으로 무한순환[惡無限]이 되어 버린다. 용수는 이와 관련하여 행위자와 행위대상의 각각에 '이미 존재한다(과거)' '아직 존재하지 않는다(미래)' '존재하면서 존재하지 않는다(현재)'라는 세 구문의 분별을 적용해서 양자의 관계를 음미한다. 이 제8장에서 필요한 요소를 게송의 순서를 빼고 제시해 보면 다음과 같다.

(1) 이미 존재하는 행위자가 이미 존재하는 행위대상을 새롭게 만들어내는 일은 없다.

(2) 아직 존재하지 않는 행위자가 아직 존재하지 않는 행위대상을 목표로 하는 일은 없다.

(3) 존재하면서 존재하지 않는 행위자가 존재하면서 존재하지 않는 대상을 만들어내는 일도 없다.

(4) 이미 존재하는 행위자에 의해 아직 존재하지 않는 대상이 만들어지는 일은 없다.

(5) 아직 존재하지 않는 행위자에 의해 이미 존재하는 대상이 만들

어지는 일도 없다.

(6) 이미 존재하는 행위자가 존재하면서 존재하지 않는 대상을 만들어내는 일도 없다.

(7) 아직 존재하지 않는 행위자가 존재하면서 존재하지 않는 대상을 만들어내는 일도 없다.

(8) 존재하면서 존재하지 않는 행위자가 이미 존재하는 대상을 만들어내는 일은 없다.

(9) 존재하면서 존재하지 않는 행위자가 아직 존재하지 않는 대상이 만들어내는 일도 없다.

즉, 행위자를 실체화해서 파악하면 그 행위대상은 완전히 성립할 수 없게 된다는 의미이다. 행위대상을 기준으로 기술해도 이와 마찬가지가 된다. 이 직후에 등장하는 것이 앞에서 살펴본 제12게송이다. 그 내용은 다음과 같이 정리될 수 있다.

(0) 행위자와 그 대상은 상호의존관계에 있다. 그렇기 때문에 독립적인 존재가 아니다.

이것은 앞에서 살펴 보았던 정식 C '서로 의존하는 갑과 을은 한쪽이 성립하지 않으면 다른 쪽도 성립하지 않는다'에 해당한다고 보아야 할 것이다.

❹ 용수문헌들에서 '발전형 X' '발전형 Y'

이와 같이 『근본중송』에서 말하는 '공성'은 앞에서 언급한 세 가지 정식(定式) A, B, C로 정리된다는 것, 나아가 '상호의존의 연기에 관한 정의'라고도 말할 수 있는 언명 X는『근본중송』에 입각해서 보면 정식 C의 의미라는 것을 확인할 수 있었다. 덧붙여 말하자면 위에서 언급한 세 가지 정식은 제2장에서 거론 했던 용수의 논법 '을(乙)'을 말한다.

그렇다면 왜 굳이 '갑과 을, 두 개념은 서로 의존한다'라는 구문을 '언명 X'라고 명명하고 제시했는가. '언명 X'가 용수의 저술이라고 하는 다른 문헌들, 이른바 '용수문헌군(龍樹文獻群)'에 명확한 형태로 보이고 게다가 한층 더 발전하고 있기 때문이다. 이 발전된 형태의 '언명 X'을 이후 '발전형 X'라고 바꾸어 부르기로 한다.

〔발전형 X〕: 갑과 을, 두 개념은 서로 의존한다.

원래는 다음의 제2장 '용수의 저술' 부분에서 설명해야 할 것이지만 '상호의존의 연기'라는 관점에서『공칠십론』과『바이달야론(Vaidalyasūtra)』에 대해 간단하게 검토해 두기로 한다.

먼저『공칠십론』부터 보기로 한다.

P 무명(無明)은 행(行)이 없으면 생겨나지 않고 무명이 없으면 행은 생겨나지 않기 때문에 Q 이 양자는 서로 근거가 된다. 그렇기 때문에 R 자체로 성립하지 않는다. (11)

이미 검토한 것처럼『근본중송』에서는 시간적인 연속성에 있는 것, 특히 12연기의 12지에 대해서는 그 상호의존을 말하지 않는다.

그러나 여기에서는 '무명은 행이 없으면 생겨나지 않고'라고 시간 축을 역전시키고 있다. 즉, 밑줄 P는 변할 수 없는 시간상에 있는 '무명'과 '행'을 순수하게 개념으로 파악한 뒤 그 상호의존성을 확인하고 있다. 그 의미를 분명하게 언급한 것이 밑줄 Q이다. 물론 '무자성·공'을 주장하고 있기 때문에 R은 당연히 결론이다. 그러므로 형식상으로는 『근본중송』의 정식 B인 '서로 의존하는 갑과 을은 동일한 것도 아니고 다른 것도 아니다.'로 보이지만 'P+Q'는 명확하게 『근본중송』의 정신에서 벗어나 버렸다. 이 부분은 '발전형 X'라고 봐도 좋을 것이다. 『근본중송』에서는 종교인인 용수에게 유전문(流轉門)과 환멸문(還滅門)의 변할 수 없는 시간상의 흐름은 매우 중요했지만 『공칠십론』의 저자에게는 그다지 중요하지 않았고 그보다는 논리적인 정합성 쪽이 더 중요했을 것이다.

『공칠십론』에는 다음과 같은 게송도 있다. 이것은 저자 자신의 주석에 의하면 "모든 것이 '공'이라고 해도 '하나' '둘' '다수' 등의 수는 인정하는 대론자에게 답하는 게송이다. 그들은 수는 모든 것이 존재할 때 인정되기 때문에 모든 것이 공은 아니다"라는 입장을 견지한다.

'하나' 없이 '다수'는, '다수' 없이 '하나'는 〔수(數)로〕 작용하지 않는다. 그렇기 때문에 모든 갖가지 존재는 의존해서 일어나고 〔고유한〕 성질〔自相〕이 없다. (7)

수(數)는 순수하게 관념적인 것이고 그 각각은 속성과 그 '속성이 속하는 것〔基體〕'의 관계도 서로 모순 배제하는 관계도 없다. 게다가 '하나'는 기본적인 수이고 '하나'가 있고 '둘' 이상의 '다수(多數)'가 있다고는 말할 수 있어도 '둘' 이상의 '다수'가 있기 때문에 '하나'가 있다고는 말할 수 없다. 『공칠십론』의 저자는 이것을 '상호의존'이라고 파악하고 게다가 모든 존재의 관계까지 적용하여 자세히 설명하고 있다.[106]

더욱이 다음과 같은 게송도 있다. 저자 자신의 주석에 의하면 '모든 것이 공'이라고 해도 과거·현재·미래라는 세 종류의 시간은 존재한다고 하는 대론자에게 답하는 게송이다.

(1) 지속하지 않기 때문에, (2) 서로 의존해서 성립하기 때문에, (3) 추측되는 것이기 때문에, (4) 그 자체로 성립하지 않기 때문에, (5) 존재하지 않기 때문에 〔과거·현재·미래라는〕 세 종류의 시간은 존재하지 않는다. (29)

이 중 (2)의 '서로 의존해서 성립하기 때문에'에 대한 저자 자신의 주석에서는 '과거에 의존해서 현재와 미래가 성립하고 현재에 의존해서 과거와 미래가 성립하며 미래에 의존해서 현재와 과거가 성립한다는 형태로 서로 의존해서 성립한다고 생각되기 때문에'라고 설명한다. 물론 그렇기 때문에 세 종류의 시간은 자립적으로 존재하는 것이 아닌 무자성·공이라는 의미이다. 실은 이 '서로 의존해서 성립한다'는 구문이 후에 이른바 '상호의존의 연기'에 관한 '정의'가 된다.

이 게송들에서 수와 시간에 관해 논의된 것도 바로 '발전형 X'라

---

106 상스끄리뜨어에서 하나는 '에까(eka)'라고 하고, 다수는 '하나가 아닌 것'이라는 의미의 '안에까(aneka)'라고 한다. 즉, '깨끗함〔淨〕과 더러움〔不淨〕같이 하나와 다수는 언어상 그 성립에서 이미 대비가 된다.

고 말할 수 있을 것이다.

『근본중송』에서 용수는 '서로 의존하는 갑과 을은 한쪽이 성립하지 않으면 다른 쪽도 성립하지 않는다.'는 정식 C에 머물러 있었다. 목차 다항에서 상세하게 살펴본 것처럼 그에게 미혹에서 깨달음으로 가는 시간 계열, 즉 12연기는 이른바 생명선이었기 때문이다. 그것을 『공칠십론』은 아주 간단하게 방기하고 '발전형 X'라고 하는 근대의 연구자들이 '상호의존의 연기'라고 부르는 방향으로 한 걸음, 두 걸음 나아가고 있었던 것이다. 철학적·언어학적으로는 큰 비약일 수 있지만 그것으로 인해 잃어버린 것은 적지 않다고 생각한다.

다음으로 『바이달야론』을 보기로 한다. 그 처음 부분에 다음과 같은 수뜨라(sūtra)와 자신의 주석이 있다.

> 인식방법(pramāṇa)과 인식대상(prameya)의 두 가지는 혼합되어 있어 〔구별할 수 없다〕. (수뜨라1)

여기에서 인식방법과 인식대상의 두 가지는 뒤섞여 있는 것이라고 인정된다. 왜냐하면 대상이 있을 때 처음으로 인식방법은 인식방법이 되고 역으로 인식방법이 있기 때문에야말로 인식대상은 대상이 되기 때문이다. 그렇기 때문에 인식대상에 의해 인식방법은 성립하고 인식방법에 의해 인식대상은 성립한다. 그러므로 인식방법은 인식대상〔에 의해 증명되기 때문에 그 인식대상〕의 대상이 되고 인식대상도 인식방법〔을 증명하기 때문에 그 인식방법〕의 인식방법이 되어 버린다. 〔그 두 가지는〕 서로 의존해서만 자체를 얻을 수 있기 때문에 인식방법이라고 해도 〔그것은 방법이기도 하고 대상이기도 한〕 두 짝을 갖고 인식대상도 〔대상이기도 하고 방법이기도 한〕 두 짝이 있게 된다. 즉,

『중론』 용수의 사상·저술·생애의 모든 것

두 가지는 뒤섞여 있다.[107]

　　같은 '용수문헌군(龍樹文獻群)'의 하나인 『회쟁론』에서는 '인식방법과 인식대상'의 관계를 무한순환에 빠진다고 보아 성립하지 않는다고 논증한다(46~48게송). 하지만 이 『바이달야론』에서는 '인식방법과 인식대상'의 관계에 대해 양자는 '서로 의존해서만이 자체를 얻을 수 있다'고 하여 '발전형 X'의 형식으로 나타날 뿐만 아니라 나아가 양자의 관계를 '뒤섞여 있다'고 표현하고 있다. 즉 '증명하는 것'을 갑(甲)이라고 하고 '증명되는 것'을 을(乙)이라고 할 때 이 양자의 관계에는 갑에도 갑과 을의 측면이 있고 을에도 갑과 을의 측면이 있어 양자는 '뒤섞여 있다'. 이 '혼합'에 관해 이후에 전개되는 논의를 보면 '뒤섞여 있어 구별할 수 없다'는 '자립적인 존재가 아니다'라는 의미이다. '갑에는 갑과 을의 측면이 있고 을에도 갑과 을의 측면이 있다'고 하는 표현을 부연설명하면 예컨대 '자신에게는 자신과 타자의 측면이 있고 타자에게도 자신과 타자의 측면이 있다'는 것이 된다.[108] 이와 같은 발상은 『근본중송』의 정식(定式) A, B, C와는 상당히 거리가 있고 오히려 '발전형 X'의 생각을 보다 진전시킨 것이라고 해도 좋을 것이

107　번역문은 가지야마 유이치(梶山雄一), 우류주 류신(瓜生津隆真) 번역, 『大乘仏典(14) 龍樹論集』(中公文庫, 2004, 196~197쪽)에 의한 것이다.

108　이것은 목차 마항의 처음 부분에서 본 사이구사(三枝)의 다음과 같은 생각과 연결되는 발상이다. "자신과 타자라고 둘로 나누는 것은, 자신은 타자에 의존하고 타자는 자신에 의존해서 성립한다는 것만이 아니다. 그 위에 자신은 타자의 부정이고 타자는 자신의 부정이면서 타자에게는 타자의 자신이 있고 자신에게는 타자의 타자가 있다는 긍정을 필연으로 한다. 더욱이 자신이 자신인 것은 타자에게도 자신이 있다는 것과 타자의 타자인 것에 의존해서 있는 것이 된다. 이와 같이 자신과 타자의 상호부정과 상호긍정, 즉 상호배제와 상호의존이 교착하고 있다."

다. 이를 표시하면 다음과 같다.

[발전형 Y]: 갑과 을, 두 개념은 서로 의존하고 뒤섞여 있다.

논리학서인 『바이달야론』에 보이는 이 생각은 현대 언어철학의 관점에서 봐도 매우 뛰어난 견해이지만 『근본중송』이 추구하는 것과는 다른 지평에 서 있었다고 해도 좋을 것이다.

❺『근본중송』의 주석서에서 '발전형 Z'

『근본중송』 제8장 12게송에 대한 한역인 『청목주』 제8장 11게송의 주석에는 다음과 같은 표현이 있다.

> 업(業)은 먼저 결정하는 일이 없다. 사람에 의해 업이 일어나고 업에 의해 행하는 자가 있다. 행하는 자도 또한 결정이 없다. 업을 행하는 것에 의해 이름을 붙여 행하는 자(作者)라고 한다. 두 가지가 화합하기 때문에 행함(作)과 행하는 자(作者)가 성립할 수 있다. 만일 화합에서 생겨난다면 바로 고유한 성질(自性)이 없는 것이다. 고유한 성질이 없기 때문에 공(空)이다. 공이라면 생겨나는 것이 없다. 단지 범부의 기억이나 분별을 따르기 때문에 업을 행하고 행하는 자가 있다고 설한다. 제일 근원적인 뜻에 의하면 업을 행하는 일도 없고 행하는 자도 없다.

알기 쉽게 설명하면 '업(作, 作業)'[109]과 업을 '행하는 자(作者)'는 어

---

109 이미 설명한 것처럼 원래는 '업(業)', 즉 행위가 아니고 '행위대상'이라고 해야 할 것이다.

느 쪽도 고유한 존재성〔自性〕이 없는 공(空)이지만 두 가지가 '화합'함으로써 '업〔作, 作業〕', 업을 '행하는 자〔作者〕'라는 명칭을 갖는 것으로 성립한다. '승의제(勝義諦)로는 존재하지 않지만 범부의 분별에 의해 '업〔作, 作業〕'·업을 '행하는 자〔作者〕'가 있다는 개념설정이 이루어진다.

같은 게송에 대해 월칭(月稱, Candrakīrti)은 다음과 같이 설명한다.

> 이 경우, 현재에 어떤 행위도 하지 않고 행위대상을 전제로 하지도 않는 자가 행위자라는 것은 있을 수 없다. 그렇기 때문에 행위대상을 전제로 한 행위자가 행위자가 된다. 더욱이 행위자에 의해 행해지지 않는 어떠한 것에도 행위대상은 있을 수 없고 현재에 행해지고 있는 것이야말로 행위대상이라는 명칭이 있게 되기 때문에 그 행위자에 의해 행위대상〔이라는 개념·명칭〕이 일어난다. 그렇기 때문에 그와 같이 행위대상과 행위자의 양자가 서로 전제로 해서 성립하는 것을 제외한, 그 이외의 성립 원인을 우리가 보는 일이 없다.

이어서 게송에 대해 다음과 같이 설명한다. "'마찬가지로'라고 함으로써 직전의 행위대상과 행위자라는 개념설정을 나타낸다. … 행위대상과 행위자와 같이 서로를 전제로 하는 것은 성립하지만 본성을 갖는 것으로 〔성립하는 것〕은 아니다." 『청목주』와 마찬가지로 행위대상과 행위자는 서로를 전제로 하고 서로를 의존함으로써 '행위대상' '행위자'라는 명칭, 개념설정이 일어나지만 실체성이 있는 것은 아니라고 말하고 있다.

또한 『근본중송』 제7장 16게송에 대한 한역인 『청목주』 제7장 17게송의 주석에서는 다음과 같이 말한다.

연소와 연소하게 하는 것이 인연화합하여 이루어진 고유한 성질〔自性〕이 없는 것과 같다. 연소하게 하는 것이 없기 때문에 연소 또한 없다. 연소가 없기 때문에 연소하게 하는 것 또한 없다. 모든 법도 또한 이와 같다. 그렇기 때문에 여러 조건에 의해 일어나는 법에는 고유한 성질이 없다. 고유한 성질이 없기 때문에 공(空)이다.

청목은 월칭이 '서로를 전제로 한다', 혹은 '서로 의존한다'고 하는 것을 '화합' '인연화합'이라고 말하고 있다. 이 말들은 각각 월칭의 '집합(集合, 總體, sāmagrī)' '원인과 모든 조건의 집합〔總體〕'에 해당하지만 실은 『월칭석』에서도 거의 같은 의미로 사용되고 있다. 제25장 '열반의 고찰(觀涅槃品)' 제9게송의 해석에 다음과 같은 구절이 있다.

이 중에 생(生)과 사(死)의 윤회를 왕래한다는 것은 오기도 하고 가기도 하는 것, 태어남과 죽음의 연속이라는 의미이다. 그리고 이 생과 사를 왕래하는 것은 어떤 때에는 <u>원인과 모든 조건의 집합〔총체〕에 의거</u>해 '존재한다'고 개념적으로 설정된다. 예를 들면 '긴 것과 짧은 것'처럼. 또는 어떤 때에는 '발생한다'고 개념적으로 설정된다. 등불과 조명처럼, 혹은 씨앗과 싹처럼.

여기에서는 열반과 대비되는 것으로 '생(生)과 사(死)의 윤회를 왕래하는 것, 생과 사의 연속', 즉 '죽은 다음 다시 태어나는 것'에 대해 설명하고 있지만 그 인연화합의 의지처를 '긴 것과 짧은 것', '등불과 조명' '씨앗과 싹'의 관계에 비교하고 있다. '원인과 모든 조건의 집합〔총체〕'이라는 말 자체는 예를 들면 씨앗의 경우, 씨앗이라는 원인에 더해 토양·습도·온도·밝기 등 모든 조건이 빠짐없이 모두 모여〔총체〕 싹이라는 결과가 나타나는 것을 가리킨다. 하지만 그럼에도 불구하고 '씨앗과 싹'이라는 양자의 인과관계에 대해 '발생한다'고 개념적으로 설정한다고 한다. 다시 말하면 '생과 사' '긴 것과 짧은 것' 같은 존재나 '등불과 조명' '씨앗과 싹' 같은 현상에서 일어나는 두 개념 사이의 관계로 파악한다. '씨앗과 싹' 같은 보통은 시간상의 인과관계에 있는 것도 '긴 것과 짧은 것'과 같은 상대적인 개념사이의 관계와 마찬가지로 '원인과 모든 조건의 집합〔因緣和合〕'이라고 표현하고 있다. 이것은 『청목주』가 '업과 업을 행하는 자'를 '두 가지의 화합' '연소와 연소하게 하는 것'을 '인연화합(因緣和合)'이라고 표현하는 것과 궤를 같이 한다. 즉, '서로 의존하는 두 개념은 원인·조건〔因緣〕의 집합〔和合〕에 의해 설정된다'는 것이다. 여기에서 말하는 '원인과 모든 조건의 집합' '인연화합'은 양자가 서로 원인·조건〔因緣〕이 되어, 즉 서로 의존하여 개념적으로 설정된다는 의미이다.

　『청목주』나 『월칭석』에 보이는 이 '상호의존'의 생각을 '발전형 Z'라고 해 둔다. 이것은 '발전형 X'의 더욱 진전한 형태라고 말해도 좋을 것이다.

　〔발전형 Z〕: 서로 의존하는 두 개념은 원인·조건의 집합〔因緣和合〕에 의해 설정되고 명칭이 붙여진다.

　이 발전형 Z는 논법으로는 정식(定式) A, B, C에서 벗어나지 않는다. 오히려 논리적으로는 순조롭게 발전해왔지만 '씨앗과 싹' 같은 시간상에 있는 것 까지도 순수하게 개념 사이의 관계로 환원하고 있는 점은 '무명과 행' 등 12연기의 12지 사이의 관계를 순수한 개념으로 파악하는『공칠십론』과 같은 방향에 있다고 할 수 있다. 또한, 공성(空性)에서 해탈에 이르기까지의 환멸문을 근간으로 하는『근본중송』과는 크게 괴리되어 버린다.

　다음과 같이 정리할 수 있을 것이다. 근대의 학자들이 강조하는 '상호의존의 연기'라는 사유방식은 먼저『공칠십론』에서 그 한 걸음을 내딛고('발전형 X')『바이달야론』에서 개념간의 관계로 전개되어 갔으며('발전형 Y')『근본중송』의 주석서에서 명확하게 그 모습을 나타낸('발전형 Z')다.『공칠십론』이나『바이달야론』등의 '용수문헌군'에서는 '두 가지는 '동일하지 않으면서 다르지 않은(不一不異)' 관계에 있고 서로 독립적으로 존재하는 것이 아니다'라는 것을 전제로 연기를 다루고 있다. 그 점에서는『근본중송』에서 사용하는 공성 논법의 테두리 안에서 발전한 형태라고 볼 수 없는 것도 아니다. 하지만 목차 다항에서 상세하게 검토한 것처럼 제18장에서 설해진 '희론 → 분별 → 업·번뇌'(流轉門)와 '공성 → 희론의 소멸 → 분별의 소멸 → 업·번뇌의 소멸 → 해탈'(還滅門)이라는 변화할 수 없는 인과과정과는 관계없이, 혹은 오히려 그것을 부정하는 방향으로 나아가 버린다.『청목주』나『월칭석』도『근본중송』의 뛰어난 주석서이긴 하지만 주석가의 의도와는 달리 '발전형 Z'에 입각해서 보는 한『근본중송』의 공성에 관한 이론인 정식(定式) A, B, C와는 상당히 거리가 있는 것으로 생각된다. 반복이 되겠지만『근본중송』의 '연기'는 어디까지나 12연기이고 그 '연기'와 등치라고 하는 '공성'도 그 근간에는 '공성 → 희론의 소멸 → 분별의 소멸 → 업·번뇌의 소멸 → 해탈'이라는 환멸문이 있다. 이 두 주석서에 보이는 '발전형 Z'가 흔히 말하는 '상호의존의 연기'와 연결되어 왔지만 현재, 우리가 자주 듣고 있는 이 '상호의존의 연기'는 적어도『근본중송』의 '연기'와는 관계가 없고 단순히 '두 개념 사이의 상호 의존관계'를 가리키는 것이라고 해야 할지도 모른다.

❻ 현대철학과 '상호의존의 연기'

마지막으로 '상호의존의 연기'의 의미를 생각하는 데 참고가 되기 때문에 서양철학자인 구로사키 히로시(黒崎宏)의『근본중송』에 관한 해석을 살펴보기로 한다. (점 표시는 저자가, 밑줄은 필자가 강조를 위해 표기한 것이다)

> '8부정〔八不〕'의 주장에서 언급되는 '8부정〔八不〕의 세계'는 존재론의 영역에서 이해하면 안 된다. 그렇다면 어떤 영역에서 이해하지 않으면 안 되는가. 그것은 존재론의 영역을 근저에서부터 부정하는 언어게임의 영역에서 이해해야 한다. 언어게임이란 언어와 행위가 짜여져서 만들어 내는 세계를 의미한다. 언어게임은 하나의 세계를 구성하고 있다. 예컨대 어떤 게임도 그것보다 먼저 성립하여 존재하는 실체의 세계를 묘사하는 것이 아니라 그 자체가 어떤 의미에서 실재하는 하나의 세계를 구성하는 것과 같다. 그리고 거기에서는 모든 것이 의미상으로 연결되어 합해져 있다. 그러므로 '8부정〔八不〕의 세계'는 어떤 의미에서 실재의 세계이지만 실체의 세계는 아니며 모든 것이 의미상으로 연결되어 합해져 있는 '언어게임의 세계'로 이해하지 않으면 안 된다. 대승불교에서는 그와 같은 모든 것이 의미상으로 연결되어 합해져 있는 세계를 '연기의 세계'라고 말한다. … '연기'란 무엇인가. 그것은 '의미상의 모든 관계'를 말한다. 그러므로 대승불교의 근본사상은 '모든 것은 의미상의 관계에 의해 존재하고 있다'는 것이다. '모든 것은 의미상의 존

재'가 된다. 혹은 '모든 것은 언어상의 존재'라고 말해도 좋다. 그리고 이것이야말로 바로 비트겐슈타인 '언어게임론'의 핵심이다.[110]

예를 들면 '지붕'이라는 부분이 있음으로써 '집'이라는 전체가 있다. 그러나 '집'이라는 전체가 있음으로써 '지붕'이라는 부분도 있는 것이다. '집'이 없다면 '지붕'은 쓰임을 알 수 없는 기묘한 X에 지나지 않을 것이다. 그러므로 '지붕' 속에는 의미상 '집'이 들어가 있고, 또한 '집' 속에는 사실상뿐만 아니라 의미상으로도 '지붕'은 들어가 있다. 이와 같이 '지붕'과 '집'은 의미상 서로 들어가 있다. '의미상 서로 침투하고 있는 것이다.' 이것이 '서로 연기의 관계에 있다'는 것이 아닐까. '연기의 관계'란 '의미상의 관계'이고 '논리적인 상관관계[相依性]'를 말하는 것이 아닐까. '연기의 관계'란 '조건에 의해 일어나는 관계'가 아니다. 그리고 두 가지 사이에 '연기의 관계'가 있으면 양자는 '의미상 서로 침투하고 있는'것이기 때문에 '동일하지 않으면서 다르지 않은(不一不異)' 관계이다. [111]

여기에서는 '발전형 X'는 물론이고 '발전형 Y'도 '발전형 Z'도 완전하게 갖추고 있다. 구로사키(黒崎)는 용수의 '8부정[八不]'만을 토대로 하여 생각할 수 있는 불교를 '순수불교'라고 부르지만 이것은 결국 번뇌, 괴로움[苦], 윤회, 나아가 4성제, 12연기, 여래, 열반 등 인간

---

110 구로사키 히로시(黒崎宏)『ウィトゲンシュタインから龍樹へ私説『中論』』哲学書房, 2004. 19~21쪽.

111 구로사키 히로시『純粋仏教セクストスとナーガールジュナとウィトゲンシュタインの狭間で考える』春秋社, 2005. 143~144쪽.

의 미혹과 깨달음에 관한 불교적 개념은 모두 불순한 것으로 배제한다는 의미이다. 『중론송』제8장 제12게송의 해석에서부터 실마리가 됐다고 생각되는 '상호의존의 연기'는 『공칠십론』이나 월칭의 해석을 거쳐 이와 같은 '언어게임론'으로 연결되기에 이른 것이다. 이것은 구로사키 자신이 밑줄 부분에서 명기하고 있는 것처럼 용수가 말하는 '연기'가 아니라 '논리적인 상관관계(相依性)'라고 말해야 할 것이다.

❼ 총정리 하면서

지금까지 '상호의존의 연기'와 연관되는 주요한 자료를 살펴보았다. 그 과정에서 반복적으로 확인했던 것처럼 『근본중송』자체는 '상호의존의 연기'를 말하고 있지 않다. 용수는 모든 존재·현상·개념을 실체화하는 것에 대해 '연기' 개념설정(因施設)과 등치 되는 '공성(空性)'으로 논파하고 있다. 그 와중에 다양한 논법이 구사되고 있고 그중 하나가 두 가지의 관계를 상호의존 관계로 몰아넣어 무자성·공을 분명하게 한다는 논법 '을(乙)'이다. 용수는 의존관계를 부정하고 있다. 그가 주장하는 연기는 어디까지나 연속하는 시간과 관계된 것이지 '상호의존의 연기'는 비슷하지만 아니다.

　용수 정도의 인물이기 때문에 그리고 실제로 제8장 제12게송을 쓴 사람이기 때문에 연속적인 시간상의 변화할 수 없는 관계도 모두 개념으로 파악하고 그것들이 '상호의존하는 연기'로 성립한다고 선언하는 것이 가능했다고 생각한다. 실제로 『공칠십론』은 그것을 실행하고 있다. 그러나 『근본중송』에서 굳이 그렇게 하지 않는 것은 그렇게 해버리면 '미혹으로부터 깨달음으로'라는 불교의 목표가 의미를 잃어버리게 되기 때문이다. '미혹'과 '깨달음'이 서로 의존에 의해 성립한다고 하는 시점은 사람들에게 큰 해방감을 주겠지만 우리가 살아 있는 '되돌릴 수 없고 변화할 수 없는 시간의 흐름이라는 현실'의 무게를 없애버리게 되어버리고 만다. 또한, '공성에 관한 인식의 수행'으로 '언어적 다원성〔戲論〕을 소멸하고 상서로운〔길상〕 열반을 획득'하는 수행도의 의의를 부정하게 되어 버리고 만다. '미혹으로부터 깨달음으로'를 시간의 흐름으로 설명한 12연기는 용수에게 매우 중요한 의미가 있고 그렇기 때문에 『근본중송』에서는 제25장에서 실질적으로 공성을 설하고 그 다음에 '12연기의 고찰'을 배치한 것이다.

또 한 가지 용수가 '상호의존의 연기'를 적극적으로 설명하지 않은 이유가 있다. 앞에서 본 '발전형 X~Z', 특히 Z는 무자성·공을 논증하기 위한 논리라고 해도 어디까지나 종(種)이 세속에서의 존재하는 방식인 상호의존관계에서 정착하도록 한다. '상호의존에 의한 개념설정' '상호의존에 의한 양자의 성립'은 『화엄경』의 법계연기와 같은 조화가 만들어내는 안정과는 조금 다를지 몰라도 역시 어떤 종(種)의 안정감을 자아낸다. 그러나 용수에게 상호의존관계란 어디까지나 무한순환·악무한(惡無限)의 상태를 말한다. 실존적인 불안이라고까지는 말할 수 없겠지만 그러나 그와 가까운, 혹은 그 이상의 '허공에 매달려'있어 불안정한 상황일지도 모른다. 그런 의미에서 이른바 '상호의존의 연기'는 실체화가 초래하는 어떤 종(種)의 고정화·견실성·안정감으로 연결될 '위험'을 안고 있다. 이것도 또한 '언어적 다원성〔戲論〕'이라고 생각한다. 용수가 설한 '동일하지 않으면서 다르지 않다(不一不異)'는 것조차 경우에 따라서는 안정된 관계로 파악할지도 모른다. 용수는 이 종(種)의 희론(戲論)도 공성에 의해 소멸하길 바란 것은 아닐까.

『근본중송』을 용수의 전기 작품, 『공칠십론』을 후기 작품으로 보는 견해도 충분히 있을 수 있다. 그 정도로 양자의 연기관은 다르다. 과연 『공칠십론』의 저자는 『근본중송』의 저자인 용수일까. 혹은 완전히 별개의 인물일까. 이와 관련해서는 다음 장인 '용수의 저술'에서 『근본중송』의 저자 용수와 '용수문헌군' 저자들의 관계라는 관점에서 보다 상세하게 검토해 보기로 한다.

제2장

용수의 저술[112]

가.『근본중송』과 그 주석서

『근본중송』은 아누슈투브(anuṣṭubh), 혹은 슐로까(śloka)[113]라는 하나의 게송이 2행4구, 전체 32음절로 이루어진 시의 형태로 쓴 용수의 저술이다. 이 책이 저본으로 한 것은 예샤오융(叶少勇)의 범문교정본이다. 이 텍스트는 귀경게가 2게송, 전체 27장의 본 게송은 445게송으로 이루어져 있다. 내용에 대해서는 이 책 '해설 편' 제1장에서 이미 설명했지만, 초기경전과 밀접하게 연관된다는 것을 알 수 있었다.『근본중송』을 이해하기 위해서는 아비달마 교학의 연구와 초기경전의 비교 연구가 필수적이다.

　그와 동시에『근본중송』주석서의 연구도 매우 중요하다는 것은 말할 필요도 없을 것이다. 용수의 사상을 충분히 이해하기 위해서는

---

112 이 제2장은 제1장에서 거론한 필자의 논문「龍樹の縁起説(1)─とくに相互依存の観点から」,「龍樹の縁起説(2)─とくに十二支縁起との関連から」,「龍樹の仏陀観─龍樹文献群の著者問題を視野に入れて─」외에「インド大乗仏教における偽書・擬託の問題: とくに龍樹の著作を中心にして」(『「偽」なるものの「射程」』, 勉誠出版, 2013)에 입각한 것이다.

113 아누슈투브(anuṣṭubh)와 슐로까(śloka) 중에서는 전자 쪽이 오래된 것이다.『근본중송』이외는 슐로까라고 하는 편이 좋을 것이다.

그 사상의 계승자들이『근본중송』하나하나의 구문이나 논의되고 있
는 사상을 어떻게 이해하고 발전시켰는지를 확인해야 하기 때문이다.
　현존하는 주석서는 다음의 일곱 가지이다.

　1.『무외론(無畏論, Akutobhaya)』(티베트역)
　　티베트의 전승에서는 용수 자신의 주석이라고 하지만 저자는
　　아직 알려지지 않았다고 해야 할 것이다.

　2.『청목주(青目註)』(한역)
　　범지청목(梵志青目, piṅgala[114])의 저술. 구마라집에 의한 한역『중
　　론』으로 알려져 있다.

　3.『순중론(順中論, 順中論義入大般若波羅蜜經初品法門)』(한역)
　　유가행파인 무착(無著, Asaṅga)의 저술. 세친(世親, Vasubandhu)의
　　저술이라는 설도 있다. 정확하게는 주석이 아니라『반야경』이
　　설한 공사상을 기반으로, 혹은 그 사상을 보다 깊게 이해하기
　　위해『근본중송』, 특히 귀경게의 '8부정[八不]'에 대해 고찰한
　　것이다.

　4.『불호주(佛護註)』(티베트역)
　　불호(佛護, Buddhapālita)의 저술. 제23장 제17게송 이하는『무외

---

114 청목에 대해서는 다음 필자의 논문을 참조.「『十二門論』と龍樹・青目・羅什(2)：とくに青
目について」『印度学仏教学研究』55(2), 2007., "Who was Ch'ing-mu ("blue-eyes")", 『創
価大学・国際仏教学高等研究所年報』(11), 2007.

론(無畏論)』과 같다. 이 주석을 인용하는 후세의 주석서도 제23장 이하는 인용하지 않기 때문에 이 부분은 비교적 빠른 시기에 누락되어 그것이 어떤 시기에 『무외론』에 의해 보완되었다고 생각된다. 새롭게 발견된 범본 단편도 유감스럽지만 제20장 이전의 것이기 때문에 이 부분은 포함되지 않는다.

5. 『반야등론(般若燈論, Prajñāpradīpa)』(티베트역, 한역)
청변(清辯, Bhāvaviveka)의 저술. 관서(觀誓, Avalokitavrata)에 의한 복주(티베트역)가 있다.

6. 『대승중관석론(大乘中觀釋論)』(한역)
유가행파의 안혜(安慧, Sthiramati)의 저술. 유식사상의 입장에서 해석했다는 점에서 중요한 자료이다. 하지만 유감스럽게도 그 번역문의 난삽함 때문에 충분한 해설과 연구가 아직 이루지지 않고 있다.

7. 『쁘라산나빠다(prasannapadā)』(범본, 티베트역)
월칭(月稱, Candrakīrti)의 저술. 유일하게 『근본중송』의 범문 전체를 전하고 있다.[115]

이 중에 1과 2는 둘 다 고대의 주석으로 중요한 자료이다. 하지만

---

115 『근본중송』 전체의 범문을 전하고 있는 것은 『쁘라산나빠다(Prasannapadā)』뿐이지만 예샤오융(叶少勇) 박사가 발견한 단행본인 『근본중송』의 범문사본 단간이 전체의 4분의 1 정도의 분량으로 남아 있다.

거의 같은 구문을 사용해서 해석을 하고 있는 부분과 완전히 다른 견해를 나타내고 있는 부분이 있기 때문에 "양자는 공통의 자료에서 파생한 다른 주석서이다", "2는 구마라집(鳩摩羅什)의 편집을 거친 1의 의역 내지는 자유로운 번역이다" 등의 설이 있다. 마찬가지로 구마라집이 번역했다고 하는 『십이문론』[116]은 1과 2의 양쪽에서 적당하게 선택적으로 인용하거나, 정확히 말하자면 변형시켜 인용하고 있기 때문에 구마라집이 저본으로 한 것은 어느 쪽이든 4세기경에 성립했을 것이라고 생각된다. 1쪽이 오래된 것이라는 인상을 주지만 자료가 같을 가능성도 있고 그 선후를 간단히 결정할 수는 없다.

3과 6은 용수의 사상을 계승하는 중관 학파와 교리적으로 대립하는 유가행파의 대학자에 의해 지어진 저술이자 주석서이다. 3의 저자는 4~5세기, 6의 저자는 6세기 사람이라고 한다. 용수는 중관 학파의 시조라고 하지만 이 두 주석서로 인해 용수가 유가행파 사람들에게도 크게 영향을 끼쳤다는 것을 알 수 있다.

4의 저자 불호는 4~5세기경 사람으로 후세의 티베트 학자들에 의해 중관 학파 중에서도 귀류논증파의 시조가 된다.

5의 저자 청변은 5~6세기경 사람으로 거의 동시대 논사인 진나(陳那, Dignāga)의 논증형식인 삼지작법(三支作法)을 도입하고 『근본중송』의 주석에서도 논증식을 적극적으로 활용하여 중관 학파의 진리를 논증하려고 하였다. 중관 학파의 사상사 중에서는 자립논증파의 대표

---

116 '용수 지음, 구마라집 번역'이라는 『십이문론』이 용수의 저술이 아니라 번역자인 구마라집이 다양한 문헌에 기반해서 편집했을 가능성이 높다는 점을 분명하게 밝힌 필자의 논문 「ナーガールジュナ作『十二問論』とその周辺」(『シリーズ大乗仏教6 空と中観』, 春秋社, 2012)이 있다. 여기에서는 『십이문론』의 관점에서 『무외론』과 『청목주』와의 관계를 논하고 있다.

라고 한다.

　7의 저자 월칭(月稱, Candrakīrti)은 6~7세기 사람으로 청변의 논법을 강하게 비판하고 불호의 귀류논증법을 변호했기 때문에 불호를 계승하는 귀류논증파라고 한다. 7은 모든 주석 중에서는 유일하게 범문원전이 완전한 형태로 전해지고 있고, 벨기에 불교학자 푸생의 뛰어난 교정본에 기반한 번역·연구도 진척되고 있다. 하지만 새롭게 입수 가능하게 된 모든 사본의 정밀한 교정과 최근 연구 성과에 입각한 원전비평교정본(critical edition)이 이제 막 발표되기 시작했다.

　이상의 모든 주석 외에 『근본중송』의 연구에서 빼놓을 수 없는 것이 지금부터 검토할 용수의 저작이라고 알려져 있는 문헌들과 제바(提婆, Āryadeva)의 저술, 예를 들면 『사백론(四百論)』 『백론(百論)』 『백자론(百字論)』 등이다. 모든 주석이 용수의 사후 100~400년 정도 사이에 작성된 것인 데 비해 용수의 제자라고 하는 제바는 이른바 동시대의 인물이고 특히 공관, 연기관 등에 보이는 차이는 매우 중요한 자료가 될 것이다.

나. 『근본중송』의 저자와 용수의 저술로 알려진 문헌들

다음으로 『근본중송』의 저자인 용수의 저술로 알려져 있는 문헌들에 대해 고찰해 보기로 한다. 이와 같은 문헌들을 편의상 '용수문헌군(龍樹文獻群)'이라고 부르기로 한다. 용수의 저술로는 실제로 수많은 다양한 저서가 전해지고 있다. 그중 어느 작품을 용수의 진작으로 해야 할지에 대해서는 현대의 연구자들 사이에서도 견해가 갈리고 있다. 여기에서는『근본중송』과 그 외의 작품들, 즉 '용수문헌군(龍樹文獻群)' 에 보이는 '공관' '연기관' '붓다관' 등에 나타나는 차이를 근거로 용 수의 저작은『근본중송』뿐이고 그 외의 저작은 그의 이름을 빌어 작 성한 문헌이라는 '가설'을 세우려고 한다. 이것은 어디까지나 가설이 다. 예를 들면『근본중송』을 포함하여 5종류 내지 6종류의 작품을 티 베트에서는 '정리집성(正理集成)'이라고 부르고 있는데 적어도 이 저 서들에 관해 모두 '용수의 진작이고 각 저서들 간의 용어·사상의 차 이는 저자의 사상이 깊어졌거나 집필 동기가 다르기 때문이라는 견해 를 전면적으로 부정하는 것은 아니다. 다만 이 가설을 근거로 다른 모 든 문헌을 비판적으로 봄으로써 오히려『근본중송』의 특성이 한층 더 분명하게 드러날 것이라고 생각한다.

『근본중송』과 그 외 작품과의 관계를 태양과 그 주변을 둘러싼 혹성들에 비교하는 것에 이의는 없을 것이다.『근본중송』이 비춘 공 성(空性)의 빛이라는 은혜를 받아 각각의 작품은 독자적인 빛과 주장 을 나타내고 있다. 이 경우 태양계 전체가 용수의 작품들이 된다. 하 지만 필자는『근본중송』의 저자를 태양에, 그 외 모든 문헌의 저자들 을 혹성이라고 생각한다.『근본중송』의 저자인 용수만이 자신의 빛을 비추는 태양이고 그 외의 이른바 '용수문헌군'의 저자들은 공성의 빛 을 근원에 두고 각각이 놓인 문화적인 상황, 종교적인 과제 등에 대응 하여 독자적인 주장을 전개하고 있다고 본다. 이 경우 태양계 전체에 비교되는 것이 다음의 제3장에서 설명하는 '종교적인 인격을 가진 용 수'가 된다.

그럼 지금부터 이 가설에 따라 용수문헌군을 검토해 보기로 한다.

다. 용수문헌군의 종류와 그 내용[117]

먼저, 구체적으로 '용수문헌군(龍樹文獻群)'에는 어떤 것이 있는지 주요한 문헌들을 살펴보기로 한다.

1 『육십송여리론(六十頌如理論)』: 게송, 범본(단편), 티베트역, 한역

2 『공칠십론(空七十論)』: 게송＋자신의 주석, 티베트역

3 『회쟁론(廻諍論)』: 게송＋자신의 주석, 범본, 티베트역, 한역

4 『바이달야론』: 경(sūtra)＋자신의 주석, 티베트역

5 『보행왕정론(寶行王正論)』: 게송, 범본(일부분), 티베트역, 한역

6 『권계왕송(勸戒王頌)』: 게송, 티베트역, 한역

7 『대승이십송론(大乘二十頌論)』: 게송, 범본, 티베트역, 한역

8 『인연심론송(因緣心論頌)』: 게송, 범본, 티베트역, 한역

이 외에 한역만이 전해지고 있는 『십이문론』(산문), 『대지도론』(산문), 『십주비바사론』(게송＋자신의 주석), 『보리자량론』(게송) 등이 있으며 중국을 비롯한 한자문화권에서는 이 문헌들이 『근본중송』의 주석서인 『청목주』(한역 『중론』)와 함께 매우 중요하게 여겨지고 있다.

이에 비해 티베트 불교에서는 이미 거론한 것처럼 『근본중송』에 1～4, 경우에 따라서는 5를 추가한 것을 '정리집성'이라고 하여 가장 중요한 문헌으로 삼고 있다. 다수의 현대 연구자들도 1～5를 '용수의

---

117 용수 저작의 진위를 면밀하게 고찰한 것에는 쓰다 아키마사(津田明雅)의 박사논문인 『Catuhstavaとナーガールジュナ: 諸著作の真偽性』(博士論文, 京都大学文学研究科, 2006)을 참고했다.

진작'이라고 한다. 물론 1~8 전부를『근본중송』의 저자가 지은 것으로 보는 연구자도 있다.

용수가 지은 것으로 거론되는 문헌으로는 위에서 거론한 것 외에 『방편심론(方便心論)』(산문, 한역), 『대승파유론(大乘破有論)』(산문, 티베트 역, 한역), 『대승보요의론(大乘寶要義論, sūtra, samuccaya)』(산문, 티베트역, 한 역), 『사찬송(四讚頌)』(게송, 범본, 티베트역) 등이 알려져 있다.

지금부터 용수문헌군의 핵심이 되는 1~8에 대해 각각의 내용을 『근본중송』과 비교하면서 검토하기로 한다.[118]

1)『육십송여리론』[119]

『육십송여리론(六十頌如理論)』의 원어는 '[연기의] 이치에 관한 60[가 지의 시송]'이라는 의미로 시의 형태는 일반적으로 4구 32음절로 이 루어지는 슐로까(śloka)이다. 우선 이 논서의 주제를 요약하면 다음과 같다. '조건에 의해 일어나는 하나하나의 존재는 고유한 성질[自性]을 갖고 일어나는 것이 아니고(不生), 또한 소멸하는 것도 아니다(不滅).

---

118 이 여덟 문헌들의 번역, 해석에 대해서는 가지야마 유이치(梶山雄一)와 우류주 류신(瓜 生津隆真)의 번역인『大乘仏典(14)龍樹論集』(中公文庫, 2004)을 참고했다. 사용한 기 본 텍스트도 이 책의 해제에서 거론되는 내용에 의거한 것이지만 새롭게 교정본이 출판 되어 있는 경우, 그것에 따라 그 취지를 표기하였다.

119 기본 텍스트로는 리쉐주(李学竹)와 예샤오융(叶少勇):『六十如理颂』—梵藏汉合校·导 读·译注, (中西书局, 2014.)를 사용하였다.『육십송여리론』의 범문사본은 현존하지 않 지만 월칭석의 범문단편이 있고 그 외에도 후세의 논서에 다수 인용되고 있어 그 인용문 헌으로부터도 많은 범문(귀경게+60게송 중 37게송)이 회수되고 있다. 게송의 일부만인 것도 포함된다.

그와 같이 연기의 이치를 이해하면 윤회하는 생존[生死]의 바다를 건널 수 있다.' 불가사의 한 것은 『육십송여리론』에는 '공(空)'[120] 혹은 '공성(空性)' '언어적 다원성[戱論, prapañca]' '개념설정[施設, prajñapti]' '2제' '동일하지 않으면서 다르지 않다(不一不異)'라는 『근본중송』의 중요한 용어들이 보이지 않는다는 점이다.

또한 『근본중송』의 주장은 (1) '공성'이 '붓다의 말[佛說]'이라는 것, (2) '공성'에 의해 '유(有)'와 '무(無)'를 실체화하는 잘못된 견해를 타파한다는 것, (3) '공성'이라는 가르침의 궁극적인 목적은 열반에 있다는 것이었다. 하지만 『육십송여리론』에서 '공성'은 '연기'로 대체되어 (1) '연기'는 '붓다의 말[佛說]'이라는 것, (2) '연기'에 의해 '유(有)'와 '무(無)'에 집착하는 잘못된 견해를 타파한다는 것, (3) '연기'라는 가르침의 궁극적인 목적은 열반에 있다는 것을 주장한다. 형태로 보면 이것은 거의 『근본중송』 귀경게의 주장과 같다. 다만 『근본중송』 귀경게의 붓다는 '연기=12연기'를 설한 단수형의 붓다 '석존'을 가리킨다. 반면에 『육십송여리론』에서는 생겨나지 않는(不生) '연기'를 설하는 것은 같은 단수형이어도 '대승의 붓다'이고 반대로 초기경전에서 설해지는 것과 같은 전통적인 교설, 예를 들면 온·처·계, 열반, 무명 등을 설하는 것이 복수형의 붓다가 된다.

구체적으로 몇 가지 게송을 살펴보기로 한다.

---

120 정확하게는 단지 한 부분에 '공'이라는 말이 보이지만 이것은 단지 '비어 있음'이라는 의미이다.
　　존재에 정통한 사람들은 존재는 무상하고 허위의 성질이고 공허하며 공(śūnya)이고 무아이며 공적(空寂)이라고 본다. (25)

연기(pratītyasamutpāda)[121]를 설하게 된 **석가모니(붓다)**에게 경의를 표합니다. 그는 이 연기의 이치에 의해 생성과 소멸을 배제하셨습니다. (귀경게)

무명을 조건으로 하여 일어난 것(=모든 행 이하의 각 지분)을 바른 지혜로 관찰한다면 [그것들의] 생성이든 소멸이든 결코 인식대상이 되지 않는다. [그러므로 어떤 존재도 인식되지 않는다.] 그것이야말로 현재 세상의 열반(現法涅槃)이고, 해야 할 것이 행해진 것이다. (10. 11ab)

유위에 관해 생성이나 소멸을 개념적으로 구상[分別]하는 사람들은 [끊임없이 변해가는(生生流轉)] 연기라는 수레바퀴의 존재 방식[作用]을 이해하지 못한다. (18)

이것저것에 의거해서 일어난 것은 고유한 성질[自性]을 갖는 것으로는 일어나지 않는다. 고유한 성질을 갖는 것으로 일어나지 않는 것이 어떻게 '일어난다'고 말해질 것인가. (19)

의존해서 일어나는 것은 생성과 소멸이 없다는 것을 아는 사람들은 잘못된 견해[邪見][에 의해 일어난] 윤회를 통한 생존[生死]의 바다를 건널 것이다. (23)

'의존해서 일어나는 존재는 물에 비친 달[水月]처럼 진실도 아니고 진실이 아닌 것도 아니다'라고 주장하는 사람들은 잘못된 견해[邪見]에

---

121 『근본중송』에서 연기의 원어는 '쁘라띠뜨야-삼웃뜨빠다(pratītyasamutpāda)'로 이것은 초기경전이나 아비달마 논서에서도 공통인 이른바 전통적인 어형이지만 『육십송여리론』에서는 '쁘라띠뜨야-웃뜨빠다(pratītyautpāda)'라고 되어 있다. 이와 같은 용어의 미묘한 변화는 단순히 운율의 문제일지도 모르지만 '조건에 의해 일어나는 것'이 왜 '일어나는 것이 아닌가[不生]', 그 이유의 설명이 『육십송여리론』의 주요한 주제라는 것과 어떤 연관이 있을지도 모른다. 더욱이 후에 검토하겠지만 연기에 해당하는 말로 『회쟁론』에서는 '쁘라띠뜨야-바바(pratītyabhāva)', 즉 이법(理法)으로서의 연기와 하나하나의 존재를 가리키는 연이생(緣已生)의 양쪽을 함의하고 있는 말을 사용한다. 반면에 『대승이십송론』에서는 『육십송여리론』과 같은 '쁘라띠뜨야-웃뜨빠다(pratītyautpāda)'를 사용하고 있다.

마음을 빼앗기는 일은 없다. (45)

존재를 〔고유한 성질이 있는 것으로〕 인정할 때 욕망〔貪〕이나 혐오〔瞋〕가 일어나고 매우 유해한 견해에 집착하며 나아가 그것으로 인한 논쟁이 생기게 된다. (46)

존재를 고유한 성질〔自性〕이 있는 것으로 인정하는 것이 모든 잘못된 견해〔邪見〕의 원인이다. 그 잘못된 견해가 없으면 번뇌도 발생하지 않는다. 그렇기 때문에 존재가 충분히 이해될 때 잘못된 견해와 번뇌는 완전하게 소멸된다. (47)

무엇으로 존재를 충분하게 이해할 수 있는가. 연기를 보기 때문이다. '〔무엇인가에〕 의존해서 일어나는 것은 일어나는 것이 아니다(不生)'라고 **진실을 아는 자 중 가장 뛰어난 자(붓다)**는 말한다. (48)

밑줄 부분은 단수형의 붓다, 여기에서는 '대승의 붓다'가 '일어나지 않는〔不生〕 연기'를 말하는 자라고 하고 있다. 그 외의 게송은 '일어나지 않는 연기'란 '의존해서 일어난 것은 고유한 성질을 갖는 것으로 일어나지 않는 것'을 의미한다고 한다. 또한, '생성이나 소멸을 분별하고 존재하는 것〔有〕과 존재하지 않는 것〔無〕에 집착하며 잘못된 견해〔사견〕가 일어남으로써 욕망, 혐오, 무지〔탐·진·무명〕가 일어나 윤회하는 것'이라고 한다. 다른 한편으로는 역으로 '존재〔의 진실〕인 '일어나지 않는〔不生〕 연기'를 봄으로써 분별이나 잘못된 견해〔사견〕가 소멸하고 번뇌가 소멸하여 열반에 이른다'고 설명한다. 이미 검토한 『근본중송』에서 공성을 전제로 한 유전문·환멸문과 비교하면 분별·잘못된 견해〔사견〕을 '번뇌, 특히 무명(無明)의 원인'이라고 하는 것은 공통이지만 '공성' '언어적 다원성〔戲論〕'이라는 『근본중송』의 핵심적인 용어를 포함하지 않는다는 점에서는 큰 차이가 있다고 말하지 않을 수 없다.

　더욱이 붓다관은 크게 다르다. 다음의 게송들을 통해 그것을 확인해 보기로 한다.

　A 만일 번뇌가 완전히 없어진 비구에게 윤회가 멈추어 있다고 한다면 **모든 붓다**는 어째서 그 시작을 설하지 않는 것인가(끝이 있다면 시작도 있어야 하지 않겠는가). (13) (대론자의 주장)

　B 사람들을 교화한다는 목적을 위해 **승자(붓다)들**은 '우리'와 '우리 것'이라고 설했다. 그것과 마찬가지로 목적을 위해 〔5〕온·〔12〕처·〔18〕계를 설했다. (33)

　C '열반은 유일한 진실이다'라고 **승자(붓다)들**은 설했다. 그때 '그 외 나머지는 허망하지 않다'라고 어떤 현자가 생각이라도 하겠는가. (35)

　D '세상은 무명(無明)을 조건으로 하고 있다'라고, 〔**모든**〕 **붓다**가 설하고 있기 때문에 이 세상은 개념적인 구상〔분별〕이라는 것이 어떻게 이치에 맞지 않겠는가. (37)

　E 〔**모든**〕 **붓다**의 가르침〔道〕에 의거해서 '모든 것은 무상하다'라고 말하는 사람들이 논박이라는 형태로 갖가지 사물과 현상에 집착하는 것은 기이한 일이다. (41)

　A~C가 붓다를 전통적인 교리를 설하는 '모든 붓다'라고 복수형으로 언급하고 있는 것은 명백할 것이다.[122] 문제는 D이다. 저본으로

122　이 중에 C는 『입보리행론세소(入菩提行論細疏)』가 인용하는 경전 '비구들이여, 최고의

는 후대의 논서에서 회수된 범문이 제시되고 있지만 거기에서는 단수형으로 나타나고 있다. 그러나 여기에서는 게송의 전반부에 나오는 전통적인 교리를 근거로 후반부에서 대승적인 견해를 서술하고 있다고 파악해야 할 것이다. 예를 들면 제32게송에는 다음과 같은 내용이 나온다.

> 다양한 생존상태[五趣]와 업(業)이 결과를 수반하고 있는 것이 [모든 붓다에 의해] 설해졌다(=전통적인 교리).
> 그 고유한 성질[自性]을 잘 이해하는 것, 일어나지 않는 것[不生]이 [붓다에 의해] 설해지고 제시되었다(=대승의 가르침). (32)

번역문 중에 설명구를 넣어두었지만 D도 같은 구조로 되어 있다고 생각해야 할 것이다. 또한, 티베트역은 전전기의 번역본과 후전기의 번역본 두 종류가 있지만 후전기의 번역본은 D의 붓다를 복수형으로 하고 있다. [123]

E는 '붓다+길(道)'이라는 복합어이기 때문에 단수 복수로 구별할 수는 없지만 부파의 사람들이 거론하고 있는 '전통적인 가르침의 길'을 취해 '복수형의 붓다'를 가리키고 있다고 파악해야 할 것이다.

진실은 단지 하나이다. 즉, 속이는 성질이 없는 열반이다. 모든 행(行)은 허위이고 속이는 성질이 있는 것이다'를 가리키고 있다(특히 밑줄 부분)고 생각된다. 두 줄로 된 밑줄 부분은 이 구의 후반에 대응하는 내용이다. 또한, 제1장의 『근본중송』의 붓다관'에 대한 해설에서 B의 출전 부분도 있다.

123 게송 중의 '세간'을 '윤회라는 미혹의 세계'라고 파악하지 않고 '자연계를 포함하는 현상세계'의 뜻으로 취하면 단수형의 '완전한 깨달음을 얻은 사람(붓다)'은 유식학적인 사상을 주장하는 '대승의 붓다'가 된다. 그러나 만일 그렇다고 한다면『근본중송』의 사상과는 멀어지고『육십송여리론』이 시대적으로 상당히 후대의 것이라는 증거 중 하나가 된다.

더욱이 다음과 같은 예가 있다.

지(地)·수(水)·화(火)·풍(風)의 4원소(四大)를 비롯하여 〔승자들에 의해〕 설해진 것은 식(識)에 포함된다.[124] 그것을 알면 〔4원소 등은〕 없어져 버린다. 〔그렇기 때문에 4원소 등은〕 틀림없이 '개념적으로 구상(분별)'된 것이 아니겠는가. (34)

이것은 특히 후대 유가행파의 논사들에 의해 자주 인용되는 게송이다. 예를 들면 두 번째 구문이 '그 〔4〕원소 등은 출세간지(出世間知)에서 소멸한다'라고 해석된다. 4원소(四大)는 초기경전에서 종종 설해지는 교리이고 이 게송이 먼저 거론한 B와 C 사이에 있는 것도 감안하여 전반부는 복수형의 붓다(예를 들면 승자들)에 의해 설해진 전통적인 교리라고 생각해야 할 것이다. 실은 이와 관련된 '출전(出典)'이라고 생각되는 것이 있다. 뒤에서 검토할 『보행왕정론』 제1장의 1절로 여기에서 확인해 두기로 한다. 다만 편지 형식이기 때문에 그에 맞는 문체로 기술한다.

지(地)·수(水)·화(火)·풍(風), 길고 짧음, 미세하고 거침, 선함(淨) 등은 식(識)에서 소멸한다고 석가모니(붓다)는 설하셨다. (1.93)
식(識)은 〔이것이 식이라고 하여〕 제시되는 일 없이 끝이 없고(無邊) 모든 것을 지배한다. 그 〔식〕 중에서 지(地)·수(水)·화(火)·풍(風)은 그 위치를 얻을 수 없다. (1.94)

---

124 이 부분의 범문을 직역하면 '식 중에 완전하게 갇혀진다'가 된다.

이 [식(識)]에서 길고 짧음, 미세하고 거침, 선악[淨·不淨]이, 나아가 이 [식]에서 정신·물질인 명색(名色)이 흔적도 없이 소멸해 버린다. (1.95)
식(識) 안에서 일어난 모든 것이 이전의 무지탓에 이후의 지(智)에 의해 그와 같이 식에서 소멸한다. (1.96)

밑줄 부분이 『육십송여리론』 제34게송에 대응하는 부분이다. 여기에서는 설하는 자는 단수형의 붓다인 석가모니이고 출전이 있다.『디가 니까야(Dīgha Nikāya)』 제11 「께밧따경(Kevaṭṭa Sutta)」의 마지막 부분으로 물론 '붓다의 말[佛說]'이다. 그 내용은 다음과 같다.

'지(地)·수(水)·화(火)·풍(風)은 흔적도 없이 어디로 사라지는가'라고 물어서는 안 된다. 다음과 같이 물어야 한다.
　어디에서 지수화풍은 확립하지 않는 것인가.
　어디에서 길고 짧음, 미세하고 거침, 선하고 악함[淨·不淨]은,
　어디에서 정신·물질인 명색(名色)은 흔적도 없이 소멸하는가.
[다음과 같이] 대답한다.
　식(識)은 보이지 않고 한정되지 않고 모든 경우의 소실점이다.
　여기에서 지수화풍은 확립하지 않는다.
　여기에서 길고 짧음, 미세하고 거침, 선악[淨·不淨]은,
　여기에서 명색(名色)은 흔적도 없이 소멸한다.
　식(識)이 소멸하는 것에 의해 완전한 열반의 세계[無餘依涅槃界]에서 명색은 소멸한다.

이 게송이 유식적학인 사상을 시사하고 있다고 본다면『보행왕정

론』이나 나아가 『디가니까야』「께밧따경」에도 이미 유식적학인 사상
이 잉태하고 있었다고 보지 않으면 안 된다. 그러므로 이 게송은 출전
이라는 점에서 검토하면 유가행파의 유식사상과 직접 연결되는 것은
아니다. 그러나 이와 같은 형태로 일부러 '개념적 구상(분별)'과 연결
하여 설명한다는 것은 유식학적인 발상이 저자에게 작용하고 있었다
고는 생각할 수 있을지도 모른다.

월칭(月稱, Candrakīrti)은 『육십송여리론』의 주석에서 『공칠십론』
이나 『회쟁론』은 『근본중송』에 기반하고 있는 것에 비해 『육십송여리
론』은 『근본중송』과 나란히 설 수 있는 독립적이고 중요한 문헌이라
고 한다. 확실히 『공칠십론』이나 『회쟁론』에서는 정식(定式) A, B, C
의 논법에 의거하면서 '공(空性)' 및 '공의 논리'에 관한 탐구가 중심인
것에 비해 『육십송여리론』 쪽은 정식(定式) A, B, C의 논법과는 전혀
관계없이 '일어나지 않는(不生) 연기'와 그 연기를 자각함으로써 도달
하게 되는 '해탈(涅槃)'이 주요한 주제이다.

중국에서는 11세기 초반 무렵에 번역되기 전까지 『육십송여리론』
의 존재를 알지 못했다. 티베트에서도 가장 빠른 번역은 9세기 초반
무렵이다. 인도에서는 그보다 빠른 7세기 월칭(月稱, Candrakīrti)의 저
서나 주석에 의해 알려지게 되었다. 다만 그때까지 그 존재를 전혀 알
지 못했던 것과 비교하면 그 이후의 모든 논서에 빈번하게 인용된다
는 점은 매우 대조적인 현상이다. 『육십송여리론』은 도대체 언제쯤,
누구에 의해 저술된 것일까. 『근본중송』과는 어떤 관계에 있는 것일
까. 아직도 검토하지 않으면 안 되는 과제가 많다.

2) 『공칠십론』[125]

『공칠십론(空七十論)』의 원제목은 '공성(空性)에 관한 70가지의 시송'
이라는 의미이며 실제로는 73게송이다. 하지만 '공성'이라는 말 자체
는 게송에는 단 한번, 그것도 반론자의 반론 중에 나올 뿐이다. 그 내
용은 다음과 같다.

> **반론** 〔붓다는〕 생성과 소멸을 보시고 열반으로 가는 길을 설하셨지만
> 〔그것은 그대들이 주장하는〕 공성(空性)을 위한 것이 아니다.
> **대답** 이 생성과 소멸은 서로 대립하고 있기 때문에, 또한 오류이기 때
> 문에 보인다. (23)

이것만으로는 의미가 명확하지 않기 때문에 **대답** 부분에 대한
『공칠십론』 저자 자신의 설명을 보기로 한다.

> 우선 이 대답은 '일어나지 않는다'는 것을 알고 있는 사람에게는 〔들어
> 맞지〕 않는다. 하지만 생성과 소멸을 보는 경우, 생성은 소멸과 대립하
> 고 있고 소멸도 생성과 대립한다고 보는 사람에게 생성과 소멸 이 양자
> 는 서로 대립하고 있기 때문에, 또한 잘못 이해하고 있기 때문에 생성과
> 소멸이 보이는 것이다. (갑)생성에 의존해서 소멸하는 것이 소멸에 의

---

125 티베트역에는 게송 만인 것(게송본), 저자 자신의 주석 중에 있는 게송(自註本), 월칭의
주석 중에 있는 게송(月稱釋本)의 세 종류가 있지만 여기에서는 자신의 주석 중에 있는
게송(自註本) (북경판 5231번)을 저본으로 하였다. 또한, 다음의 문헌도 참고로 하였다.
Christian Lindtner: *Nagarjuniana: Studies in the Writings and Philosophy of Nagarjuna*,
Indiske Studier IV, 1982, Copenhagen, 1982.

존해서 생성하기 때문에 바로 공성(空性)이다.

요약하면 '사물과 현상은 일어나지 않는다'고 하는 궁극적인 진리에 도달하고 있는 사람은 생성도 소멸도 보는 일이 없지만 그와 같은 이해에 도달하지 못한 사람은 생성과 소멸을 대립적인 존재로 여겨 그 자립성을 보게 된다. 그러나 생성과 소멸은 서로 의존하고 있어 (을)자립성이 없는 것이고 이것이야말로 '공성'이라고 하고 있다. 이 부분을 누락하고 갑(甲)만을 강조하는 것은 이미 앞장 마항에서 검토했던 '발전형 X'의 논리가 된다.

이와 같이 『공칠십론』은 '공성의 논법'이라는 점에서, 다시 말해 '논리의 추구'라는 관점에서 보면 『근본중송』을 기반으로 하면서도 한걸음 더 나아가고 있다고 말할 수 있다.

『육십송여리론』에서 이미 언급했지만 월칭(月稱, Candrakīrti)은 이 『공칠십론』이 『근본중송』에서 파생된 것이라고 보고 있다. 구체적으로는 다음에 거론하는 『근본중송』의 게송을 둘러싸고 반론자의 논박과 저자에 의한 대답을 정리한 것이 『공칠십론』이라고 한다.

생성도 지속도 소멸도 환영과 같이, 꿈과 같이, 신기루와 같이, 라고 〔모든 붓다에 의해〕 설해지고 있다. (7.34)

확실히 『공칠십론』은 『근본중송』이 설한 공성과 그 논법, 구체적으로는 정식(定式) A, B, C를 계승하고 모든 법의 무자성·공을 주요 주제로 하고 있다. 그 결과라고 생각되지만 그렇기 때문에 '언어적 다원성〔戲論〕' '개념설정〔施設〕'을 둘러싼 논의는 관심 밖이었다.

『공칠십론』에서는 '연기'라는 말도 겨우 두 번 사용한다. 그 첫 번째 예를 보기로 한다.

괴로움〔苦〕이라는 결과를 수반하는 12연기의 12지는 생겨난 것이 아니고 하나의 마음〔一心〕에서도 인정되지 않으며 많은 〔마음〕에서도 인정되지 않는다. (8)

조금 설명이 필요할 것이다. 먼저 '마음〔心〕'은 한 찰나에 생성하고 소멸하는 것이다. 그러므로 여기에서 말하는 '하나의 마음〔一心〕'이란 한 찰나를 말한다. '많은 〔마음〕'은 많은 찰나가 된다. 그것을 전제로 하여 12연기의 12지 사이에 인과관계가 성립하지 않는다는 것을 증명하려고 한 것이다. 12연기의 12지는 시간상의 인과과정이지만 만일 12지의 생성이 한 찰나 중에 일어나는 것이라면 원인과 결과가 동시에 존재하지 않으면 안 되게 된다. 그러나 시간상으로 인과가 동시라는 것은 불합리하다. 먼저 있는 것이 원인이고 원인에 의해 이후 일어나는 것이 결과이기 때문이다. 또한, 많은 찰나 중에 일어나는 것이라면 적어도 하나의 지분은 다른 지분과는 생성의 순간이 다르게 된다. 그 경우, 원인이 되는 지분이 소멸해 버린 후에 일어나는 지분은 무엇을 원인으로 해서 일어나는가. 소멸해 버린 원인에 의존성은 없고 그러므로 원인으로서의 작용효력을 발휘하는 것은 있을 수 없기 때문이다.[126]

---

126 이와 같은 생각은 『입능가경(入楞伽經)』(제2장)에 보이는 '연기는 많은 찰나의 순서에 의해서도 한 찰나의 동시로도 일어나지 않는다'는 사유방식에 가까운 것이라고 말해도 좋을 것이다.

이미 앞장 마항의『공칠십론』제11게송에서 '무명'과 '행'의 상호의존을 강조하고 있다는 것('발전형X')을 확인했다.『근본중송』에서는 12연기에 이와 같은 논법을 사용하지 않고 예를 들면 감각기관과 그 대상이 실체로 성립할 수 없다는 것을 증명하는 것으로 '식(識)'이 존재할 수 없고 그러므로 '촉(觸)' 이하의 모든 지분도 성립하지 않는다고 하고 있다(제3장 '12처의 고찰' 중 특히 제7게송). 반복이 되지만『근본중송』에서는 시간상 변할 수 없는 관계에 있는 12연기의 12지에 대해 '상호의존'이라는 관점에서 그 무자성성을 논하고 있지 않다. 이에 비해『공칠십론』은 '무명'과 '행'의 상호의존을 근거로 그 무자성·공을 주장하고 있다. 지금 본 제8게송에서는 미혹과 깨달음에 관한 인과계열도 시간상이 아닌 일반적인 인과관계로 환원해 버리고 있다. 간단히 요약하면 '원인' '결과'를 실체화하면 인과관계가 성립하지 않는다는 것을 12연기의 12지에 적용하고 있는 것에 지나지 않는다.

'연기'의 두 번째 예는 붓다관과 깊이 연관되기 때문에 해당 게송을 포함한 세 게송을 함께 보기로 한다.

마하마띠여! 이것들(＝외연기와 내연기)은 어리석은 사람들에 의해 자신의 마음이 분별함으로써 분별되는 것이고 순서대로도, 동시로도, 생겨나는 것이 아니다. 그것은 어째서인가. 말하자면 마하마띠여! 허위로 이것들이 동시에 일어난다고 하는 경우, 원인의 특징이 인정되지 않기 때문에 원인·결과의 구별이 존재하지 않게 될 것이다. 또한, 점차로 일어난다고 하는 경우 원인·결과의 특징·본질이 인정되지 않기 때문에 점차로 일어나지 않는다. 마하마띠여! 지금 아들이 아직 태어나지 않은 아버지에게 붙이는 아버지라는 호칭과 같이 이론적인 고찰에 골몰하는 사람들이 주장하는 점차적인 결합 관계는 불가능하다. 여기에 나오는 '아버지와 아들'의 예는 후대 '상호의존의 연기'와 같이 개념 사이의 상호의존 관계를 나타내는 것이 아니라 '아버지＝원인' '아들＝결과'라는 관계에서 그것들이 어리석은 사람의 분별에 기반한 호칭에 지나지 않는다는 것을 나타내기 위해 사용되고 있다.

a 모든 존재는 고유한 성질(自性)이 공이기 때문에 **견줄 자가 없는 여래**(붓다)는 그 모든 존재의 연기를 가르쳐 보이셨다. (68)

b 궁극의 진실(승의)은 더할 나위 없이 좋다. (그러나) **붓다·세존**은 세상의 상식(世間言說)에 의거해서 갖가지를 모두 바르게 고찰하셨다. (69)

c (그와 같이 **붓다·세존**이) 세상에 관한 교설을 파괴하는 일은 없다. (그러나) 진실에서 법의 가르침은 어떤 것도 존재하지 않는다. (어리석은 사람들은) 여래(붓다)가 설하신 것을 이해하지 못하고 그렇기 때문에 도리를 알지 못한 채 이것을 두려워한다.[127] (70)

먼저 '연기'라는 말[128]에 대해서 생각해 보기로 한다. 앞에서 본 제8게송의 '12연기의 12지'에 대해 저자 자신의 주석에서는 다음과 같이 설명하고 있다.

(왜 연기가 일어나는 것이 아닌가(不生) 하면) 여기에서 연기는 무명을 원인으로 해서 생긴다고 생각되고 그 무명의 조건은 또한 (상(常)·낙(樂)·아(我)·정(淨)의 네 가지) 잘못된 생각(顚倒)이라고 제시되고 있는

---

127 '도리를 알지 못한 채 이것을 두려워한다'를 게송본은 '이 오염되지 않는 언어를 두려워한다'라고 되어 있다.

128 제8게송과 이 제68게송의 '연기'는 티베트어로는 '뗀중(rten byung)'이라는 두 음절로 번역되는데 연기의 상스끄리뜨어 '쁘라띠뜨야-삼웃뜨빠다(pratītyasamutpāda)'의 일반적인 번역어인 '뗀찡델바르중바(rten cing 'brel bar byung)'나 '뗀찡델중(rten cing 'brel byung)'과는 상당히 다른 형태가 되고 있다. 단순히 운율의 문제때문에 단축된 것일지도 모르지만 『육십송여리론』 '쁘라띠뜨야-웃뜨빠다'의 티베트역에 가깝기 때문에 적어도 『공칠십론』의 게송 부분에서 '연기'의 원어는 일반적인 '쁘라띠뜨야-삼웃뜨빠다'의 형태가 아니었을 가능성이 있다. 다만 산문의 저자 주석 부분은 일반적인 형태로 나타나 있다.

데 그 잘못된 생각[전도]은 모두 본질[自性]이 공이기 때문이다.

이 설명에 의하면 '연기'는 '네 가지 잘못된 생각을 조건으로 하는 무명을 원인으로 생긴 것'이 된다. 즉, 언어적 다원성의 소멸[戱論寂滅]·상서로운[길상] 열반으로 이끄는 이법(理法)으로서의 연기가 아니라 '조건에 의해 생긴 것[緣已生法]'이라는 하나하나의 존재(여기에서는 12연기의 12지)를 가리키고 있다. 12연기의 12지를 '12유지(十二有支)'라고도 하는데 이 '연기'는 바로 '12유지'를 가리킨다. 이 12유지의 '유(有)'는 윤회를 통한 생존이라는 의미이다.

이에 비해 제68게송은 '견줄 자가 없는 여래[붓다]가 가르치고 제시한 것'이기 때문에 분명하게 이법(理法)으로서의 연기이다. 『근본중송』 귀경게의 '연기'에 관한 설명에서 '연기'가 이법(理法)·교설의 뜻과 조건에 의해 생기는 각각의 존재[緣已生法]의 뜻을 함께 함의하고 있을 가능성이 있다는 것을 지적했었다. 이 『공칠십론』에서는 겨우 두 가지 예이지만 각각 다른 의미로 사용되고 있다.

다음으로 붓다관에 대해 생각해 보기로 한다. 앞의 a~c 세 게송은 단수형의 붓다에 의한 교설에 대해 서술한 것이지만 모두 '대승의 붓다'를 가리키고 있는 듯하다. '듯하다'라고 한 것은 b(제69게송)와 c(제70게송)의 밑줄 부분에서 '붓다'는 세속의 가르침[世俗諦]을 설하는 자로 나타나고 다른 부분에서 '여래[붓다]'는 진실한 가르침[勝義諦]을 설하는 자로 여겨지기 때문이다. '여래'에 대해서는 뒤에서 다른 예를 들어 고찰하겠지만 먼저 그 이외의 '붓다'에 관해 설하는 게송을 확인해 두기로 한다. 먼저 복수형의 붓다이다. 『공칠십론』에서는 유일한 예이다.

d '〔업은〕 있다'고 말해지기도 하고 '없다'고도 '있으면서 없다'고도 말해진다. **모든 붓다**가 깊은 의도를 갖고 말씀하신 것을 이해하기는 쉽지 않다. (44)

『근본중송』에서 이미 확인한 것처럼 이것은 복수형의 붓다가 등장하는 N(제18장 제6게송)과 같고 '대승의 붓다'를 말한다. 이와 대조적으로 '전승적인 교리의 설법자'로서 단수형의 붓다가 다음에 거론하는 세 가지 예이다.

e 〔사물과 현상의〕 '존속·생기·소멸' '유·무' '열등·동등·우등'을 **붓다**는 세상의 상식으로 설하신 것이지 진실로서 〔설하신 것이〕 아니다. (1)

f **반론** **세존〔붓다〕**은 업의 존속을 설하셨다. **스승〔붓다〕**은 업 그 자체와 〔그〕 결과, 중생〔有情〕이 업을 그 본질로 하고 있다는 것, 업이 〔결과를 이끌어내지 않고〕 소실되는 것은 아니라는 것을 설하셨다. (33)

g 원인과 조건에서 일어난 모든 존재를 진실이라고 분별하는 것, 그것이 무명이라고 **스승〔붓다〕**은 설하셨다. 그로부터 12연기의 12지가 일어난다. (64)

e는 단수형의 붓다의 가르침을 대승의 입장에서 평가한 것이다. f는 제1장 '**용수의 붓다관**'에서 단수형의 붓다에 관해 설명한 F(제17장 제20게송)에 입각한 것이다. 같은 대론자인 정량부(正量部)의 입장에 선

『중론』 용수의 사상·저술·생애의 모든 것

게송이다. g의 '스승'은 설명할 필요도 없이 전통적인 교리의 설법자이다.

앞의 d에서 언급한 복수형의 붓다 그리고 지금까지 보아온 세 가지 예의 단수형의 붓다(e, f, g)는 어느 쪽도 『근본중송』을 근거로 한 것, 혹은 참고로 한 것이라고 생각해도 좋을 것이다. 그러므로 이 네 가지 예에 관해서는 『근본중송』과 같은 붓다관에 기반하고 있다고 생각할 수 있다.

그러나 이에 비해 처음에 본 a~c의 세 게송(68~70)에서 언급한 '여래' '붓다'의 예는 『근본중송』에는 보이지 않는, 『공칠십론』 특유의 것이다. 이 중 a와 c의 '여래'는 단수형이지만 분명하게 '대승의 붓다'를 가리킨다.

문제는 앞에서도 거론했지만 b, c의 밑줄 부분에 보이는 세속의 설법자로서 단수형의 붓다이다. 이것을 대승의 입장에서 보면 '세속제의 설법자'라고 할 수 있는 (갑)'전통적인 교리를 설한 석존〔붓다〕'을 염두에 둔 것으로 취할 것인지, '대승의 석존〔붓다〕'이라고 할 수 있는 (을)대승의 '여래' 즉 교화 대상에 맞추어 법을 가르치고 보여준 자〔敎示者〕를 '붓다'라고 부를지 이다.

단수형의 붓다에 한정해서 보면 을의 경우, e에서 전통부파가 말하는 '부파'만이 '전통교리의 설법자'이고 그 외에는 '대승의 붓다'가 된다. 이에 비해 갑의 경우는 여래 이외의 단수형의 붓다가 '전통교리의 설법자', 여래만이 '대승의 붓다'가 된다. 즉 '여래'라는 호칭에 의해 '대승의 가르침을 설하는 석존〔붓다〕'이 가능하게 됐다고 말할 수 있다. 을은 갑에서 붓다를 파악하는 방식을 전제로 하고 나아가 '여래' 이외의 붓다의 호칭, 예를 들면 '세존'도 '대승의 설법자'라고 파악한다. 다음으로 검토하는 『회쟁론』에서는 을의 붓다관, 즉 호칭으로 붓다가 설한 교리의 내용을 대승인지 아닌지 구별하는 파악 방식을 취하지 않을 가능성이 높다. 『공칠십론』에서는 그 전 단계에 있는 갑의 파악 방식을 취하고 있다고 생각해야 할 것이다.

'여래'라는 말을 사용한 예는 두 게송이 있기 때문에 그것을 확인해 보기로 한다. 설명의 정황상 '여래'라는 말을 포함하는 세 게송을 제시한다.

h 예를 들면 이 **세존·여래**가 신통력으로 환상의 사람을 만들어 내고 〔만들어 낸〕 그 환상의 사람이 다른 환상의 사람을 만들어 낸다고 하자. (40)

i 그 경우 **여래**가 만들어 낸 것은 공이고 환상의 사람이 만들어 낸 것 〔이 공이라는 것〕은 말할 필요도 없을 것이다. 단지 무엇인가 개념적으로 구상된 것〔분별〕으로만 그 두 가지는 존재한다. (41)

j 정확히 그와 같이 〔업의〕 행위주체는 환상의 인간과 같고 업은 환상의 인간에 의해 만들어진 것과 같다. 고유한 성질〔自性〕이라는 점에서 공이고 단지 분별된 것으로서만 무엇인가로 존재한다. (42)

이것은 『근본중송』의 다음 게송을 근거로 했을 것이다.

예를 들면 스승〔붓다〕은 신통력으로 변화한 붓다를 만들어 내고 그 만들어 낸 변화한 붓다가 다시 다른 변화한 붓다를 만들어 낸다. 이와 마찬

가지로 행위자도 그가 행하는 업도 환상의 인간과 같다. (17.31∼32ab)

『근본중송』에서 단수의 붓다는 석존〔붓다〕을 가리키기 때문에 이 것은 '왕사성의 신기한 변신' 이야기를 근거로 한 비유라고 해석해야 한다고 생각할 수 있다. 하지만 이 『공칠십론』의 저자는 신통력을 갖 고 있는 사람을 '여래'라고 하기 때문에 『근본중송』의 '스승'을 '대승 의 붓다'라고 해석하는 듯하다. 이에 대한 설명으로 i와 j가 추가됐을 것이다.

이상과 같이 보면 『공칠십론』의 저자는 『근본중송』에 보이는 붓다 관, 즉 '단수형의 붓다'와 '복수형의 붓다'의 의미 차이를 충분히 파악 하고 있었다고 생각할 수 없다. 다만 이 저자가 '대승의 붓다'를 가리 키기 위해 의식적으로 단수형의 '여래'를 사용했다는 것은 틀림없다.

『공칠십론』의 저자는 『근본중송』의 논법을 계승하면서 '공'이라 는 하나의 점에 과녁을 맞혀 자신의 논점을 전개하고 있지만 '발전형 X'에 근거를 두고 있는 점이나 붓다관의 차이 등을 보면 『근본중송』 의 저자와 과연 동일인물일까라는 의문이 생긴다. 적어도 앞에서 검 토했던 『육십송여리론』의 저자와 별개의 인물이라는 점은 확실할 것 이다.

3) 『회쟁론』[129]

『회쟁론(廻諍論, Vigrahavyāvartanī)』의 원어는 '논쟁의 배제'라는 의미이다. 70개의 게송과 저자 자신의 주석으로 되어있다. 『근본중송』을 포함하는 수많은 다른 문헌들이 아누슈투브(anuṣṭubh), 슐로까(śloka)라는 시의 형태를 사용하고 있는 것에 비해 『회쟁론』은 아랴(āryā)[130]라는 시의 형태로 쓰여 있다. 전체의 구성은 1~20게송에서 실재론자의 주장이 서술되고 제21게송 이하가 그것에 대한 저자의 비판적인 회답으로 되어 있다. 대론자로는 1~6게송이 니야야 학파, 7~20게송이 아비달마 철학이라고 생각된다.

『회쟁론』은 『공칠십론』과 마찬가지로 『근본중송』이 설하는 공성(空性)과 그 논법, 구체적으로는 정식(定式) A, B, C를 계승하고 모든 법의 무자성·공을 그 주요한 주제로 삼고 있다. 뒤에서 검토하겠지만 불교 외의 논리학파나 불교 내의 '모든 법은 실재한다'고 주장하는 자〔法實有論者〕들을 논리로 비판하는 논서에 걸맞게 언어의 유효성을 강조하고 '언어적 다원성〔戲論〕'이나 '개념설정〔施設〕'에 대해서는 전혀 언급하지 않는다.

---

129 기본 텍스트로는 다음의 문헌을 사용했다. *The Dialectical Method of Nāgāfjuna Vigrahavyāvartanī*, Translated from the original Sanskrit with Introduction and Notes by Kamaleswar Bhattacharya, Text critically edited by E.H. Johnston and Arnold Kunst, Delhi, 1986. / Yonezawa, Yoshiyasu, "Vigrahavyāvartanī, Sanskrit Transliteration and Tibetan Translation" 『成田山仏教研究所紀要』31, 2008.

130 인도 시의 형태는 크게 나누어 음절의 수, 배열에 의해 규정되는 것과 음절이 갖는 음량(mātrā)의 전체 양에 의해 규정되는 것이 있다. 아누슈투브(anuṣṭubh, śloka)가 전자의 대표적인 시의 형태이고 아랴(āryā)는 후자의 대표적인 시의 형태이다. 이미 설명한 『공칠십론』도 범문은 남아 있지 않지만 티베트역 자료에서 유추해 보면 아랴였다고 생각된다.

구체적으로 먼저 22게송과 저자 자신의 주석을 보기로 한다.

또한 (A) '모든 것이 의존해서 존재하는 것(pratītyabhāva)', 그것이 공성이라고 나는 말하고자 한다. 왜냐하면 (B) '의존해서 존재하는 것(pratītyabhāva)'에 고유한 성질〔自性〕은 없기 때문이다. (22)

… 이 경우 (C) '모든 것이 의존해서 일어나는 것(緣起, pratītyasamutpāda)', 그것이 〔갖가지 사물과 현상의〕 공성이다. 왜 그러한가. 〔갖가지 사물과 현상이〕 고유한 성질〔自性〕을 갖지 않기 때문이다. 실제로 (D) '의존해서 일어나는 것(緣起生, pratītyasamutpanna)'은 고유한 성질을 갖고 존재하는 것이 아니다. 〔그것들에는〕 고유한 성질이 없기 때문이다. 왜 그러한가. 원인〔因〕이나 조건〔緣〕에 의존하고 있기 때문이다. … 그리고 수레나 천, 항아리 등은 (D) 의존해서 일어나는 것이기 때문에 고유한 성질이라는 점에서는 공이지만 나무나 풀, 흙을 운반하거나 꿀이나 물, 우유를 담거나 추위나 바람, 여름의 열기로부터 사람을 보호하거나 하는 등 각각의 용도에서는 기능한다. 바로 그와 같이 나의 언어도 (D) 의존해서 일어나는 것이기 때문에 〔그 자체는〕 고유한 성질을 갖지 않는다. 갖가지 사물과 현상이 고유한 성질을 갖지 않는다는 것에 대한 증명으로 기능한다.

이 22게송에서 흥미로운 것은 『근본중송』에서 말하는 '연기'를 가리킨다고 생각되는 말 '쁘라띠뜨야-바바(pratītyabhāva)'가 A와 같이 '공성'과 등치 되는 경우에는 '모든 것이 의존해서 존재함'이라는 의미로, B와 같이 '무자성인 하나하나의 존재'를 가리키는 경우에는 '의존해서 존재하는 것'이라는 의미로, 이와 같이 두 가지 형태로 사용되고 있다는 점이다. '바바(bhāva)'는 연기(緣起, pratītyasamutpāda)의 '쌈웃뜨빠다(samutpāda)'에 대응하는 의미를 갖고 있다고 생각되지만 분명하게 A의 경우에는 '모든 존재가 존재함' 혹은 '모든 존재가 일어남'을 나타내고 B의 경우는 '하나하나의 존재'를 가리킨다. 즉 A·B는 전통적인 용어로는 각각 C·D에 해당한다. 『회쟁론』의 저자는 여기에서 '이법(理法)으로서의 연기'와 '조건에 의해 일어난 하나하나의 존재'를 전통적인 용어와는 다른 하나의 용어로 나타내려고 하고 있는 것이다.

『회쟁론』에서는 붓다에 관해 언급하는 일이 매우 적고, 고유한 성질(自性)을 중심으로 겨우 네 번에 걸쳐 모두 단수형의 형태로 예를 드는 것 이외에는 없다. 다음으로 이 예들을 검토해 보기로 한다.

A 또한 예를 들면 어떤 사람이 실체가 없는 여성인 환상의 사람(化人)에 대해 '그것은 진짜로 여성이다'라고 오인한다고 하자. 그 여성을 그와 같이 오인함으로써 그에게 욕망이 일어난다고 하자. **여래,** 혹은 **여래**의 제자에 의해 〔다른〕 환상의 사람이 만들어지고 **여래**의 '불가사의한 힘(加持力)'에 의해, 혹은 **여래**의 제자의 불가사의한 힘에 의해 그 〔환상의 사람〕이 〔'그것은 진짜 여성이 아니라 만들어진 것이다' 등이라는 말로〕 그의 오인을 물리친다고 하자. 바로 그와 같이 환상의 사람으로도 비유되는 공(空)인 나의 언어에 의해 환상속의 사람인 여성과 유사한 실체가 없는 모든 것에 대해 '이것은 바른 인식이다'라고 하는 그 〔오인〕을 물리친다. (27게송에 대한 저자 자신의 주석)

B 연기를 부정하면 연기를 보는 것을 부정하는 것이 된다. 연기가 존 재하지 않을 때에 그것을 보는 일은 있을 수 없기 때문이다. 연기를 보는 일이 없을 때 법을 보는 일은 있을 수 없다. **세존(붓다)**이 '수행 자들이여! 연기를 보는 자는 법을 본다'고 말하셨기 때문이다. 법을 보는 일이 없다면 종교적인 수행 생활(梵行住)도 없게 된다. (제54게송 에 대한 저자 자신의 주석)

C **세존(붓다)**은 '모든 것은 무상하다'라고 설하셨다. (제55게송에 대한 저 자 자신의 주석)

D '공성과 연기와 중도는 의미가 같다'라고 말하신 비할 데 없이 뛰어 난 **붓다**에게 나는 경의를 표한다.

A는 앞에서 검토했던 『공칠십론』의 제40∼41게송을 계승한 기술 이라고 생각된다. 『공칠십론』에서는 '여래가 만들어 낸 환상의 사람 (X)이 다시 다른 환상의 사람(Y)을 만들어 낸다'는 설정에 의해 X도 Y 도 공이라는 것을 보여주었다. 그것에 비해 여기에서는 '여래가 만들 어낸 환상의 사람(X)'이 다른 환상의 사람(Y=여성)이 환상이라는 것을 남자에게 말로 가르쳐 보인다'라는 설정에 의해 X와 그것이 말하는 언어 그리고 Y도 모두가 공(空)이긴 하지만 그럼에도 불구하고 X의 언어에는 타자의 오인을 정정하는 효력이 있다고 강조되고 있다. '공' 과 관련지어 언급되는 이 '여래'는 『회쟁론』의 저자에게는 '대승의 붓 다'일 것이다.

다음으로 B 와 C의 '세존(붓다)'에 대해 언급하자면 C는 삼법인 중 하나인 '제행무상'을 말하고 있기 때문에 이 '세존은 분명하게 '전 통교리의 설법자'인 석존(붓다)을 말한다. 이에 비해 B는 검토를 필요로 한다. '연기를 보는 자는 법을 본다'는 유명한 말로 유추해 보면 먼저 『맛지마니까야』 「대상적유경」의 한 절이 출전(出典)의 후보로 거론될 수 있다. 이 경에서는 이 후에 '법을 보는 자는 연기를 본다'라고 잇고 있다. 그러나 같은 의미가 대승경전인 『샤리스딴바 수뜨라』에도 보이고 거기에서는 후에 '법을 보는 자는 붓다를 본다'라고 되어있다.[131] '수행자들이여'라는 호칭이 있는 것은 현존하는 텍스트에 따르는 한 후자이기 때문에 『샤리스딴바 수뜨라』의 인용일 가능성이 높아 보인다. D의 '비할 데 없이 뛰어난 붓다'는 대승경전에 자주 보이는 '대승을 설하는 석존〔붓다〕'에 해당한다고 생각된다.

만일 B의 출전을 초기경전으로 하면 『회쟁론』의 저자는 '세존〔붓다〕'을 '전통교리의 설법자'로 보고 그 외의 호칭을 '대승의 붓다'로 하는 것이 된다. 하지만 그렇지 않은 경우, 저자는 A의 '여래〔붓다〕'의 예를 포함하여 붓다를 호칭으로 구별하지는 않는 것이 된다. 필자는 후자의 경우로 생각해야 한다고 보고 있다. 예가 겨우 네 종류이기 때문에 단정적으로는 말할 수 없지만 어느 쪽의 경우라고 해도 지금까지 보아 온 『육십송여리론』『공칠십론』 그리고 뒤에서 검토할 『보행왕정론』과 비교하면 상당히 이질적인 붓다관처럼 보인다. 그러나 이것이 일반적인 대승경전에서 붓다를 다루는 방식이고 오히려 『근본중송』 및 『육십송여리론』『공칠십론』『보행왕정론』의 붓다관이 특이한 것인

---

131 『샤리스딴바 수뜨라』에 보이는 말은 붓다에 의한 설법이 시작하는 처음 부분에 있다. 이 구절은 「대상적유경」의 '연기를 보는 자는 법을 본다. 법을 보는 자는 연기를 본다'와 『상응부 경전』의 '밧까리여! 법을 보는 자는 나(=붓다)를 본다. 나를 보는 자는 법을 본다. 밧까리여! 실로 법을 보고 있을 때에 나를 본다. 나를 보고 있을 때에 법을 본다'를 계승했을 것이다. 이것은 예를 들면 『법천소문경』에서 '나(ātman)를 보는 것은 법을 보는 것이고 법을 보는 것에 의해 여래를 본다'는 생각으로 연결된다.

지도 모른다. 물론 이것은 『근본중송』 이후에 공성은 붓다가 설한 것이고, 대승 또한 붓다가 설한 것이라는 대승불설론(大乘佛說論)이 근저에 있기 때문이다.

마지막으로 앞의 제1장 마항에서 '상호의존의 연기'를 논의하는 중에 『공칠십론』이 '갑(甲)과 을(乙), 두 개념은 서로 의존한다.'는 '발전형X'를 파생시키고 있다는 것을 지적했지만 『회쟁론』에서는 어떤지 확인해 두기로 한다.

> 만일 인식이 그 〔인식〕대상에 의해 성립하고 또한 후자가 전자인 인식에 의해 성립된다고 한다면 대상은 어떻게 〔인식을〕 성립시키는 것일까? (48)
> 만일 아버지에 의해 아들은 태어나고 또한 그 같은 아들에 의해 그 아버지가 태어난다면 이 상황에서 <u>어느 쪽이 어느 쪽을 태어나게 하는가를 말하라.</u> (49)
> 그 상황에서 어느 쪽이 아버지이고 어느 쪽이 아들인가를 그대는 말하라. 그 두 사람이 함께 아버지와 아들의 특징을 갖는 것이 되고 우리에게는 의심이 일어난다. (50)
> 인식은 독립적으로 성립하는 것도 아니고 <u>서로 의존해서 성립하는 것도 아니다.</u> 〔그 자신과〕 다른 인식에 의해서 성립하는 것도 아니고 대상에 의존해서 성립하는 것도 아니다. 혹은 이유 없이 우연히 있는 것도 아니다. (51)

매우 흥미로운 이야기이지만 '상호의존의 연기'에 대한 설명으로 자주 사용되는 '아버지와 아들'의 비유가 나온다. 이 '아버지와 아들'

은 이미 순수한 개념으로 파악되고 있다. 즉 어느 한쪽이 '태어나게 하는' 측면과 '태어나는' 측면을 갖고 있다고 보는 것이다. 그러나 밑줄 부분에 있는 것처럼 '상호의존'을 포함하여 모든 관계가 무관계까지 포함해서 부정되고 있다. 원인인 '일으키는 것'과 결과인 '일어나는 것'을 순수하게 개념·언어의 관계로 보면 순환논법의 오류에 빠지게 되고 밑줄 부분에 있는 것처럼 '어느 쪽이 어느 쪽을 일으키는가를 말하라'가 된다. 이것은 『공칠십론』의 논법('발전형 X')과는 분명하게 다르다. 논법에 맞추어 말하자면 『회쟁론』은 『근본중송』의 충실한 계승자이다.

그러나 이와 같이 『근본중송』의 논법에 충실한 『회쟁론』이지만 진짜 용수의 편찬인지를 의심하는 연구자료는 적지 않다. 그 전형적인 예로 마쓰모토 시로(松本史郎)의 견해[132]를 살펴보기로 한다. 마쓰모토는 먼저 『회쟁론』의 구성이 상정하는 반론자의 주장('전주장' 제1~20게송)과 그것에 대한 저자의 비판('후주장' 제21게송 이후)이라는 형식을 취하고 있는 점,[133] 『근본중송』에는 보이지 않는 용어, 예를 들면 이미 검토했던 '쁘라띠뜨야-바바(pratītyabhāva)'나 후세가 되어 사용하게 되는 용어, 예를 들면 '결과를 일으키는 능력, 이른바 효과적인 작용능력'이나 '주장(명제)' 등이 보이는 점을 지적한다. 나아가 『보살지』 등의 다른 문헌과의 관계 등을 검토하여 『회쟁론』은 용수의 편찬이 아니라 거의 5세기경에 성립한 것이라고 결론짓는다. 특히 『보살지』와

---

132 마쓰모토 시로(松本史郎), 『チベット仏教哲学』, 大蔵出版, 1997. 149~152쪽

133 '전주장' '후주장'이라는 형식은 대개 빠딴잘리(Patañjali)의 『마하바샤(Mahābhāṣya)』로 거슬러 올라가고 『근본중송』에서는 제24장에 보인다.

관련해서『회쟁론』을 ''유가행파에 의한 중관 학파 비판'에 대해 중관 학파 측이 대답한 가장 초기의 문헌 중 하나'라고 하는 점은 주목할 만하다. 덧붙여서 필자는『십이문론』중에『회쟁론』을 전제로 한 논술이 보인다는 점[134]에서『회쟁론』의 성립은『십이문론』의 성립보다 조금 더 빠른 4세기반경, 혹은 그 이전이라고 추측한다.

4)『바이달야론』

『바이달야론』은 72개 짧은 정형구 형식으로 되어 있는 일종의 개론서『바이달야 수뜨라(Vaidalyasūtra)』와 이에 대한 72절로 되어 있는 저자 자신의 주석『바이달야 쁘라까라나(Vaidalyaprakaraṇa)』로 구성되어 있다.

　　가지야마 유이치(梶山雄一) 박사에 의하면 전체는 니야야 학파의 논리학 체계를 비판한 것으로 니야야 학파의 기본문헌인『니야야 수뜨라(Nyāyasūtra)』와의 대비를 통해『바이달야론』의 저자는『니야야 수뜨라』의 제1장을 숙지하고 있었다는 것을 알 수 있다. 더욱이『니야야 수뜨라』의 제5장에서 다루고 있는 논의법을 역으로 사용한 흔적을『바이달야론』에서 찾을 수 있다. 다른 한편으로 같은『니야야 수뜨라』제5장에서는 용수의 니야야 학파 비판에 대한 재비판이라고 생각되

---

134 『십이문론』「관삼시문제11」에서 '전시·동시·후시'의 세 종류의 시간이 성립하지 않는다는 내용을 논의하는 중에『회쟁론』20, 69게송과 그 해설 부분이 인용되고 있다. 자세한 사항은 필자(고시마)의 논문,「『十二門論』和訳と訳註(第8·9章, 第11·12章)」(『仏教学会紀要』17, 2012) 참조.

는 기술이 있다. 또한, 제2~4장에는 니야야 학파와 용수의 대론이 이 『바이달야론』이나 『회쟁론』보다도 발전된 형태로 나타나 있다. 이것으로부터 제5장의 논의법은 당시 학계의 공유재산이었다는 것과 제2~4장은 용수보다 조금 늦게 성립했다는 것을 알 수 있다.[135]

그러나 이 경우 '용수'를 어떤 용수로 볼 것인가는 큰 문제이다. 확실히 이 문헌은 그 처음 부분에 '논리의 지식에 자만하여 논쟁을 하고 싶어 하는 자(니야야 학파를 암시한다)가 있어 그 자만심을 끊기 위해 『바이달야론』을 설하고자 한다'라는 구절에서 알 수 있는 것처럼 용수의 논법, 즉 정식(定式) A, B, C를 구사하여 대립하는 논리학파를 비판한 논리학서이다. 그 점에서는 훌륭한 '용수의 작품'이다. 그러나 『근본중송』의 저자가 문제로 삼은 연기관, 붓다관, 교화방법으로서 2 제설, '공성=불설'론 등은 전혀 관심 밖이었다. 즉 논법은 계승하고 있지만 그 종교관과는 거의 관계가 없다. 단순히 논법이 같다는 것만으로는 동일 인물의 저술한 것이라고 단언할 수 없다. 또한, 사상적인 계승자라고도 말할 수 없다. 그 점에서는 『회쟁론』과 대조적이다. 『회쟁론』은 횟수는 적다고 해도 '연기'나 '붓다·여래'에 대해 언급하고 있고, 붓다의 설법과도 연관되는 '언어의 유효성'을 강조하고 있다는 점에서 시대적으로는 4세기경에 지어져 『근본중송』의 저자로부터 벗어나 있지만, 또한 붓다관도 다르지만 『근본중송』의 핵심적인 정신은 계승하고 있는 것으로 보인다.

---

135 가지야마 유이치(梶山雄一)와 우류즈 류신(瓜生津隆真)의 번역인 『大乗仏典(14) 龍樹論集』(中公文庫 2004, 453~454쪽). 더욱이 『바이달야론』은 '광파론'이라고도 번역되기도 하지만 '바이달야'는 '찢다' '가르다'의 뜻인 동사 vi-dal에서 파생한 말로 '단편에 관한 것' '단편 비판'의 뜻이라고 생각된다. 즉, 니야야의 16범주론(=단편)에 대한 '단편 비판의 책'이라는 의미이다.

이미『공칠십론』이 '갑과 을, 두 개념은 서로 의존한다'는 '발전형 X'를 파생시킨 것처럼 이『바이달야론』은 '갑과 을, 두 개념은 서로 의존하고 뒤섞여 있다'는 '발전형 Y'를 파생시키고 있다는 것을 지적했다. 또한, 지금 지적했던 것처럼『회쟁론』은『근본중송』의 저자 시대로부터 백년정도 이후의 시대에 만들어졌다고 생각된다. 하지만 이『바이달야론』의 경우는 한층 더 시대가 뒤쳐질 가능성이 있다. 그 구체적인 논거를 설명하기에는 전문적인 논의가 필요하지만 다행이 쓰다 아키마사(津田明雅)가 적절하게 정리해 두었기 때문에[136] 그것을 참고로 중요한 두 항목에 중점을 두고 검토해 보기로 한다.

하나는 제61 수뜨라(sūtra)가 설해져 있는 '찰나멸성'이다. 이 찰나멸성은 정신적인 것이든 물질적인 것이든 모든 것은 순간적으로밖에 존재하지 않고 일어난 직후에 소멸한다는 이론이고 아비달마든 대승이든 불교 철학에 공통되는 생각이다. 또 한 가지는 '상속'이다. 제57절에서 저자는 금이든 흙덩이든 사물은 각 순간에 생성과 소멸을 반복하면서 '그 자신의 흐름[相續]으로 특수하게 변화하며 전개하는 것'[137]이라고 하고 있다. 쓰다(津田) 씨에 의하면 '그 자신의 흐름으로 특수하게 변화하며 전개한다'는 것은『유식이십론』의 '자상속전변차별(自相續轉變差別)'과 겹치는 사유방식이다. 이『바이달야론』의 저자

---

136 앞에서 게제한 논문『Catuhstavaとナーガールジュナ: 諸著作の真偽性』(博士論文, 京都大学文学研究科 2006) 400~408쪽.

137 여기에서는 티베트역 텍스트를 어떻게 읽을 것인가, 그에 대응되는 상스끄리뜨를 어떻게 비교할 것인가라는 문제가 결합되어 정밀한 고찰과 복잡한 논의 전개가 필요하다. 가지야마(梶山) 박사의 해석은 다른 연구자들의 '위서설(僞書說)'과는 다르다. 쓰다(津田) 씨는 그것을 상세하게 논의하고 있기 때문에 자세한 것은 앞에서 게제 한 쓰다 씨의 논문을 참조하기 바람.

는 '경량부적인 경향을 갖고 있던 중관 학파의 인물'일 가능성이 있다고 한다.

『근본중송』은 '찰나멸(刹那滅)'에 대해 구체적으로는 언급하고 있지 않지만 '항상 있는 것(恒常)'과 '끊어져 소멸하는 것(斷滅)'을 함께 부정하는 용수의 논법, 특히 제19장에서 제21장까지 논의되는 내용을 보면 찰나멸을 긍정하는 것은 아니라고 생각할 수 있다. 다음에 설명하는 『보행왕정론』에서는 제1장의 제67~72게송에서 명확하게 찰나멸을 부정하고 있다. 참고삼아 그중 두 게송을 살펴보기로 한다.

찰나적인 경우, 모든 존재 방식에서 존재하지 않기 때문에 어떻게 '오래된'이라는 것이 조금이라도 있을 수 있겠는가. 찰나적이 아닌 경우도 영속하는 것이 되기 때문에 어떻게 '오래된'이라는 것이 조금이라도 있을 수 있겠는가. (1.68)

찰나에 끝이 있다고 한다면 그것과 마찬가지로 시작도 중간도 (있다)고 생각하지 않으면 안 된다. 이와 같이 찰나가 (시작, 중간, 끝)의 세 가지 본질을 갖고 있는 한, 세상에 찰나라는 상태는 없다. (1.69)

이것은 『근본중송』 논법의 연장선상에 있는 논리이다. 그러므로 『바이달야론』은 『근본중송』의 논법과 연결되는 『보행왕정론』의 주장과는 대립하는 생각을 근저에 갖고 있는 것이 된다. '상속'에 대해서도 마찬가지이다. 『근본중송』의 논법에 입각해서 말하자면 '찰나멸'은 단멸론(斷滅論), '상속(相續)'은 항상론(恒常論)이 되어 버린다. 제17장에 나타나는 대론자 '경량부'의 주장을 살펴보기로 한다.

씨앗에서 싹을 시작으로 하는 상속(相續)이 일어나고 그것에서 열매가 생기지만 만일 씨앗이 없다면 상속이 일어나는 일은 없다. (17.7)

그리고 씨앗에서 상속이 일어나고 상속에서 열매가 생기고 그 열매는 씨앗을 전제로 하기 때문에 〔열매의 원인인〕 씨앗은 단절하는 것도 항상 있는 것〔常住〕도 아니다. (17.8)

이 '마음의 업〔心業〕'으로부터 '마음의 상속〔心相續〕'이 일어나고 그로부터 과보가 생기지만 그 과보는 마음의 업을 전제로 하기 때문에 〔과보의 원인인〕 마음의 업은 단절하는 것도 항상 있는 것〔常住〕도 아니다. (17.10)

이와 같은 경량부의 생각을 일반적으로 '종자설(種子說)'이라고 한다. 『구사론』은 쌍키야 학파의 '전변(轉變, 변화)'설과 경량부의 종자설을 받아들여 '존재요소(dharma)의 흐름(상속)으로 특수하게 변화〔轉變差別〕'함으로써 종자를 세력화한다고 설명한다. 이와 같은 생각은 『성업론』에서 유식사상의 맥락에서 사용하게 되고 이후 『유식이십론』에 이르게 된다. 『유식이십론』과의 관계가 어떻든 대론자의 견해로 경량부의 종자설을 제시하고 있는 『근본중송』과 '그 자신의 흐름〔相續〕으로 특수하게 변화하며 전개한다〔轉變〕'는 것을 주장하는 『바이달야론』은 분명하게 대립적인 입장에 있다.

요약하자면 『바이달야론』은 니야야 학파를 부정하는 불교의 논의를 진전시킨 것이지만 『근본중송』의 주장을 부정하여 찰나멸성을 전제로 한 경량부나 유가행파의 '자상속전변차별(自相續轉變差別)'로 크게 방향을 돌렸다.

'상속(相續)'에 관해서는『인연심론송』의「온(蘊)의 연속적인 생성 [續生]과 무이행(無移行)」부분에서도 거론하게 된다.

5) 『보행왕정론』[138]

『보행왕정론』은 한역명이고 범명으로는『라뜨나발리(Ratnāvalī, 보물의 연결)』, 티베트역이 나타내는 상스끄리뜨어를 음사한 제목에 의하면 『왕에게 하는 가르침과 훈계라고 하는 보물의 꽃다발[華鬘]』이다. 100 게송 씩 5장으로 되어 있고 시의 형태는 마지막 게송을 제외하고는 슐로까(śloka)이다. 어떤 왕[139]에게 가르치고 훈계하는 편지라는 형태 로 대승불교의 사상과 실천을 알기 쉽게 정리한 것이다. 지금까지 살 펴본 1)~4)의 철학적 혹은 논리적인 고찰을 중심으로 한 저서들과는 전혀 취지가 달라 세속적인 상황을 받아들이면서 윤리적이고 종교적 인 실천에 노력하여 지혜의 완성을 목표로 하는 대승보살의 이상상이 그려져 있다. 동시에 공성(空性) 즉 대승의 가르침이 전통적인 불교와 본질적으로 같고 오히려 대승 쪽이 종교적으로는 더 뛰어나다는 것을 강조하고 있는 점도 놓쳐서는 안 될 큰 특징이다. 제4장에서 13게송 에 걸쳐 서술하고 있는 것처럼 대승이 격렬한 비난의 과녁이 되었다

---

138 기본 텍스트로는 다음의 문헌을 사용하였다. Nāgārjuna's Ratnāvalī: The basic texts (Sanskrit, Tibetan, Chinese), by Michael Hahn, Bonn, 1982

139 일반적으로는 남인도의 싸따바하나(Satavahana) 왕조의 왕이라고 한다. 용수와 이 왕조 나 그 왕들과의 관계에 대해서는 야마노 치에코(山野 智惠)의「ナーガールジュナとサー タヴァーハナ」(『智山学報』56, 2007)가 상세하게 논의하고 있다.

는 '사실'도 중요한 사항이다.[140]

먼저 『보행왕정론』의 주요 주제인 '왕에게 하는 가르침과 교훈'의 내용을 구체적으로 살펴보기로 한다.

A 왕이여! 그대에게 국왕으로서 준수하고 실행해야 할 의무인 법에 의해 번영이 있기를!, 이라고 한결같이 좋은 법을 설하고자 합니다. 왜냐하면 법은 〔그대와 같은〕 정법(正法)의 그릇에서 비로소 완성에 도달하기 때문입니다. (1.2)

거기에서는 먼저 법에 의해 번영하고 그 다음에 지극한 행복이 발생합니다. 왜냐하면 〔사람은〕 번영을 달성한 후에 순차적으로 지극한 행복으로 향하기 때문입니다. (1.3)

그 경우, 번영이란 행복을 말하고 지극한 행복이란 해탈을 말한다고 붓다는 설하셨습니다. 간략하게 말하면 법을 달성하는 요점은 믿음(확신)과 지혜 두 가지입니다. (1.4)

B 노인, 어린이, 병자 〔등〕 살아 있는 온갖 것〔有情〕의 괴로움을 제거하기 위해 국내에 의사나 이발사들〔을 배치하고 그 생활의 기반이 되는〕 밭에서 수익을 얻도록 해 주십시오. (3.40)

곤궁한 농민에게는 씨앗이나 식물로 구제하고 가능한 한 세금을 면제해 주며 또한 〔다양한〕 의무〔할당분〕를 줄여주십시오. (3.52)

자국이나 타국의 도적들을 진압해 주십시오. 금화〔로 이루어지는

---

140 그레고리 쇼펭(Gregory Schopen), 『インドの僧院生活 : 大乗仏教興起時代』(小谷信千代 訳, 春秋社, 2000.7)의, 특히 「序章 : インドと中国における仏教の展開」참조. 다만 쇼펭 박사는 『보행왕정론』을 용수의 진작으로 보고 있다.

교역]의 이익을 균일하게 하고 물가를 적정하게 조율해 주십시오.
(3.54)

A는 전체 가르침의 골자를 나타낸 것이다. 법에는 '번영의 법'과 '지극한 행복[至福]의 법'이 있다. 전자는 세상에서의 행복을 말하는 것으로 믿음에 의해 실현되고 후자는 윤회하는 괴로움으로부터의 해탈을 말하는 것으로 지혜에 의해 달성된다. B는 '번영의 법'을 실천하기 위한 왕에게 하는 구체적인 가르침이다. 이 편지의 저자는 우선 왕이 이와 같은 가르침[正法]을 담을 수 있는 그릇이고 달성할 능력을 갖고 있는 사람이라는 것을 분명히 함으로써 그의 실천을 독려하고 있다.

다음으로 『근본중송』과의 관계라는 관점에서 검토해 가기로 한다. 『보행왕정론』의 용어상 특징을 거론하면 '일어나지 않음[불생]' '공성' '언어적 다원성[戲論]' '개념설정[시설]' '2제(二諦)' 등의 용어는 보이지만 중요한 '연기(pratītyasamutpāda)'라는 말은 하나의 예도 보이지 않는다. 이뿐만이 아니라 '모든 조건에 의해 일어난 것[緣已生, pratītyasamutpanna]'이라는 말도 '공(śūnya)'이라는 용어도 결코 보이지 않는다. 반면에 '대승' '보살' '육바라밀'이라는 용어는 빈번하게 사용된다. '연기'의 내용에 해당하는 개념은 나오지 않지만 전통적인 연기관을 토대로 『근본중송』의 공관을 설한 것이다. '공'이라는 용어를 사용하지 않고 설명한다는 점은 『육십송여리론』과 통하는 부분이지만 『보행왕정론』의 경우 그렇게 하지 않으면 안 되는 특별한 이유가 있다. 그것은 전통불교와 대승불교의 '동질성'을 강조하기 위한 것이다. 이를 위해 '공'이라는 말도 대승적인 해석이 들어간 '연기'라는 용어도 피했다고 볼 수 있다. 지금부터 검토해 보겠지만 『보행왕정론』에서는 전통불교의 교리와 대승의 교리가 본질적으로는 같다는 것을 확인한 뒤에 대승 쪽이 훨씬 뛰어나다는 것을 설득하려고 했다. 그 때문에 전통적인 교리와 대승의 교설을 병렬하거나 때에 따라서는 융합시키거나 한다. 다음에 전통적인 교리라고 판단되는 것에는 밑줄을 그어 대승의 교설과 구별해 보기로 한다.

A 생성에는 원인이 있다고 보아 무(無)를 넘어선다. 멸은 원인을 수반하는 것[이라고 보아], 유(有)에 근접하는 일은 없다. (1.46)

B [결과보다] 먼저 일어나는 원인이나 [결과와] 동시에 일어나는 [원인]은 [원인·결과라는 말의] 의미에서 원인일 수 없다. 세상의 말로도 진실로도 일어난 것이 아니기 때문이다. (1.47)

C 이것이 있을 때 저것이 있다. 예를 들면 길다는 것이 있을 때 짧다는 것이 있는 것과 같다. 이것이 생길 때 저것이 생긴다. 예를 들면 등불이 생길 때 밝음이 생기는 것과 같다. (1.48)

D 한편 또한 짧은 것이 없으면 긴 것도 존재하지 않는다. 고유한 성질[자성]이 없기 때문이다. 또한, 등불이 생기지 않으면 밝음도 생기지 않는다. (1.49)

E 이상과 같이 원인에 의해 결과가 생기는 것을 보면 이 세상의 진실성(=세속제)은 '언어적 다원성[戱論]'으로부터 생긴다는 것을 이해하여 무(無)에 근접하는 일은 없다. (1.50)

F 또한 〔원인의 소멸에 의한 결과의〕 소멸은 진실성이라는 관점에서 '언어적 다원성〔戲論〕'으로부터 생기는 것이라고 이해한 사람은 유(有)에 근접하는 일도 없다. 그렇기 때문에 〔유(有)와 무(無)의〕 양자에 의거하지 않는 사람은 해탈한다. (1.51)

먼저 A는 '사물과 현상의 생성·소멸에는 반드시 원인이 있다'는 것을 명시한 이른바 '연기법송'으로 요약되는 전통적인 사상과 『근본중송』(15.7)에도 언급되는 『잡아함경』의 '양극단에서 벗어난 중도'에 기반하고 있다. 말하자면 초기경전의 인과론을 요약 설명한 것이다. 이에 비해 B는 순전한 대승의 인과론이다. 즉, 원인과 결과를 함께 실체적으로 파악하면 인과관계 자체가 성립하지 않는다는 것을 서술하고 있다. C의 밑줄 부분은 이른바 '차연성(此緣性)'의 전반부이다. 후반부에서는 바로 이어서 '이것이 없을 때 저것이 없다. 이것이 소멸할 때 저것이 소멸한다'고 한다. '차연성'이란 원래 12연기의 12지에서 인접하는 두 개의 지분 사이의 인과관계를 요약 설명한 것이다. C·D는 이 '차연성'의 인과론을 '길고 짧음' '등불과 밝음'에 적용하고 있다. 전자에 대해서는 '긴 것이 있으면 짧은 것이 있지만 그 짧은 것이 없으면 긴 것도 없다. 고유한 성질이 없기 때문에'라고 하고 길고 짧음은 서로 의존하는 관계여서 각각에는 자립성이 없다는 것을 말하고 있다. 전통적인 12연기에서는 '이것 → 저것' '저것의 없음 → 이것의 없음'이라는 변할 수 없는 관계이지만 여기에서는 '이것 → 저것' '저것의 없음 → 이것의 없음'이라는 식으로 변할 수 있는, 말하자면 상호의존적인 관계로 변경해 버린 것이다. 이것은 『근본중송』의 '서로 의존하는 갑과 을은 한쪽이 성립하지 않으면 다른 쪽은 성립하지 않는다'는 정식(定式) C를 의미한다고 해석해야 할 것이다. 이에 비해 등불의 예에서는 '등불의 생성 → 밝음의 생성' '등불의 소멸 → 밝음의 소멸'이 되고 시간적으로 변할 수 없는 대단히 일반적인 관계가 되고 있다. 즉 전통적인 인과론의 범위 내에서 이루어지는 설명이다. 한편 E·F에서 밑줄 부분은 A와 같은 내용이다. A에도 이 밑줄 부분의 내용이 함의되고 있을 것이다. E는 세속의 진리가 '언어적 다원성[戲論]'에서 생긴다는 것을 F는 '소멸'이 '언어적 다원성[戲論]'에서 생긴다는 것을 나타낸다. 그러므로 이 '소멸'은 궁극적인 소멸, 즉 번뇌(=무명)의 소멸에 의해 태어나 늙고 죽는[생·노사] 괴로움이 소멸하는 열반을 함의하고 있다. 또한, '진실성'은 궁극적인 진실성[勝義諦]을 가리킨다고 생각해야 할 것이다.

목표가 되는 열반도 승의(勝義)의 입장에서 보면 '언어적 다원성[戲論]'에 기반한 것이라는 취지이다.[141]

이번에는 붓다관을 살펴보기로 한다.

『보행왕정론』에서는 『근본중송』의 단수형 붓다는 '전통교리의 설법자(석존)', 복수형 붓다는 '대승교리의 설법자'라는 것을 기반으로 대승의 가르침을 설하는 단수형 붓다의 정통성·우월성을 주장하고 있다. 우선 대론자인 전통불교인의 반론과 저자의 대답을 살펴보기로 한다.

---

141 한역과 티베트역에서는 '희론'이 아니라 '무희론'이다. 그 경우 '소멸'은 '연기=희론적멸(戲論寂滅)＝길상(＝열반)'이라는 의미의 열반을 가리키는 것이 된다. 그러나 그렇게 되면 이 해석에서는 E와 F의 대비가 무너지고 전통교리와 대승의 사상이 혼재하게 되어 그 동질성과 우월성을 호소한다는 목적에서 벗어나게 된다.

G **반론** 무수히 많은 **모든 붓다**가 지나쳐 가고 마찬가지로 다가 올 것이다. 또한, 현재에 존재하고 있다.

그 모든 붓다의 모습들로부터 중생〔유정〕의 죽음은 시초〔겁초〕에서부터 과거·현재·미래를 거쳐 일어난다고 생각된다. 세계〔나 중생〕의 규모가 커질 이유는 없고 〔그〕 소멸이나 죽음은 과거·현재·미래에 걸쳐 일어난다. 어떻게 **일체지자〔석존, 붓다〕**는 그 〔세계나 중생의〕 시작과 끝에 대한 〔질문에〕 대답하지 않았던 것일까. (2.78)

H **대답** 그것이 바로 법의 심원함이고 범부에게는 〔미루어 헤아릴 수 없는〕 비밀스러운 것이다. 세계는 환상과 같다는 것이 **모든 붓다**의 감로와 같은 가르침이다. (2.9)

I 예를 들면 환상의 코끼리에게는 탄생과 죽음이 보이지만 진실에서는 그것에 어떠한 탄생도 죽음도 존재하지 않는다. 그것과 마찬가지로 환상과 같은 세계에는 탄생과 죽음이 보이지만 진실〔勝義〕에서는 탄생도 죽음도 〔존재하지〕 않는다. (2.10~11)

J **반론** 〔그대가 말한 것처럼 이 세계가 환상과 같이 오는 것도 가는 것도 아니고 '실재 존재하는 것〔實有〕'으로 존재하지 않는다면〕 과거·현재·미래를 넘어선 본질을 갖지 않으면서 이와 같이 〔미망에 의해서만〕 존재하고 〔'실재 존재하는 것〔實有〕'으로는〕 존재하지 않는 세계란 세상의 상식과는 별개로 진실의 입장에서 무엇이란 말인가. (2.14)

K **대답** 다름이 아니라 바로 그 때문에 〔세계는〕 유한한가, 무한한가, 〔유한과 무한의〕 양자인가, 〔유한과 무한의〕 어느 쪽도 아닌가'라는 네 종류〔의 물음〕에 대해 **붓다〔석존〕**는 대답하지 않기로 한 것이다. (2.15)

L 몸이 깨끗하지 않다는 것은 우선 직접 볼 수 있는 거칠고 큰 것이며 항상 실제로 보는 것이지만 마음 속에 〔그 더러움이〕 머무르는 일은 없다. 〔하물며〕 매우 미세하고 심원해서 의지처〔ālaya〕가 없고 직접 볼 수 없는 이 바른 법이 어떻게 마음 안에 쉽게 들어가 머무는 일이 있겠는가. (2.16~17)

M 그렇기 때문에 **석가모니**〔**석존, 붓다**〕는 바른 깨달음〔정각〕을 얻은 후 '이 법은 매우 심원하기 때문에 사람들이 이해하기는 어렵다는 것을 알고 법을 설하여 보이는 것을 피했다. (2.18)

대론자의 반론인 G는, 그리고 실질적으로는 J도 석존〔붓다〕의 언행을 근거로 대승의 가르침에 대한 의심을 나타내고 있다. 이에 비해 대답은 자신의 교리가 정당함(I, L)을 H와 같이 모든 붓다를 증거로 제시하면서 K, M과 같이 석존의 언행을 근거로 주장하고 있다. 더욱이 다음과 같은 예도 보인다.

N 그렇기 때문에 진실에서는 소멸〔적멸〕에 의해 세상이 무(無)로 돌아가는 것은 아니다. 〔그렇기 때문에〕 **승자**〔**석존**〕는 '이 세계에 끝이 있는가'라는 질문을 받았을 때 침묵한 것이다. (1.73)

O 이 법의 심원함을 〔이해하는〕 그릇이 아닌 사람들에게는 설하지 않았다는 바로 그것에 의해 **일체지자**〔**석존**〕는 일체지자 이다 라고 현자들은 이해한다. (1.74)

P 이와 같이 '지극한 행복의 법은 심원하고 완전한 이해를 넘어서며 모든 의지처를 벗어나 있다'고 진실을 보는 **모든 붓다**는 설한다. (1.75)

Q 요약하면 타자를 이롭게 하는 것[이타]과 자신을 이롭게 하는 것[자리], 해탈이라는 목적이 ㈎**(모든) 붓다**의 가르침이다. 이 모두는 육바라밀로 해결된다. 그렇기 때문에 이것은 ㈏**붓다**의 언어[佛說]인 것이다. (4.82)

R 복덕과 지혜로부터 이루어지는 깨달음으을 향한 큰 길이 **모든 붓다**에 의해 설해지고 보여졌지만 그 대승은 무지한 자가 감당할 수 있는 것이 아니다. (4.83)

S 승자(붓다)는 대승에서 [그] 복덕이 사유의 영역을 넘어서고 있기 때문에 허공[처럼] 그 공덕은 사유의 영역을 넘어서고 있다고 말한다. 그렇기 때문에 그 **붓다**의 위대성을 인정해야 한다. (4.84)

T 사유의 영역을 넘어선 **붓다**의 위대성을 [그대들은] 어떻게 받아들이지 못하는가. 바로 [받아들일 수 없기] 때문에 규범[戒]의 영역에서만이라도 성자 사리불 조차 [대승에] 미치지 못한 것이다. (4.85)

N의 '승자'와 O에서 처음 부분의 '일체지자'는 석존을, P와 R의 '모든 붓다'가 대승의 설법자를 가리킨다는 것은 분명하다. 이에 비해 S의 승자는 대승의, 혹은 소승·대승의 구별을 넘어선 단수형의 붓다이다. O에서 두 번째의 일체지자도 그렇게 볼 수 있다. 혹은 오히려 O는 '대승의 설법자'와 석존[붓다]을 연결하는 역할을 하고 있다고 보아야 할지도 모른다. Q의 밑줄 부분은 어느 쪽도 복합적이기 때문에 단수·복수의 구별은 할 수 없지만 전후의 문맥에서 보면 갑은 복수형의 붓다, 을은 단수형의 붓다라고 해석해야 할 것이다. 임시로 갑을 단수형이라고 본 경우, 그것은 '대승의 붓다'라고 보아야 한다. 을은 대승불교의 교설이 석존[붓다]과 직결되는 '붓다의 말[佛說]'임을 선

언하고 있다. 이를 근거로 대승을 '붓다의 위대성'(두 줄로 표기한 부분)
이라고 보아 그것에 대한 인정을 구하고 있다. 『근본중송』에서는 귀
경게에서 단수형의 붓다, 즉 석존〔붓다〕을 '공성'을 설하는 〔붓다〕로 본
다. 게송에서 증명하고 있지만 『보행왕정론』은 이를 더욱 진전시켜
대승이 석존〔붓다〕의 가르침과 같은 것이고 오히려 현행하는 전통부파
의 가르침보다 훨씬 뛰어나다고 주장하고 있는 것이다. 그것을 보여
주는 것이 다음에 거론할 세 게송이다.

> U '공성'은 대승에서는 '불생'으로 다른 사람들에게는 '소멸'로 〔설해
> 지고 있다〕. 그렇기 때문에 '불생'과 '소멸'은 정황상 같은 것이라고
> 인정해야 한다. (4.86)
> V 이와 같이 '공성'과 **붓다**의 위대성을 바른 이치로 보아야 한다. 대
> 승으로 〔또는 그것과〕 다른 것으로 설해진 것이 바른 사람〔知者〕들에
> 게 어떻게 합치하지 않는 일이 있을 수 있겠는가. (4.87)
> W **여래**〔붓다〕가 깊은 의도를 갖고 설한 것을 이해하는 일은 쉽지 않다.
> 그렇기 때문에 일승(一乘)이라거나, 삼승(三乘)이라고 하여 설해진
> 것에 마음을 뺏기지 말고 자신을 지키길 바란다. (4.88)

U는 대승에서 '일어나지 않는 것〔불생〕'이라고 파악하는 '공성'이
전통적인 불교에서는 '소멸'로 설해졌기 때문에 양자는 원래 같은 것
이라는 것을 인정하도록 요구하고 있다. 이 '소멸'은 일어남〔生〕을 전
제로 한 소멸이라고 생각된다. 다음의 V에서도 바른 이치에 비추어
보면 바른 사람〔知者〕들에게는 대승도 전통부파의 불교도 '공성' '붓다
의 위대성'이라는 점에서 같다고 한다. 흥미로운 것은 W이다. 단수형

의 '여래[붓다]'가 '대승의 붓다'로 나타나고 있다. 이 '여래'의 사용법은『공칠십론』이나『회쟁론』과 같다. '일승, 삼승에 마음을 빼앗기지 않고'라는 부분에는『법화경』, 특히「방편품」과의 공통점이 보인다.

사리불이여! 바른 깨달음을 얻은 존경받아야 할 **여래[붓다]**들의 깊은 의도를 감춘 언어는 이해하기 어렵다. … 사리불이여! 여래의 깊은 의도를 감춘 언어는 이해하기 어렵다. 그것은 무엇 때문인가. 사리불이여! 나는 다양하게 해석하고 설명하고… 또한, 여러 가지 수백의 교묘한 방편으로 법을 분명하게 했기 때문이다.

「방편품」에서는 이 후에 '세 수레[三車]·불타는 집[火宅]'의 비유로 이른바 '삼승은 방편[三乘方便]이고 일승[一乘眞實]이 진실'이라는 가르침을 설한다. 여래들의 '의도를 감춘 언어'를 설하는 것은 물론 단수형의 붓다인 석가여래이다.

마지막으로『보행왕정론』에서 주목해야 할 점을 살펴보기로 한다. 첫 번째로 정토사상과의 관련성이다.

갖가지 청정한 서원에 의해 불국토는 청정하게 된다. **모니주(牟尼主, 붓다)**에게 큰 보물을 바치는 것으로 [왕이여! 그대는] 끝을 알 수 없는 곳까지 빛을 비출 것이다. (3.99)

연구자 중에는 아미타불 신앙과 관련 짓는 사람도 있지만 '서원' '청정한 불국토' '무변의 빛'이라는 요소만으로는 아미타불과 연결되지 않는다. 직전의 게송에서 '여래지(如來知)'를 갖추고 있다면 그대는 뛰어난 특성〔相〕을 갖춘 승자〔붓다〕가 될 것이다'라고 하고 불국토에서 끝없는 빛을 비추는 것은 붓다가 아니라 왕들이라고 생각되기 때문이다. 또한, 큰 보물을 바치는 대상이 되는 '모니주(牟尼主)'는 대승의 붓다이고 구체적으로는 불상을 가리킨다고 생각된다. 한역에서는 '많은 보물을 짜이뜨야(caitya, 사당)에 바친다'라고 하는 것도 이 생각을 지지할 것이다.

두 번째로 '색신·법신'의 용례이다.

> 왕이여! 요약하면 **모든 붓다**의 몸〔色身〕은 복덕의 공덕〔資糧〕으로부터 생기고 붓다의 마음〔法身〕은 지혜의 공덕으로부터 생긴다. (3.12)

이 게송의 내용은 이른바 '불신론(佛身論)'과는 다르다고 생각된다. 왜냐하면 R에 '복덕과 지혜로부터 이루어지는 깨달음을 향한 큰 길'이라고 하는 내용이 있고 이는 보살의 수행도로 파악되기 때문이다.

이 제12게송과 가까운 내용의 게송이 『육십송여리론』의 마지막 게송, 이른바 '회향문'에 있다.

> 이 선(善)에 의해 모든 사람이 복덕과 지혜의 공덕〔資糧〕을 쌓고 <u>복덕과 지혜로부터 일어난 두 가지 바른 것을 획득하기를!</u> (60)

이 게송도 보살의 수행도와의 관련된 것이다. 이 게송의 밑줄 부분은 『보행왕정론』(3.12)을 보면 '두 가지 바른 것'이란 '붓다의 몸〔色身〕'과 '붓다의 마음〔法身〕'을 의미한다고 이해할 수 있다. 만일 양자에 어떤 연관이 있다면 『보행왕정론』의 구문을 알고 난 뒤에 『육십송여

리론』이 작성되었을 것이다.[142]

　세 번째로 제5장에서는 '보살의 십지' '불지(佛地)' '보살의 서원' 외에 '57죄과(五十七罪過, 雜事)'가 설해지고 있다. 이것과 관련하여 니시무라 미노리(西村実則)는 다음과 같이 해설하고 있다.

> 『라뜨나발리』 '잡사(雜事)'의 순서, 정의하는 내용은 몇 가지 차이가 있을 것이고 그것이 『법온족론』 「잡사품」을 계승했다는 해설은 중요하다. 왜냐하면 용수에게 귀결되는 저서 중에서도 설일체유부에게 받은 영향을 여기에서 간파할 수 있기 때문이다.[143]

　『보행왕정론』은 『근본중송』의 '공성=불설'논을 한층 더 진전시켜 격렬한 비판에 직면하게 된 대승이 '공성' '붓다의 위대성'이라는 점에서 전통불교와 그 본질을 같이 한다는 점, 더욱이 대승이야말로 더 뛰어난 가르침이라는 점을 주장하고 있다. 다른 용수문헌군이나 대승경전, 나아가 아비달마 문헌과의 관계 등, 검토하지 않으면 안 되는 과제는 결코 적지 않다.

---

142 이미 『육십송여리론』 제34게송의 설명에서 그 전거가 『보행왕정론』도 전거로 하는 『디가니까야 (Dīgha Nikāya)』 「께밧따경 (Kevaṭṭa Sutta)」이라는 것을 지적했다. 전자의 너무 간략한 표현은 직접적으로는 후자의 설명에 입각해 그것을 전제로 하고 있었을 가능성이 있다는 것은 이미 지적했다.

143 니시무라 미노리(西村実則), 『アビダルマ教学: 倶舎論の煩悩論』(法藏館, 2002), 329쪽.

6) 『권계왕송』[144]

『권계왕송(勸誡王頌)』은 원제목을 『친구에게 보내는 편지(Suhṛllekha)』 라고 하고 티베트역으로는 123게송이 있다. 제1게송에서 시의 형태 는 아랴기띠(āryāgīti)[145]라고 명시되어 있다. 티베트역에서는 마지막 두 게송만이 11음절 4구로 되어 있고 그 외에는 9음절 4구이기 때문에 마지막의 두 게송은 다른 시의 형태였다는 것을 알 수 있다. 세 종류 의 한역[146]과 티베트역에 편지의 상대에 해당하는 왕의 이름이 거론되 고 있지만[147] 『보행왕정론』의 경우와 마찬가지로 역사상 실재했던 왕 의 이름과 관련이 있는지는 명확하지 않다.

한편 그 내용을 요약하면 다음과 같다. 제118게송 까지는 재가의 불교신봉자인 왕에게 초기경전 등에 설해지고 있는 교리의 골자를 간 략하고 알기 쉽게 설명한다. 또한, 가르침과 훈계의 항목만 있는 것이 아니라 인명이나 비유표현 등에 대해서도 초기경전을 전거로 설명하고 있는 부분이 많다.[148] 윤회와 관련된 구체적인 설명으로는 특히 지옥

---

144 기본 텍스트로는 *Nagarjuna's letter to a friend : with commentary by Kangyur Rinpoche*, (translated by the Padmakara Translation Group, Ithaca, New York, 2005)의 티베트어 문 헌을 사용했다.

145 아랴(āryā)의 하위 분류에 아랴, 아랴기띠(āryāgīti) 등 다섯 가지의 운율 패턴이 있고 그 중 하나이다. 매우 특이한 시의 형태로 깔리다사(Kālidāsa, 4~5세기)의 한 작품이 가장 오래된 예라고 한다.

146 「龍樹菩薩為禪陀迦王說法要偈」, (求那跋摩譯 431년), 「勸発諸王要偈」 (僧伽跋摩訳, 434~442년), 「龍樹菩薩勧誡王頌」 (義浄訳, 700~711년).

147 한역은 순서대로 '禪陀迦' '名勝功德' '乘土(宋本: 乘土)'라 하고 티베트역은 bde spyod 라고 한다. 이 왕명들에 대해서는 야마노 치에코(山野智恵)의 앞에 게재한 논문 「ナーガ ールジュナとサータヴァーハナ」를 참조.

148 『권계왕송』의 모든 게송과 초기경전의 관계를 구체적으로 상세하게 검토한 문헌으로 기

의 박진감 넘치는 표현이 인상적이다. 이 부분에서 대승으로 연결되는 용어로는 '육바라밀'(제8게송)과 '공'(제49게송)이 있다. 전자인 '육바라밀'의 경우, 예를 들면『증일아함경』「사제품」등이 전거라고 생각해야 할 것이다. 또한, 후자인 '공'의 경우, 5온이 무아라는 것을 '5온공'이라고 하고 있을 뿐이다. 5온과 자기의 관계에 대해『맛지마 니까야』「대만월경」이나『상윳따니까야』「온상응」에 보이는 '4형태분석'을 하고 있다. 이 4형태분석 이란『근본중송』의 5형태분석 중 두 번째 요소가 누락된 분석이다. '5온공'의 예를 보면『권계왕송』의 저자는『근본중송』을 거의 염두에 두고 있지 않았다고 추측할 수 있다. 한편 제119게송 이후는 대승의 가르침이다. 게송의 수는 매우 적지 않지만 검토할 필요가 있는 사항을 포함하고 있기 때문에 구체적으로 살펴보기로 한다. 전통적인 교리에 기반하는 가르침이 끝나는 제118게송부터 거론한다.

> 〔이상과 같이 내가〕 그대에게 조언한 것은 예를 들어 출가한 승려〔비구〕라고 해도 실행하는 것이 매우 어렵습니다. 하지만 그럼에도 불구하고 조금이라도 행해 그 본질적인 덕으로 생애를 의의 있는 것으로 만들어 주십시오. (118)
>
> 모든 사람들이 갖가지 선한 행위를 크게 기뻐하고 〔그대〕 자신의 몸〔身〕·입〔口〕·마음〔意〕으로 짓는 세 종류 선한 행위〔의 공덕〕을 모두 **붓다**가 되기 위해 회향하며, 나아가 이 선한 행위가 쌓여 (119)
>
> 헤아릴 수 없이 많은 생(生)에 걸쳐 신과 인간의 모든 세계에서 요가

타바타케 린신(北畠利親),『龍樹の書簡』(永田文昌堂, 1985)이 있다.

　　　　　　　　　　　　　『중론』용수의 사상·저술·생애의 모든 것

(yoga)의 주인이 되고 성스러운 관자재(觀自在)의 행위로 괴로움에 빠져 있는 〔지옥에서 신들까지의 모든〕 생존상태〔에 있는 살아 있는 것들〕을 구제해 주십시오. (120)

붓다의 영역(불국토)에 태어난 후 병, 늙음, 욕망〔貪〕, 혐오〔瞋〕 등을 제거하여 **무량광세존**(無量光世尊)과 마찬가지로 수명이 끝이 없는 **세계의 구호자**〔붓다〕가 되어 주십시오. (121)

지혜, 지계, 보시로부터 생겨나는 오염되지 않은 크나큰 명성을 천계와 허공과 지상에 퍼뜨려 지상의 사람들과 천계의 신들이 아름다운 을녀(乙女)와 환락에 빠지는 일을 완전히 진압해 주십시오. (122)

번뇌에 괴로워하는 중생〔有情〕들의 모든 두려움과 생과 사를 진압하고 **최고의 승리자**〔붓다〕가 되어 세속적인 것을 초월하며 명칭에 지나지 않는 것을 제압하여 공포·고민·쇠멸이 없는 경지를 획득해 주십시오. (123)

먼저 저자의 붓다관에 대해 확인해 두면 모두 단수형의 붓다이지 복수형의 붓다는 보이지 않는다. 제118게송 이전에는 붓다, 승자, 모니 등 모든 전통적인 교리를 설하는 석존〔붓다〕을 가리키고 있고 제119~123게송에서는 위에서 확인 한 것처럼 대승의 수행자가 목표로 하는 깨달음의 체현자를 가리키고 있다.

다음으로 제120게송의 '관자재(觀自在)'에 대해 생각해 보기로 한다. 용수와 직접 연결되는 것은 아니지만 이 텍스트의 저술 시기를 검토해 보면 관자재와 용수를 파악하는 데 참고가 될 것이다. 일반적으로는 '그 사람이 사람들의 음성을 통찰한다'는 뜻인 '관음(觀音.

Avalokitasvara)'의 형태[149]가 오래된 것이고 이후에 '고뇌하는 사람들을 관찰하는 데 자재하다'는 뜻인 '관자재(觀自在, Avalokiteśvara)'의 형태[150]로 변경되었다고 한다. 하지만 이와 다른 견해도 있다.[151]

세 종류의 한역이 있지만 위에서 번역 출판된 티베트역의 제119~121게송에 해당하는 부분을 번역해 둔다. 티베트역 제118게송에 해당하는 부분은 세 종류의 한역과 거의 같다. 순서대로 갑·을·병이라고 하기로 한다.

---

149 예를 들면 구마라집(鳩摩羅什)의 번역 『妙法蓮華經』 「觀世音菩薩普門品」에서는 다음과 같이 말한다. "양가의 아들이여! 만일 무량백겁만억의 생명 있는 것 모두가 갖가지 번뇌와 괴로움을 받고 있다고 해도 이 관세음보살의 이름을 듣고 한 마음으로 이름을 부르면 관세음보살은 즉시 그 음성을 통찰하여 모두, 번민이나 미혹 등 번뇌의 속박으로부터 풀려나 자유의 경지에 도달할 수 있게 한다." 범문에서는 '관자재(Avalokita-īśvara)'라고 되어 있지만 구마라집 번역의 원본에서는 '관음(Avalokita-svara)'이었던 것으로 보인다.

150 예를 들면 『법화경』 제4장 「보살수기」에서는 다음과 같이 막힌다. "양가의 아들이여! 그대는 지옥 등의 괴로운 세계〔苦界〕를 관찰하고 천계를 관찰하고 모든 중생〔유정〕의 괴로운 모습을 관찰했다. 중생들을 괴로움으로부터 해방하기 위해 번뇌를 진압하기 위해 자비로운 마음을 일으켰다. 그렇기 때문에 양가의 아들이여! 그대는 아발로끼따 이슈바라(Avalokita-īśvara, 관찰에 자재한 자, 관찰된 자들의 구제자)라는 이름이 되었을 것이다."

151 관음과 관자재, 어느 쪽이 먼저인가에 대해서는 간단히 결론내릴 수 없지만 이하의 『팔천송반야경』에 나오는 보살상이 근원이 된다는 것은 틀림없을 것이다. 제22장 「선우(善友)」에는 다음과 같은 내용이 나온다. "수부띠여! 어떤 종류의 지혜를 갖춘 자는 모든 중생〔유정〕을 마치 사형에 처해진 것처럼 보는데 그 보살대사는 이와 같은 지혜를 구비하고 있다. 거기에서 그때 그는 위대한 연민을 얻고 천안에 의해 뚜렷하게 꿰뚫어 보아 한계를 알 수 없고 수를 헤아릴 수 없으며 양을 넘어 끝도 없는 중생들이 큰 죄〔무간업〕를 범하고 붓다의 가르침을 들을 수 없는 불우한 생을 받아 고뇌하고 잘못된 생각〔見〕의 그물에 덮여 바른 길을 얻지 못하는 것을 본다. 또한, 행운의 생(生)을 받은 다른 자들도 보고 행운인 생을 받으려고 하지 않는 자들을 본다. 그때 그는 크게 마음 아파하고 그 모든 중생들을 위대한 자비와 위대한 연민으로 덮어 '나는 이 모든 중생들의 구제자가 될 것이다. 이 모든 중생들을 온갖 괴로움으로부터 해방시키고야 말 것이다'라고 마음을 쏟는다."(梶山雄一·丹治昭義訳 『大乗仏典3』八千頌般若経II)(中公文庫, 2001)말할 필요도 없이 이 '세간관찰'은 초기경전에 보이는 '범천권청'의 장면에서 '중생에 대한 연민의 정에서 붓다의 눈〔佛眼〕을 갖고 세간을 관찰하셨다'(『상윳따니까야』「범천집성」)는 표현에 기반한 것이다. 세간을 관찰함으로써 사람들에게 연민의 정을 품은 붓다〔석존〕는 법을 설명할 것을 결의하고 관음보살은 구체적인 구제행을 한다는 것이다.

『중론』 용수의 사상·저술·생애의 모든 것

갑 왕이시여! 그대는 뛰어난 성스러운 분들에게 배우고 관음보살들과 마찬가지로 사람들을 구제하지 않으면 안 됩니다. 그렇게 하면 장래에 반드시 깨달음을 성취하게 될 것입니다. 〔그대의〕 나라에는 태어남도 늙음도 〔탐욕〔貪〕·분노〔瞋〕·어리석음〔癡〕의〕 세 가지 독〔三毒〕도 없습니다. 대왕이 만일 많은 훌륭한 선행을 실천하신다면 그 명성은 널리 전해지게 됩니다. 그 후에는 〔나의〕 이 가르침으로 사람들을 교화하고 모든 사람이 깨달음〔정각〕을 달성하게 해 주십시오.

王當仰學諸賢聖 如觀音等度衆生 未來必當成正覺 國無生老三毒害 大王若修上諸善 則美名稱廣流布 然後以此教化人 普令一切成正覺

을 〔그대는〕 항상 신들이나 인간 중에 태어나 자유자재한 왕이 되어 위대한 보살의 집단과 함께 신통을 자유롭게 구사하여 〔교묘한〕 방법으로 사람들을 교화하고 불국토를 장엄하게 될 것입니다.

常生天人中 得爲自在王 與大菩薩衆 遊戲諸神通 方便化衆生 嚴淨佛國土

병 〔그대는〕 그 후의 생(生)에서 수명이 무량하게 되고 널리 신들과 인간을 구제할 것입니다. 바로 관자재보살과 같이 아무리 곤란할 때에도 적에게도 한편에게도 동등하게 대할 것입니다. 생·노·병·사의 〔네 가지 괴로움〕과 〔탐욕·분노·어리석음의〕 세 가지 독이 제거되고 불국토에 생(生)을 얻어 세계의 아버지가 될 것입니다. 수명은 길고 그 양을 알기 어려울 정도가 될 것입니다. 〔그것은〕 그 **위대한 깨달은 자**〔覺者〕 '미타'라고 〔이름하는〕 나라의 주인과 같습니다.

後生壽無量 廣度於天人 猶如觀自在 極難等怨親

生老病死三毒除 佛國託生爲世父 壽命時長量叵知 同彼大覺彌陀主

    갑은 '관음', 병은 티베트역과 마찬가지로 '관자재'라고 하고 있지만 양쪽 모두 왕이 행하는 구제활동의 모델로 언급되고 있다. 이에 비해 을은 단순히 '대보살중(大菩薩衆)'이라 하고 왕 자신이 그들을 따라 사람들을 교화한다고 한다. '자유자재한 왕[自在王]'은 티베트역의 '요가(yoga)의 주인(yogendra, yogeśvara)'과 관계가 있을지도 모른다. 또한, '신들이나 인간의 모습을 관찰하는 데 자유자재'한 것으로 '관자재'와 연결되는 요소인지도 모르지만 구체적인 보살명과는 관계가 없다. 갑과 을은 양쪽 모두 5세기 전반에 번역되었기 때문에 이 시기에는 '관음'이라는 말을 포함한 텍스트와 포함하지 않은 텍스트가 있었을 것으로 보인다. 그리고 8세기 초엽에 번역된 병에서는 영웅적인 보살의 구체적인 이름이 '관음'에서 '관자재'로 변한다.

    또한 병의 '불국토[佛國]'에서 '수명은 길고 그 양을 알기 어려울 정도가 될 위대한 깨달은 자[覺者] '미타'라고 이름하는 나라의 주인'('壽命時長量叵知'의 '大覺彌陀主')은 티베트역 제121게송에 나오는 '불국토'에서 '수명이 헤아릴 수 없이 긴 세계의 구제자'('無量光世尊')에 대응한다. 하지만 을에서는 '불국토를 장엄한다(嚴淨佛國土)'고만 할 뿐이고 갑에서도 단순히 '국(國)'이라고만 할 뿐이다. 물론, 깨달음[정각]을 성취한 후의 나라이기 때문에 이른바 불국토(佛國土)를 말한다. 즉, 5세기 전반인 갑과 을의 번역에는 비교의 대상, 혹은 목표가 되는 구체적인 붓다의 명칭은 거론되지 않지만 8세기 병의 번역, 그리고 티베트역에서는 수명이 헤아릴 수 없이 긴 '아미타불' '무량광세존(無量光世尊)'의 명칭이 거론되고 있다.

제3장 「용수의 생애」에서 설명하겠지만 용수와 정토사상을 연결 짓는 최초의 문헌은 『입능가경(入楞伽經)』이다. 그 기록은 5세기의 번역본에는 보이지 않고 6세기 이후의 번역본부터 보인다. 이것에 비추어 보면 적어도 『권계왕송(勸誡王頌)』에 관한 병의 번역 원본은 『입능가경』에 용수의 이야기가 실렸던 6세기 번역본의 원본이 성립한 이후에 성립된 것이라고 볼 수 있다. 원본의 성립연대를 특정 하기는 어렵지만 용수의 저술이라고 하는 『권계왕송』에 아미타불과의 연관성이 나타나는 것은 빠르게 어림잡아도 5세기 이후라고 말할 수 있다.[152]

공의 이론으로 실재론자를 논파하는 『근본중송』과, 재가자인 왕에게 친절하게 말을 걸고 재가에서는 관음을 목표로, 출가의 수행에서는 아미타불을 목표로 할 것을 제안하는 『권계왕송』은 모든 점에서 대조적이다. 이 '대조적'이라는 점이 『권계왕송』의 저자가 용수라고 하는 것과 깊은 관계가 있는 것으로 보인다. 『보행왕정론』이나 『권계왕송』의 존재에 의해 용수의 자비와 지혜를 겸비한 대승보살로서의 이미지는 크게 퍼져나갔다.

---

152 용수문헌군 중에 '아미타불'이라는 말을 언급하는 문헌으로는 한역으로만 전해지는 『대지도론』과 『십주비바사론(十住毘婆沙論)』이 있다. 이 두 문헌에 대해서는 마지막에 저자 문제와 연관지어 거론한다.

7) 『대승이십송론』[153]

『대승이십송론(大乘二十頌論)』은 문자 그대로 대승에 대한 그 중심사상을 간략하게 정리한 것이다. 시의 형태는 슐로까(śloka)이다. 그 특징을 잘 나타내고 있는 몇 게송을 살펴보기로 한다.

> A 모든 존재는 그 본성상 [수면이나 거울에 비친] 영상과 같고 청정하며 상서로운 열반[길상]을 본성으로 하며 둘이 아니[不二]고 진여(眞如)와 같은 것이라고 생각된다. (4)
>
> B 환상과 같은 중생[유정]은 [환상과 같은] 대상을 누리고[향수] '연기'를 본성으로 하며 환상으로 이루어지는 [지옥·아귀·축생 등의 갖가지 윤회를 통한] 생존상태로 나아간다. (8)
>
> C 화가가 매우 두려워하는 야차(夜叉)의 모습을 스스로 그리[면서 그것에] 전율하는 것처럼 어리석은 사람은 [자신의 어리석음이 만들어 내는] 윤회에 [전율한다]. (9)
>
> D (갑) 이 [세계]는 마음일 뿐이다. (을1) 거기에서부터 선[淨]·불선[不淨]의 업이 생기고 (을2) 거기에서부터 선·불선(生)의 생[이 생긴다]. [그것은] 마치 마술사와 같다. (18)
>
> E 사람들은 세계를 [일어나는 것]이라고 믿어버리지만 바로 그와 같이 그들 자신은 일어나고 있지 않다. 왜냐하면 이 일어난다는 것은

---

153 기본 텍스트로는 다음의 『인연심론송』과 함께 다음의 문헌을 사용하였다. R.C. Jamieson, *A study of Nāgārjuna's Twenty verses on the great vehicle* (*Mahāyānaviṃśikā*) *and his Verses on the heart of dependent origination* (*Pratītyasamutpādahṛdayakārikā*) *with the Interpretation of the heart of dependent origination* (*Pratītyasamutpādahṛdayavyākhyāna*), New York, 2000.

개념적인 구상〔분별〕이기 때문이다. <u>외계의 것은 존재하지 않기 때문</u>이다. (19)

이 게송들이 나타내고 있는 것처럼 『대승이십송론』은 미혹도 깨달음도 청정·평등하고 마음이 나타나 있다고 본다. B의 '연기'의 원어는 '쁘라띠뜨야-웃뜨빠다(pratītyautpāda)'로 『육십송여리론』과 같은 용어이지만 여기에서의 '연기'는 '환상 속에서 이루어지는 윤회를 통한 생존상태', 즉 윤회하는 세계의 본성이다. 한역으로는 '종연생(從緣生)'이라고 한다. 『근본중송』이나 『육십송여리론』에서 말하는 붓다의 교설 혹은 이법(理法)으로서 '연기'의 용법과는 다르다. C는 「가섭품」에 나오는 유명한 화가와 얽힌 비유를 근거로 한 것이라고 생각된다. D의 갑은 분명하게 『십지경』에서 '이 삼계(三界)에 속하는 것은 마음뿐이다'라고 한 것을 근거로 한 표현이다. 을1·을2는 우연인지도 모르지만 『보행왕정론』 제2장에 있는 어떤 게송의 후반부와 완전히 같은 문장이다. E의 밑줄 부분은 『입능가경』 「게송품」에 있는 어떤 게송의 일부와 거의 같다. 『대승이십송론』은 당시 알려져 있던 문헌의 용어·비유·절구를 구사하여 작성됐을 것이다.

『대승이십송론』은 『육십송여리론』과 같은 번역자에 의해 11세기 초엽에 번역 소개되었다. 또한, 두 종류의 티베트역도 11세기의 번역이다. 인도에서 언제부터 알려지게 되었는가는 명확하지 않다. 다른 논서에 거의 인용되지 않는 것은 대승의 기본사상을 정리한 것으로 독자적인 용어나 주장이 보이지 않기 때문이라고 생각된다. 용수문헌군 중에서는 『근본중송』으로부터 멀리 벗어난 위치에 있다.

8) 『인연심론송』

『인연심론송(因緣心論頌)』의 원제목은 '연기의 정수인 시송'이라는 뜻이다. 12연기를 공의 관점에서 설명한 겨우 5게송으로 되어 있는 소품이고 시의 형태는 아랴(āryā)이다[154]. 제1~3게송에 의하면 12연기의 각 지분은 혹(惑,번뇌)·업(業)·고(苦)로 삼분되고 '…무명[惑] → 행[業] → 다음 생으로 옮겨감[轉生] → 식·명색·6처·촉·수[苦] → 수·취[惑] → 유[業] → 다음 생으로 옮겨감[轉生] → 생·노사[苦] → 다음 생으로 옮겨감[轉生] → 무명…'이라는 형태로 '윤회를 통한 생존[有]의 바퀴'가 반복해서 굴러간다고 한다. 이와 같은 구조는 설일체유부의 '삼세양중설(三世兩重說)'과 같지만 『십지경』에도 보인다.[155] 이것을 이 책의 번역 편 제26장 '12연기의 고찰'과 비교해 보면 그 차이는 일목요연할 것이다. 특히 큰 차이는 『인연심론송』에서는 '유(有)'를 업이라고 하고 이 '유'에 의해 다음 생으로 옮겨간 후, '생(生)'이 일어난다고 하는 것에 비해 『근본중송』에서는 '취(取)'와 '유(有)' 사이에서 다음 생으로 옮겨간다[轉生]고 하며 다음 생으로 옮겨간 후에 생기는 '유(有)'를 5온(五蘊)이라고 하고 그 구체적인 내용을 '생(生)·노사(老死)'라고 한다

---

154 7게송이 전해지고 있지만 마지막의 2게송은 주석자, 즉 『인연심론석(因緣心論釋)』의 저자가 지은 것이고 시의 형태는 슐로까(śloka)이다. 그중에 제6게송은 『육십송여리론』(제12게송)을 이용한 것으로 보인다.

155 『십지경』 「제6지」에 10종류의 12연기설이 설명되어 있지만 그중 다섯 번째 설명이 『인연심론송』과 거의 같은 생각을 나타내고 있다. 특징적인 것은 혹(惑)·업(業)·고(苦)를 세 종류의 '철도'라고 비유한다. 또한, 서로를 지지해 주며 서 있는 '갈대 다발'에 비유하기도 한다.

는 점이다.[156] 즉, 12연기의 파악 방식이 두 문헌에서 크게 다르다.[157]

또한 제4~5게송에는 다음과 같은 내용이 나온다.

세계는 모두 원인(因)과 결과(果)이고 여기에는 어떤 중생(有情)도 없다. 공에 지나지 않기 때문에 공이 일어날 뿐이다. (4)

생각(知)이 있는 자들은 '경을 가르침(授經)·등불·도장(印)·거울(鏡)· 음성·태양석·종자·식초에 의해 온(蘊)의 연속적인 생(生)과 옮겨가지 않는 것(無移行)을 이해해야 한다. (5)

제4게송은 '공'을 강조하고 있을 뿐이지만 문제가 되는 것은 제5게송이다. 이것은『근본중송』의 다음 게송을 받아들인 것이라고 한다.

이 5온의 연속은 등불의 불꽃과 같은 것이다. 그렇기 때문에 [세상이] 무한하다는 것도 유한하다는 것도 불합리하다. (27.22)

여기에서 '등불'의 예가 있는 것은 분명하다. 하지만 이것은 현재

---

156 '유(有)'의 상세한 내용은 필자의 논문「再考:『根本中頌』における「十二支縁起」」『仏教学 会紀要』21, (2016)을 참조.

157 월칭은『근본중송 根本中頌』의 주석에서 이『인연심론송』의 제5게송을 용수의 것으로 명기해 인용하고 있기 때문에『근본중송』의 저자가 지은 작품이라고 생각한 것은 분명하다. 그러나 그는 이『인연심론송』과 마찬가지로 '유(有)'를 '업(業)'이라고 파악하고 있었기 때문에『근본중송 根本中頌』제26장「12연기의 고찰」에서 '유'를 '5온'이라고 하는 문장(26.8)에 대해서는 곤혹스러웠던 듯하다. 그는 '취에서 나타나는 것(=유)은 5온을 고유한 성질(自性)로 하는 것이라고 알아야 한다. 몸(身)·입(口)·마음(意)으로 짓는 세 종류의 업이 있고 이것으로부터 미래의 5온에서 이루어지는 것(=生)이 일어난다고 표현된다'라고밖에 설명하지 않는다. 애매한 표현이지만 이것은 '5온'이라는 말은 '유'의 본질을 설명한 것이 아니라 결과인 '생·노사'가 5온이기 때문에 그 결과의 설명을 원인인 '유'에 가탁한 것이라고 할 수 있을 것이다.

세상의 몸과 마음인 5온(五蘊)과 다음 세상의 5온 사이가 지금의 등불과 시간적으로 이후의 등불의 관계와 마찬가지로 끊어지는 것[斷滅]도 아니고, 항상 있는 것[恒常]도 아니며, 동일하지도 않고, 별개의 다른 것도 아니기 때문에 세상은 무한하지도 유한하지도 않다는 것을 나타내고 있을 뿐이다. 이 게송이 곧바로 어떤 것도 옮겨가는 일이 없고 게다가 끊어지는 일도 없이 계속하는 현상을 말하는 '무이행의 연속'이라는 발상으로 연결되는 것은 아니다. 힌트가 된 자료로는 오히려 월칭이 그 주석에서 인용하는 『샤리스딴바 수뜨라』의 한 절[158]을 생각할 수 있지만 한층 더 거슬러 올라가서[159] 『밀린다왕의 물음』이 이 게송들의 원천이 되는 자료인 듯하다. 여기에서는 윤회에 관해서 현재 세상의 몸과 마음인 '명색(名色)'과 다음 세상의 '명색'의 관계를 나타내는 비유로 등불의 '첫 시간대[初更]' '중간 시간대[中更]' '후반 시간대[後更]'에 걸쳐 '사물과 현상이 상속하는 연속'을 설명하고 있다.[160]

　『인연심론송』을 용수의 진작으로 보는 연구자는 적지 않다. 하지만 위에서 검토한 것을 고려하면 『근본중송』과 『인연심론송』의 저자는 다르다고 생각해야 할 것이다.

---

158 『쁘라산나빠다(prasannapadā)』 제26장의 말미에 인용되고 있는 문장에서는 얼굴과 거울에 비치는 영상, 달과 수면에 비치는 영상을 비교함으로써 '사물은 옮겨가지 않는다는 것'이 설명되고 불과 연료의 비유에 의해 '현상의 연속적인 생겨남'이 설명되고 있다. 그리고 마지막으로 '업과 번뇌에 의해 일으켜진 식의 종자가 어느 곳이든 생겨날 곳에 연속해서 일어날 때 엄마의 태내에 명색(名色)의 싹을 틔운다'고 하고 있다.

159 대중부가 '무이행(無移行)의 속생(續生)'을 처음으로 언급했다는 설도 있다.

160 『밀린다왕의 물음』에서는 우유가 산화발효해서 응유(凝乳, 발효유)가 되는 것과 같은 시간상의 변화에 대해서도 이 '사물과 현상이 상속하는 연속'으로 설명하고 있다. 구체적으로는 앞에 게제한 필자의 논문을 참고하기 바람. 더욱이 '우유와 응유'의 예는 『근본중송』에서는 제13장 제6게송에 보인다.

　　　　　　　　　　　　　　　　　　　　『중론』 용수의 사상·저술·생애의 모든 것

9) 그 외 용수문헌군

제2장 나항 처음 부분에서 확인 했던 것처럼 이 여덟 문헌 외에도 '용수의 저서'라고 하는 문헌이 실제로 많이 존재한다. 그것들에 대해 하나하나 자세히 해설할 수는 없지만 한역만 전해지고 동북아시아 불교에 큰 영향을 끼친 『대지도론』과 『십주비바사론』에 관한 저자 문제로 좁혀 간략하게 설명해 두기로 한다. 이 외에 중국 삼론종(三論宗)의 기본문헌 중 하나라고 하는 『십이문론』이 있지만 이 논서가 번역자인 구마라집이 편찬한 것이라는 점은 이미 설명하였다.

먼저 『대지도론(大智度論)』에 관해 설명하면 다음과 같다. 저자를 둘러싼 논의를 크게 구별하면 '용수의 진짜 저서라는 설' '4세기 초반에 서북 인도에서 활약했다는 '다른 '용수'가 저자라는 설' '번역자 구마라집의 찬술이라는 설' 그리고 '용수가 저술하고 구마라집이 가필했다는 설'이 있다. 지금부터 검토하겠지만 그 결과, 갖가지 모순이 일어나고 있다. 하지만 이 '용수'를 필자가 말하는 '용수문헌군'의 저자 중 한 사람이라고 보면 몇 가지 모순은 해소될 것이다. 또한, 구마라집은 4세기 후반에 서북 인도에 있었기 때문에 그를 이 다수의 '용수' 중 한사람으로 간주하는 것도 가능하다. 그 경우, '다른 용수설'은 '구마라집의 찬술이라는 설'과 실질적으로 같게 된다. 각각에 상응하는 주장의 근거가 있고 간단하게 하나의 설로 좁히는 것은 어려운 일이지만 먼저 『대지도론』부터 떠오르는 '저자'의 특성을 정리해 보기로 한다. 적어도 아래의 다섯 가지가 거론된다.

1 『근본중송』에서 비롯된 공성(空性)의 논리에 능하다.

2 설일체유부 등 부파의 율, 및 아비달마 이론에 능하다.

3 아비달마 부파가 전승하는 초기경전, 자따까(jātaka), 불전,
  불교설화(avadāna) 등에 통달해 있다.

4 많은 대승경전에 통달해 있다.

5 중국 불교도에 대한 계몽적인 해설을 하고 있다.

『대지도론』은 『대품반야경(=이만오천송반야경)』의 주석서이기 때문에 먼저 1과 4가 핵심적인 특성이 될 것이다. 그러나 『근본중송』 저자의 시대에 『대품반야경』이 성립하고 있었는지는 문제가 된다. 또한, 그 공관은 위에서 살펴본 여덟 문헌에 보이는 것과 통하는 부분이 있기 때문에 용수문헌군과 관련 지을 수 있는지는 모르겠지만 『근본중송』의 저자와 비교해 보면 '공관' '연기관'의 관점에서 적어도 '밀접한 관계가 있다'고는 말할 수 없다. 4와 관련해서는 관계성이 더욱 희박해진다. 『근본중송』과 앞의 여덟 문헌에서 초기경전과의 연관성은 수없이 많이 보이는데 반해 대승경전을 전거로 했다고 생각되는 게송은 조금 헤아릴 수 있을 정도밖에 없기 때문이다.[161] 이에 비해 『대지도론』에서는 예를 들면 『반주삼매경(般舟三昧經)』『십지경(十地經)』『보적경(寶積經)』『현겁경(賢劫經)』『유마경(維摩經)』『수능엄경(首楞嚴經)』『법화경(法華經)』 등 다양한 대승의 경전명이 거론되고 있다. 또한, 『아미타불경』과 거기에 그려지는 법장비구, 아미타불, 안락세계가 언급되고 나아가서는 이 경전을 독송하는 공덕으로 임종할 때 아미타불

---

161 『근본중송』에서는 「가섭품」을 인용하고 있고 『회쟁론』에서는 『샤리스딴바 수뜨라』를 인용했을 가능성이 있으며 『보행왕정론』이 『법화경』과 사상적인 연관성이 있다는 것은 지적했다.

이 마중을 나온다는 등의 기적적인 이야기가 그려져 있다. 앞에서 검토했던 여덟 문헌 중에서는 『권계왕송』만이 아미타불과 관계가 있지만 한역 연대를 보면 5세기 이후의 것이라고 생각된다. 『대지도론』의 '정토사상'은 『아미타경(무량수경)』이나 『반주삼매경』에서 유래하고 있다고 생각해야 할 것이다.

2에 대해서는 대략 불교의 비구라면 대·소승을 불문하고 율전, 논전에 통달하는 것이 보통이었을 것이고 대승의 대학승 중에 설일체유부에서 출가한 사람도 적지 않으며 사상적인 측면에서의 논쟁 상대는 누가 뭐라고 해도 아비달마의 설일체유부였다. 적어도 다른 학장들과 비교해서 '특히 뛰어나다'는 특성은 『근본중송』이나 여덟 문헌에서는 보이지 않는다. 3의 초기경전과 관련해서 학문적으로나 수행적으로 통달해야 하는 것은 마찬가지로 출가한 비구에게 요구되는 사항 중 핵심적인 것이었다. 이미 검토한 문헌 중에서는 『근본중송』『육십송여리론』『보행왕정론』『권계왕송』이 그 논거의 기반을 초기경전에 두고 있고 명확하게 그 출전을 특정할 수 있는 것도 적지 않다. 또한, 『근본중송』과 『보행왕정론』에서는 자신들 교설의 정당성·정통성을 주장하기 위해 붓다의 언행에 대해 언급하지만 잘 알려진 언어, 이야기에 한정되기 때문에 하나의 불전에 의거하고 있지는 않은 듯하다. 이에 비해 『대지도론』에서는 붓다나 그 제자들의 언어나 불전, 나아가 붓다의 전생에 관한 광범위한 기술이 보인다. 5는 말할 필요도 없이 번역자 구마라집과 함께 번역에 참가했던 중국승려들과의 관계를 나타낸 것이다.

이상과 같이 보면 『대지도론』은 『근본중송』과 주요 여덟 문헌과는 거의 연관성이 없기 때문에 '용수의 진짜 저서라는 설'은 불가능하다고 생각한다. 또한, '용수가 저술하고 구마라집이 가필했다는 설'도 '용수'를 『근본중송』의 저자로 인정하는 한 성립할 수 없다 결국, '다른 '용수'가 저자라는 설'이거나 '번역자 구마라집의 찬술이라는 설'이 된다.

'다른 '용수'가 저자라는 설'이 맞는 경우 여덟 문헌의 저자들과는 완전히 다른 4세기 초엽 서북인도에 있었던 인물이라는 설이 성립된다. 구마라집은 그의 저작을 충실하게 번역하고 번역하는 과정에서 '중국 불교도에 대한 계몽적인 해설을 한다'는 5의 요소가 투입되었다고 볼 수 있다. 이 경우라면 예컨대 『근본중송』의 저자 용수의 제자인 제바의 제자라고 하는 라훌라(Rāhulabhadra)의 게송이 인용되고 있는 것도 충분히 설명할 수 있게 된다. 그러나 1~4의 특성을 더욱 정밀하게 검토해 보면 서로 모순 되는 부분이 나오고 '다른 용수'를 두 명, 혹은 세 명이라는 식으로 생각하지 않으면 안 되게 될 가능성이 있다. 현재 서북인도가 아니라 남인도와 관련지어 생각해야 하는 사항이 적지 않다는 것을 지적하는 연구자도 있다.

다음으로 '번역자 구마라집의 찬술이라는 설'과 관련해서는 다음과 같다. (A) 이 '찬술'의 의미를 문자대로 취해 구마라집이 저서 전체를 '저술'했다고 해석하는 경우와 (B) 고대에서 자주 보이는 형태로 현대에서 말하는 '편집' '편찬'도 포함하는 넓은 의미로 해석하는 경우가 있다. A의 경우, '다른 용수설'에도 보이는 난점, 즉 서북인도에 있었다고 하는 요소와 남인도를 강하게 지지하는 요소와의 모순을 어떻게 생각할 것인가의 문제가 생긴다. 결국 B의 '구마라집편집설' 쪽이 타당성이 높은 것처럼 보인다. 구마라집 자신은 독자적인 저서를 거의 남기고 있지 않기도 하고 『십이문론』의 '번역 중에 발휘된 그의 고도의 편집 능력을 보면 몇 사람인가의 '저자'에 의해 만들어진 문헌이나 그 외의 자료를 능숙하게 활용하여 구마라집이 가필하고 편집했다고 생각하는 것이 가장 타당할 듯하다.[162] 『대지도론』은 백 권이나 되어 양적으로 방대하고, 게다가 내용도 풍부한 문헌이기 때문에 간단히 말할 수는 없겠지만 이것이 필자가 현시점에서 내린 결론이다.

그렇다고 해도 여전히 『대지도론』을 『십이문론』과 함께 용수문헌군에 포함하고 싶다. 필요에 의해 저술되었고 그것이 '용수의 저술'로 받아들여져 오랫동안 전승되어 왔기 때문이다. 적어도 중국·일본에서는 이 두 문헌이 용수문헌군 중에서는 가장 많이 읽히고 연구되어 왔다는 것은 부정할 수 없는 사실이다.

다음으로 『십주비바사론(十住毘婆沙論)』에 대해 검토해 보기로 한다.[163] 이 『십주비바사론』의 분량이야말로 『대지도론』 정도는 아니라고 해도 실제로 광범위하고 심원한 내용을 포함하고 있다. 게다가 중국·일본에서는 정토교학의 중요한 기본문헌이기 때문에 그 내용이나 사상사적인 의의에 대해 개설하는 것은 쉬운 일이 아니다. 저자 문제와 직접적으로 연관되는 요소를 현재의 연구자의 견해에 따라 이하에 열거하고 그것에 따라 논의를 진행하기로 한다.

---

162 『대지도론』에서는 『범천소문경(梵天所問經)』(구마라집역 『사익범천소문경(思益梵天所問經)』)이 『명망경』 『지심경』이라는 명칭으로 인용되고 있다. 권제31의 '생보살가'의 한 구절에서 설명해야 할 16항목 중 세 번째 항목을 『지심경』의 『연등불수기』를 활용하여 설명한 뒤 이하의 15항목 중 11 항목을 『지심경』의 완전히 다른 부분(32인의 보살의 술회)에서 인용한 것이라는 것을 명시하지 않고 거의 그대로 발췌하여 대화문이나 인용문 이외의 문장으로 설명하고 있다. 이와 같은 방법은 구마라집의 편집방법 중 한 단면을 보여주는 예라고 생각한다. 구체적으로는 필자의 논문 「チベット訳 『梵天所問経』: 和訳と訳注(4)」(『インド学チベット学研究』(16), 2012) 중 136~139쪽 각주를 참조하기 바란다.

163 이 항목에서는 우류주 류신(瓜生津隆真)의 교정과 주석[校註] 『十住毘婆沙論 I, II』(新国訳大蔵経, 釈経論部 12-13, 大蔵出版, 1994, 1995)를 참고했다.

(1) '십주비바사'란 '10지의 주해'라는 의미이고 『십지경』의 주석서 형태를 취하고 있지만 실제로는 10지 중의 초지·제2지에 대응하는 재가와 출가의 보살수행도를 설한 것이다.

(2) 『십지경』을 비롯한 여러 경전들의 요점을 게송으로 정리하고(本頌) 이후에 그것에 주석(長行)이 첨부되었다고 생각된다. 다만 주석 부분에도 다른 문헌에서 인용된 게송이 포함되지만 경의 게송[本頌]과는 구별된다. 적어도 게송 부분[164]은 용수의 저술이라고 생각된다.

(3) 『십주비바사론』의 저자는 『대지도론』의 저자와는 다르다. 양자는 경전의 9분교설 또는 12부경설, 5계·8제계·10선계 등의 계율, 사상적 입장, 예컨대 '5온 그 자체도 아니고 5온과 별개의 것도 아닌(非卽非離蘊)' 나[我, ātman]'를 인정하는 독자부(犢子部)의 '오법장설(五法藏說)'의 파악 방법 등에서 모조리 대립적이기 때문이다.

먼저 (3)과 관련해서, 이 경우의 '저자'가 무엇을 가리키고 있는지가 문제가 된다. 『십주비바사론』에서는 (2)와도 관계가 있어 본 게송의 저자인지 주석 부분을 포함한 전체의 저자인지가 중요하다. 한편 『대지도론』의 경우, 저자가 원래 용수인지 아닌지 '용수'란 어떤 자인지를 명확하게 하지 않으면 안 된다. 앞에서 지적했던 것처럼 '구마라집 편집설'의 입장에 있는 경우, 『십주비바사론』의 번역자도 구마라집이기 때문에 문제는 한층 복잡하게 된다. 게다가 번역출판의 배경

---

164 우류주(瓜生津)에 의하면 본송(本頌)은 291게송으로 되어 있다.

에는 복잡한 사정이 있고 구마라집 한 사람의 번역이라기보다는 불타사야(佛陀耶舍)와의 공역이라고 해야 한다는 설도 있다. 이것은 '10지의 주해'라는 제목이 있으면서 왜 '10지' 전체가 아니라 '2지'에서 끝나는가 하는 문제와도 얽혀 있다.

임시로 본 게송만이 용수의 저술이라고 한다면 다음과 같은 의문점이 생긴다.

(4) 이 문헌이 중국에서 특히 중요시된 것은 '상대적으로 쉬운 수행도〔易行道〕'를 설하고 있고 그것이 아미타불을 부르는 칭명〔稱名〕과 연관되어 있기 때문이다. 본 게송에는 '쉬운 수행〔易行〕'이라는 말은 보이지 않고 아미타불도 현재 시방불 하나만 이름이 거론되고 있을 뿐이다.

(5) '연기'는 번역자인 구마라집의 번역에 의하면 '인연법'으로 본게송에서는 겨우 한번, 벽지불(辟支佛, 獨覺)의 수행〔修習〕내용으로 언급될 뿐이다.

(6) '공'이라는 말은 전체적으로 많이 사용되고 있지만 그것은 『십지경』 『반주삼매경』 등 인용하고 있는 경전에 나오는 언어, 사상에서 유래하는 것이라고 생각된다. 본 게송으로 한정하면 극단적으로 적어져 '허공' '비어있음' '공허'의 뜻인 '공'을 제외하면 '공의 가르침〔空法〕' '공이나 지혜 등에 의한 보시〔空等施〕' '6감관 또한 공〔六情亦空〕' 정도밖에 남지 않는다.

여기에서는 아미타불과의 관련성이 희박해서 정토교의 시조라는 용수의 모습과는 연결되지 않고 『근본중송』의 '공'과도 걸맞지 않아 공성의 창시자로서 용수의 모습과도 연결되지 않는다.

　이에 비해 『십주비바사론』 전체를 용수의 저술로 하는 경우, 『대지도론』에서 직면한 것과 같은 문제에 부딪힌다. 즉, 많은 대승경전을 자유롭게 인용하는 용수는 어느 시대의 누구인가 하는 문제이다. 『십주비바사론』에서는 『십지경』을 중심으로 『반주삼매경(般舟三昧經)』 『소품반야경(小品般若經)』 『보명보살회(普明菩薩會)』 『욱가장자회(郁伽長者會)』 『무진의보살품(無盡意菩薩)』 등 많은 대승경전이 인용되고 있고 이 경전들이 저서 전체의 사상적인 기반이 되고 있다. 『근본중송』이나 주요한 여덟 문헌의 저자와는 누구와도 연결되지 않는다.

　제3장에서 거론하겠지만 용수와 얽힌 갖가지 전승이나 다양하고 풍부한 용수문헌군이 모두 같이 만들어 내는 '자비와 지혜를 갖추고 성과 속을 초월한 이상적인 보살'로서 용수의 모습을 전제로 하면 그 용수야말로 『십주비바사론』의 저자로 어울릴 것이다. 『근본중송』과 주요 여덟 문헌의 사이에서 조차 서로 뜻이 맞지 않은 연기관이 있었기 때문이다. 다만 이렇게 되면 『대지도론』과 『십주비바사론』과의 차이나, 여기에서는 검토할 수 없지만 『보리자량도』와 『십주비바사론』의 공통점, 『방편심론』과 『대지도론』의 관계 등에 대해 저자를 중심으로 논의하는 것은 의미가 없게 되어 버린다. 이와 관련해서는 종교적인 인격의 용수로서 다음 장 '용수의 생애'에서 검토해 보기로 한다.

　　　『중론』 용수의 사상·저술·생애의 모든 것

라. 용수문헌군의 성립시기[165]

이상 용수문헌군(龍樹文獻群)의 주요한 문헌에 나타나고 있는 공관·연기관 등의 내용을 검토해 보았다. 주요한 8 문헌 중 몇몇이 『근본중송』과 같은 저자일 가능성은 있다고 해도 연기관이나 붓다관 같은 개인의 종교적 신념이, 그 근간에 있는 신조가 그렇게 간단히 변경된다는 것은 생각할 수 없다. 물론 논의하고 있는 주제, 대론자의 사상적 입장을 감안해서 보다 효과적인 논술법을 공부하는 일은 당연할 것이다. 그러나 예를 들면 『근본중송』과 『육십송여리론』에서는 '단수형의 붓다'와 '복수형의 붓다'의 내용이 역전하고 있다. 복수형의 붓다는 『근본중송』에서 '대승교리의 설법자'이지만 『육십송여리론』에서는 '전통적인 교리의 설법자'이다. 이와 같은 극적인 변화가 한 사람의 종교인에게 일어날 수 있는가. 혹은 보다 효과적으로 논술하기 위한 의도적인 변경일 수 있겠는가. 게다가 『공칠십론』 『회쟁론』 『보행왕정론』에서도 각각 다른 변화를 보이고 있다. 이것은 역시 저자가 다르다고 생각하는 쪽이 자연스럽지 않을까. 앞에서 설명한 『근본중송』의 논법, 정식(定式) A, B, C는 용수가 '발견'하고 언어로 기술한 것이다. 그것을 학습해서 터득한 사람은 누구라도 사용할 수 있다. 그것이 법칙이고 논리이다. 그러나 연기관이나 더욱이 윤회관, 해탈관은 지식으로 배우는 것에서 시작하지만 긴 시간에 걸쳐 무르익어 가는 것이고 그 사람의 존재(실존)와 깊이 결합하고 있다. 그것은 간단히 변할

---

165 여기에서는 사이토 아키라(斉藤明)의 「中論思想の成立と展開―ナーガールジュナの位置づけを中心として」(『シリーズ大乗仏教6 空と中観』, 春秋社, 2012. 3~41쪽)을 참고했다.

수 있는 것이 아니다.

용수문헌군에 대해 다음과 같이 생각할 수 있다. 논의에 앞서 각 논사의 생존연대와 관련해서는 사이토 아키라(斎藤明)의 견해[166]에 따르고 있음을 밝혀둔다.

예를 들면 『반야경』 계열의 경전들을 계기로 간략하게나마 공관이나 보살관에 의거하면서 익명의 저자들이 많은 종류의 다양한 대승경전을 만들고 있었던 것처럼, 『근본중송』을 계기로 그 논리·논법·주장에 의거하여 자신이 직면하고 있는 과제, 품고 있는 문제의식을 '용수라면 어떻게 대응할 것인가'라는 입장에서 풀어나가면서 익명의 저자들이 용수문헌군을 만들었던 것은 아닐까. 용수(150~250년경), 제바(170~270년경)의 사후 불호(370~450년경[167])가 활약할 때까지 약 150년이 있지만 그사이 이른바 '중관 학파'로 분류될 만한 문헌은 오래된 주석본인 『무외론』 『청목주』를 제외하고는 보이지 않는다. 만일 용수가 현재 자신의 저술이라고 알려진 문헌을 혼자서 다 쓴 것이라면 이 150년 사이에 그 문헌군은 누구에 의해 읽히고 이해되고 전해졌던 것일까. 이 150년간이야말로 익명의 저자들이 용수의 논리·논법을 구사하는 이른바 '용수문헌군'을 저술하고 전승하고 있었던 풍요의 시기였던 것은 아닐까. 후에 이 문헌들은 『근본중송』과의 정합성, 즉 이 논서에서 구사되고 있는 논리·논법을 기준으로 '용수의 저술'이라고

---

166 사이토 아키라(斎藤明)의 앞에서 게제한 논문. 불호와 세친에 대해서는 다른 견해[異說]도 있다. 그것에 의하면 다른 논사의 연대도 달라진다는 것에 주의할 필요가 있다.

167 우이 하쿠쥬(宇井伯壽)의 설에 의하면 생존연대는 '470~540년'이다. 이 우이 하쿠쥬 설에 따르는 연구자도 적지 않다. 예들 들면 『불호주』의 범문사본의 교감을 행한 예샤오융(叶少勇)도 그중 한 사람이다. 이 설에 따르면 '공백의 150년'은 다시 백 년 정도 길어지게 된다.

인정받게 되었다고 생각된다. 물론 불호 이후에도 '용수적'인 문헌들이 작성되고 '용수의 저술'이라고 하는 일들이 있었다고 충분히 생각할 수 있다. 이와 같은 일은 이른바 밀교문헌에서도 마찬가지였다. 그렇다면 넓은 의미에서 이 밀교문헌들도 용수문헌군에 포함해도 좋지 않을까.

용수는 150~250년경의 사람이라고 한다. 이것이 맞다면 이른바 '중관 학파' '유가행파'라고 하는 학파가 형성되기 이전의 사람이 된다. 『중론송』의 오래된 주석본인 『무외론』 『청목주』가 저술된 것은 대략 4세기경의 일이다. 그즈음 『유가사지론』이 성립하고 나아가 그 후 유식이나 삼성(三性)의 이론이 탄생하며 『해심밀경』이나 『대승장엄경론』 등 유가행파의 경전·논서들이 저술되고 있었다. '연기론자'를 자칭하는 불호의 주석 『불호주』가 나타나는 것은 바로 그즈음의 일이다. 그러므로 만일 이 사이에 용수문헌군이 저술되고 있었다면 그 내용에 예를 들면 '유식'이나 '삼성설'을 연상시키는 문장이나 구절, 그 사상들에 대한 반론이라고 판단할 수 있는 것이 포함되었다고 해도 이상한 일은 아닐 것이다. 『법화경』 『반주삼매경』 『입능가경』 등의 대승경전에 나타나는 사상이 이 시기의 모든 용수문헌군에 반영되는 것도 나아가 공사상 그 자체가 다양한 방식으로 전개되는 것도 충분히 생각할 수 있다. '중관 학파'를 자칭하는 청변(490~570년경)의 등장은 한참 늦지만 그때까지 무착(395~470년경)이나 세친(400~480년경[168])이 활약했고 무착은 『근본중송』 귀경게의 '8부정〔八不〕'에 관한 정밀한 해

---

168 이 외에 후롤린 데레아누의 '350~430년경'설이 있지만, 죠나산 골드(Jonathan Gold) 등 많은 학자들이 '400~480년경'을 지지하고 있다.

설서인 『순중론』을 저술했다.

　이와 같이 검토해 보면 용수는 한 학파의 시조라기보다는 이후의 중관 학파나 유가행파를 포함한 대승불교에서 철학적인 고찰을 하기 시작한 출발점, 원천이라고 해야 할 것이다. 중관 학파나 유가행파라는 사상적인 계보가 성립하기 이전에 용수의 『근본중송』으로 시작된 이 시기의 사상적인 활동을 사이토 아키라(斎藤明)는 '대승아비달마'라고 부르고 이 시기의 문헌을 '『중관』과 그 관련 논서 및 초기 『중관』 주석서'라고 한다. 여기에 용수문헌군을 포함해야 한다고 생각한다. 적어도 지금까지 다룬 주요한 문헌군에서는 중관 학파와 유가행파로 명확하게 나누어지기 이전의 약간은 혼돈스럽고 그 만큼 여러 가지 가능성을 간직했던 에너지가 느껴진다. 또한, 이 시기는 『해심밀경(解深密經)』이나 『대승열반경(大乘涅槃經)』 『입능가경(入楞伽經)』 등 중기대승경전의 성립시기와도 겹친다.

　『근본중송』의 저자 용수와 '용수문헌군'과의 관계를 분명하게 하는 것은 해당 문헌의 이해에 도움이 될 뿐만 아니라 그 후 중관 학파와 유가행파의 사상이 형성되어 가는 과정과 그 배경에 있는 대승경전의 관계를 생각하게 하는 실마리가 될 것이다.

제3장

용수의 생애

가. 용수에 얽힌 여러 신화적인 전승

지금까지 용수의 사상과 저술을 검토해 보았다. 과연 『근본중송』의 저자 용수는 어떤 생애를 보낸 사람일까. 마지막으로 이 점에 대해 생각해 보기로 한다. 하지만 유감스럽게도 그의 생애에 대해서는 '기원후 150~250년 사이에 활약한 남인도 바라문 출신의 불교승려였다'라는 정도밖에 확실하게 말할 수 있는 것이 없는 듯하다. 이 조차도 의문시하는 경향이 있지만 그의 저서 『근본중송』에서는 최초기의 『반야경』에 나타나는 공사상을 근거로 설일체유부를 중심으로 하는 실재론적인 철학체계(아비달마)를 비판하고 있기 때문에 그와 같은 문헌학상의 자료에 비추어 보면 적어도 기원후 200년경에 활약한 아비달마 철학에 비판적인 불교승려였다는 점은 틀림없을 것이다.

한편으로 용수의 초인적인 행동을 전하는 많은 일화나 전승이 있다. 이 중에는 그의 사후 얼마 되지 않아 성립한 것도 있는 듯하지만 많은 것이 그의 사후 꽤 오랜 시간이 지난 후에 성립한 것이고 그중에는 수백 년 이상 지나고 난 다음에야 저술된 것으로 보이는 것도 있다. 그 대부분은 우리가 『근본중송』의 저자로 그리는 인물상과는 상당히 동떨어져 있다. 그 전승이란 구체적으로 어떤 것인지 오로지 전기로만 이루어진 유일한 경전인 『용수보살전(龍樹菩薩傳)』을 먼저 보기로 한다. 이 전기는 한역 『중론』의 번역자인 구마라집의 번역이라고 알려져 있지만 최근에는 구마라집 당시(4세기 중반~5세기 초엽)에 알려져 있던 용수에 관한 전승을 포함하면서도 현재의 형태로 정리된 것은 구마라집의 시대보다 대략 백 년 이상 지난 후부터일 것이라고 생각되고 있다.[169]

나. 현대어 번역 『용수보살전』

1) 출신과 유년기

용수보살은 남인도의 바라문 출신이다. 태어날 때부터 타고난 총명함

---

[169] 『용수보살전(龍樹菩薩傳)』은 대정대장경에 고려본(高麗本)을 저본으로 한 것과 명본(明本)을 저본으로 송본(宋本), 원본(元本), 궁내청본(宮内庁本)을 합하여 교정한 것의 2 계통이 수록되어 있다. 하지만 현대어 번역에서는 전자인 고려본을 기본으로 후자인 합본의 이해도 참고로 하였다. 텍스트 본문, 중요 어구의 어의(語義) 등에 대해서는 필자의 논문, 고시마 키요타카(五島清隆) 「鳩摩羅什訳『龍樹菩薩伝』に見られる文化史的背景: 羅什撰述説の検証」(『仏教学会紀要』18, 2013)을 참조하기 바람. 나아가 이 『용수보살전』은 예전에는 구마라집에 의한 인도 문헌의 번역이라고 생각되고 있었지만 그게 아니라 구마라집 자신에 의한 찬술, 혹은 구마라집이 가져온 용수에 얽힌 전승이 중핵이 되어 시간이 흐름에 따라 현존하는 형태로 정리되었던 것이라고 생각된다. 『용수보살전』이라는 제명이 문헌으로 경에 수록되어 나타나는 것은 『역대삼보기(歷代三寶紀)』(957년) 이후이다. 또한, 『용수보살전』과 분량·내용이 매우 비슷한 것으로 『부법장인연전(付法藏因緣傳)』(대정대장경 2058번) 중 부법 제13조에 '용수'에 관한 기록이 있지만 『용수보살전』과의 관계는 복잡하고 그 선후 관계는 간단하게 논의될 수 없다. 이 점을 포함하여 '용수전' 및 그 연구사 등에 관해서는 야마노 치에코(山野智恵)의 「初期の龍樹伝」(『蓮花寺佛教研究所紀要』(2), 2009), 山野智恵子(=山野智恵) (2010) 「『龍樹菩薩伝』の成立問題」(『仙石山佛教學論集』5, 2010)을 참조하기 바람.

으로 이해력이 뛰어났기 때문에 어떤 일도 한번 전하면 그것으로 충분했다. 〔예를 들면〕 아직 젖을 먹고 있〔을 것 같은 어린〕 나이에 바라문들이 네 종류의 베다 성전을 낭송하는 것을 듣자 그 문장 모두를 암기하고 내용도 이해했다. 이 네 종류의 베다 성전은 각각이 4만 개의 게송으로 되어 있고 하나의 게송은 32음절로 되어 있는 방대한 분량이었다. 성년이 되면서 그 이름이 널리 알려지고 모든 나라에 〔그와〕 견줄 수 있는 자는 없었다. 천문·지리·예언·점술이나 갖가지 도덕·학술〔에 관한 지식〕 모두에 통달하고 있었다.

2) 은신약(隱身藥)의 입수

〔그에게는〕 마음을 허락한 친구가 세 명 있었는데 모두 당대의 뛰어난 인물들이었다. 〔그는 친구들에게〕 다음과 같은 상담을 했다. "이 세계에서 마음의 지혜와 재능을 깨우쳐주고 깊은 도리를 궁극으로까지 탐구하는 데 도움이 될 만한 것은 모두 다 알아 버렸다. 앞으로는 무엇으로 스스로를 즐겁게 할 것인가. 감정이 시키는 대로 욕망을 충족하는 것이 인생 최고의 쾌락이다. 그러나 〔우리와 같은〕 바라문 수행자들은 왕이나 왕족이 아니기 때문에 어떻게 그것을 실현할 수 있겠는가. 오로지 몸을 감추는 요술에 의해서만 이 쾌락을 달성할 수 있다."

네 명은 서로 생각이 같다는 것을 알았고 나란히 술사(術師)의 집으로 가 몸을 감추는 법을 알려달라고 간청했다. 술사는 마음속으로 이렇게 생각했다. '이 네 명의 바라문들은 당대에 이름을 날리고 사람들을 마치 초목이나 쓰레기처럼 낮추어 보고 있다. 〔그 정도인 이들이] 지금 기술을 얻고 싶어 수치심을 감추고 나의 제자가 되려고 한다. 이 바라문들은 재능도 지혜도 세상에 비할 자가 없을 정도로 뛰어나다. 알지 못하는 것이라면 단지 이 [몸을 감추는 기술이라는] 열등한 비법뿐이다. 임시로 내가 그들에게 가르쳐 그것을 습득해버리고 나면 그들은 분명히 나를 버리고 두 번 다시 [나에게] 허리를 굽히는 일은 없을 것이다. 어떻게든 잠시 동안은 그들에게 약을 주어 그것을 사용하게 하면서 [제조법을] 알지 못하도록 해두자. 약의 효력이 다하면 반드시 본래대로 되돌아와 언제까지나 나를 스승으로 섬길 것임에 틀림없다.'

[그 자리에서 그는] 각자에게 푸른 약(눈에 바르는 약, 안쟈나[170])을 한 알씩 주고 다음과 같이 말했다. "그대들은 조용한 곳에서 이 약을 물로 [녹여] 반죽하고 그것을 눈꺼풀에 바르도록 하라. 그대들의 몸은 사라져 사람들에게 보이지 않게 될 것이다" 그 말을 듣고 용수가 약을 반죽하기 시작했을 때 그는 약의 냄새를 맡고 순간적으로 [그 약의] 성분과 비율, 무게 등 작은 단위까지 모든 것을 정확하게 이해했다. 그는 약사의 곁으로 돌아와 "조금 전에 받았던 약에는 70종류의 성분이 조합되어 있습니다"라고 말했다. [그가 말하는 약의] 성분 비율은 모두 그 [약사가] 처방한 대로였다. 약사가 "그대는 그것을 어떻게 알았는가"라고 묻자 그는 "약에는 각각의 냄새가 있기 때문에 알지 못할 리가 없습니다"라고 대답했다. [약]사는 '이 정도의 사람은 [그 이름을] 듣

---

170 안쟈나로는 (1) 속눈썹이나 눈꺼풀에 바르는 안약(눈에 바르는 연고), (2) 화장으로 사용하는 검은 염료(마스카라), (3) 사람이나 마귀에게 보이지 않는 영약, (4) 사물을 투시하는 영약 등이 있고 각각의 용례가 불전에도 보인다. 여기에서는 (3)의 의미인 눈에 바르는 약이다. 상세한 것은 앞에 게재한 필자의 논문을 참조.

는 것 조차 어렵다. 하물며 〔이와 같이〕 실제로 만나는 일은 거의 없다. 나의 열등한 기술 따위는 아까워할 정도가 아니다'라고 경탄하고 탄복하여 곧바로 그 약에 대해 〔그들에게〕 자세히 가르쳤다.

3) 궁전 침입과 세 친구의 죽음

네 명은 그 기술을 체득하고 나서 매일 생각하는 대로 자유롭게 왕궁에 드나들었다. 왕궁의 미인들은 모두 〔그들에게〕 범해졌고 백일 정도 지나자 후궁 중에서는 임신한 사람이 나왔다. 두려웠던 〔후궁들은〕 왕에게 고백하고 〔자신들의〕 죄를 벌하지 않도록 간청했다. 왕은 "어떤 불길한 일이 일어나 이와 같은 불가능한 상황이 되었는가"라고 매우 불쾌해 하며 여러 지혜가 뛰어난 신하들을 초청하여 이일에 대해 상의했다. 어떤 늙은 가신은 다음과 같이 말했다. "대체로 이와 같은 현상에는 두 가지를 생각할 수 있습니다. 귀신의 조화이거나 기이한 술법〔方術〕에 의한 것입니다. 미세한 흙을 모든 문 안에 〔뿌려〕 두어 관리들에게 감시하도록 하고 출입하는 것〔이 어떤 것들인가〕를 판단하게 하는 것이 좋을 듯합니다. 만일 기이한 술법을 부리는 자〔方術師〕라면 자연히 그 〔족〕적이 나타나기 때문에 무력으로 제거할 수 있습니다. 만일 귀신이 들어와 있는 것이라면 〔족〕적은 없을 것입니다. 〔그 경우에는 주문을 통해〕 술법에 의해 소멸시킬 수 있습니다."

곧바로 문을 지키는 자에게 명하여 '그 조언' 대로 실행해 본 결과, 네 명의 〔족〕적이 발견되었고 이 사실은 왕에게 신속하게 전해졌다. 왕은 강건한 병사를 수백 명 정도 이끌고 〔후〕궁에 들어가 모든 문을 닫은 다음 그 병사들에게 검을 휘둘러 공간을 베어 내는 시늉을 하도록 했다. 〔이로 인해 네 명 중〕 세 명은 곧바로 살해당하고 말았지만 용수만은 몸을 움츠리고 숨을 멈추며 왕의 머리와 가까운 곳에 숨어 있었다. 왕의 머리 가까이 7척, 즉 대략 2미터 내에는 검이 미치지 못하도록 〔하고 있었기〕 때문이다.

4) 출가와 편력, 소승에서 대승으로

〔용수는〕 그때 비로소 처음으로 욕망은 괴로움의 근본이고 많은 재앙의 근원이라는 것, 〔사람이〕 덕을 멀리하고 몸을 파멸시키는 것은 모두 이 〔욕망〕 때문이라는 것을 깨닫고 즉시 다음과 같이 서원했다. '내가 만일 여기에서 도망갈 수 있다면 사문(沙門) 수행자에게 가서 출가자로서 법을 받들 것이다.'

〔그는 무사히〕 탈출하자 산에 들어가 어느 불탑에 참배하고 〔그곳에서〕 출가하여 계를 받았다. 90일에 걸쳐 경전·계율서·논서의 삼장(三藏)을 모두 독송했고 계속해서 다른 경전을 구했지만 손에 넣을 수 있는 곳은 어디에도 없었다. 결국 〔그는〕 설산(雪山, 히말라야)에 들어가게 되었다. 산중에 〔불〕탑이 있고 그 탑 안에 나이 많은 늙은 비구가 한 사람 있어 그에게서 대승경전을 받았다. 〔용수는〕 그것을 지니고 다니며 오로지 소리 높여 독송하는 일에 전념하였다. 하지만 그 진실한 의미는 〔머리로는〕 이해할 수 있었지만 완전히 체득하는 경지까지는 다다를 수 없었기 때문에 여러 나라를 돌아다니며 또 다른 경전들을 찾아다녔다. 그러나 이 세계〔閻浮提〕 안의 모든 곳을 찾아다녔지만

얻을 수 없었다. 〔한편〕 불교도 이외의 수행자인 외도(外道)의 논사들이나 〔불교의〕 수행자인 사문(沙門)들이 내세우는 주장은 무엇이든 모조리 논파하여 굴복시킬 수 있었다.

5) 굴욕과 교만, 새로운 불교의 시도

어떤 외도의 제자가 그에게 다음과 같이 말했다. "그대는 〔자신이〕 모든 것을 아는 사람〔이라고 주장하고 있으면서〕 지금은 결국 불제자가 되었다. 제자의 존재 방식이라는 것은 〔자신의〕 부족한 부분을 〔스승에게〕 묻고 〔그 가르침을〕 계승하는 것이다. 그렇기 때문에 〔그대에게도〕 또한 부족한 부분이 있는 것이 아닌가. 한 가지라도 부족한 부분이 있다면 모든 것을 아는 〔사람〕은 아니다."

〔용수는 반박하여 대답할 수 있는〕 말이 궁하여 마음에 굴욕을 느끼고 곧바로 잘못된 생각을 일으켜 다음과 같이 생각했다. '세상에는 〔목적지에 도달하기 위한〕 나루터나 길〔에 해당하는 가르침〕이 너무 많다. 〔그중에서도〕 불교의 경전은 확실하게 뛰어나지만 이치에 맞게 추리해 보면 충분하게 끝까지 진력하지 않은 부분도 있다. 진력하지 않은 부분에 대해서는 〔내가〕 추론하고 부연해서 그것으로 후학의 사람들을 깨닫게 한다면, 또한 그 내용이 이치에 맞아 틀림이 없고 어떤 상황이든 과실이 없다면 도대체 무슨 죄가 되겠는가.'

이렇게 생각하자 곧바로 그것을 실행하기로 하였다. 계를 지도하는 스승을 〔새로〕 만나고 나아가 〔그에 걸맞는〕 의복을 만들고 붓다의 가르침에 따르면서도 약간의 차이가 있게 하였다. 이렇게 하는 것으로 〔모든 것을 아는 사람이 아니라고 하는〕 사람들의 〔의심스러운〕 기분을 없애고 〔자신은 사람으로부터〕 가르침을 받고 있지 않다는 것을 나타내려고 하였다. 〔적절한〕 날짜를 택하여 제자들에게는 새로운 계를 받게 하고 새로운 옷을 입게 하며 〔자신은〕 혼자서, 조용한 곳에 있는 수정으로 만든 승방(僧房)에 머물렀다. 〔붓다가 큰일이 있을 때에는 혼자 조용한 곳에서 명상하고 있었던 것처럼.〕

6) 용궁 방문과 용수의 확신

〔용궁에 있는〕 대룡(大龍, Mahānāga) 보살이 그의 이와 같은 모습을 보고 그를 아깝고 불쌍하게 여겼다. 곧 바로 그를 데리고 바다에 들어와 궁전 안에 머물게 하며 일곱 가지 보물〔七寶〕로 된 창고를 열고 〔안에 두었던〕 일곱 가지 보물로 된 상자를 열어[171] 모든 대승〔方等〕의 깊고 깊어 은밀한 뜻을 담고 있는 경전들, 헤아릴 수 없는 오묘한 법문을 그에게 주었다. 용수는 그것을 받아 70일 동안 읽은 후 〔그 은밀한 뜻에〕 통달하고 많은 것을 이해했다. 그의 마음은 궁극적인 진실로 깊게 들어가 그것을 체득했다.

---

171 이 '일곱 가지 보물의 상자 안에 수납되어 있던 경전'의 이미지는 『팔천송반야경』 「상제보살품」에 보이는 '일곱 가지 보물로 된 누각 안에 두었던 네 가지 보물로 되어 있는 함'에 수납되어 있던 『반야바라밀경』의 이야기를 근거로 하고 있다. '네 가지가 아니라 일곱 가지 보물'이라고 하는 다른 번역본도 있다. 『팔천송반야경』에 의하면 이 경전은 녹인 묘안석으로 황금판에 서사되어 있었던 것이고 일곱 가지의 인장으로 봉인되어 있다고 한다. 붓다의 사후 수백 년이 지나 나타났던 대승경전의 정통성, 즉 '붓다의 말〔佛說〕'임을 주장하기 위해 초기의 대승교도는 경전을 둘러싼 이와 같은 신화적인 전승을 필요로 했을 것이다.

나가(Nāga. 龍)는 그의 마음을 헤아리고 "경전을 모두 읽었습니까?"라고 물었다. [용수가] "당신[이 갖고 계신] 모든 상자 안에 있던 경전은 헤아릴 수 없을 정도로 많아 전부 다 [읽을 수는] 없었습니다. 제가 [여기에서] 읽은 것[만으로도] 이미 [나의] 세계[閻浮提][에 있는 것]의 열배는 됩니다"라고 말하자 나가는 "나의 궁전 안에 있는 경전은 수많은 곳에 또 이 정도 [분량]이 있어 다 가르쳐줄 수는 없습니다"라고 말했다.

[이 말로] 용수는 [방대한 양의] 경전도 [결국은 제일 처음 읽은 일곱 가지 보물로 되어 있는] 한 상자[로 끝난다는 것]을 이해하고 깊은 '사물과 현상은 원래 일어나지 않는다[無生]'[는 진실]에 들어가 [중생인(衆生忍)·법인(法忍)의] 두 가지 인내에서 생겨나는 지혜[忍]를 갖추게 되었다. 이 지혜는 사람도 사물과 현상도 모두 공·무아이고 평등하다는 진실을 받아들여 어떠한 상황에서도 자비의 마음을 갖고 대응할 수 있는 힘을 말한다. 나가는 그를 [용궁에서 지상으로] 돌려보냈다.

7) 용수의 저서

[그 후, 용수는] 남인도에서 크게 불법을 펼치고 외도(外道)들을 타파하며 탄복시켰다. 대승을 널리 분명하게 밝히고 10만 게송의 분량인 『우바제사』를 저술하였다. 또한, 5천 게송 분량인 『장엄불도론』, 마찬가지로 5천 게송 분량인 『대자방편론』, 5백 게송으로 되어 있는 『중론』을 저술하였다. 나아가 10만 게송 분량의 『무외론』을 지었는데 『중

론』은 이 중에서 발견된다.

8) 바라문과 주술을 겨룸

어느 날, 주술에 뛰어난 바라문이 〔자신은〕 용수와 논쟁해서 이길 수 있다고 〔어떤〕 인도의 왕에게 다음과 같이 말했다. "나는 이 비구를 굴복시킬 수 있습니다. 왕은 부디 그것을 미리 검증하시기를 간청합니다" 왕은 "실로 어리석은 놈이다. 그 보살의 총명함은 태양이나 달과도 그 빛을 겨룰 정도이고 지혜는 성인들의 마음도 〔구석구석〕 비출 정도이다. 그대는 어째서 더 겸손하지 못하는가. 〔더 그를〕 존경하지 않으면 안된다"라고 말했다. 바라문은 "전하는 지혜 있는 분입니다. 입회하셔서 이치에 맞게 직접 보시고 〔그가〕 제압되어 논파되는 것을 보지 않으시겠습니까"라고 말했다. 왕은 그것을 지극히 마땅한 말이라 생각하여 〔바라문을 위해〕, "〔내일〕 아침, 함께 정덕전(政德殿)에 앉읍시다"라고 용수를 초대했다.

　〔다음날, 그〕 바라문은 늦게 들어왔지만 〔도착하자마자〕 곧 바로 〔정덕〕전(政德殿) 앞에서 주술로 큰 연못을 만들었다. 〔그 연못은〕 면적이 매우 크고 깨끗했으며 안에는 겹꽃잎을 가진 연꽃이 심어져 있었다. 바라문 자신은 그 연꽃 위에 앉아 용수에게 자랑스러운 듯이 〔다음과 같이 말했다〕. "그대는 땅에 앉아 있어 짐승과 다르지 않으면서 청정한 〔연〕꽃 위에 앉아 있어 복덕도 지혜도 위대한 나와 겨루어 토론하려고 한다." 그때 용수도 주술을 사용하여 여섯 개의 상아를 갖고 있는 흰 코끼리를 신통력으로 만들어 냈다. 흰 코끼리는 연못의 물

위로 나아가 그〔가 앉아 있는〕 연꽃이 있는 곳까지 가서 〔코끼리의〕 코로 〔그를〕 말아 올려 높히 들어 올린 다음 땅에 떨어뜨렸다. 바라문 은 허리를 다쳐 체력과 기력을 소진해 버려 용수에게 마음으로 귀순 하며 〔이렇게 말했다〕. "나는 자신의 역량도 돌아보지 않고 위대한 스 승을 비판하고 모욕했습니다. 부디 저를 연민으로 받아들여 나의 어 리석음을 계몽하여 주십시오."

9) 남인도 왕의 교화

또한 남인도의 〔어떤〕 왕은 모든 국가를 총괄하며 지배하고 있었지만 잘못된 가르침을 신봉하고 그것을 〔나라의 핵심적인 가르침으로〕 채 택하고 있었기 때문에 〔그 나라에서는 그 이외의〕 다른 수행자나 불 교도는 한 사람도 볼 수 없었다. 국민들은 멀고 가까운 것에 관계없이 모두 그 가르침을 따르고 있었다. 용수는 마음속으로 다음과 같이 생 각했다. '나무는 뿌리부터 베어내지 않으면 가는 가지까지 〔모두 곧 게〕 자라는 일이 없고 국왕을 교화하지 않으면 〔바른〕 가르침이 〔백 성들에게까지〕 행해지지 않는다.' 이 나라의 정치제도에서는 왕과 왕 족이 돈을 지불하고 사람을 고용하여 숙박하게 하면서 호위를 하도 록 하고 있었다. 용수는 바로 이 징병 모집에 응모해 그 〔호위대의〕 장 군이 되었다. 〔그의 방식은 스스로〕 무기를 짊어지고 앞으로 달려 나 가 행렬을 정리하고 〔같은〕 동료로서 군대의 조직을 통솔하는 것이었 다. 〔이와 같이 하자〕 위압적인 모습으로 엄하게 하지 않고서도 명령 은 실행되었고 군율을 명확하게 드러내지 않아도 사람들은 〔그를〕 따랐다. 왕이 용수를 매우 칭찬하며 "이 자는 어떤 자인가"라고 묻자 〔왕의〕 시종은 다음과 같이 말했다. "이 사람은 징병모집으로 〔들어왔습니다만〕 급여로 주는 쌀을 먹지 않고 〔징병 모집의 조건이었던〕 금화도 받지 않았습니다. 게다가 일이 있을 때에는 정중하고 예의를 지켜 〔모든 방면에〕 능숙하다는 것은 〔왕께서 보신〕 대로입니다. 그가 마음속에 무엇을 구하고 무엇을 바라고 있는지 〔저는〕 알지 못합니다."

왕은 그를 불러 "그대는 누구인가"라고 물었다. 〔용수는〕 "나는 모든 것을 아는 자입니다"라고 대답하자 왕은 매우 놀라 다음과 같이 물었다. "모든 것을 아는 자라는 것은 〔상상할 수 없을 만큼〕 긴 시간이 흐른 다음에야 〔겨우〕 한 사람 존재할〔까 말까〕인데 그대는 스스로 그렇다고 말한다. 무엇으로 증명할 것인가." 〔용수가〕 "지혜라는 것은 〔그 사람의〕 말과 언어에 있다는 것을 확인하고 싶다면 왕은 〔먼저 저에게〕 질문을 해 주시기 바랍니다"라고 대답하자 왕은 곧바로 이렇게 생각했다. '나는 지혜가 있는 나라의 주인이고 위대한 토론의 스승이기도 하기 때문에 만일 그에게 질문을 해서 굴복시킬 수 있다고 해도 〔그 정도로는〕 명예라고 하기에 충분하지 않다. 만일 그에게 미치지 못한다면 그것이야말로 단순한 일이 아니다. 역으로 만일 내가 질문을 하지 않는다면 바로 완패하게 된다.' 잠시 주저하고 나서 어떻게 할 수도 없게 되자, "지금 신들은 무엇을 하고 있는가"라고 물었다. 그러자 용수는 "신들은 지금 아수라와 싸우고 있습니다"라고 대답했다.

왕은 이 말을 듣자 마치 목에 무엇이 걸린 사람이 내뱉을 수도 없고 삼킬 수도 없게 됐을 때처럼 되어 버렸다. 그의 말을 부정하려고 해도 그것을 입증할 방법이 없고 〔신들과 아수라의 싸움이라는〕 그 상황을 긍정하려고 해도 분명해야 할 그 상황 자체가 〔눈앞에는〕 없기 때문이었다. 〔왕이〕 아직 발언하지 않고 있는 와중에 용수는 계속해서 "나의 말은 단지 승리를 구하기 위한 거짓말이 아닙니다. 왕께서는 잠시 기다려 주십시오. 머지않아 증거가 나타날 것입니다"라고 말했다. 말이 끝나자 공중에서 창과 방패 등의 무기가 잇달아 떨어졌다. 왕이 "방패나 창은 분명히 싸우기 위한 무기이지만 그대는 어떻게 그것이 신들과 아수라의 싸움〔에 의한 것〕이라고 아는가"라고 물었다. 그러자 용수는 "이것을 거짓말이라고 생각하시는 것 같습니다만 그것보다는 현실의 상황과 비교해 보는 것이 제일 좋습니다"라고 말했다. 그렇게 말하고 나자 아수라들의 손가락, 발가락, 귀, 코 등이 하늘로부터 떨어졌다. 용수는 또한 왕이나 대신들, 바라문들에게 공중〔에 떠 있는 눈이나 먼지 등〕을 깨끗하게 치워 〔신들과 아수라들의〕 양 진영이 서로 대적하고 있는 모습을 눈으로 〔분명하게〕 볼 수 있도록 했다. 왕은 거기에서 처음으로 〔용수의 발에 자신의 머리를 조아려 예를 올리는〕 존경을 담은 인사를 하고 마음으로 그의 교화를 따랐다. 궁전에는 만 명의 바라문들이 있었지만 모두 길게 묶여 있던 머리카락을 잘라 버리고 구족계(具足戒)를 받았다.

10) 용수의 최후와 그 후, 그 이름의 유래

마침 이 무렵, 어떤 소승의 법사가 항상 〔용수에게〕 분노의 기분과 질투의 감정을 품고 있었다. 용수는 〔해야 할 일을 끝마치고〕 이 세상을 떠나려고 생각하고 있었던 시기였기 때문에 그에게 "그대는 내가 오랫동안 이 세상에 머무르기를 원하는가"라고 물었다. 〔비구가〕 "〔그런 일은〕 솔직히 원하지 않는다"라고 대답하자 〔용수는〕 조용한 방으로 물러나 며칠이 지나도 나오지 않았다. 제자들이 문을 두드려 부수고 그의 모습을 확인하려 한 순간 매미의 허물(蟬脱)[172]처럼 없어져 버리고 말았다.

〔용수가〕 이 세상을 떠난 뒤로 지금까지 겨우 백년이 지났을 뿐이다. 남인도의 모든 나라는 그를 위해 묘를 짓고 마치 붓다에게 하는 것처럼 존경하며 받들고 있다.

그의 어머니가 그를 어떤 나무 아래에서 낳았기 때문에 그것을 따서 '아르주나(Arjuna)'라고 이름 지었다. '아르주나'라는 것은 그 나무의 이름이다. 〔후에〕 나가(Nāga, 龍) 덕분에 도를 완성할 수 있었기 때문에 나가〔龍〕라는 글자를 더해 '나가르주나(Nāgārjuna, 龍樹)'라고 부르게 되었다.

(할주(割註)[173] : 부법장(付法藏)〔인연전(因緣傳)〕에 의하면 〔용수는 제1조·마하가섭에서 시작하여〕 제13대째의 조사가 된다. 〔또한〕 신선의 약을 먹어 장수할 수 있었다고 하며 〔실제로〕 300여 년이나 〔이

---

172 '매미의 허물벗기'는 고대 중국에서는 '사해(蛇解)'라고 불리는 것으로 전국시대의 정치가·굴원으로 대표되는 뛰어났던 인물들의 집착하지 않는 경지를 나타내는 용어로 사용되고 있었다. 하지만 4세기 이후 신선사상이 보급되자 성자(신선)의 이상적인 죽음의 방식으로 나타나게 된다. 반면에 인도에서는 '매미의 허물벗기'라고 하고『숫따니빠따』「뱀의 장」에 보이는 것처럼 성자의 집착하지 않는 경지를 나타낸다. 시대적으로는 조금 거슬러 올라가지만 우빠니싸드에서는 개미가 땅속에 집을 짓기 위해 퍼낸 흙이 쌓여 있는 것을 말하는 '개밋둑 위에 있는 뱀의 허물'이 '범아일여'의 경지에 도달한 자의 이상적인 죽음의 이미지를 나타내고 있었다. 인도인인 용수의 죽음의 모습을 묘사하는 것으로는 '뱀의 허물'이 걸맞겠지만 그것을 '매미의 허물벗기(매미의 허물)'로 표현한 것에는 이 전승이 전해진 당시 중국의 종교적, 문화적인 사정이 반영되고 있는 것이라고 생각한다.

173 할주(割註)는 후대의 삽입이다. 전체는 3개의 조로 되어 있지만 제1과 제3이『부법장인연전』중의 '용수'의 전기 부분에 보이는 기술이다(3개의 조에 대해서는 '용수전'보다 오히려 '제바전'의 기술에 가까운 것이라고 해야 할지도 모른다).

세상에] 머물러 붓다의 가르침을 수호했다고 한다. 그가 제도한 사람이 헤아릴 수 없을 정도로 많다는 것은 〔부〕법장(付法藏) 〔인연전(因緣傳)〕이 설한 대로이다.)

다.『용수보살전』과 그 외 중국 문헌에 보이는 용수의 인물상

위에서 보아 온『용수보살전』의 내용을 요점만 뽑아 기록하면 다음과 같이 된다.

1) 용수는 남인도의 바라문 출신이고 베다 성전을 비롯한 모든 지식에 통달하고 있었다.

2) 친한 친구들과 함께 몸을 감추는 약을 사용해 후궁에 침입하였다가 친한 친구들을 모두 잃고 자신도 죽음의 위기에 직면하여 그것이 출가의 동기가 되었다.

3) 전통부파로 출가한 후 히말라야 산속에 있는 불탑에서 대승경전을 하사 받았지만 만족할 수 없었다.

4) 붓다의 제자이면서 일체지자(一切知者)라고 하는 것은 이상하다는 말을 듣고 역으로 자만심을 일으켜 전통불교를 변경하려고 하였다.

5) 용궁의 방문을 계기로 대승경전의 진실한 의미를 깨닫고 보살의 최고경지에 들어갔다.

6) 용수의 저서로는『중론』외에『이만오천송반야경』의 주석인

『대지도론』을 가리킨다고 생각되는 『우바제사』나 용수 자신의 주석이라고 전승되는 『무외론』이 거론된다.

7) 어떤 국왕 앞에서 바라문과 주술을 겨루어 이기고 다른 나라의 왕을 신통력으로 교화했다.

8) 전통부파의 비구가 한 말을 계기로 매미가 허물을 벗는 방식으로 사라졌다.

9) '지금'은 용수가 사라진지 겨우 백 년이 지났을 뿐이다.

10) 용수 사후 남인도에서는 묘를 세우고 그를 붓다처럼 숭상하고 존경한다.

11) 용수(龍樹, Nāgārjuna)라는 이름은 아이일 때의 이름인 '아르쥬나(Arjuna)'에 종교상의 은인인 '나가(Nāga, 龍)'를 더한 것이다.

12) 본문 사이에 짧게 끼어 넣은 주석인 할주(割註)에서 용수는 마하가섭에서 시작하는 불법상승(佛法相承)의 제13대라고 한다.

13) 할주에서 용수는 신선의 약으로 인해 장수하여 3백 년 이상 불법을 수호했다고 한다.

나름대로 잘 정리된 전기로는 이외에 '할주'에서 언급했던 『부법장인연전(付法藏因緣傳)』의 '용수전' 부분이 있지만 이 『용수보살전』과 비교하면 13)이 누락된 것 외에 4)에 다른 이야기가 추가 된 정도로 전체의 내용에 큰 차이는 없다.

중국에서는 더욱이 다음과 같은 전승도 전해지고 있다. 모두 5세기 초엽부터 6세기 초엽에 걸친 문헌에 보이는 내용이다.

14) 용수는 가르침이 바르게 이해되지 않는 시대를 말하는 상법

(像法)에 나타난 불교의 부흥자이다.

15) 용수는 마명(馬鳴, Aśvaghoṣa)과 함께 대승·소승을 겸한 학자였다.

16) 용수는 상좌부의 유력한 부파인 '설일체유부(說一切有部)'의 계
승자이다.

6세기 초엽이 되면 다음과 같은 붓다의 용수에 관한 예언〔懸記〕이
중국에도 퍼지게 된다. 『입능가경』 제10장 (「게송품」)의 다음 세 게송이
다.[174]

대혜(大慧, Mahāmati)여! 그대는 〔지금부터 말하는 것을 마음으로〕 듣도
록 하라. 선서(善逝, sugata)인 〔내〕가 열반하여 〔불멸(佛滅)〕후의 시간이
지나게 될 것이다. 남방의 베달리(Vedalī)에 고귀하고 명성이 높은 비구
가 〔법을 꿰뚫어 보는〕 눈(法眼)을 갖고 있을 것이다. 그는 '나가(Nāga)
라는 이름을 가진 자'라는 의미의 나가후바야(Nāgāhvaya)라고 하고 '존
재한다〔有〕'〔는 주장〕·'존재하지 않는다〔無〕'는 주장을 〔함께〕 타파하
여 내가 타는 최고의 큰 수레〔大乘〕를 세상에 설하여 밝히고 〔10지의
첫 단계〔初地〕인〕 환희지(歡喜地)에 도달한다. 그 자는 안락한 곳〔極樂〕
에 갈 것이다. (제164~166게송)

---

174 『입능가경(入楞伽經)』의 한역은 구나발타라 역(443년), 보리유지 역(513년), 실차난타
역(700~704년)의 세 종류의 번역이 현존하고 있지만 구나발타라 역에는 이 게송들이
보이지 않는다. 제10장 「게송품」 자체가 현존하지 않는다. 이로부터 유추해보면 이 전승
은 확언할 수는 없지만 400년 전후로부터 5세기말경 사이에 성립한 것으로 생각된다.

'나가(Nāga)라는 이름을 가진 자'란 초기경전에서는 주로 석존[붓다]을 가리킨다. 그 경우의 '나가'는 용을 의미하기도 하지만 주로 코끼리를 말한다. 이 '나가후바야(Nāgāhvaya)'가 석존[붓다]의 발자취를 이은 뛰어난 지도자 용수(龍樹. Nāgārjuna)를 가리킨다는 것은 분명할 것이다.

여기에서 용수의 이미지에 새로운 요소가 더해진다.

17) 용수는 보살의 10지 중 첫 단계[初地]인 환희지(歡喜地)의 보살이다.
18) 용수는 사후 극락에 간다.

일본 정토진종의 창시자[開祖]인 신란(親鸞)이 품고 있었던 용수의 이미지는 주로 이 『입능가경』에 영향을 받은 것이다.

남인도에 비구가 있어 용수보살이라고 이름 하니 '존재한다[有]'거나 '존재하지 않는다[無]'는 잘못된 견해[邪見]를 타파할 것이라고 세존[붓다]은 설하셨다. 용수보살은 비할 데 없이 뛰어난 대승의 법을 설하고 환희지의 경지에 들어 한결같이 염불을 권하셨다. (『고승화찬』)

7세기가 되면 인도의 유학승이었던 현장이 당시 인도에 있던 용수에 관한 몇 가지 전승을 기록으로 남기고 있다. (『대당서역기』 권10) 이 기록에 의하면 용수는 약학에 대해 잘 알아 수백 세가 되어도 쇠약해지지 않았다(위에서 언급한 13) 참조.)고 한다. 이하의 세 가지는 현장이 새롭게 중국에 가져온 정보이다. 현장은 '용수'를 '용맹(龍猛)'이라고 하고 있으나 여기에서는 '용수'라고 표기한다.

19) 인도의 샤따바하나(Sātavāhana, 引正)왕은 용수를 위해 흑봉산(黑 蜂山)에 가람을 세웠지만 자금이 고갈됐을 때 용수는 신묘한 약으로 돌을 황금으로 변화시켜 지원했다.

20) 제바(聖提婆, Āryadeva)가 방문했을 때 용수는 물을 가득 채운 바리떼를 그에게 보였지만 제바는 단지 바늘을 그 안에 던져 넣을 뿐이었다. 그 의미를 이해한 용수는 제바를 환영하고 안 으로 들였다. 그 후 제바는 용수의 제자가 된다.

21) 아버지 샤따바하나왕이 장수하여 왕위 계승이 늦어졌던 왕자 는 아버지가 오래 산 이유는 약을 제조하는 기술이 뛰어났던 용수 때문이라고 생각하였다. 이에 왕자는 용수의 머리를 요 구하였고 용수는 스스로 머리를 잘라 떨어뜨려 절명했다.

라. 중국 자료의 '용수 전승'과 인도 자료와의 관계

위에서 살펴본 용수에 관한 정보 (1~21)는 원래 인도에서 가져온 것이 지만 그것을 확인할 수 있는 상스끄리뜨 자료는 결코 많지 않다. 용수 의 전기로서는 오래된 정보를 많이 포함하고 있다고 생각되는 『용수 보살전』에서도 예를 들면 2), 3), 4) 및 8), 10)의 요소는 현존하는 인 도 및 티베트의 자료에는 보이지 않는 독특한 것이다. 간단히 요약하 면 우선, 천재라는 자부심이 높았던 바라문의 청년이 세속적인 잘못 을 후회하여 출가한다. 출가한 후에는 대승으로 전환하여 기존의 전통적인 불교마저 변경하려고 한다. 그러다 결국 불가사의한 형태로 최후를 맞아 사후에는 사당에 모셔져 붓다처럼 숭배되고 존경된다. 이와 같은 용수의 생애와 관련된 가장 핵심적인 이야기를 포함한 자료는 인도에도 티베트에도 남아있지 않다. 중국에서는 12)나 16)의 요소처럼 석존(붓다)으로부터 불법을 이어받는다는 그 가르침의 정통성이 가장 중요하고 그것과 모순 되는 부분이 있는 '장수한 용수'(13)라는 이미지는 거의 주목되지 않았던 것으로 보인다. 이 정보들은 대개 서북인도나 서역에 전해지고 있던 전승을 구마라집 등의 번역승이나 중국으로 건너온 승려들이 가져온 것일 테지만 전승을 수용하고 계승하는 과정에서 중국 쪽의 상황도 반영됐다고 생각된다.

이에 비해 1), 5), 7), 13), 19), 21)은 인도와 티베트에 매우 유사한 전승이 보인다. 이 중 5)는 인도에서 가장 주목받은 요소이고 티베트나 중국에서도 조금씩 변경되며 널리 유통되던 주제이다.[175] 이 '용궁 방문'의 이야기는 원래는 성인이나 영웅이 나가(Nāga, 龍)가 머무는 낙원과 같은 지하세계(pātāla)에 갔다가 돌아온다는 이야기를 근원으로 한 것으로 보인다.

『대당서역기(大唐西域記)』의 19) 21)에 그 이름이 나오는 '샤따바하나(Sātavāhana, 引正)'에 관해 말하자면, 기원전 1세기에서 3세기에 걸쳐 남인도의 데칸 지방을 통합한 왕가(王家)의 명칭이다. 용수의 생존

---

175 예를 들면 『중관심론(中觀心論)』의 주석서인 『사택염(思擇炎)』에는 다음과 같은 전승이 기록되어 있다. 붓다가 입멸한 후 얼마 지나지 않아 행해졌던 제1회 결집에서 세존(붓다)이 설명하셨던 가르침 중 대승의 교설은 그것을 정리하는 데 걸 맞는 사람이 없었기 때문에 나가(nāga, 용)의 세계에 맡겨졌지만 붓다가 이전부터 그것에 걸 맞는 사람으로 예언(懸記)하고 있었던 용수가 그 용궁에 머물며 교설을 모으고 그것을 인간계에 퍼뜨렸다는 것이다. 또한, 중국에서는 『법화경』, 혹은 『화엄경』이야말로 용수가 용궁에서 가져왔던 경전이라는 전승이 있다.

연대(150~250년경)와 겹치고 7)에서는 단순히 '남인도의 왕'이라고 하지만 19) 21)에 보이는 것처럼 시간이 흘러 그 왕이 '샤따바하나' 왕조의 왕으로 특정되었다는 것을 알 수 있다. 게다가 두 사람의 각각 다른 왕으로 묘사되기도 한다. 용수의 저술이라고 하는『권계왕송(친구에게 보내는 편지)』에서는 편지 상대의 왕 이름이 나오지만 직접적으로 '샤따바하나'와 연결 짓는 것은 7세기말 인도에 유학했던 의정(義淨)이 번역한 것뿐이다. 이와 같이 용수와 관련해서 '샤따바하나'라는 말이 나오는 자료는 7세기 이후의 것 일색이다. 그 이전의 전승에 기반한 것이라고 해도 6세기를 크게 거슬러 올라가지는 않는다.

덧붙여서 현재, 남인도의 *끄리쉬나*(Kṛṣṇā)강의 오른쪽 언덕에 있는 나가르쥬나콘다(Nāgārjunakonda, 나가르주나의 언덕)는 익쉬바꾸(Ikṣvāku) 시대(3~4세기)의 불교유적지로 알려져 있지만 그 이전에 번성하고 있던 '샤따바하나' 왕조와 연관 지어 보면 일반적으로 여기가 용수가 원래 소유하고 있던 땅이라고 보여 진다. 또한,『입능가경』에서 언급되는 '남방의 베달리(Vedalī)'를 이 땅에서 찾는 연구자도 있다. 그러나 이 유적과 용수를 직접적으로 연결 지을 수 있는 것은 현 상황에서 아직 발견되지 않고 있다.

더욱이 인도 그리고 티베트에서는 약학(19) 혹은 장생술에 통달한 용수라고 하는 이미지가 특히 강조되지만 이것은 인도의 전통의학인 아유르베다(Āyurveda)의 기본적인 문헌 중 하나인『수슈루따상히따(Suśrutasaṃhitā)』의 교정자, 또는 그 보충문인 '웃따라딴뜨라(Uttaratantra)'의 저자로 전해지는 나가르주나(Nāgārjuna, 龍樹)와 동일시했기 때문인 듯하다.『용수보살전』에서 2)의 요소도 약학의 지식과 연관된 이야기이기 때문에 이 예도 포함해서 생각하면 전승의 초기 단계에서부터 용수는 약학과 장생술에도 뛰어났다고 믿어지고 있었을 것이다. 7세기를 넘어설 무렵이 되자 점차 밀교화 되는 경향이 강해지고 밀교의 성취자(siddha)로서 용수라는 이미지가 한층 더해지게 된다.[176]

마. 다양한 용수 전승과 『근본중송』의 저자

이와 같이 보면 『근본중송』의 저자인 용수와 그의 사후에서부터 7세기경까지 긴 기간에 걸쳐 성립됐던 다양한 '용수 전승'과는 인물상이라는 점에서 직접적인 관계는 거의 없어 보인다. 『근본중송』의 저자는 공성(空性)을 기반으로 한 논법에 의해 실재론적인 철학을 논파한다. 또한, 그 공성이 석존[붓다]이 설한 '연기' '중도'라는 것, 즉 '붓다의 말[佛說]'이라는 것을 강하게 주장하고 있다. 이와 동시에 '대승' '삼승' '반야' '육바라밀' 등 이른바 대승적인 용어는 사용하지 않는다. '보살행'이라는 말은 보이지만(제24장) 이것이 과연 대승의 '보살행'을 가리키고 있는지는 분명하지 않다. 그렇기는커녕 오히려 '독각(獨覺)의 지'에 공감을 나타내기까지 한다(제18장).

　예를 들면 『용수보살전』에서는 『중론』이나 『무외론』에 대해 언급하거나 『입능가경』의 예언에서는 '존재하는 것[有]과 존재하지 않는 것[無]의 주장을 제거한다'고 할 뿐, '공·공성' '연기'를 직접적으로

---

176 이상 다항과 라항에 대해서는 야마노 치에코(山野智惠)의 (2004) 「ナーガールジュナ伝をめぐって」(『佛教文化学会十周年·北條賢三博士古稀記念論文集 インド学諸思想とその周延』, 山喜房佛書林, 2004), 「ナーガールジュナとサータヴァーハナ」(『智山学報』56, 2007)을 참고했다.

언급하는 일은 다른 전승을 포함해서 보이지 않는다. 7세기에 현장이 가져왔던 자료에서는 용수가 제바의 스승으로 그려지고 있기 때문에『근본중송』의 저자라는 이미지에서 벗어나 있다. 굳이『근본중송』의 저자와 그 이후 용수 전승에 나타나는 인물상의 공통점을 찾으려고 한다면 반항정신 정도라고 할 수 있을 것이다.『근본중송』의 저자는 당시의 강고한 실재론적 철학체계에 공의 논리로 맞섰고 용수 전승 속의 인물은 상식이나 이미 이루어진 제도를 거스르면서 회의적, 비판적, 반역적인 정신을 갖고 있는 전설 속의 영웅으로 보이기 때문이다.

필자는 오히려 인도·중국·티베트에서 다양하게 전개되었던 '용수'라는 문화 현상에 주목해야 한다고 생각한다. 거기에는 각각의 전승이 생겨나게 된 문화적·종교적 사정이 반영되어 있고 나아가 그것을 받아들였던 중국이나 티베트의 불교에도 각각에 고유한 과제가 있었으며 갖가지 요청이 작용했을 것이라고 생각되기 때문이다. 주목해야 하는 것은 그 정도의 영향력을 후세에까지 끼칠 수 있었던『근본중송』의 저자일 것이다. 이『근본중송』의 저자인 용수 없이 그 이후에 그토록 오랫동안 용수의 저술이라고 주장하는 방대한 문헌군('용수문헌군')이 성립하지는 않았을 것이다. 내용이 다채로운 이 종교적, 철학적 문헌군들의 성립시기와 지금까지 보아 왔던 용수에 얽힌 다양한 전승들 중 핵심적인 것, 예를 들면『용수보살전』이나『입능가경』에 보이는 이야기 등의 성립 시기는 겹친다. 양자가 서로 어우러지면서 각각이 지금 보이는 것과 같은 풍부한 형태로 발전해 갈 수 있었다고 생각해야 할 것이다.

바. 용수문헌군 저자로서의 용수상(龍樹像)

마지막으로 용수문헌군의 '저자'로서 용수의 이미지를 확인해 두기로 한다. 실제로 현대의 우리가 용수에 관해 품고 있는 이미지는 주로 다양한 용수문헌군의 저자인 용수이고 이 문헌들에 기반한 것이다. 이미 앞에서 확인한 것처럼『회쟁론』등의 철학적인 저서나 실천적인 경향이 강한『육십송여리론』, 나아가 보살의 수행도를 설한『보리자량론』, 국왕에 대한 가르침을 정리한『보행왕정론』등과『사찬송』과 같은 철학적인 문학작품도 용수의 저서로 여겨지고 있다. 나아가 중국, 일본에서는『십이문론』『십주비바사론』『대지도론』등이 큰 영향을 끼쳤고 특히 '쉬운 수행도[易行道]'를 설한『십주비바사론』은『입능가경』의 '예언[懸記]' 이야기와 함께 정토교 사상의 연원으로 용수의 이미지 형성에 크게 기여했던 것으로 보인다.

『근본중송』의 저자 용수, 용수문헌군의 저자 용수, 나아가 다양한 영웅적 전승의 주인공인 용수, 이 모두를 역사적인 한 인물의 사상이나 행동의 반영이라고 보기는 어렵다. 하지만 전혀 관계없다는 것은 아니다. 앞에서 확인했던 것처럼『근본중송』의 출현에 의해 생겨났던 다양한 문헌군과 그 저자를 둘러싼 갖가지 전승으로 인해 불교 내부적으로는 풍부한 변용을 만들어 내면서 서로 영향을 주고받았다.

한자문화권의 동북아시아에서는 용수를 '여덟 종파의 조사(祖師)'로 존경하고 숭배한다. 이와 같은 문헌군과 갖가지 전승이 자비와 지혜를 겸비하였으며 성속(聖俗)에 얽매이지 않는 이상적인 보살상을 형성하고, 나아가 '제2의 붓다'라는 평가로 이어졌다고 생각된다.『근본중송』을 중심으로 전개된 갖가지 문헌군의 창출자이기도 하고 다양한 전승의 주인공이기도 한 이 용수의 이미지는 어떤 의미에서 하나의 명확한 윤곽을 갖춘 위대한 종교적 인격이라고 할 수 있다.[177]

　용수의 생애를 생각할 때 우리는 아무래도 전승되고 있는 용수의 이미지에만 눈을 돌리는 경향이 있다. 하지만『근본중송』의 저자인 역사적 인물 용수, 각 문헌군의 저자인 용수 이외에 이 위대한 종교적 인격으로서의 용수도 잊어서는 안 된다. 대승불교의 역사적인 발전과 공간적인 확장이라는 점에서는 이 종교적인 인격으로서의 용수가 성취했던 역할은 매우 크다고 생각할 수 있기 때문이다.

　인도의 전승에서는 용수의 베어진 머리와 몸통은 그 현장인 길상산(吉祥山)의 빛나는 누각 안, 보좌(寶座) 위에 모셔지고 신들이나 약사(Yakṣa, 夜叉) 등에 의해 항상 공양되고 있으며 그의 ‘서원신(誓願身)’은 극락에 있어 무량광불(無量光佛)에 의해 ‘지보보살(智寶菩薩)’이라는 이름을 부여 받았다고 한다.[178] 또한 티베트 전승에서는 잘려나간 머리 밑에서 “나는 지금 극락에 갈 것이다. 그러나 〔후에〕 나는 또한 이 몸속에 들어 갈 것이다”라는 소리가 들려왔기 때문에 약시(Yakṣī, 夜叉女)가 머리를 몸통에서 1요자나(yojana, 약 7㎞) 떨어진 곳에 두었지만, 머리와 몸이 썩지 않고 서로 가깝게 다가가 결국에는 합체하였다. 그러자 용수는 다시 사람들을 교화하기 위해 활동했다고 한다.[179] 양쪽 모

177　이와 같은 ‘위대한 종교적 인격’으로서의 ‘용수’상을 정성들여 자세하게 묘사한 것에 우류주 류신(瓜生津隆真),『龍樹(ナーガールジュナ): 空の論理と菩薩の道』(大法輪閣, 2004), 이시토비 미치코(石飛道子),『龍樹: あるように見えても「空」という』(佼成出版社, 2010)가 있다.

178　아티샤『중관우바제사개보협』(11세기). 미야자키 이즈미(宮崎泉)의『『中観優波提舍開宝篋』テキスト・訳注』(『京都大学文学部研究紀要』46, 2007) 116〜117쪽 참조.

179　뿌똔『불교사』(14세기). 나카무라 하지메의『龍樹』(講談社学術文庫, 2002), 40쪽 참조.

두 종교적인 카리스마에 어울리는 결말이지만 이 전승들도 용수를 존경하는 사람들의 숭배하는 마음이 만들어냈다고 생각할 수 있다. 이러한 의미에서 용수는 아직 그 생애를 다하지 않았는지도 모른다.

참고문헌

『근본중송』의 텍스트, 번역, 연구 그리고 저자인 용수에 관한 연구는 헤아릴 수 없이 많다. 하지만 여기에서는 비교적 참고하기 쉬운 일본어 문헌을 중심으로 '해설 편'에서 직접 언급했던 것만을 열거한다.

青原令知　『倶舎―絶ゆることなき法の流れ』, 龍谷大学仏教学叢書4, 自照社出版, 2015
石飛道子　『龍樹: あるように見えても「空」という』佼成出版社, 2010
宇井伯壽　『東洋の論理空と因明』書肆心水, 2014
瓜生津隆真『ナーガールジュナ研究』春秋社, 1985
_____『十住毘婆沙論 I, II』新国訳大蔵経, 釈経論部12-13, 大蔵出版, 1994, 1995
_____『龍樹(ナーガールジュナ): 空の論理と菩薩の道』大法輪閣, 2004
小川英世　「Kauṇḍabhaṭṭaの否定論」『広島大学文学部紀要』44, 1984
小澤千晶　「清弁と相互依存の縁起―『般若灯論』の用例を中心として」
　　　　　『印度学仏教学研究』55-1, 2006
梶山雄一・瓜生津隆真『大乗仏典14 龍樹論集』中公文庫, 2004
梶山雄一・丹治昭義訳『大乗仏典3 八千頌般若経II』中公文庫, 2001
梶山雄一「仏教知識論の形成」『講座・大乗仏教9―認識論と論理学―』春秋社, 1984
片山一良　『中部(マッジマニカーヤ)後分五十経篇1』(パーリ仏典, 片山一良訳, 第1期5)
　　　　　大蔵出版, 2001
桂　紹隆　『インド人の論理学―問答法から帰納法へ―』中公新書, 1998
_____「『中論頌』の構造」『印度学仏教学研究』61-2, 2013
狩野　恭　「ātmanの存在論証―kevalavyatirekinの2形式―」『印度学仏教学研究』36-1,
　　　　　1987
北畠利親　『龍樹の書簡』永田文昌堂, 1985
清沢満之　『清沢満之全集』2, 岩波書店, 2002
黒崎　宏　『ウィトゲンシュタインから龍樹へ 私説『中論』』, 哲学書房, 2004

　　　　　　『純粋仏教セクストスとナーガールジュナとウィトゲンシュタインの狭間で考
　　　　　　える』, 春秋社, 2005

五島清隆　「『十二門論』と龍樹・青目・羅什(2): とくに青目について」
　　　　　　『印度学仏教学研究』55-2, 2007

　　　　　　「龍樹の仏陀観―龍樹文献群の著者問題を視野に入れて―」
　　　　　　『インド学チベット学研究』第12号, 2008

　　　　　　「龍樹の縁起説(1)―とくに相互依存の観点から」『南都仏教』92, 2008

　　　　　　「『十二門論』における因中有果論・無果論の否定(2)」『仏教学会紀要』15, 2009

　　　　　　「龍樹の縁起説(2)―とくに十二支縁起との関連から」『南都仏教』93, 2009

　　　　　　「龍樹の縁起説(3)―『中論頌』第26章「十二支の考察」について(1)」
　　　　　　『仏教大学仏教学部論集』第95号, 2011

　　　　　　「龍樹の縁起説(3)―『中論頌』第26章「十二支の考察」について(2)」
　　　　　　『仏教学会紀要』第16号, 2011

　　　　　　「『十二門論』和訳と訳註(第8・9章, 第11・12章)」『仏教学会紀要』17, 2012

　　　　　　「ナーガールジュナ作『十二問論』とその周辺」『シリーズ大乗仏教6 空と中観』
　　　　　　春秋社, 2012

　　　　　　「チベット訳『梵天所問経』: 和訳と訳注(4)」『インド学チベット学研究』(16),
　　　　　　2012

　　　　　　「鳩摩羅什訳『龍樹菩薩伝』に見られる文化史的背景: 羅什撰述説の検証」
　　　　　　『仏教学会紀要』18, 2013

　　　　　　「インド大乗仏教における偽書・擬託の問題: とくに龍樹の著作を中心にして」
　　　　　　『「偽」なるものの「射程」』勉誠出版, 2013

　　　　　　「再考:『根本中頌』における「十二支縁起」」『仏教学会紀要』21, 2016

Cox, Collet「アビダルマ誕生の最初の痕跡」(青原令知編『倶舎―絶ゆることなき法の流れ』
　　　　　　自照社出版, 2015

三枝充悳　『縁起の思想』, 法蔵館, 2000

斎藤　明　「二諦と三性―インド中観・瑜伽行両学派の論争とその背景」
　　　　　　『印度哲学仏教学』25, 2010

　　　　　　「中論思想の成立と展開―ナーガールジュナの位置づけを中心として」
　　　　　　『シリーズ大乗仏教6 空と中観』春秋社, 2012

　　　　　　『縁起と空―『中論』三諦偈解釈をめぐって』『叡山学院研究紀要』第38号, 2016

桜部　建　『仏教語の研究』文栄堂書店, 1997

Schopen, Gregory『インドの僧院生活: 大乗仏教興起時代 』(小谷信千代訳) 春秋社, 2000

津田明雅　『Catuhstavaとナーガールジュナ: 諸著作の真偽性』博士論文,
　　　　　　京都大学文学研究科, 2006

長尾雅人「仏陀の沈黙とその中観的意義」『中観と唯識』岩波書店, 1978

　　　　　　「出家の功徳」『バラモン教典: 原始仏典』世界の名著1, 中央公論社, 1979

中村　元　『龍樹』講談社学術文庫, 2002

那須良彦　「有部の不失法因と正量部の不失―『中論』第17章所述の「不失」
　　　　　　に対する観誓の解釈」,『印度学仏教学研究』53-1, 2004

並川孝儀　『インド仏教教団 正量部の研究』大蔵出版, 2011

＿＿＿＿『ゴータマ・ブッダ考』大蔵出版, 2005

西村実則　『アビダルマ教学: 倶舎論の煩悩論』法藏館, 2002

本庄良文　「阿毘達磨仏説論と大乗仏説論―法性, 隠没経, 密意―」『印度佛教学研究』38-1,
　　　　　　1989

松本史郎　『縁起と空―如来蔵思想批判』大蔵出版, 1989

＿＿＿＿『チベット仏教哲学』大蔵出版, 1997

＿＿＿＿「『根本中頌』の論理学」『インド論理学研究』7, 2013

御牧克己　「インド・チベット論理学に於ける「所証相似」(sādhyasama)の問題」
　　　　　　『哲学研究』47-8 (第550号記念特集号), 1984

宮　崎泉　『中観優波提舍開宝篋』テキスト・訳注」『京都大学文学部研究紀要』46, 2007

山口瑞鳳　「邪説「相依性縁起」の暴走―般若波羅蜜多修習の否定」
　　　　　　『成田山仏教研究所紀要』28, 2005

山口　益　『般若思想史』法藏館, 1951

　　　　　　『山口益仏教学文集』春秋社, 1973

山野智恵　「ナーガールジュナ伝をめぐって」『佛教文化学会十周年・
　　　　　　北條賢三博士古稀記念論文集 インド学諸思想とその周延』山喜房佛書林, 2004

＿＿＿＿「ナーガールジュナとサータヴァーハナ」『智山学報』56, 2007

＿＿＿＿「初期の龍樹伝」『蓮花寺佛教研究所紀要』第2号, 2009

山野智恵子(＝山野智恵)「『龍樹菩薩伝』の成立問題」『仙石山佛教學論集』第5号, 2010

叶少勇,『中論頌―梵藏汉合校・导读・译注』中西书局, 2014

李学竹・叶少勇,『六十如理颂―梵藏汉合校・导读・译注』中西书局, 2014

Bhattacharya, Kamaleswar : *The Dialectical Method of Nāgārjuna*
　　　　　　Vigrahavyāvartanī, Translated from the original Sanskrit with
　　　　　　Introduction and Notes, Text critically edited by E.H. Johnston and
　　　　　　Arnold Kunst, 2nd ed., Delhi, 1986

Goshima, Kiyotaka : "Who was Ch'ing-mu ("blue-eyes")",
　　　　　　『創価大学・国際仏教学高等研究所年報』(11), 2007

Hahn, Michael : *Nāgārjuna's Ratnāvalī, Vol.1 The basic texts (Sanskrit, Tibetan,*
　　　　　　Chinese), Bonn, 1982

Jamieson, R.C. : *A study of Nāgārjuna's Twenty verses on the great vehicle*
　　　　　　(Mahāyānaviṃśikā) and his Verses on the heart of dependent
　　　　　　origination (Pratītyasamutpādahṛdayakārikā) with the Interpretation of

the heart of dependent origination (*Pratītyasamutpādahṛdayavyākhyāna*),
New York, 2000

Lindtner, Christian : *Nagarjuniana : Studies in the Writings and Philosophy of Nagarjuna*, Indiske Studier IV, Copenhagen, 1982

Padmakara Translation Group : *Nagarjuna's letter to a friend : with commentary by Kangyur Rinpoche*, Ithaca, New York, 2005

Stcherbatsky, Th. : *The Conception of Buddhist Nirvāṇa*, Leningrad, 1927(金岡秀友訳,『大乘仏教概論』―仏教の涅槃の概念―』理想社, 1957)

Yonezawa, Yoshiyasu : "*Vigrahavyāvartanī*, Sanskrit Transliteration and Tibetan Translation"『成田山仏教研究所紀要』31, 2008

용수 관련 논문과 연구서를 읽을 때마다 늘 어딘가 부자연스러움을 느끼고는 합니다. 그리고 그 느낌은 '용수'라는 인물에 관한 의문을 더욱 증폭시켰습니다.

많은 학자들은 이 책 해설 편 제2장 '용수의 저술'에서 소개한 여덟 종류의 '용수문헌군(龍樹文獻群)' 중에 1~4, 혹은 여덟 작품 모두를 용수의 저술이라고 주장하고 있습니다. 예를 들자면 『육십송여리론(六十頌如理論)』이나 『회쟁론(廻諍論)』에서는 이렇게 말했다는 식의 논거를 제시하곤 합니다. 이 밖에 『대지도론(大智度論)』과 『십주비바사론(十住毘婆沙論)』의 한 부분을 용수의 사상으로 제시하는 학자도 있습니다. 이 경우는 『근본중송』의 저자로서 용수를 강하게 의식하고 있지 않은 듯합니다.

어쨌든 이렇게 주장하는 학자들은 중관 학파의 시조이자 8종(宗)의 조사로 추앙받았고, 신비한 이야기로 전승되어 온 '위대한 용수'라는 이미지에 자신도 모르게 영향을 받았다고 생각합니다.

저는 원래 초기 대승경전에 흥미가 있어서 학부와 대학원에서는 『법화경(法華經)』 『범천소문경(梵天所問經)』을 연구했고, 최근에는 『보협경(宝篋経)』 등 문수보살이 활약하는 경전의 연구를 하고 있습니다.

용수와 인연이 맺어진 계기는 대학교 은사이신 가지야마 유이치 선생님이 『십이문론(十二門論)』의 번역과 주석 연구에 참여를 권해 주셨을 때부터입니다. 그러나 『근본중송』은 대학교 수업을 통해 완독할 기회가 있었지만 『십이문론』을 포함해 그 외의 문헌은 그다지 접하지 못했기 때문에 거의 아마추어라고 말해도 좋을 정도였습니다. 하지만 은사 선생님의 완곡한 부탁을 저버릴 수 없었고, 차근차근 연구해 나가면 되겠다고 생각해 번역 작업에 참여하기로 했습니다.

그런데 문제는 뜻밖에도 연구 과정보다 건강 악화에서 비롯되었습니다. 몸이 나빠지자 결국 연구를 그만두게 되었고, 당분간 건강 회복에 전념할 수밖에 없었습니다. 그렇지만 지금 생각해보면 그때의 번역 일이 저에게 본격적인 용수 연구를 시작하는 계기가 되었습니다.

『십이문론』은 가지야마 선생님의 말씀대로 '공(空)사상'의 기본적인 틀을 명쾌하고 간결하게 제시하는 논서로 저에게 용수 연구의 길을 열어 주었습니다. 그리고 가츠라 쇼류 선생님에게서 단순히 고전의 번역이 아닌, 일반인도 읽을 수 있는 현대어 번역에 마음을 쏟으라는 조언을 받았습니다. 이를 위해서는 누구보다도 텍스트를 정확히 그리고 비판적으로 읽어야 했습니다.

하지만 이 과정에서 『십이문론』은 한 사람이 쓴 창작이 아닌, 여러 자료를 모아 편집한 편집본이 아닐까 하는 생각이 들기 시작했습니다. 『근본중송』이나 『공칠십론(空七十論)』은 출처를 밝히면서 인용했지만, 분명 다른 문헌에서 인용했음에도 출처를 밝히지 않고 그 일부를 용수 자신의 문장인 것처럼 이용하는 부분을 발견했기 때문입니다. 이러한 형식은 『회쟁론』의 일부에서도 보입니다. 물론 여기까지라면 용수 자신이 편집했을 가능성도 있다고 봅니다.

그렇지만『근본중송』의 주석서인『무외론(無畏論)』과『청목주(靑目註)』(한역『중론』)와의 비교연구에서 저의 의심은 확신으로 굳어졌습니다.『십이문론』의 '저자'는 두 주석서의 해석을 적절히 취사선택해 활용했기 때문입니다. 만약『십이문론』이 용수의 작품이라면 시기상으로 후대에 저술된 주석서의 내용을 인용할 수는 없을 것입니다.

특히『십이문론』마지막 장은『무외론』의 일부를 거의 그대로 가져다 쓰고 있습니다. 모든 법은 생겨나는 것이 아니라는 '불생(不生)'을 종합해서 설명하는 부분인데, '생(生)·주(住)·멸(滅)'이라는 유(有)의 세 가지 특성에서 '생'을 부정하는 내용이 너무나 비슷합니다.

이를 확인했을 때,『십이문론』은 위의 두 주석을 한역한 구마라집이 편찬하지 않았을까 하는 생각이 강하게 들었습니다. 그 밖에도 의심스러운 부분이 적지 않지만 어쨌든『십이문론』은『근본중송』의 저자인 용수의 저술이 아니라는 점은 명확해졌습니다.

또 다른 의문도 있습니다.『근본중송』연구를 위해 많은 번역서와 해설서, 연구서를 검토하는 과정에서 '상호의존의 연기'를 특히 강하게 주장하는 학자들과 그렇지 않은 학자들의 대립이 눈에 들어왔습니다. 6~7세기 인도의 주석가인 월칭은 "모든 법은 '등불과 밝기' 긴 것과 짧은 것'처럼 서로를 전제해서 성립한다"고 했지만, 그것은 세속제(世俗諦)일 때 해당하는 것으로 진실의 세계인 승의제(勝義諦)에서는 그렇지 않을 것입니다.

그러나 원래『근본중송』에서 2제는 그런 의미가 아닙니다. 2제는 어디까지나 교설의 수준 차이입니다. 따라서『근본중송』의 내용 속에 월칭이 말한 '상호의존의 연기'가 들어있는지 확인하는 작업은 저에게는 큰 과제이기도 했습니다. 그 검증의 결과는 제1장 마항에서 자세하게 설명했습니다.

게다가 '공성'과 같다고 하는 '연기'와 '12연기'의 관계도 저에게는 큰 의문이었습니다. 제26장에 보이는 12연기는 매우 특이한 부분입니다. 주석가인 청변과 월칭도 당황스러웠던 것 같습니다. 특히 '식(識)·명색(名色)·6처(六處)' 그리고 '유(有)'에 관한 두 논사의 주석이 조금 억지스럽다는 인상을 받았습니다. 설일체유부나 중관, 유식학파의 여러 문헌에도 이 『근본중송』의 12연기와 유사한 해석은 보이지 않기 때문입니다. 하지만, 그렇다고 해도 이와 같은 용수의 '고립성'은 어디에서 비롯된 것일까요.

『십지경(十地經)』이나 『샤리스딴바 수뜨라』 등의 대승경전에 기록되어 있는 다양한 12연기 해석은 참고가 되었지만 직접적인 연결고리는 찾아볼 수 없었습니다. 오히려 초기경전과 그 주석에 나타나는 '식(識)·명색(名色)·6처(六處)'와 '유(有)'의 해석에는 『근본중송』의 해석과 연결될 수 있는 부분이 보입니다.

그동안 학자들은 부파나 학파의 비교적 통일된 교리의 틀을 기준으로 용수 및 그 대론자들의 사상과 주장을 시대를 거슬러 올라가면서 확인해 보려는 경향이 강했습니다. 하지만 용수가 살던 시대의 논사들은 초기경전 전통에 속해있었고, 부파의 교리에 그렇게 강하게 구속받지 않으며 상당히 자유롭게 자신만의 사상을 형성했던 것 같습니다. 따라서 12연기의 해석을 둘러싼 윤회와 해탈에 관해서는 자유롭게 논의하고 생각하지 않았을까 하는 생각이 듭니다. 초기경전과의 관계를 확인해 가는 과정은 용수의 사상이 어디에서 시작되었는지 그 근원을 엿볼 수 있는 좋은 기회였습니다.

『근본중송』제18장에 나타나는 공성에 의거한 환멸문의 성립은 용수만의 독특한 12연기를 기반으로 하고 있습니다. 미혹으로부터 해탈에 이르는 환멸문은 말하자면 시간상 변할 수 없는 흐름 속에서 이루어지는 것입니다. 용수가 '상호의존의 연기'를 한 걸음 앞에 두고 있으면서도 굳이 그 한 걸음을 내딛지 않은 이유가 여기에 있다고 생각하게 되었습니다.

또 한 가지 『근본중송』에서 공성과 연기의 관계를 생각할 때 걸리는 부분이 있습니다. 그것은 '단수형 붓다'와 '복수형 붓다'의 차이입니다. 예를 들면 『법화경(法華經)』에서 석존(단수형 붓다)은 '대승의 붓다'입니다. 복수형의 붓다도 언급되지만, 그것도 대승의 지지자를 가리킵니다. 『범천소문경』에서도 마찬가지입니다. 『범천소문경』의 경우, 보살들이 빈번하게 초기경전에 나타나는 세존[붓다]의 말을 인용하지만 그것은 대승 교설의 정당성을 입증하기 위해서이거나 초기경전에서는 명시되지 않았던 진의를 대승의 입장에서 분명하게 하려고 한 것입니다. 물론 『범천소문경』의 설법자는 대승의 석존[붓다]입니다.

이에 비해 『근본중송』게송에서 단수형의 붓다는 초기경전에서 전거를 확인할 수 있거나 적어도 그 연관성을 추정할 수 있는 교설의 설법자로서 석존[붓다]이고, 복수형의 붓다는 '대승의 지지자'입니다. 여기에서 용수의 저술이라고 여겨지는 다른 문헌에서도 이 점을 확인해 보았습니다. 그러자 『육십송여리론』에서는 단수형의 붓다와 복수형의 붓다 각각이 담고 있는 의미가 『근본중송』과 뒤바뀌어 있다는 사실을 알게 되어 저 자신도 매우 놀랐습니다.

『공칠십론』과 『회쟁론』에서도 확인해 보았습니다만 전자는 '여래

『중론』용수의 사상·저술·생애의 모든 것

(단수형의 붓다)'를 '대승의 붓다(석존)'로 하고 있는 듯하고, 후자는 그것을 계승하고 있는 듯합니다. 또한『보행왕정론(寶行王正論)』은 '대승의 지지자'인 복수형 붓다와 '전통교리의 설법자'인 단수형 붓다를 대승의 단수형 붓다(=석존)에 수렴시키고 있는 듯합니다. 이것은 '대승의 우월성은 흔들림이 없지만 종래의 교설과 대승의 교설은 본질적으로 같다'는『보행왕정론』의 주장과 깊이 연관됩니다.

『근본중송』의 붓다관은 제1장 라항에서, 그 밖에 '용수문헌군'에 나오는 붓다관은 제2장 '용수의 저술'에서 상세하게 검토했습니다. 앞으로도 계속 검증해야 하지만, 붓다관만으로 한정하면『근본중송』→『공칠십론』→『회쟁론』→ (여기는 약간 억지입니다만) →『보행왕정론』→『육십송여리론』이라는 시간 순서를 생각할 수 있습니다.

지금까지 설명한 내용은 지난 2005년 여름 남아시아 학회(제18회 전국대회)에서 있었던 '연기(緣起) 해석의 재평가'를 주제로 한 발표에서 시작되었습니다. 이후 가츠라 선생님에게 논문으로 정리할 것을 권유받았지만 잘 진전이 되지 않다가 겨우 2008년경부터 용수와 관련된 논문으로 발표할 수 있게 되었습니다. 이 책의 '해설 편'은 그때부터 현재까지 필자의 논문을 중심으로 정리한 내용입니다. 이와 같은 용수 연구가 가츠라 선생님과 공저로 출판되어 대중에 알려지게 된 것은 저에게 뜻하지 않은 기쁨입니다. 이 과정에서 중관과 유식 모든 문헌에 정통한 가츠라(桂) 선생님의 지도로 여러 오류를 고칠 수 있었습니다.

다른 한편으로『근본중송』과 같이 고도로 철학적인 문헌을 완전하게 이해하려면 강한 의지와 깊은 학식, 긴 연구 기간이 필수적이지만, 그 어느 것도 충분하지 못한 저에게는 오히려 그 점이 자유로운 발상을 할 수 있도록 했던 것 같기도 합니다. 그 발상이란 바로 '용수의 저술은 『근본중송』뿐이다'라는 대담한 가설입니다.

　이 책의 출간으로 제가 이 분야에 기여할 수 있는 부분이 있다고 한다면 바로 이 점이라고 생각합니다. 저의 가설이 지나치게 대담한 것인지도 모르겠습니다만 앞으로의 용수 연구에 도움이 되기를 바랍니다.

고시마 기요타카

역자 후기

용수의 『중론』은 저를 포함해 불교학을 전공한 학자라면 누구나 관심을 갖고 있는 매우 중요한 논서입니다. 초기불교와 깊게 연관되어 있으면서도 거의 모든 대승불교의 근간이 되기 때문입니다. 다만 그런 만큼, 간결한 문장임에도 불구하고 내용은 가장 이해하기 어려운 논서라고 알려져 있습니다. 그 중요도에 비해 일반 사람들에게는 많이 알려지지 않은 것 또한 이 난해함 때문일 것입니다. 이 문제를 해결하기 위해 국내외의 관련 학자들이 끊임없이 노력해 왔고 훌륭한 연구 성과를 만들어 내고 있습니다.

『중론』의 번역 편을 담당하신 가츠라 선생님 또한 일반인도 읽을 수 있는 『중론』의 현대어 번역을 강조합니다. 저 역시 그렇게 번역하기 위해 노력했지만 결코 쉽지만은 않았습니다. 천 년 이상 뿌리 깊게 자리 잡은 '불교한자용어'와 원전 상스끄리뜨어의 의미 사이에서 많은 고민을 해야 했기 때문입니다. 상스끄리뜨어와 한문 그리고 일본어라는 세 언어 속에서 어떻게 하면 가장 적합한 한국어로 번역할 수 있을지 생각을 거듭해야 했습니다. 다행히도 가츠라 선생님의 현대어 번역은 이와 같은 저의 고민을 많이 덜어 주었습니다. 예를 들면 '쁘라빤짜(prapañca)' 같은 핵심적인 용어를 한역인 '희론(戲論)'이 아니라 '언어적 다원성'이라는 현대어로 번역한 것이 대표적입니다.

이 과정에서 저는 독자들의 이해를 위해 원문과 비교해서 좀 더 자유로운 현대 한국어 번역을 해도 좋지 않을까 생각해 보기도 했습니다. 하지만 원저자의 생각과 의도를 한국 사람들이 잘 이해하도록 하는데 번역의 목적이 있기 때문에 다시 원어와 번역어 사이에서 고민할 수밖에 없었습니다. 예컨대 '순이는 힘이 세다'라는 문장을 번역한다고 할 때, 원문 곳곳에 순이가 키가 크다는 언급이 있다고 해서 '키가 큰 사람은 힘이 세다'라고 번역하는 오류를 저질러서는 안 되기 때문입니다.

이처럼 번역과 관련된 수많은 사항을 고려하면 완벽한 번역이라는 게 있을 수 있는지, 모든 번역은 오역일 수밖에 없는 건 아닌지 하는 생각마저 듭니다. 결국 저의 부족함을 느낄 수밖에 없었습니다. 부디 가츠라 선생님의 명쾌한 번역과 고시마 선생님의 상세한 해설이 저의 번역으로 인해 곡해 되지 않기를 바랍니다. 마지막으로 불광출판사 관계자 여러분께 감사의 마음을 전합니다. 한 권의 책을 출판하기 위해 얼마나 많은 사람들의 노력이 필요한지 처음 알게 됐습니다. 그 노력의 성과로 이 책을 읽는 독자 여러분들이 『중론』을 다각도로 이해하는 데 많은 도움이 되기를 진심으로 기원합니다.

2018년 6월
배경아

중론

용수의 사상·저술·생애의 모든 것

2018년 6월 27일 초판 1쇄 발행
2025년 1월 7일 초판 4쇄 발행

공저 가츠라 쇼류 · 고시마 기요타카 • 옮김 배경아
발행인 박상근(至弘) • 편집인 류지호 • 편집이사 양동민
편집 김재호, 양민호, 김소영, 최호승, 하다해, 정유리 • 디자인 쿠담디자인
제작 김명환 • 마케팅 김대현, 이선호, 류지수 • 관리 윤정안
콘텐츠국 유권준, 김대우, 김희준
펴낸 곳 불광출판사 (03169) 서울시 종로구 사직로10길 17 인왕빌딩 301호
    대표전화 02) 420-3200 편집부 02) 420-3300 팩시밀리 02) 420-3400
    출판등록 제300-2009-130호(1979. 10. 10.)

ISBN 978-89-7479-433-0 (93220)

값 27,000원

잘못된 책은 구입하신 서점에서 바꾸어 드립니다.
독자의 의견을 기다립니다. www.bulkwang.co.kr
불광출판사는 (주)불광미디어의 단행본 브랜드입니다.